新工科·新商科·智能财务与会计系列教材

智能RPA
财务机器人开发教程
—— 基于来也UiBot

◉ 程平 编著

电子工业出版社

Publishing House of Electronics Industry

北京·BEIJING

内 容 简 介

本书分为四部分，共 15 章。第一部分介绍了机器人流程自动化（RPA）基础，其内容涵盖 RPA 的概念、功能、特点和优势、典型财务应用、发展趋势，以及常用的 RPA 软件；第二部分介绍了 UiBot 软件技术，其内容涵盖了 UiBot 软件的安装与使用、基本语法，以及 Excel 数据处理自动化、E-mail 人机交互自动化、PDF 文本读取自动化、IDP 智能自动化、Web 应用自动化、应用程序交互自动化的功能、技术实现与 7 个财务机器人专题案例的模拟实训；第三部分介绍了 UiBot 财务机器人开发，内容涵盖了会计记账处理机器人、杜邦财务分析机器人、股票投资分析机器人三个综合案例的场景分析、流程自动化设计与开发步骤；第四部分介绍了财务机器人的运用，内容涵盖财务机器人的部署与运行、价值与风险。

本书提供了基于 UiBot 软件进行 RPA 开发的部分 PPT、源程序等学习资源，以及进行课程讲授的教学大纲、教学日历、教学课件等教学资源。基于本书案例及配套的教学产品——财务机器人开发模拟物理沙盘，可以开展基于财务场景驱动的财务机器人分析、设计、开发和运用一体化教学，教学和学习效果会更好。

本书可作为高等院校会计学、财务管理、审计学等专业会计信息化相关课程的教材，也可以作为计算机、软件工程、人工智能等专业学生进行 RPA 开发学习的参考教材，还可以作为会计从业人员、IT 从业人员和 RPA 爱好者进行"互联网+会计"跨学科学习和培训的指导用书。

未经许可，不得以任何方式复制或抄袭本书之部分或全部内容。
版权所有，侵权必究。

图书在版编目（CIP）数据

智能 RPA 财务机器人开发教程：基于来也 UiBot / 程平编著. -- 北京：电子工业出版社，2024.8. -- ISBN 978-7-121-48430-8
Ⅰ．F275；TP242.3
中国国家版本馆 CIP 数据核字第 2024RA8155 号

责任编辑：石会敏
印　　刷：北京天宇星印刷厂
装　　订：北京天宇星印刷厂
出版发行：电子工业出版社
　　　　　北京市海淀区万寿路 173 信箱　　邮编：100036
开　　本：787×1092　1/16　印张：22　字数：558.4 千字
版　　次：2024 年 8 月第 1 版
印　　次：2024 年 8 月第 1 次印刷
定　　价：72.00 元

凡所购买电子工业出版社图书有缺损问题，请向购买书店调换。若书店售缺，请与本社发行部联系，联系及邮购电话：(010) 88254888，88258888。
质量投诉请发邮件至 zlts@phei.com.cn，盗版侵权举报请发邮件至 dbqq@phei.com.cn。
本书咨询联系方式：shhm@phei.com.cn。

会计永远不会消亡,
RPA 作为智能财务中最有成效的应用技术之一,
能够卓有成效地助力财务数字化转型!

前　言

未来浩瀚，变数无穷，它似山河图卷，令人热血沸腾。

曾以"七剑下天山""天龙八部""九阳神功"为名，九部著作已成往事。如今，第十部著作如"天龙破十"，承载着侠客精神，翱翔于中国会计数字化教育改革的天空。

承载教育使命，引领未来变革

五载光阴，从"七剑"到"天龙"，"野蛮人"[①]在热血江湖中，心怀侠胆，由校园到天下，心不安分，勇探会计学科奥秘。野蛮人自问：为何"筹桥"，为何著书？因我，非师莫属，亦侠客也。志在推广会计审计数智化技术，传承元小蛮教育改革理念，让侠影重重，在会计学科创新间流转。

生命之最，在突破自我，无畏他人目光，淡定于世。我清醒认知生命的宝贵与短暂，避无谓内耗。生活真谛，于琐碎平常中，倾注深情热爱。唯有摆脱尘世，超越自我，不逐外界赞誉，方能聆听内心，自由追求价值。野蛮人之志，秉持专注专业，向阳而生，温暖如光，此乃一生追求。

落笔成章，心静如水，二十余载学识，提炼精华。与昔日自己对谈，未来的声音在心中回响，连接校园的温暖与天下的教育广袤，让智慧会计的光芒洒向每一个角落。此刻，野蛮人的珍贵使命便是立足当下，展望未来，用智慧和知识照亮前行的路途。

今，《智能 RPA 财务机器人开发教程——基于来也 UiBot》即将问世，为大学从教以来我主编的第十部教材，亦《RPA 财务机器人开发教程——基于 UiPath》（第二版）之姊妹篇。望此书继前作辉煌，益更多读者，传承创新侠客精神于会计学科。

浪潮之巅，人工智能时代，野蛮人怀揣会计数字化教育改革热情，驾驭生成式人工智能技术，续写侠客传说。让知识火种，穿越时空，点亮未来之路。

为什么要写这本书

2019 年，我们出版了《RPA 财务机器人开发教程——基于 UiPath》，这部著作不仅满足了会计教育界对 RPA 等新一代信息技术如何赋能会计核心竞争力构建的教学需求，也受到了企业界的热烈欢迎。它成为近百所高等院校实施会计类专业数智化改革的必备教材，引领学生在数字化转型的浪潮中探索会计的未来。此外，众多开发 RPA 流程机器人业务的软件企业，借助本书的财务机器人案例与企业客户沟通财务机器人的应用实施需求，为客户提供真正有价值的财务机器人。同时，众多大中型企业的财务总监、财务部长、财务经理等会计从业人员通过本书的学习，开始主动思考、规划和实施企业的财务流程智能自动化应用。

国家对高质量发展、信息化和智能化技术支持有了明确要求和更高的期待。作为教育工作者，我们深感肩上的责任重大。在信息技术应用创新（简称信创）和软件安全的大背景下，国产化 RPA 软件如 UiBot，以其技术上的国际同步和性能上的卓越优势，成为众多企业财务流程自动化的首选。这不仅体现了我国在新质生产力发展方面的成就，更是对国家经济高质量发展战略的有力支撑。

为了响应国家对信息化和智能化技术支持的要求，符合会计行业向数字化转型的趋势，

[①] 因作者是跨界学者，故被专业人称野蛮人。——编者注

我们计划出版《智能 RPA 财务机器人开发教程——基于来也 UiBot》这部著作。我们希望这部著作能够帮助读者理解并掌握基于国内信创 RPA 产品进行智能财务机器人的构建与部署，为高校教育带来新的教学内容和方法，为企业提供解决实际问题的有力工具，为会计从业人员开辟新的职业道路。

我们感谢所有对前一部书提出宝贵意见和建议的读者，正是您的热情参与和持续关注，激励我们不断改进和更新内容。这部著作，是我们对您的回馈，也是我们对智能财务未来的一次深入探索。

在这个快速变化的时代，我们希望通过本书，激发读者对智能 RPA 技术的热情，培养更多的财务技术人才，共同推动会计行业的智能化转型，为打造财务新质生产力、实现企业的可持续发展贡献力量。我们相信，通过本书，我们可以共同开启智能财务的新篇章，为会计学科的明天描绘出更加灿烂的图景，为国家经济的高质量发展贡献我们的智慧和力量。

智能 RPA 财务机器人学习什么

在数字经济的浪潮中，新质生产力的提升和高质量发展已成为企业转型升级的核心目标。智能 RPA 财务机器人作为推动财务数字化转型的重要工具，正成为会计领域的一次革命性进步，它将极大地影响企业的运营模式和财务管理方式。

党的二十大报告强调了建设现代化经济体系的重要性，而企业应用智能 RPA 财务机器人的主要驱动因素就是成本和效率。财务机器人的应用不仅是一种成本效益的考量，更是企业财务数字化转型的重要途径。它使财务人员从繁杂、重复的会计记账工作中解脱出来，有更多的时间和精力参与到企业的业务、财务工作中，完成由会计核算型人才向会计管理型人才的转变，这正是高质量发展对财务人才的需求。然而，许多财务人员在面对财务机器人的学习时，往往只关注案例操作步骤的完成，而忽视了财务机器人的分析、设计和运维能力的重要性，这种局限性的学习观念亟待改变。

学习智能 RPA 财务机器人，不仅仅是了解 RPA 技术的概念、特征和功能，熟悉常见的 RPA 软件开发技术，理解 RPA 技术在财务工作中的应用，更重要的是，要熟练掌握典型应用场景财务机器人的业务流程梳理与痛点分析、自动化流程设计、数据标准与规范化设计、开发技术路线规划、机器人运用的部署与运行设计、价值与风险分析，并在此基础上进行创新设计与开发。另外，要培养业务、财务和技术一体化与流程优化思维，帮助企业能够基于人、业务和系统的有机融合，从系统工程的角度构建基于内部价值链和外部价值链的全流程优化，规划、指导和协助企业财务机器人的应用实施。这将为企业在财务领域建立基于 RPA 技术的核心竞争力，从而在数字经济时代占据竞争优势。

本书旨在为您提供一套科学、正确、先进的学习方法，帮助您深入理解智能 RPA 财务机器人的原理和应用，掌握其开发和运维的必备技能。通过本书的学习，您将能够充分认识到智能 RPA 财务机器人在现代财务领域中的重要价值，并积极投身于这一激动人心的事业中。我们相信，通过科学的学习方法和严谨的操作实践，您将能够更好地适应财务数字化转型的发展趋势，为企业的高质量发展做出巨大贡献。

学习智能 RPA 财务机器人的价值

为了响应党的二十大精神，要加快发展现代产业体系，推动经济高质量发展，智能 RPA 财务机器人的应用是这一要求的生动实践。

前言

学习智能 RPA 财务机器人，意味着您将掌握一项极具市场需求的技术，这对于您的职业发展具有深远的意义。随着企业对效率和准确性的要求日益提高，传统的会计操作正逐渐被自动化工具所取代。通过本书的学习，您将能够熟练运用 UiBot RPA 工具，开发出能够执行重复性高、规则性强的财务任务的机器人，从而提升工作效率，降低人为错误，这正是数字经济时代对新型财务人才的需求。

此外，智能 RPA 财务机器人的学习有助于提升分析和解决问题的能力，这种能力是高质量发展的重要基石。在学习过程中，不仅要了解机器人开发的理论知识，还要通过物理沙盘推演实验和软件开发模拟训练实验，实际操作以解决实际的财务问题。这种实践教学方式将引导学生从应用场景出发，深入分析业务流程，识别和解决痛点问题，进而设计和开发出具有实际应用价值的财务机器人。

学习智能 RPA 财务机器人还有助于培养创新思维和跨学科能力，这是新质生产力的重要体现。财务机器人的开发不仅需要会计和财务知识，还需要对信息技术、数据科学等领域有深入了解。通过本书的学习，读者将能够跨多个学科，将不同领域的知识融合应用，从而培养出独特的创新能力和竞争优势。

最后，智能 RPA 财务机器人的学习对于我国财务领域的数字化转型和发展具有重要意义。随着我国经济的快速发展，财务管理的需求日益增长，而传统的手工操作方式已经无法满足现代企业的需求。通过本书的学习，读者将能够为我国的财务数字化转型提供技术支持，推动财务工作向智能化、自动化的方向发展，为企业的高质量发展贡献力量。

如何高水平讲授智能 RPA 财务机器人课程

在数字经济浪潮的推动下，新质生产力的提升和高质量发展已成为企业转型升级的核心命题。《智能 RPA 财务机器人开发教程——基于来也 UiBot》的编写，正是为了响应这一时代要求，构建一个先进、全面、系统的智能 RPA 财务机器人课程讲授与学习体系。本书精心规划的 32 课时或 48 课时课程，旨在深度挖掘和拓展教学内容，确保学生能够全面而深入地掌握课程精髓。

先进的教学理念和教学模式

本书的教学设计融入了先进的教学理念，不仅包含课堂理论教学，还融入了丰富的案例分析和实验室实践。通过实战物理沙盘推演实验和 RPA 机器人软件开发模拟训练实验，学生能够在真实的企业财务工作场景中进行角色扮演，沉浸式体验财务机器人的开发与应用实践，从而全方位理解并掌握智能 RPA 财务机器人的规划、分析、设计、开发和运用。

在教学过程中，我们采用了国内领先的 UiBot Creator RPA 软件和智能 RPA 财务机器人开发模拟物理沙盘等主要教学工具，与原理讲授、翻转课堂、情境教学、项目教学和沙盘推演等多种教学方法相结合。这一创新的教学模式，共同营造了一个可视化、多元化、互动性强的高质量数智化课程学习环境，旨在激发学生的学习兴趣，培养其解决问题的能力和创新思维。

物理沙盘推演与机器人开发模拟训练实验协同

本书通过精心设计的物理沙盘推演实验和智能 RPA 财务机器人软件开发模拟训练实验，为学生提供了一个深度学习和实践的平台，使他们能够全面掌握财务机器人的分析、设计、开发和应用技能。

书中设置了几个典型物理沙盘推演实验，这些实验通过全过程推演经典案例场景的财务机器人，涵盖了应用场景的具象化、业务流程梳理与痛点分析、机器人数据标准与规范化设计、机器人自动化流程设计、机器人开发技术路线、机器人运用的价值与风险、部署与运行等多个关键领域。物理沙盘作为一种先进的教学工具，它像一个思维导图，将实验案例有机地划分为机器人分析中心、设计中心、开发中心和运用中心四部分，确保学生能够更加直观、快速且系统地理解和整合核心内容。通过这些沙盘推演实验，学生不仅能够学习到如何基于应用场景和问题导向进行财务机器人的方案设计，还能够掌握如何开发出有价值的财务机器人，并实现人与机器人的协作共生。

为了站在更高的视角学习智能 RPA 财务机器人的开发，本书还设置了 11 个典型的软件开发模拟训练实验。这些实验注重培养学生的开发和运维技能，以及快速响应能力。通过模拟真实的企业财务工作场景，学生能够在没有实际操作风险的情况下，反复练习、反思和创新，从而提高他们的逻辑思维和编程能力。这种模拟训练不仅降低了学生学习中的困难，还减少了教师在教学过程中的要求，显著提高了教学质量。

课程设计与实践应用相结合

本书的课程设计注重理论与实践的结合，以实际应用为导向。通过案例分析和实验实践，学生可以将理论知识应用到实际工作中，从而更好地理解智能 RPA 财务机器人的工作原理和应用价值。

书中还介绍了智能 RPA 财务机器人的最新发展趋势，帮助学生了解行业动态，培养他们的创新思维和跨学科能力。同时，本书还和企业产教融合，基于课程资源与教学管理平台提供丰富的教学资源，如教学 PPT、机器人开发准备文件和源程序、机器人实操开发讲解视频、机器人工作运行视频等，以帮助学生更好地学习和理解课程内容。

内容组织

本书内容分为四大部分：第一部分是机器人流程自动化(RPA)基础，第二部分是 UiBot 软件技术，第三部分是 UiBot 财务机器人开发，第四部分是财务机器人的运用。读者可以根据自己的前期基础、专业领域或兴趣爱好，有选择地进行阅读。

第一部分(第 1～2 章)为读者奠定 RPA 的基础知识。这一部分从 RPA 的定义出发，梳理了其在财务领域的应用和发展趋势，同时对常见的 RPA 软件进行了介绍，确保读者能够对 RPA 有一个全面而统一的认识。其中：

- 第 1 章在当前实务界对 RPA 的认识和理解众说纷纭、各有侧重的现状的基础上，定义了 RPA 的概念，以便读者对 RPA 概念建立统一认识，也为读者学习后面的财务机器人开发内容奠定基础。
- 第 2 章首先介绍了 RPA 软件的组成和选择，然后分别介绍了当前国内外比较流行的 UiPath、Blue Prism、来也科技 UiBot 等 RPA 软件的功能、特点和应用领域。

第二部分(第 3～10 章)深入探讨了 UiBot 软件的技术细节和财务机器人的应用场景。通过模拟实训项目，读者将掌握 UiBot 软件的基本操作和编程逻辑，为后续的财务机器人开发打下坚实基础。其中：

- 第 3 章介绍了 UiBot 软件的安装和使用，以及股票入手知多少机器人模拟实训。
- 第 4 章介绍了 UiBot 软件涉及的常量与变量、数据类型、算术运算符、条件选择语句、循环语句等内容，以及净资产增长率考核机器人模拟实训。

- 第 5~10 章分别介绍了 Excel 数据处理自动化、E-mail 人机交互自动化、PDF 文本读取自动化、UiBot IDP 智能自动化、Web 应用自动化、应用程序交互自动化的功能、技术实现，以及财务指标计算机器人、财务计划编制机器人、经营状况分析机器人、财务报销编制机器人、财务预算审核机器人、资产卡片录入机器人模拟实训。

第三部分(第 11~13 章)将理论与实践相结合，展示了财务会计和管理会计领域的三个典型财务机器人开发案例。具体包括：会计记账处理机器人、杜邦财务分析机器人、股票投资分析机器人的场景分析、流程自动化设计与开发步骤。这部分内容是以财务应用为核心的综合开发案例，是基于 UiBot 技术单元的综合应用，读者将学会如何运用 UiBot 技术单元进行综合开发，实现财务机器人的实际应用。

第四部分(第 14~15 章)聚焦于财务机器人的实际运用和管理。具体包括：财务机器人规划部署的考虑因素、RPA 机会评估、机器人的部署形式、机器人的运行模式、运维以及机器人的实施管理和安全管理；机器人的应用价值和价值分析，机器人的流程风险和使用风险。通过这部分内容的学习，读者可以掌握如何规划、部署财务机器人，评估进行机器人设置的机会，理解机器人的运行模式和维护管理，以及如何分析机器人的应用价值和防范风险。

本书特色

在本书撰写过程中，我综合了十多年的 IT 行业经验与十多年的大学会计教育经历，将企业的软件分析设计与程序开发实践、会计审计数智化课程教学经验、科学研究成果和社会服务实践成果有机融为一体。在本科和研究生课程中，已经成功实践了财务机器人课程教学六年以上，并取得了显著成效，为本书在大学课程教学和社会培训中的应用提供了坚实的实践基础。

本书的最大特点在于其理论与实践的完美结合，信息量丰富，知识点紧凑，案例真实且实用性强。在目标定位、内容设计、场景选择、案例设计、沙盘实验、软件实验等方面，都展现了其独特的魅力。

目标定位：本书旨在帮助读者在会计知识与 RPA、人工智能等现代信息技术交叉领域，建立起业务、财务和技术一体化的核心竞争力。它适用于会计学、财务管理、审计学等专业的本科生和研究生，以及企业财务共享中心的从业人员。通过学习 RPA 技术，读者将能够规划、分析、设计、开发、部署和运维财务机器人，从而提升企业的会计核算能力，提高财务管理水平，促进企业的财务数字化转型。

内容设计：本书的内容围绕财务场景驱动，由浅入深，由易到难，层层递进。从 RPA 的基础技术到财务场景中的典型应用，内容既有理论的讲解，也有案例的探讨，同时融合了沙盘推演和软件实操。通过精心设计的内容框架和体系架构，读者将能够逐步掌握智能 RPA 财务机器人的规划、分析、设计、开发和运用。

案例设计：全书以 HD 上市公司为案例对象，所有案例均聚焦于 HD 公司的具体财务工作"痛点"，进行流程自动化设计。RPA 技术地图，如 E-mail 人机交互自动化、Excel 数据处理自动化、PDF 文本读取自动化、UiBot IDP 智能自动化、Web 应用自动化、应用程序交互自动化等，被无缝嵌入到案例的财务场景中，提供了一种一体化的代入感，使读者能够深度理解和有效掌握 RPA 技术在财务工作中的应用。

情景设计：全书的情景设计和流程自动化设计均基于 HD 公司的财务工作场景，旨在通过生动具体的案例场景，寓学于乐，激发读者的阅读兴趣。结合 RPA 知识点，通过引入具有一定情绪色彩的、以形象为主体的 HD 公司财务工作"痛点"对话场景和 Q 版漫画，引起读者的共鸣，帮助读者更好地理解 RPA 技术能够有效赋能的动因，并使学习的知识能够得到很好的能力转化。

漫画演绎：全书通过基于 RPG 角色扮演的生动 Q 版漫画，采用幽默诙谐、简明扼要、略带调侃的对话，形象地呈现了财务工作中的"痛点"，并图文并茂地演绎了 RPA 技术在财务场景中的工作流程和应用价值。这些风趣、机智、充满知识性的漫画设计，旨在将枯燥、生涩的 RPA 技术运用变得生动，勾勒出财务机器人学习的全生命周期知识地图。

模拟实训：全书设计了 11 个财务机器人模拟实训项目，包括第 3~10 章的 8 个结合财务应用场景的面向 UiBot 技术单元的模拟实训项目和第 11~13 章的会计记账处理、杜邦财务分析和股票投资分析 3 个综合性的多技术融合的模拟实训项目，覆盖了财务会计与管理会计核心应用场景。这些项目具有很强的体验性、实战性、综合性和有效性，使读者在学习后能够直接或稍作改进地将所学应用于具体的财务工作场景。

沙盘推演：本书的部分案例配备了财务机器人开发模拟物理教学沙盘，用于可视化地指导学生完成财务场景具象化、业务流程梳理与痛点分析、机器人数据标准与规范化设计、机器人自动化流程设计、机器人开发技术路线设计、机器人运用的价值与风险、机器人部署与运行分析等实验任务。沙盘实验以流程为导向，环环相扣，重点突出，使学生能够更直观、更快速、更系统地形成财务机器人的蓝图投影，深刻地理解财务机器人的分析、设计、开发与运用。

配套资源

本书提供：

- 财务机器人小蛮开发的案例源程序和 PPT 等学习资源，这些资源将有助于读者深入理解财务机器人的开发过程和实践应用。
- 开设课程所需的教学大纲和教学课件，以及与本书配套的 RPA 财务机器人模拟物理沙盘教学方案等，这些资料将帮助教师更好地规划和实施教学活动。
- 课程相关的师资培训，为教师提供专业的教学支持和指导，以确保教学质量。

读者可通过访问华信教育资源网 www.hxedu.com.cn，注册后下载本书相关配套资源，以便更好地利用这些资源进行学习和教学。

适用读者与课程

本书可以作为(但不限于)：

- 普通高校本科和高职高专的会计学、财务管理、审计学等专业的学生学习 RPA 财务机器人、会计信息化、智能会计、智能财务等相关课程的教材。
- 普通高校的会计学硕士、会计专硕、审计专硕等研究生的会计信息系统、审计信息系统、RPA 机器人等相关课程的教材。
- 普通高校计算机专业、软件工程专业、人工智能专业等本科生和研究生学习机器人流程自动化(RPA)开发的教材。
- 集团企业财务共享中心财务人员和 IT 人员用于提升财务数智化工作能力的学习资料。
- 初级会计师、中级会计师、高级会计师及注册会计师用于提升数智化技术运用能力的学习资料。
- 欲通过 RPA 提高自己的核心竞争力，考取 UiBot 初级、中级和高级证书的人员的学习资料。
- 企业数智化转型爱好者，用于进行"互联网+会计"跨学科学习的资料。

勘误和支持

由于编者水平有限，书中难免会出现一些错误或者不准确的地方，恳请读者批评指正。读者可以通过以下途径反馈建议或意见。

- 即时通信：添加个人QQ（4961140）或微信（chgpg2018）反馈问题。
- 直接扫描二维码添加个人微信或者添加【云会计数智化前沿】微信公众号。

- 电子邮件：发送E-mail到4961140@qq.com。

致 谢

在本书的撰写过程中，我深受众多组织和个人的指导、帮助与支持。

首先，我要特别感谢会计教育专家委员会主任委员刘永泽教授，全国会计专业学位研究生教育指导委员会副主任委员、中国会计学会教育专业委员会主任委员、教育部会计类专业教学指导委员会副主任委员、中国人民大学商学院王化成教授，会计教育专家委员会秘书长杨政教授。他们不仅对本书的内容给予了宝贵指导，而且在推荐和宣传方面给予了大力支持。

其次，我要感谢来也网络（北京）科技有限公司（简称来也科技公司）和重庆迪数享腾科技有限公司（简称迪数公司）的倾力合作。来也科技公司为本书的编写提供了软件技术和案例支持。迪数公司不仅负责开发了本书所需的模拟教学物理沙盘、课程资源与教学管理平台软件产品，而且还组织了全国范围的课程师资培训。

我还要对电子工业出版社的石会敏老师表达诚挚的谢意。她为本书的撰写提供了方向性指导，并在后续的出版工作中付出了巨大的努力。同时，也感谢所有背后默默支持的出版工作人员。

此外，我要特别感谢我的2022级研究生团队成员，重庆理工大学会计学院的硕士研究生陈锐、牛志华、廖锡嘉、喻畅、冯璟逸、李怡、廖音洁、朱仔耘、唐诗奇、付元承、龚悦、伍诗雨参与本书的编写工作。陈锐和牛志华在组织管理和任务分解协同方面发挥了关键作用。

最后，感谢我的家人和朋友，你们的鼓励和支持是我完成本书的动力源泉。

谨以此书献给我所有的同行和朋友，那些致力于中国会计数字化教育转型、企业财务数字化转型与变革，以及未来希望成为卓越会计师的朋友们。愿我们都能身体健康、生活美满、事业有成！

2024年5月

注：为了保持与软件内容一致，一些软件上的字词保持原样，如"帐户"等。另外，软件版本更新变化快，请读者多关注华信教育资源网上刊登的修改情况说明。

财务场景设计业务演员对照表

章节序号	章节名称	会计业务	演员	岗位
第 3 章	UiBot 的安装与使用	股票入手知多少	程平	财务总监
			嘉桐	销售经理
第 4 章	UiBot Creator 基本语法	净资产额达标判断	程平	财务总监
			杨雳莞	财务部会计核算岗
			张洪霜	财务部会计核算岗
第 5 章	Excel 数据处理自动化	编制财务指标分析报告	程平	财务总监
			王宏波	董事长兼总经理
			毛俊力	财务部财务分析岗
			文少波	财务部信息化岗
第 6 章	E-mail 人机交互自动化	编制月度财务计划	王宏波	董事长兼总经理
			聂琦	财务部报销稽核岗
			杨杰	财务部资金管理岗
			程平	财务总监
			郑毅	财务部计划岗
			文少波	财务部信息化岗
第 7 章	PDF 文本读取自动化	分析同行竞争对手公司经营情况	程平	财务总监
			胡赛楠	财务部财务分析岗
			余睿	财务部信息化岗
第 8 章	UiBot IDP 智能自动化	编制费用报销明细表	彭兰雅	财务部报销稽核岗
			范洵	财务部报销稽核岗
第 9 章	Web 应用自动化	采购预算审核	程平	财务总监
			袁瑞繁	财务部内控主管
			陶思颖	财务部信息化岗
第 10 章	应用程序交互自动化	资产卡片信息录入	程平	财务总监
			何昱衡	财务部资产管理岗
			杜姗	财务部信息化岗
			詹凯棋	财务部信息化岗
第 11 章	会计记账处理机器人	会计记账业务	程平	财务总监
			王宏波	董事长兼总经理
			罗梦晴	财务部报销稽核岗
			彭兰雅	财务部报销稽核岗
			聂琦	财务部报销稽核岗
			徐涵璐	财务部信息化岗

续表

章节序号	章节名称	会计业务	演员	岗 位
第12章	杜邦财务分析机器人	杜邦财务分析	王宏波	董事长兼总经理
			程平	财务总监
			袁瑞繁	财务部内控主管
			钱涂	财务部财务分析岗
			徐涵璐	财务部信息化岗
第13章	股票投资分析机器人	股票投资分析	黄鑫	销售部高级客户经理
			嘉桐	销售经理
			黎明	资深股民、职业不详

财务场景设计业务演员漫画人物

程平	杨霁苑	张洪霜	郑毅	杨杰	毛俊力
财务总监	财务部会计核算岗	财务部会计核算岗	财务部计划岗	财务部资金管理岗	财务部财务分析岗

文少波	胡赛楠	余睿	彭兰雅	范洵	袁瑞繁
财务部信息化岗	财务部财务分析岗	财务部信息化岗	财务部报销稽核岗	财务部报销稽核岗	财务部内控主管

陶思颖	杜姗	詹凯棋	何昱衡	罗梦晴	徐涵璐
财务部信息化岗	财务部信息化岗	财务部信息化岗	财务部资产管理岗	财务部报销稽核岗	财务部信息化岗

钱涂	王宏波	黄鑫	黎明	嘉桐	聂琦
财务部财务分析岗	董事长兼总经理	销售部高级客户经理	资深股民	销售经理	财务部报销稽核岗

目　录

第一部分　机器人流程自动化(RPA)基础

第1章　机器人流程自动化概述 ……………1
1.1　什么是 RPA …………………………1
1.2　RPA 的功能 …………………………3
1.3　RPA 的特点和优势 …………………4
　　1.3.1　RPA 的特点 ……………………4
　　1.3.2　RPA 的优势 ……………………5
1.4　RPA 在财务领域的应用 ……………6
　　1.4.1　德勤财务机器人 ………………6
　　1.4.2　普华永道财务机器人 …………8
　　1.4.3　安永智能财务机器人 …………9
　　1.4.4　毕马威智能财务机器人 ………11
　　1.4.5　弘玑 Cyclone 财务机器人 ……12
1.5　RPA 的发展趋势 ……………………13
　　1.5.1　麦肯锡发展观点 ………………14
　　1.5.2　Everest 发展观点 ………………15
　　1.5.3　Gartner 发展观点 ………………18
　　1.5.4　Forrester 发展观点 ……………18
　　1.5.5　IDC 发展观点 …………………19

第2章　常用机器人流程自动化软件介绍 ……………………………20
2.1　RPA 软件组成与产品选择 …………20
　　2.1.1　RPA 软件组成 …………………20
　　2.1.2　RPA 软件选择 …………………20
2.2　来也科技 UiBot ……………………21
　　2.2.1　基本情况 ………………………21
　　2.2.2　UiBot 软件介绍 ………………22

　　2.2.3　机器人应用 ……………………23
2.3　UiPath ………………………………24
　　2.3.1　基本情况 ………………………24
　　2.3.2　UiPath 软件介绍 ………………24
　　2.3.3　机器人应用 ……………………25
2.4　Blue Prism …………………………27
　　2.4.1　基本情况 ………………………27
　　2.4.2　Blue Prism 软件介绍 …………27
　　2.4.3　机器人应用 ……………………28
2.5　Automation Anywhere ………………29
　　2.5.1　基本情况 ………………………29
　　2.5.2　Automation Anywhere
　　　　　 软件介绍 ………………………29
　　2.5.3　机器人应用 ……………………30
2.6　WorkFusion …………………………30
　　2.6.1　基本情况 ………………………30
　　2.6.2　WorkFusion 软件介绍 ………31
　　2.6.3　机器人应用 ……………………32
2.7　WinAutomation ……………………33
　　2.7.1　基本情况 ………………………33
　　2.7.2　WinAutomation 软件介绍 ……33
　　2.7.3　机器人应用 ……………………35
2.8　Power Automate ……………………35
　　2.8.1　基本情况 ………………………35
　　2.8.2　Power Automate 软件介绍 ……36
　　2.8.3　机器人应用 ……………………37

第二部分　UiBot 软件技术

第3章　UiBot 的安装与使用 ……………38
3.1　UiBot 的组成 ………………………38
　　3.1.1　UiBot Creator …………………38

　　3.1.2　UiBot Worker …………………38
　　3.1.3　UiBot Commander ……………38
　　3.1.4　UiBot IDP ………………………39

- 3.2 下载与安装 UiBot Creator ·········39
  - 3.2.1 下载 UiBot Creator ·········39
  - 3.2.2 安装 UiBot Creator ·········40
- 3.3 UiBot Creator 界面介绍 ·········41
  - 3.3.1 主界面 ·········41
  - 3.3.2 流程图界面 ·········42
  - 3.3.3 流程块编辑界面 ·········42
- 3.4 UiBot Creator 的使用 ·········44
  - 3.4.1 创建一个新的项目 ·········44
  - 3.4.2 财务机器人开发 ·········44
- 3.5 股票入手知多少机器人模拟实训 ·········44
  - 3.5.1 场景描述与业务流程 ·········45
  - 3.5.2 开发步骤 ·········46

第 4 章 UiBot Creator 基本语法 ·········50
- 4.1 常量与变量 ·········50
  - 4.1.1 命名规则 ·········50
  - 4.1.2 常量 ·········51
  - 4.1.3 变量 ·········51
- 4.2 数据类型 ·········52
  - 4.2.1 数值型 ·········52
  - 4.2.2 字符型 ·········52
  - 4.2.3 布尔型 ·········52
  - 4.2.4 数组 ·········52
  - 4.2.5 字典 ·········52
- 4.3 算术运算符 ·········53
- 4.4 逻辑控制语句 ·········53
- 4.5 条件选择语句 ·········54
  - 4.5.1 If···End If ·········54
  - 4.5.2 If···Else···End If ·········54
  - 4.5.3 If···ElseIf···ElseIf···Else···End If ·········54
- 4.6 循环语句 ·········55
  - 4.6.1 For 循环——计次循环 ·········55
  - 4.6.2 For 循环——遍历循环 ·········55
  - 4.6.3 Do 循环——无限循环 ·········56
  - 4.6.4 Do 循环——满足条件循环 ·········56
  - 4.6.5 Do 循环——不满足条件循环 ·········57
  - 4.6.6 Break 语句 ·········58
  - 4.6.7 Continue 语句 ·········58
- 4.7 净资产增长率考核机器人模拟实训 ·········58
  - 4.7.1 场景描述与业务流程 ·········58
  - 4.7.2 自动化流程设计 ·········60
  - 4.7.3 技术路线与开发步骤 ·········61

第 5 章 Excel 数据处理自动化 ·········67
- 5.1 功能简介 ·········67
  - 5.1.1 关于 Excel ·········67
  - 5.1.2 Excel 操作自动化基本介绍 ·········67
- 5.2 工作簿类命令 ·········67
- 5.3 数据处理类命令 ·········68
- 5.4 格式类命令 ·········69
- 5.5 工作表类命令 ·········69
- 5.6 财务指标计算机器人模拟实训 ·········70
  - 5.6.1 场景描述与业务流程 ·········70
  - 5.6.2 自动化流程设计 ·········71
  - 5.6.3 技术路线与开发步骤 ·········73

第 6 章 E-mail 人机交互自动化 ·········88
- 6.1 功能简介 ·········88
  - 6.1.1 E-mail 简介 ·········88
  - 6.1.2 E-mail 自动化活动 ·········89
- 6.2 自动读取 E-mail ·········92
  - 6.2.1 使用 IMAP 协议读取邮箱中的未读邮件主题 ·········93
  - 6.2.2 使用 IMAP 协议下载附件 ·········97
  - 6.2.3 读取 Outlook 邮箱中的未读邮件 ·········97
- 6.3 自动发送 E-mail ·········99
  - 6.3.1 使用 SMTP 协议发送邮件 ·········99
  - 6.3.2 使用 Outlook 发送 E-mail ·········102
- 6.4 自动移动 E-mail ·········102
  - 6.4.1 E-mail 移动前的准备 ·········102
  - 6.4.2 移动 E-mail ·········103
- 6.5 财务计划编制机器人模拟实训 ·········104
  - 6.5.1 场景描述与业务流程 ·········104

		6.5.2 自动化流程设计 …………… 106
		6.5.3 技术路线与开发步骤 ………… 108

第 7 章　PDF 文本读取自动化 …… 118
7.1　功能简介 …………………………… 118
- 7.1.1　关于 PDF …………………… 118
- 7.1.2　PDF 活动 …………………… 118

7.2　主要功能 …………………………… 119
- 7.2.1　获取总页数 ………………… 119
- 7.2.2　获取所有图片 ……………… 120
- 7.2.3　将指定页另存为图片 ……… 121
- 7.2.4　获取指定页图片 …………… 122
- 7.2.5　获取指定页文本 …………… 123
- 7.2.6　合并 PDF …………………… 125

7.3　经营状况分析机器人
　　模拟实训 …………………………… 126
- 7.3.1　场景描述与业务流程 ……… 126
- 7.3.2　自动化流程设计 …………… 128
- 7.3.3　技术路线与开发步骤 ……… 129

第 8 章　UiBot IDP 智能自动化 …… 144
8.1　功能简介 …………………………… 144
- 8.1.1　IDP 简介 …………………… 144
- 8.1.2　IDP 智能自动化基本介绍 … 145

8.2　信息抽取 …………………………… 145
- 8.2.1　功能描述 …………………… 145
- 8.2.2　上市公司公告信息抽取机器人
  模拟实训 …………………… 146

8.3　通用文字识别 ……………………… 153
- 8.3.1　功能描述 …………………… 153
- 8.3.2　识别屏幕文字机器人
  模拟实训 …………………… 154

8.4　通用表格识别 ……………………… 157
- 8.4.1　功能描述 …………………… 157
- 8.4.2　银行流水识别机器人
  模拟实训 …………………… 158

8.5　通用多票据识别 …………………… 162
- 8.5.1　功能描述 …………………… 162
- 8.5.2　发票读取机器人模拟实训 … 162

8.6　通用卡证识别 ……………………… 167
- 8.6.1　功能描述 …………………… 167
- 8.6.2　营业执照识别机器人
  模拟实训 …………………… 167

8.7　自定义模板识别 …………………… 171
- 8.7.1　功能描述 …………………… 171
- 8.7.2　银行对账单识别机器人
  模拟实训 …………………… 172

8.8　文本分类 …………………………… 176
- 8.8.1　功能描述 …………………… 176
- 8.8.2　使用方法 …………………… 177

8.9　印章识别 …………………………… 183
- 8.9.1　功能描述 …………………… 183
- 8.9.2　使用方法 …………………… 183

8.10　验证码识别 ……………………… 186
- 8.10.1　功能描述 ………………… 186
- 8.10.2　使用方法 ………………… 186

8.11　标准地址 ………………………… 189
- 8.11.1　功能描述 ………………… 189
- 8.11.2　使用方法 ………………… 190

8.12　财务报销编制机器人
　　　模拟实训 ………………………… 192
- 8.12.1　场景描述与业务流程 …… 192
- 8.12.2　自动化流程设计 ………… 193
- 8.12.3　技术路线与开发步骤 …… 195

第 9 章　Web 应用自动化 …………… 206
9.1　功能简介 …………………………… 206
- 9.1.1　关于 Web …………………… 206
- 9.1.2　Web 应用自动化基本介绍 … 206
- 9.1.3　Web 应用自动化具体活动 … 207

9.2　主要功能 …………………………… 208
- 9.2.1　启动和绑定新的浏览器 …… 208
- 9.2.2　获取运行状态 ……………… 209
- 9.2.3　录制网页 …………………… 210
- 9.2.4　数据抓取 …………………… 212

9.3　财务预算审核机器人
　　模拟实训 …………………………… 216
- 9.3.1　场景描述与业务流程 ……… 216
- 9.3.2　自动化流程设计 …………… 218
- 9.3.3　技术路线与开发步骤 ……… 220

第 10 章　应用程序交互自动化 …… 231

10.1	功能简介	231	10.2.3	打开文件或网址 ……… 232
	10.1.1 关于应用程序交互 …… 231		10.2.4	关闭应用 …………… 233
	10.1.2 应用程序交互自动化		10.3	资产卡片录入机器人模拟
	基本介绍 ………… 231			实训 ………………… 233
10.2	主要功能 …………… 231			10.3.1 场景描述与业务流程 … 233
	10.2.1 启动应用程序 ……… 231			10.3.2 自动化流程设计 …… 234
	10.2.2 获取应用运行状态 …… 232			10.3.3 技术路线与开发步骤 … 236

第三部分　UiBot 财务机器人开发　243

第 11 章　会计记账处理机器人 ……… 243	12.3	机器人开发 …………… 276
11.1　场景描述与业务流程 …… 243		12.3.1 技术路线 ……………… 276
11.2　自动化流程设计 ………… 245		12.3.2 开发步骤 ……………… 278
11.3　机器人开发 ……………… 247	第 13 章　股票投资分析机器人 ……… 301
11.3.1 技术路线 …………… 247	13.1	场景描述与业务流程 …… 301
11.3.2 开发步骤 …………… 249	13.2	自动化流程设计 ………… 304
第 12 章　杜邦财务分析机器人 ……… 270	13.3	机器人开发 ……………… 306
12.1　场景描述与业务流程 …… 270		13.3.1 技术路线 ……………… 306
12.2　自动化流程设计 ………… 274		13.3.2 开发步骤 ……………… 307

第四部分　财务机器人的运用

第 14 章　RPA 财务机器人的部署		14.3.2 安全管理 …………… 326
与运行 ……………… 320	第 15 章　RPA 财务机器人的价值与
14.1　机器人的部署 …………… 320	风险 ……………… 328
14.1.1 部署考虑因素 ……… 320	15.1	财务机器人的价值 ……… 328
14.1.2 RPA 实施机会评估 … 321		15.1.1 RPA 财务机器人的应用
14.1.3 RPA 机器人的部署形式 … 322		价值 ……………… 328
14.2　机器人的运行 …………… 324		15.1.2 RPA 财务机器人的价值
14.2.1 机器人的运行模式 … 324		分析 ……………… 328
14.2.2 机器人的运行维护 … 324	15.2	机器人的风险 …………… 329
14.3　机器人的管理 …………… 325		15.2.1 流程风险 …………… 329
14.3.1 实施管理 …………… 325		15.2.2 使用风险 …………… 331

第一部分 机器人流程自动化(RPA)基础

第 1 章 机器人流程自动化概述

在当今时代,数字化转型已成为企业提升竞争力、优化业务流程的重要途径。党的二十大报告中明确提出,要加快数字化转型,推动高质量发展。机器人流程自动化作为数字化转型的重要工具,正在深刻改变着企业的工作方式。在这个过程中,机器人流程自动化技术成为企业创新发展的关键驱动力。作为一种智能化、自动化的解决方案,在这个过程中,RPA(机器人流程自动化)技术成为企业创新发展的关键驱动力;同时,RPA 可以帮助企业优化业务流程,提高工作效率,实现降本增效,为高质量发展奠定基础。

1.1 什么是 RPA

RPA 是 Robotic Process Automation 的缩写,翻译为机器人流程自动化。我们可以直观地认为,RPA 是针对各行业存在大批量、重复性、机械化人工操作的情况,允许任何人配置计算机软件,以机器人作为虚拟劳动力,模拟人类与计算机的交互过程并完成预期任务的一种工作流程自动化软件。

目前对 RPA 的认识和理解可谓是众说纷纭、各有侧重。下面,我们介绍德勤、普华永道、安永、IBM、来也科技等一些国内外公司对 RPA 的定义和论述。

1. 德勤(DTT)

德勤对 RPA 的理解和应用主要在财务领域,认为 RPA 财务机器人是一款能够将手工工作自动化的机器人软件,机器人的作用是代替人工在用户界面完成高重复、标准化、规则明确、大批量的日常事务操作。

与一般软件或程序的区别在于:普通程序被动地由业务人员操作,机器人则替代人工主动操作其他软件。

2. 普华永道(PWC)

普华永道对 RPA 的理解:RPA 是智能流程自动化(Intelligent Process Automation,IPA)的一个特征,IPA 描述了受逻辑驱动的机器人对大多数结构化数据执行预先编程的规则。

RPA 通过重新定义工作内容并重新分配员工来执行高价值的活动,将生产力优化提升到了另一个层级。流程自动化机器人能够独立执行简单的人类任务，如解释、决定、行动和学习。

3．安永(EY)

安永对 RPA 的理解：RPA 是一项允许公司员工通过配置计算机软件或机器人抓取并解析现有应用程序来处理事务、操纵数据、触发响应并与其他数字系统通信的技术应用。企业正在不断寻求可以实现自动化的流程，可实现 RPA 的基本流程应具备三个关键特征：操作一致，重复执行相同的步骤；模板化驱动，数据以重复的方式输入到特定字段中；基于标准规则操作，允许决策动态大幅改变。到 2025 年，我们将有能力实现机器人自行达成流程自动化。当这一功能真正实现的时候，企业规则将再一次被改写。终端用户和 RPA 供应商共同推动增强 RPA 软件的基本功能，使得 RPA 从业务层面以及自动化层面都将与其他技术更加集成。这将是实现智能流程自动化的关键。这包括了流程和系统间的集成，同时也是 RPA、AI(如计算机视觉和机器学习)以及其他核心技术(如流程挖掘)之间更为广泛的集成。

4．毕马威(KPMG)

毕马威对 RPA 的理解：RPA 可以定义为人工智能、机器学习等认知技术在业务自动化中的灵活使用，可以是针对重复性工作的自动化及高度智能处理的自动化。RPA 是数字化的支持性工具，可以替代在此之前认为只有人类才可以完成的工作，或者在高强度的工作中作为人工的补充，是企业组织中出现的新概念劳动力，亦称为数字劳动力或虚拟脑力劳动力。流程智能自动化 RPA 财务机器人项目能够帮助客户实现业务管理创新、降本增效，同时提升业务操作的连续性、规范性、准确性和安全性等数字化能力体系建设的核心目标。

5．麦肯锡(McKinsey)

麦肯锡对 RPA 的理解：RPA 是一种软件自动化工具，它能自动执行常规任务，如通过现存用户界面进行数据提取与清理。机器人有一个与人类相同的用户 ID，并能执行基于规则的任务，如访问电子邮件和系统、执行计算、添加文档和报告，以及检查文件等。麦肯锡特别指出，被机器人取代并不意味着大量失业，因为新的就业岗位将被创造出来，人们应该提升工作技能来应对即将到来的就业大变迁时代。麦肯锡预计，在自动化发展迅速的情况下，3.75 亿人口需要转换职业并学习新的技能；而在自动化发展相对缓和的情景下，约 7500 万人口需要改变职业。在自动化发展迅速的情况下，到 2030 年，全球 8 亿人口的工作岗位将被机器取代。

6．埃森哲(Accenture)

埃森哲一直致力于机器人流程自动化(RPA)技术的研究和投入，改变了企业提供业务流程和信息技术架构服务的方式，从而提高了生产、合规、质量和用户体验等方面的水平，员工能力也得以释放，得以更加专注具有更高价值的分析、决策和创新工作。通过有效整合各项技术，埃森哲能够帮助企业变革整体流程，创造新的商业机遇，并且快速、大规模地为客户交付业务。

7．IBM(国际商业机器)

IBM 对 RPA 的理解：在企业以实现人工智能(Artificial Intelligent, AI)转型为目标的同时，企业内部单一、重复且烦琐的事务性工作却又在禁锢着员工的发展。RPA 把员工从这些工作中解放出来，优化整个企业的基础流程作业、降低成本、提高效率和确保零失误，是企业迈向人工智能的第一步。

8．来也科技（UiBot）

北京来也网络科技有限公司（简称"来也科技"）认为 RPA 是一类自动化软件工具，它可以通过用户界面使用和理解企业已有的应用，将基于规则的常规操作自动化。RPA 适用的领域是企业具有明确业务规则、结构化输入和输出的操作流程领域，如财务、审计、人力资源、供应链、信息技术等。

来也科技认为 RPA 的技术本身适用于业务高频、大量、规则清晰，人工操作重复、量大、时间长的任务。规则清晰的定义则是可以把详细的、人工操作的每一步动作都能写下来的操作手册，也就是流程标准化程度要足够高。

9．达观数据（DATA GRAND）

RPA 就像一个数字化员工，去协助员工完成工作。达观数据公司（简称"达观数据"）将 RPA 和 AI（NLP/OCR）相结合应用到文本智能处理领域，通过 AI 读懂提供的信息，再用 RPA 去抓取所需要的信息并将其填在所需要的地方。

在有大量行业知识库和 AI 模型的基础上，部署机器人只需要根据每个客户的数据源，去做简单的算法调整和参数调优，就可以很快速地实现关键信息的提取，突破传统 RPA 无法处理的非结构化数据源问题。例如图片验证码识别、证件识别、纸质文档识别、合同抽取、财务报表抽取、报告生成等业务需求。

10．本书观点

在上述对 RPA 定义的各种版本中，尽管各有其侧重点，但还是呈现出一些基本的要素，反映了普遍认同的特点。基于此，结合现有定义和论述，为了建立对 RPA 统一的认识和理解，本书将 RPA 定义为一种依据预先设定的业务处理规则和操作行为，能够模拟、增强和拓展用户与计算机系统的交互过程，自动完成一系列特定的工作流程和预期任务，有效实现人、业务和信息系统一体化和信息系统集成的智能化软件。也就是说，RPA 是在计算机上运行的软件机器人，它替代人去工作，只不过这个"机器人"是虚拟的。

1.2 RPA 的功能

RPA 被赋予了类似于人类的感知与智能的能力，它拥有人类的视觉、听觉、语言、行动和思维等多个方面的功能。通过利用一系列相对成熟的技术，如 OCR（光学字符识别）和 NLP（自然语言处理），RPA 展现出了以下类似于人的功能。

（1）视觉功能（眼睛）：RPA 借助 OCR、图像识别和语义识别等技术，可以模拟人类"阅读"的能力。这使得它可以执行诸如发票识别、证件识别、图片验证码解析、银行卡信息识别等任务，从图像中提取有用的信息，实现自动化处理。

（2）听觉功能（耳朵）：利用语音识别技术，RPA 可以"听懂"人类的语音对话，并结合语义识别技术来理解对话的含义。这使得它能够应用于会议记录、实时翻译等领域，将口头信息转化为可处理的文字。

(3)语言功能(嘴巴):通过语音合成技术,RPA 可以"说话",并结合语音和语义识别技术来实现智能导游、智能导购、智能 Help Desk 等任务。这让其能够与人类进行语言交互,提供实时的信息和指导。

(4)行动功能(手脚):虽然 RPA 没有真正的物理意义的手脚,但它能够通过软件界面模拟人类的操作。结合机器手臂、自动驾驶等技术,RPA 能够实现诸如无人驾驶、无人物流、无人工厂等任务,从而增强了实际操作的自动化程度。

(5)思维功能(大脑):借助统计分析、机器学习和 NLP 等 AI 技术,RPA 可以实现类似人类的"思考、学习和决策"能力。尽管它的思维并非与人类一样深入,但它可以基于预设规则和逻辑自动进行决策,从而模拟一些人类思维过程。

RPA 具备能够记录用户在计算机上的各种操作行为的能力,涵盖了键盘输入、鼠标移动和点击等,同时还包括触发调用 Windows 操作系统的行为,如文件夹和文件操作。此外,RPA 还可以触发调用各类应用程序,如收发 Outlook 邮件、进行 Word/Excel 操作、执行网页操作、打印文档、进行录音/录屏、打开摄像头、远程登录服务器、执行 SQL Server 客户端操作、发送 Lync 客户端信息、执行 SAP 客户端操作、处理业务应用客户端操作以及 ERP 系统操作等。这些操作行为会被抽象为计算机能够理解和处理的对象,然后按照预定的规则自动在计算机上完成相应的工作。

RPA 解决方案的核心在于将这些相对成熟的新兴技术有机地连接起来,为客户提供一个具有多重优势的行业解决方案。这个解决方案不仅能够降低实施成本,也能够显著降低人力成本的投入。通过 RPA 的应用,办公效率得到显著提升,而工作的准确性和稳定性也得到了保证。这种解决方案的引入使得客户能够借助新兴技术来降低成本、提高效率,并创造出更多的价值。通过在市场竞争中抢占先机,客户能够获得行业内的优势地位。

从上面的论述可以推导出 RPA 具有的一些主要功能如下:

(1)键盘、鼠标操作自动化;
(2)识别并读取用户界面(UI)的文字内容;
(3)识别 UI 的图形、颜色等属性;
(4)各类应用程序的自动启动和自动关闭,用户名密码的自动输入等;
(5)业务流程的无缝衔接;
(6)不同应用程序和业务系统间的数据共享;
(7)定时执行;
(8)支持错误处理和分支处理;
(9)支持远程操作;
(10)支持历史数据分析;
(11)支持多台计算机和服务器的控制。

1.3 RPA 的特点和优势

1.3.1 RPA 的特点

RPA 作为一款能够将人的工作自动化的机器人软件,可以模拟人类的操作,同时记录用户在计算机上的操作行为,包括使用鼠标键盘命令、触发调用系统的各类应用程序等,例如录入数据、收发邮件等系列行为。同时,它能够按照事先约定的规则在计算机上自动完成数据采集与录入、文件上传与下载、图像识别与文本处理、数据加工与分析、流程管理和监控,以及信息输出与反馈等任务。这为用户提供了一种低错误率、强合规性和高效率的解决方案。它具有以下几项显著特点。

1．程序处理

RPA 通过用户界面(UI)或脚本语言(Script)实现对重复人工任务的自动化处理。它可以在各种计算机环境中部署,并且在何时何地都能够使用,具备灵活的可扩展性。同时,RPA 的易用性使得培训和部署变得非常便捷。

2．基于明确的规则操作

RPA 所处理的流程必须有明确的、可被数字化的触发指令和输入,而无法涵盖未事先定义的例外情况。这提高了工作的准确性,同时能够监视、跟踪和控制业务流程的执行。由于其可记录的特性,工作日志可供审计和追溯。

3．模拟用户手工操作及交互

机器人可以执行用户的日常基本操作,如选择、输入、复制、粘贴等计算机操作。RPA 具有多样的部署方式,使得它能够快速部署"虚拟"员工,实现快速的业务需求响应。在增强协作性的同时,还能让 IT 支持人员和业务人员协作完成工作流程。

4．非侵入性

RPA 软件通过遵循现有的安全和数据完整性标准,以与人完全相同的方式访问当前系统,以防止出现任何性质的破坏。RPA 配置在当前系统和应用程序之外,因此无须更改任何当前应用程序和技术,可以做到非入侵式的部署。

5．较少编程

编写 RPA 脚本,基本上较少需要编码。只要熟练掌握业务流程和专业知识,没有编程经验的操作人员,都可以在短时间内学会使用 RPA 软件,通过拖曳控件的方式实现自动化业务流程。很多 RPA 平台都提供了类似于流程图设计的图形界面,在这个界面中,可使用代表流程中的步骤的图标来创建业务流程定义。

6．其他

除了上述这些众所周知的功能特点,RPA 还具备许多其他功能,包括高度的规则严谨性(优秀的操作品质)、安全可靠性(避免了机密泄露和人为操作风险)、全天候待命(能够 7×24 小时不间断地执行原本由人力完成的工作,包括节假日)、技能可拓展性(能够快速拓展,进行培训和部署)。

1.3.2 RPA 的优势

进行大量重复性操作时,RPA 相对于人工具有明显的优势,主要体现在以下几个方面:

(1)效率高:相对于人工操作,RPA 可以持续处理大量重复、具有明确规则的任务,减少人为干预,从而显著提高工作效率。

(2)成本低：RPA 的实施成本较低，维护成本取决于运行环境，但总体成本远低于人工成本。这有助于企业释放人力，将人员投入到有更高价值的工作领域。

(3)速度快：RPA 在处理大量重复性任务时速度快于人类，而且 RPA 的实施速度也通常快于其他软件，带来更快的实际效果。

(4)质量高：相对于人工操作，RPA 在处理大量重复性任务时更精确，具备完整的审核记录，能提供高质量的工作结果。

(5)态度好：RPA 能够以 7×24 小时的不间断工作状态持续执行任务，无须休息，没有情绪波动，始终保持稳定的工作态度。

(6)出错率低：长时间的计算机操作容易使人产生疲劳，从而增加出错的可能性，而 RPA 可以有效降低出错率，几乎将错误率降至零。

(7)合规度高：由于 RPA 的出错率低，能够提供审计和跟踪数据，更好地满足合规控制的要求，降低业务风险。此外，一些合规操作有助于实现更全面的审计，而非仅仅是抽样审查。

1.4　RPA 在财务领域的应用

RPA 的应用一般需要符合三大前提条件：①重复性高且业务量大。人力相对密集的工作往往重复枯燥、附加值低，不利于发挥员工潜能，实施自动化可以提高效益。②规则明确且稳定。机器人开发时需要根据规则编写脚本，只有操作行为具有固定规则、明确逻辑，才能转化为可执行的软件程序。③横跨多个异构系统。RPA 的执行原理是调用操作系统底层技术，起到强大的用户操作集成作用，不会改变企业信息系统原有结构，能较好地实现多个异构系统间的自动化。而会计核算作为企业的重要业务之一，刚好满足这些条件。因此，在财务领域推进 RPA 流程的应用变得越来越重要。企业在财务领域的 RPA 流程应该是一段循序渐进、技术应用与管理水平协同的过程，而不是盲目地进行流程开发，反复、持续地实施孤立的 RPA 流程。

重庆理工大学程平教授对 RPA 财务机器人做出明确定义，他认为：RPA 财务机器人是一类遵循既定的规则和程序，采用机器人流程自动化技术，通过模拟、增强与拓展财务人员与计算机系统的交互过程，辅助财务人员完成交易量大、重复性强、易于标准化的财务业务，从而优化财务流程，降低财务运作成本，提升财务工作效率，提高财务工作质量，能够实现财务人员、财务业务和信息系统一体化协同的软件。作为业务和财务之间的"黏合剂"，RPA 财务机器人能够有效地辅助解决企业"信息孤岛""业财分离"问题，帮助企业实现内外部价值链"柔性一体化"的连接和"大会计"系统的建构。

从 2017 年开始，以德勤、普华永道、安永、毕马威为代表的国际四大会计师事务所相继上市 RPA 财务机器人及 RPA 财务机器人解决方案，为传统财务行业带来了一场变革，同时也开启了财务领域的"机器人流程自动化"时代。随着 RPA 技术的发展，以来也科技(北京)有限公司为代表的 RPA 企业也在财务领域做了许多创新的应用。

1.4.1　德勤财务机器人

2017 年 5 月中旬，微信朋友圈被一款名为"德勤财务机器人"的 H5 动画刷屏，这是财务机器人第一次正式出现在公众的视野中。德勤研发的财务机器人是部署在服务器或计算机上，实现会计核算流程自动化的应用程序，它是 AI 技术在财务数字化领域的初级应用，是基于机器人流程自动化的技术实现。

1．德勤财务机器人的主要功能

(1) 替代财务流程中的手工操作；
(2) 管理和监控自动化财务流程；
(3) 录入信息，合并数据，汇总统计；
(4) 根据既定的业务逻辑进行判断；
(5) 识别财务流程中的优化点。

德勤财务机器人解决的问题主要包括：
(1) 财务流程中高度重复的手工操作，耗费大量的人力和时间；
(2) 跨岗位的实务操作需要协同处理，沟通成本高且效率低下；
(3) 手工处理存在较高错误率，且获取的数据准确性低；
(4) 人工处理财务相关的事务，无法快速响应业务变化和拓展；
(5) 受制于时间和人力，某些审计工作通过抽样的方式进行，无法实现全覆盖。

2．德勤财务机器人的应用案例

(1) 增值税发票管理。很多大企业在财务共享服务中心模式下，由于纳税主体多，收票量大，导致发票管理和进项税确认申报工作很繁重。"小勤人"只需要财务人员把增值税发票放入扫描仪中进行扫描，剩下的工作全部都可以由"小勤人"自动完成。配合 OCR 技术和 Insight Tax Cloud 发票查验云助手，可以在不到一分钟时间内，查验一张发票并在 Excel 表中登记结果，然后财务人员将增值税发票移送到税务部门，税务人员会启动"小勤人"，让它自动去"发票选择确认平台"下载增值税发票，批量勾选文件，再根据刚刚登记的发票清单去匹配，自动判断是否可以认证抵扣。"小勤人"会把勾选的发票进行整理，再导入"发票选择确认平台"中，以此实现进项税的抵扣。

(2) 开票新玩法。对于一些大型企业，随着企业规模不断扩大、销售业务不断拓展，财务部门每月需要收集全国数百家销售客户的数万份销售记录，按照客户的需求开具几千张增值税发票。财务部门引入"小勤人"之后，通过机器人流程自动化技术的运用，原有的大多数开票操作都可以交给机器人自主完成，财务人员只需要负责发票打印、审核盖章即可。预计每个开票流程可由 20 分钟缩减到 5 分钟，每天缩短 6 小时的工作时间(效率提升 75%)。此外，月末关账高峰时段，机器人的 7×24 小时不间断工作，能够很好地缓解财务人员的工作压力，达到人力资源和工作强度的"削峰填谷"。

(3) 应收清账流程自动化。移动第三方支付渠道给零售行业的财务造成了不小压力，非工作时间的客户付款未及时入账造成订单被锁定是最常见的问题。引入"小勤人"后，可以完成系统内订单解锁的高频重复工作，提高入账频率、加快应收账款的流程，降低锁单率。小勤人为客户完成端到端的数据下载、订单匹配、应收核销、凭证入账、月末对账的全流程操作，实现多渠道数据整理与汇总、逻辑判断检查、对账核销、凭证录入、汇报与报告以及任务调度与执行功能。加快了 80%的业务处理速度，减少了 30%的锁单率，并且做到了 100%的过程与结果记录可追溯。

1.4.2 普华永道财务机器人

2017年5月下旬,普华永道也推出属于自己的财务机器人解决方案。与德勤的财务机器人相比,普华永道的财务机器人不仅针对财务领域,而且将自己的机器人解决方案扩展到其他领域,包含人力资源、供应链及信息技术领域。

普华永道财务机器人可以实现商业活动和流程的自动化,能有效提升业务运营效率与服务质量;包含可通过配置或与计算机软件交互的方式来获得并分析信息的应用程序或软件,从而可实现交易处理、数据传输、数据比较等功能,并广泛应用于财务、税务、人力资源及审计等众多领域。

1. 普华永道财务机器人的主要功能

普华永道财务机器人在财务领域主要用于订单到收款、采购到付款、记录到报告、税务处理、固定资产、费用报销、费用/收入分配及主数据管理等,在人力资源领域主要用于选(员工选择)、用(员工绩效管理)、育(员工培训)及留(员工薪酬管理)等,在供应链领域和信息技术领域也实现了多项功能,如图1-1所示。

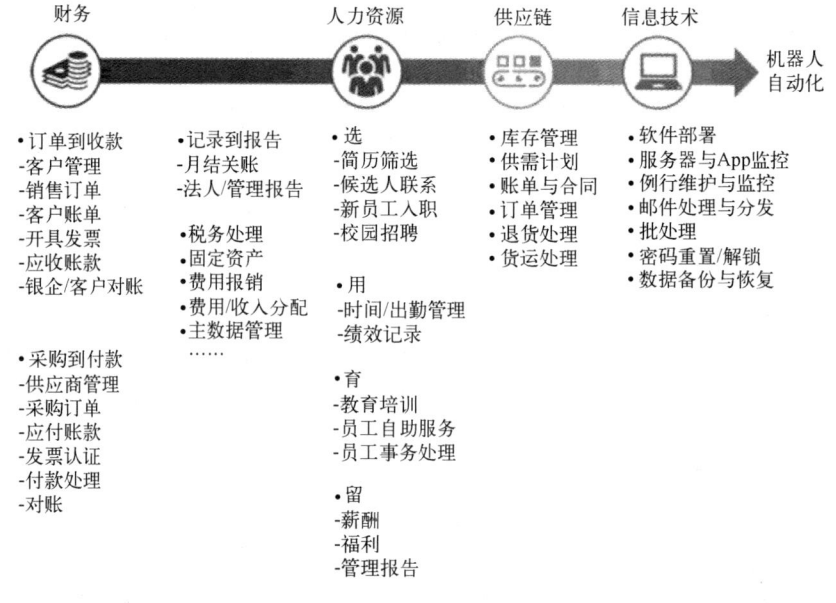

图1-1 普华永道财务机器人的功能

2. 普华永道财务机器人的应用案例

(1) 某国际(控股)股份有限公司作为首家试水机器人流程自动化(RPA)的央企,在引入财务机器人之前,财务共享中心需花费大量人力处理银行对账、往来确认、增值税记账核对、发票查验等财税基础工作,引入普华永道财务机器人之后,财务共享中心的财税工作效率及质量等都获得显著提升,人力时间成本显著降低,具体表现在如下几个方面。

① 银行对账:财务机器人每天自动完成15家银行、80个银行账号的对账和调节表打印工作,全部过程无须人工干预。

② 月末入款提醒:财务机器人自动记录银行借贷款记录,并自动发送邮件给业务人员

确认款项事由。

③ 进销项差额提醒：财务机器人定期从 SAP 系统、开票系统、进项税票管理系统及 PDF 文件 4 个数据源生成提醒表格，并发送给业务人员。

④ 增值税验证：财务机器人将需要验证真伪的增值税发票提交到国家税务总局查验平台上验证真伪，并反馈记录结果。

(2) 某领先互联网企业的应付账款流程自动化。该企业每月需要手工处理数万条结算明细，然后与发票匹配并进行核销，最后进入对供应商付款环节，这需要耗费数以千计的人工工时。财务机器人上线后基本取代了人工操作，而且在非工作时间进行处理，工时降至不足原先的 5%，处理错误率接近于 0，同时提高了应付账款核销人员和供应商的满意度。

(3) 某国际金融机构的应收账款处理流程自动化。该机构每天需要从近 10 家不同银行分别取得对账单进行数据分类、识别与校验，之后手工进行应收账款的账务处理。整个过程每天需要耗费大量时间，且操作错误导致的返工频繁。财务机器人上线后基本完全取代了人工操作，每天全部银行完成处理工时仅需原先的 4%，操作错误率接近于 0，并且是在非工作时间完成的。

通过重新定义、分配工作，普华永道财务机器人使共享中心的人员能够从繁重、枯燥且低价值的事务中解放出来，转而专注于高价值的工作。普华永道财务机器人实现了商业活动和流程的自动化，能有效提升业务运营效率与服务质量。

1.4.3 安永智能财务机器人

2017 年 6 月初，安永也马不停蹄地推出了智能财务机器人。安永称，"机器人流程自动化(RPA)是向业务流程捆绑和外包变革迈进的又一步。在过去几十年中，我们已经看到各种技术进步对业务产生的巨大影响，而业务流程自动化将成为下一步，它的应用将极大地减少人员从事某些标准的、大批量活动的需求。"安永智能财务机器人在落实传统的 RPA 后再继续向后代系推进，这样能帮助企业避免"空壳效应"，并全面进入智能自动化流程时代。

1. 安永智能财务机器人的主要功能

安永智能财务机器人主要应用于关账与开立账项、账项审核请求、外汇支付、理赔流程、订单管理、能源消耗和采购、付款的保护措施、舞弊调查、职能变化、入/离职手续、密码重置、系统维护、数据清洗、数据分析等。

安永智能财务机器人将传统的 RPA 向 AI 进行了升级，特点如下：

(1) 机器人的功能越来越精细且智能；

(2) 未来可供科技发展的空间更大；

(3) 机器人的应用越来越专业；

(4) 机器人能够实现更大的定性效益而非财务效益。

RPA 的实现分为流程分析及机器人匹配、供应商选择及签约、实施支持等内容。安永通过四个主要代系机器人——RPA 传统(重复性、基于规则的大量活动)、RPA 认知(通过机器学习和自然语言处理，管理非结构化数据)、智能聊天机器人(与使用者互动)、AI(数据分析、洞察和决策)的强强联合，来实现最大最好的效益。

2. 安永智能财务机器人的应用案例

(1) 作为国内首家引入机器人流程自动化(RPA)的某保险公司，客户的主要业务涵盖财产保险、健康及意外保险和相关的再保险业务。随着公司业务的持续扩张，公司再保的业务工作量也随之不断增加。

通过分析，由于再保工作的特殊性，必须在当月将本月保单进行业务处理，导致数据录入工作强度逐渐变大，客户现有的再保业务流程存在录入低效、出错率高的问题。再保操作人员根据线下 Excel 表格登录到再保系统中进行数据人工校验，平均每月需要录入几千条数据。由于数据需要逐个复制、粘贴，数据录入效率低，且容易出现数据录入错误。

安永智能财务机器人"安哥"上线后的再保业务流程实现了以下功能和价值。

① 自动化+标准化：在统一再保保单列表文件的命名格式和存放路径后，机器人将根据指令要求，自动读取公共文件夹中已填写的保单数据，录入再保系统，记录处理结果并生成列表。后期，可根据处理结果的反馈进行审计和业务追踪。

② 高智能性：机器人在录入之前会优先根据设定的规则校验数据，自动标识不合格的数据。

③ 可控制性：对于系统录入过程中产生的系统异常及错误，机器人会做出相应的标识，反映在处理结果中。

④ 价值：最终实现数据录入的零错误，彻底解决再保部门的加班问题。单条数据录入控制在 1 分钟内，较之前 5 分钟处理一条数据，效率提升近 80%。其中，人工参与时间控制在 30 秒左右，减少 90% 的人工投入，使得员工可以专注于更有价值的决策工作上。

(2) 作为全球最大的一站式多元化出行交易平台，某企业在中国 400 多座城市为近 3 亿用户提供全方位的出行服务。2015 年该平台共完成 10 亿多个订单，跃升为仅次于某宝的全球第二大在线交易平台。随着业务线和业务规模的不断扩张和增长，公司的财务部门面临巨大的挑战，每月大量的应收应付处理、总账处理、对账、报销、月末盘点等工作，使得公司的人力投入逐年增加，却未能看到相关财务流程在效率上有显著的提升。面对当前严峻的形势，公司亟须通过建立标准化、集约化的财务运营模型，降低运营成本，优化流程效率，提升后端财务对前端业务的响应速度。安永受邀成为用户 RPA 解决方案的服务提供商。

通过分析，目前企业的财务流程存在大量的人工操作，严重影响账务处理的及时性和准确性。首先，日记账由财务人员进行人工检查后上传，错误频出，通过率低；频繁出现多次上传同一个文件的情况，效率低下。其次，财务人员需在每月月末将检验后的手工账手动上传至 SAP 系统中。据统计，每月月末的三天，财务人员共需处理超过 1000 多条账务。总体而言，每月各类日记账和月末账务的处理共需耗费 200 个小时的工时，甚至可能造成无法及时关账。

安永智能财务机器人"安哥"上线后的财务流程实现了以下功能和价值。

① 自动化+标准化：在统一会计凭证及其他相关附件的命名格式和存放路径后，机器人将根据指令要求，自动获取公共文件夹中已填写的会计凭证文件与附件文档，上传至 SAP 系统，记录处理结果并生成列表。

② 高智能性：机器人在上传会计凭证文件到 SAP 系统之前会根据预设的规则，对会计

分录进行校验和审核,自动标识错误并生成日志,反馈给提交者。通过校验的数据,机器人会自动上传至 SAP 系统,并添加附件文档。

③ 可控制性:机器人会实时生成账务处理的记录报表,标识每个凭证的状态(检验、生成、支持文件上传),便于业务人员对账务进行跟踪和追溯。

④ 收益:最终实现全流程效率提升近 70%,每月节省一个人工,确保每月月底能及时关账,并使得该员工的工作重点转移到更有价值的决策工作内容上。

1.4.4 毕马威智能财务机器人

2017 年 6 月下旬,毕马威作为国际四大会计师事务所之一,是最后一家明确提供机器人流程自动化服务的。与之前的几款智能机器人相比,它更多地关注数字化劳动力。

1. 毕马威智能财务机器人的主要功能

毕马威智能财务机器人运用了自动化技术后,数字化劳动力能够使企业减少 40%~75% 的成本,变革后的业务处理方式变得更加简便,认知技术也能够减少人工流程,收益与人的素质无关,如图 1-2 所示。

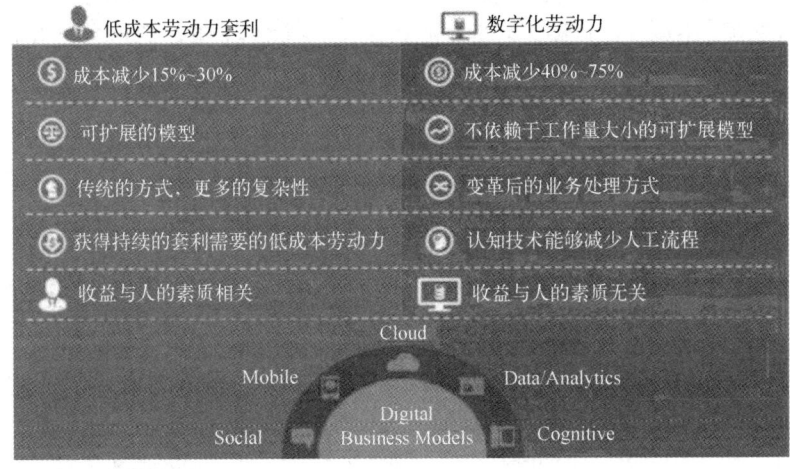

图 1-2 毕马威智能财务机器人的作用

2. 毕马威智能财务机器人的应用案例

毕马威运用智能财务机器人协助一家国际领先的商业银行在中国的分支机构实现了贸易融资和大宗商品交易部门试点业务流程的数字化转型工作。除此之外,还协助该银行采用毕马威的业务案例分析框架制定了未来的整体 RPA 运用策略,并进行了详尽的成本收益分析,设计了未来的业务流程框架,获得银行高级领导层的认可。该银行通过试点运行 RPA 获得的具体收益包括以下 5 个方面:

(1)现有流程中手工处理步骤的数量得以减少,贸易融资部门的单位流程的处理时间(UPT)平均减少了 42.6%,大宗商品交易部门的单位流程处理时间(UPT)平均减少了 33.6%;

(2)业务处理能力获得提升,贸易融资部门的单位时间交易处理数量上升了大约 9.9%,大宗商品交易部门的单位时间交易处理数量上升了大约 50.3%;

(3)采用了 RPA 工具后,该银行贸易融资部门的 FTE(全职人力工时)数量释放了 21.6%,

而大宗商品交易部门的 FTE(全职人力工时)数量释放了 17.6%；

(4)提升了业务处理的准确性，大宗商品交易部门日均约 17 次日交易错误数量和贸易融资部门日均约 21 次交易错误数量分别下降到了几乎忽略不计的次数。

1.4.5 弘玑 Cyclone 财务机器人

上海弘玑信息技术有限公司(简称"弘玑 Cyclone")成立于 2015 年，专注于提供端到端的软件自动化平台和数字化转型解决方案，能够为用户自动实现跨行业、跨组织的数字化转型。弘玑 Cyclone 总部位于上海，目前已在国内外 24 个城市设有分公司和办事处，并在美国硅谷设立了研发中心。

公司创始团队系国内 RPA 行业的早期践行者，核心团队成员主要来自于 IBM、HP、科大讯飞、微软、阿里巴巴、腾讯等国内外著名互联网和科技企业。弘玑 Cyclone 的 RPA 产品服务了包括国家电网等大型国企、央企客户和其他大型民营企业客户，分布在金融、电力等行业，覆盖财务、采购、审批等多种应用场景，能够为客户提供全面的流程智能、流程自动化产品和服务。流程挖掘业务已成为超级自动化的核心组成部分，是弘玑 Cyclone 整体业务中的核心一环。弘玑 Cyclone(见图 1-3)以超级自动化闭环视角，通过流程挖掘来观察和发现业务流程中的瓶颈，进而通过流程智能中的仿真功能来选择和评估流程优化的机会，融合 RPA 在内但不限于 RPA 的超自动化技术产品做流程优化。通过如此迭代，形成真正赋能企业数字化转型的超级自动化飞轮效应。

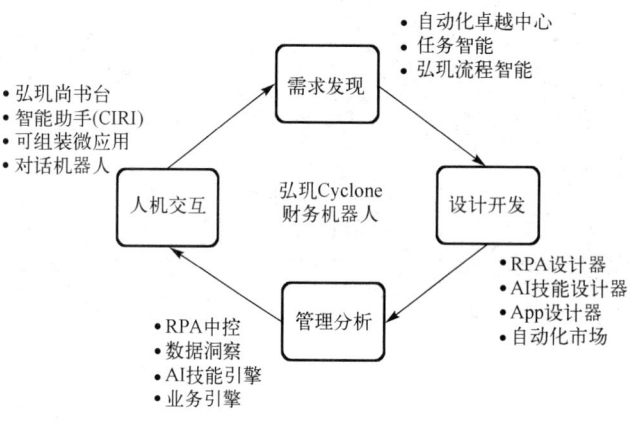

图 1-3　弘玑 Cyclone 产品全景

1. 弘玑 Cyclone 财务机器人的主要功能

弘玑 Cyclone 财务机器人近两年的部署量增速超过 250%，并在 2023 年实现了单一客户机器人数量过万的里程碑。从自动化场景来看，弘玑 Cyclone 的产品以智慧赋能的初心赋予了包括零售、财务、保险等各个行业的客户全业务数字化的能力(见图 1-4)。

2. 弘玑 Cyclone 财务机器人的应用案例

弘玑 Cyclone 结合某证券公司实际工作环境特点，如财务系统、办公软件、短信平台等对流程进行优化设计，将受限于系统孤立局面下的大量手工工作设计为通过自动化的方式来提升业务运营效率，该证券公司内部称该财务机器人为"智能小助手"。

零售　财务　保险　制造　物流　政府　证券　电网　银行

人事财务
- 智能银企对账
- 批量维护供应商
- 批量解析录入简历
- 自动审核报销
- 批量纳税申报
……

能源
- 智能采集分析
- 设备日常运维
- 巡检数据录入
- 业扩工单预警
- 风险预警管控
……

金融
- 公司诚信查询尽调
- 银行发票验证
- 大额和可疑交易填补
- 风控管理系统估值填报
- 客户交易数据日报汇总

物流运输
- 自动查询异常件
- 批量海关报关
- 自动同步货运状态
- 批量申报危险运单
- 批量备注滞留件
……

消费零售
- 大众点评抓取评论
- 美团商家信息采集
- 获取淘宝商品SKU信息
- 批量获取天猫商品DSR
- 自动采集虾皮购物信息

图 1-4　弘玑 Cyclone 财务机器人的主要功能

以资金划拨，工资记账两个典型财务场景为例：弘玑 Cyclone 财务机器人能够自动打开对应财务表单及内往报单表，将各个项目数据按照对应字段填入内往报单表中。但无论是资金划拨单还是工资记账单，和内往报单表的字段并不一致，所以人工操作这些业务流程的效率较低，也有数据填充错误的风险。弘玑 Cyclone 财务机器人结合 OCR、NLP 等先进技术，充分融合机器学习+符号语言学(知识工程)两派的 AI 能力，对文档进行高准确度的关键信息提取、内容比对、审核、溯源等，精确实现文档理解，自动完成不同字段定义下的表单填写。

完成填表后，弘玑 Cyclone 财务机器人自动打开并登录对应的财务系统，将数据导入，并依次点击提交和审批，根据单据自动生成凭证。数据显示，资金划拨、工资记账两项业务的处理效率分别提升 85%与 93%。

弘玑 Cyclone 财务机器人项目在该证券公司实施仅 4 周即完成上线，业务处理时长平均减少 90%，相当于节省了 2 个全职员工的工作量。据统计，该财务机器人上线后，该证券公司的业务处理效率提高 80%。通过与弘玑 Cyclone 的合作，该证券公司优化了总部财务人员的角色与职能，重塑了业务流程运行模式，能更加高效、规范地完成财务部的日常工作流程，用科技赋能证券的发展。

1.5　RPA 的发展趋势

2016 年 11 月，美国 Gartner 在发布的《机器人流程自动化软件市场指南》中指出，"在过去的 12 个月中，机器人流程自动化(RPA)供应商的全球收益激增。投资者对 RPA 所带来的快速投资回报持乐观态度，财务、税务、银行、保险、招聘等业务量常常起伏不定的企业都相当看好 RPA 的发展前景。"

2017年7月20日，国务院印发了《新一代人工智能发展规划》，这是我国首个面向2030年的人工智能发展规划。该发展规划明确指出，借助机器人流程自动化(RPA)解决方案能够全天候、不间断地确保大量耗时业务流程的自动化管理及执行。这为RPA在中国的应用与发展指明了方向。

从2018年起，企业的RPA需求飞速发展，起步较早的企业开始进一步拓展应用范围。市场上也逐渐听到了国内软件厂商的声音，有的脱胎于自动化运维工具，有的基于Python封装RPA产品，也有借鉴国外经验的自研RPA平台公司。因为著名大型商业银行进行的RPA产品选型，2018年被称为"RPA元年"。对RPA产品进行选型的意义不仅仅是将诸多国内外产品进行横向比较，更重要的是，企业开始将RPA作为企业级的技术平台纳入IT战略布局，RPA项目的建设思路开始发生变化。

IDC报告显示，到2023年年底，预计全球90%的大型组织将采用某种形式的RPA技术，全球RPA软件市场规模将达到39亿美元[①]。中国RPA市场也在高速发展，2023年市场规模约达到10.2亿美元。Gartner预测，到2024年，组织通过超级自动化将降低30%的运营成本。到2025年，超级自动化市场规模将达到8600亿美元，年复合增长率为12.3%。从用户角度来看，在Mulesoft发布的《2023年七大数字化转型趋势》报告中，投资RPA超级自动化被列为首位。

在全球新一轮科技革命和产业变革中，新技术与企业各种业务的融合发展具有广阔前景和无限潜力。将RPA集成在云环境中，可以将任务执行速度提高，同时可以更高效地管理和监控机器人。RPA可以与商业智能和数据分析平台集成，帮助企业更好地理解数据，并更快地做出决策。未来RPA会趋向于更开放的平台，让第三方开发人员可以更好地创建自己的应用程序，以满足企业的各种需求。RPA还可以与其他技术集成，如区块链或物联网，以增强其功能，帮助企业更好地管理供应链和其他业务过程。在这样的革新浪潮下，实现超级自动化的多种技术手段如机器人流程自动化(RPA)和AI等风头强劲，逐渐成为全球软件市场增长最快的部分。机器人流程自动化(RPA)的发展在麦肯锡发布的《智能流程自动化(IPA)将成为数字时代的核心运营管理模式》报告和Everest发布的一份关于RPA变革的报告中有着明确清晰的阐述。

1.5.1　麦肯锡发展观点

2017年，麦肯锡发布的《智能流程自动化(IPA)将成为数字时代的核心运营管理模式》报告，将管理智能化从RPA提升到了IPA(Intelligent Process Automation)。

传统的RPA通过模仿员工在不同系统之间的操作行为，自动地执行规律性工作，其本质是即插即用的外挂式自动化软件工具，只能执行一些重复性的、有规则的工作，不具备超出规则外的分析决策能力。而按照麦卡锡的定义，IPA则是下一代流程增强的工具，或者称之为下一代RPA。它在目前的RPA基础上结合机器学习等AI技术，随着深度学习和认知技术的快速发展，IPA将逐步具备制定决策的能力，从而远远超出现有的基于规则的自动化，从根本上提高效率，提高员工绩效，减少操作风险，以及改善响应时间和客户体验。

在该报告中，麦卡锡提出IPA(下一代RPA)应至少具备以下5种核心技术：

---

① 时间已过，但还查不到对应的具体数据，所以保留原报告提法。——作者注

第一，机器人流程自动化(RPA)是 IPA 的基础。

第二，智能工作流(Smart Workflow)，一种流程管理的软件工具，集成了由人和机器团队执行的工作。它允许用户实时启动和跟踪端到端流程的状态，用来管理不同组织之间的切换，包括机器人和人类用户之间的切换，并提供瓶颈阶段的统计数据。

第三，机器学习/高级分析，一种通过"监督"或者"无监督"学习来识别结构化数据中模式的算法。监督算法在根据新输入做出预测之前，通过已有的结构化数据集的输入和输出进行学习；无监督算法可以观察结构化数据，直接识别出模式。

第四，自然语言生成(Natural-Language Generation)，一种在人类和系统之间添加无缝交互的引擎，它遵循的规则是将从数据中观察到的信息转换成文字，结构化的性能数据可以通过管道传输到自然语言引擎中，并自动编写成内部和外部的管理报告。

第五，认知智能体(Cognitive Agents)，一种结合了机器学习和自然语言生成的技术。它可以作为一个完全虚拟的劳动力，并有能力完成工作、交流，从数据集中学习，甚至基于"情感检测"做出判断等任务。认知智能体可以通过电话或者交谈来帮助员工和客户。

在未来，如果 IPA 接管了企业日常经营管理工作，员工就可以被完全解放出来，从而专注于让用户满意，并从其他的新数据中思考如何实现业务目标，这将是一幅全新的图景。以上是麦肯锡对 RPA 技术未来发展方向的观点，并不是一个标准答案。

1.5.2 Everest 发展观点

Everest 发布了一份关于 RPA 变革的报告，该报告中给出了 RPA 框架化的定义，并对其未来发展方向的阶段性进行了划分，如图 1-5 所示。

第一，图 1-5 中将 RPA 划分为 1.0～4.0 共 4 个阶段，其中 RPA 1.0 被称为虚拟化助手，而后续三个阶段 2.0～4.0 被称为虚拟劳动力。显然，从 1.0 到 2.0 是一个非常大的飞跃，从 2.0 开始，RPA 才可以被称作软件机器人，具有了代替人的可能。缺点是难以扩展。

第二，图 1-5 中对于 RPA 框架化的定义非常有价值，体现了 RPA 的技术发展路线。

RPA 1.0(辅助性 RPA)，涵盖了现有的全部的桌面自动化软件操作，用以提高工作效率，部署在员工 PC 上，缺点是不支持端到端的自动化和难以成规模的应用。

RPA 2.0(非辅助性 RPA)，涵盖了目前 RPA 的主要功能要求，是实现端到端的自动化和可伸缩的虚拟劳动力，具有工作自动协调机制、机器人智能管理方法、机器人性能分析等功能，部署在服务器(虚拟机)上；缺点是需要手动控制和管理机器人。

RPA 3.0(自主性 RPA)，涵盖了目前 RPA 最期望的主要功能要求，是实现端到端的自动化和可扩展且灵活的虚拟劳动力，具有自动缩放、动态负载均衡、情境感知、高级分析和工作流等功能，部署在云/SaaS(VMS)上；缺点是无法处理非结构化数据。

RPA 4.0(认知 RPA)，涵盖了未来机器人流程自动化(下一代 RPA 软件机器人)的功能要求，使用人工智能(AI)技术，包括机器学习和自然语言处理(NLP)技术等，实现处理非结构化数据、预测性和规范性分析、涉及判断的任务的自动化等功能。

第三，从 RPA 产品提供商(如 Automation Anywhere, BluePrism 等)的角度而言，目前大多数 RPA 产品都集中在 RPA 2.0 和 RPA 3.0 之间，需要提高 RPA 流程自动化程度来完善 RPA 产品，解决 RPA 2.0 和 RPA 3.0 的所有问题，同时要积极探索人工智能技术的引入。例如 Automation Anywhere 已经开始在其产品中引入机器学习的概念。

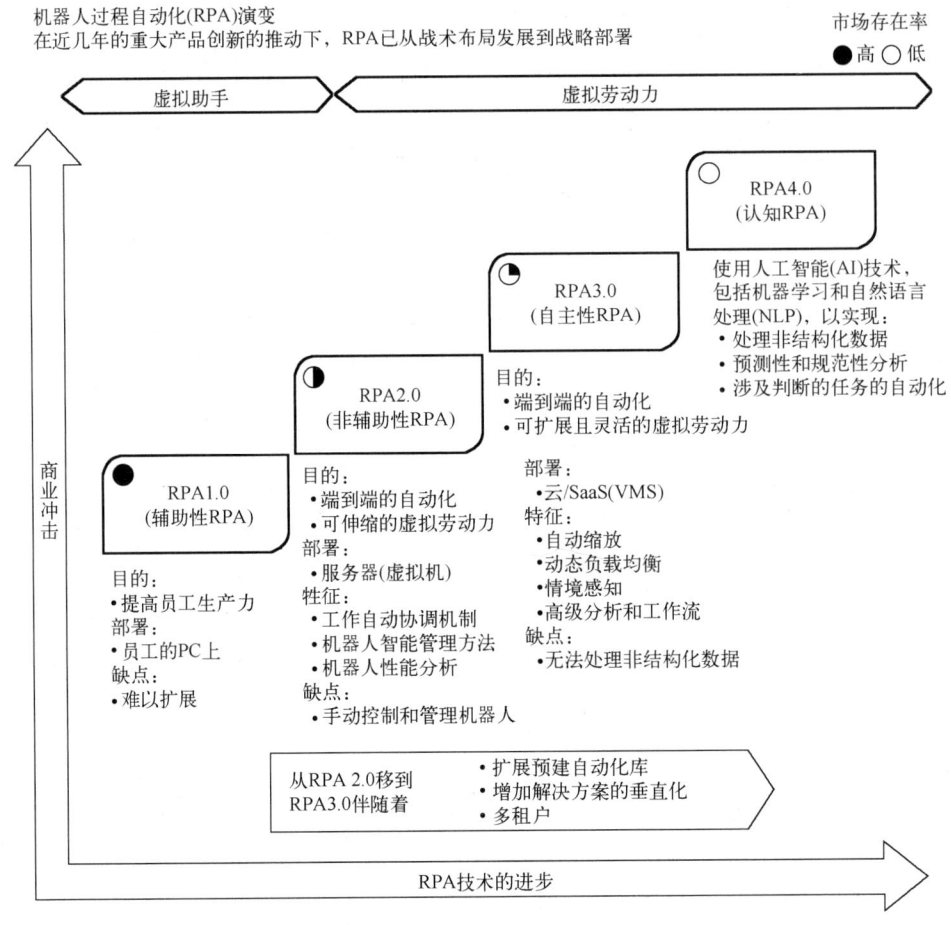

图 1-5 RPA 的发展趋势

第四，企业(RPA 应用方，客户)可以通过这个 RPA 技术发展框架来判断自身对 RPA 的引入程度，当前是在观望阶段，还是在试点应用，或者已经在规划 RPA 卓越中心，从而更好地规划 RPA 应用，以提高企业在市场上的竞争力。

第五，咨询公司和 RPA 实施公司则需要不断反省为客户提供的咨询建议及技术解决方案能够涵盖 RPA 的哪些阶段，各自的优势聚焦在哪个部分的功能需求上，如何为客户提供更好的 RPA 解决方案。

目前的 RPA 产品(主要是 RPA 1.0 或 RPA 2.0)主要是按照事先约定好的规则，对计算机进行鼠标点击、敲击键盘、数据处理等操作，而下一阶段的 RPA 产品(RPA 4.0)将会插上 AI 的翅膀，通过机器学习，变得更加聪明。在当前这个阶段，RPA 产品主要应用于大量重复和规则明确的一般性事务、财务、税务、人事管理、IT 服务等领域。

综合麦肯锡和 Everest 的观点，再结合当下发展背景可知，RPA 起源于国外，但是要想 RPA 在中国规模化发展，更需要做有中国特色的 RPA 产品。一方面，和英文相比，中文更灵活，语法结构更复杂，这使得融合的 RPA 产品在实现路径和方法上存在一定的差异化，在语义理解上也面临更大的难度与挑战；另一方面，中国大型企业复杂的组织架构与权限划分需要从产品设计上做好不同部门、职级、角色的机器人隔离设计。

当前，RPA 产品还是用机器来模拟人的操作行为，只是将这一流程通过"脚本"的方式自动化，但这其中仍有不少环节需要人来操作。再加上，当前 RPA 服务的客户一般是大客户，基本都需要进行一定的本地实施部署。

在新冠疫情的冲击下，全球经济衰退，迫使企业纷纷使用自动化技术来减少业务损失。Gartner 公司的研究副总裁 Fabrizio Biscotti 表示，COVID-19（新冠病毒）的出现加速了组织对 RPA 的应用，可以说疫情加大了各企业对 RPA 的需求，在 RPA 上的投入将超过 15 亿美元。Gartner 公司预测，预计到 2024 年，全球 RPA 市场份额仍将保持两位数的高速增长。

其实，在替代人工劳动这一问题上，RPA 和 AI 都可以提供完善的解决方案。RPA 擅长进行大量、重复、机械式的工作，通过固定的脚本来执行命令。而 AI 则结合了机器学习和深度学习，具有自主学习能力，通过计算机视觉、语音识别、自然语言处理等技术拥有认知能力，故其更倾向于发出命令。RPA 和 AI 的运用密不可分，两者的关系更像是人手和大脑的关系。随着 RPA 技术的不断发展，其与 AI 的融合将会是行业的一大趋势。而 RPA+AI 的完美组合势必会引发更多领域的大变。

但是目前的 RPA 需要依赖固定的规则完成自动化任务，行业发展的下一步计划是，结合 OCR、NLP、AI、知识图谱等技术，成为能够自主识别、分析、判断、执行的智能 RPA，而基于 RPA 对于客户场景广泛覆盖的特点，能够成为整合各类垂直 AI 技术落地的入口，从而突破到更大的想象空间。Gartner 公司预测分析，2022 年部署了 RPA 的组织中有 80%将引入包括机器学习和自然语言处理等 AI 技术，以改进公司的业务流程。毕马威的调查数据则显示，预计到 2025 年，企业对 IPA 和其他类似技术上的投资将达到 2 320 亿美元。

目前，RPA 已经成为云端不可或缺的订阅服务之一，未来将有更多 RPA 厂商推出 RPAaaS（一种 RPA 云服务模式：用户无须在计算机上下载安装客户端，通过登录云端的 RPA 服务平台，即可订阅使用）服务，这将大大降低 RPA 的使用门槛。随着 RPA 的普及和推广，其应用场景范围势必越来越广。与此同时，风险管理和信息安全方面也受到重视，标准化的 RPA 产品可以降本增效，RPA+AI 产品则可以密切监控程序系统。RPA 产品还可在企业 IT 安全领域中发挥作用。调查报告显示，很多组织在应用 RPA 之前不会识别业务自动化，因此，厂商不仅可以为用户提供自动化工具，也应该提供具备业务流程挖掘的自动化部署工具。

Gartner 预测，到 2024 年，近 50%的 RPA 应用将来自 IT 部门之外，实施 RPA 后相应减少了标准岗位的同种工作人员，"人机协作"将成为一种发展趋势。因此企业更加重视对复合型人才的需求，不仅是财会人员，还是其他职能的员工，都应该学习数字化技术（如数据分析、数据可视化、人工智能、RPA 等）。通常一个 RPA 项目团队包括产品负责人、架构师、业务分析师、开发人员等，而架构师一般由 IT 专业人员担任，其他的可由业务人员担任。适合财会人员担任的 RPA 职能可以是产品负责人（负责自动化解决方案的交付、执行、维护及风险应对等）、业务分析师（了解机理流程，与开发人员一同设计并测试流程）、RPA 开发人员（负责方案的设计、开发、测试、维护）等。因为企业对人才的需求不单单是会计专业人才，而是掌握了 RPA 知识、业务流程知识、数据分析知识、框架知识以及计算机编程语言的人才。

总体来说，企业方、实施方、厂商对 RPA 人才的需求如下。

(1)企业角度：企业的客户有业务流程，则要对流程进行梳理和验证，那么就需要 RPA 人才能够整理、优化业务流程，同时能对流程进行概念验证。

(2)实施方角度：自动化解决方案完成后，需要有专业人员到客户方进行测试并实施落地，帮助客户搭建 RPA 卓越中心。

(3)厂商角度：RPA 厂商对于 RPA 人才的需求主要是会推广 RPA 产品，并能部署 RPA 产品、培训使用其各种功能等。

1.5.3 Gartner 发展观点

随着科技的不断进步，机器人流程自动化(RPA)作为一种自动化工具在企业中越来越受到关注和应用。根据 Gartner 的观点，RPA 未来的发展前景备受关注，将朝着更智能、更全面的方向发展。

(1)智能化的演进：在过去的几年中，RPA 已经在许多组织中取得了成功，主要用于自动化重复性的、规范性的任务。然而，Gartner 指出，未来的 RPA 将朝着更智能化的方向发展。这意味着 RPA 系统将不仅仅是执行预定义的规则，还会融合人工智能(AI)和机器学习(ML)技术，使机器人能够更好地理解、适应和处理复杂的业务流程和不确定性。

(2)超越简单任务：初期阶段，RPA 主要用于执行简单、重复性的任务，如数据输入和文件处理。然而，Gartner 预测，随着技术的发展，RPA 将逐渐扩展到处理更加复杂的流程。这将涉及更多的判断、决策和上下文处理，使得 RPA 能够更好地模拟人类的思考和操作。

(3)自动化整体流程：RPA 的应用领域正在从单一任务自动化扩展到自动化整个端到端的业务流程。这将涉及整合不同的系统和应用程序，从而实现更高层次的自动化。例如，一个跨部门的采购流程可以通过 RPA 自动触发、协调和监控各个环节，从采购申请到支付。

(4)认知自动化的崛起：认知自动化是 RPA 和认知技术相结合的领域，使机器人能够理解和处理非结构化数据，如文本和图像。这使得 RPA 可以应用于更广泛的业务场景，如客户服务和合规性检查。通过分析大量的文本数据，RPA 可以从中提取有价值的信息，并自动执行相应的操作。

(5)RPA 作为服务(RPAaaS)，类似于云服务模式：RPA 作为服务的模式有望在未来得到更广泛的应用。这种模式可以使企业更加灵活地使用 RPA 技术，根据实际需求进行扩展和缩减，从而降低了实施和管理的复杂性。这也将有助于更多的中小型企业获得 RPA 的好处。

(6)更严格的治理和监管：随着 RPA 的广泛应用，组织将更加关注 RPA 的治理、合规性和安全性。确保 RPA 在业务流程中的合适性和稳定性将成为一个重要的议题。这可能涉及监控 RPA 执行、跟踪变更以及确保数据的安全和隐私。

(7)技能转变与人机协作：随着 RPA 的发展，员工的角色可能会发生变化。从执行重复性任务转变为监督和管理自动化流程，员工需要更多的分析和问题解决能力。人机协作也将成为一种新的工作方式，人员与 RPA 系统共同合作，发挥各自的优势。

随着技术的进步，RPA 有望在企业中发挥更大的作用，帮助组织实现更高效的业务流程，降低成本，并为员工创造更有价值的工作机会。

1.5.4 Forrester 发展观点

近年来，科技的迅猛发展使得机器人流程自动化(RPA)逐渐崭露头角，并在企业中得到广泛的应用。据 Forrester 的最新研究和观察，RPA 市场有望在未来继续迅猛发展，迈向更加成熟和智能的阶段。Forrester 认为，RPA 将不再局限于简单、重复的任务自动化，而是会朝着更加复杂、跨部门的业务流程自动化方向发展。

随着人工智能（AI）和机器学习（ML）等智能技术的不断进步，RPA 将会融合这些技术，实现更高级的自动化能力。Forrester 预测，未来的 RPA 系统将能够更好地处理非结构化数据，做出更具智能化和判断力的决策，从而提升企业的效率和竞争力。

然而，Forrester 也强调，RPA 的实施不仅仅是技术层面的变革，还可能引发企业内部流程和文化的变革。企业需要重新设计和优化现有的业务流程，以适应自动化的引入。同时，员工可能需要适应新的角色和职责，与 RPA 系统共同协作，推动企业的数字化转型。

供应商竞争也将成为未来 RPA 市场的一个重要特征。随着市场的扩大，RPA 供应商之间的竞争将愈发激烈。企业在选择合适的 RPA 供应商时，需要综合考虑技术创新、系统可靠性、支持服务等多方面的因素，以确保其自动化战略的成功实施。

综上所述，Forrester 对 RPA 的未来发展持乐观态度，认为 RPA 将继续发展壮大，并在智能化、复杂化的趋势下实现更广泛的应用。然而，企业在采用 RPA 时需要认识到这不仅仅是技术变革，还需要涉及业务流程和文化的全面调整，以充分发挥自动化的潜力，推动企业的成功转型。

1.5.5 IDC 发展观点

据国际数据公司（IDC）的观点，机器人流程自动化（RPA）在未来发展中将继续扮演重要角色。根据 IDC 的研究和分析，RPA 技术预计将在接下来的几年内继续保持强劲的增长势头。随着企业越来越注重提高效率、降低成本以及优化业务流程，RPA 作为一种自动化解决方案，将在各个行业得到广泛应用。

IDC 指出，RPA 在数字化转型过程中的作用愈发关键。它可以帮助企业快速实现流程自动化，从而减少烦琐的人工操作，提高生产力和准确性。此外，RPA 还能够与其他先进技术（如人工智能和机器学习）结合，实现更高层次的智能自动化，进一步增强业务决策的质量和速度。

根据 IDC 的预测，RPA 市场将逐渐向更加成熟和综合的方向发展。未来的 RPA 解决方案将不仅仅局限于简单的重复性任务，还将涵盖更复杂的业务流程，涉及更多的部门和业务环节。这将促使供应商不断创新，提供更加灵活和强大的 RPA 工具，以满足企业日益多样化的自动化需求。

综合而言，IDC 认为 RPA 在未来仍将持续发展并发挥重要作用。随着企业在数字化转型和自动化方面的不断投资，RPA 有望成为推动业务增长和创新的关键驱动力之一。然而，随着市场的发展，企业需要密切关注技术的演进，选择适合自身需求的解决方案，并确保合规性和安全性，以实现最大的商业价值。

第 2 章 常用机器人流程自动化软件介绍

2.1 RPA 软件组成与产品选择

2.1.1 RPA 软件组成

目前,机器人流程自动化(RPA)的软件产品有多种选择,各有特点,但一般来说,RPA 软件产品由 RPA 集成开发环境、RPA 服务器端和 RPA 客户端三个部分组成,如图 2-1 所示。

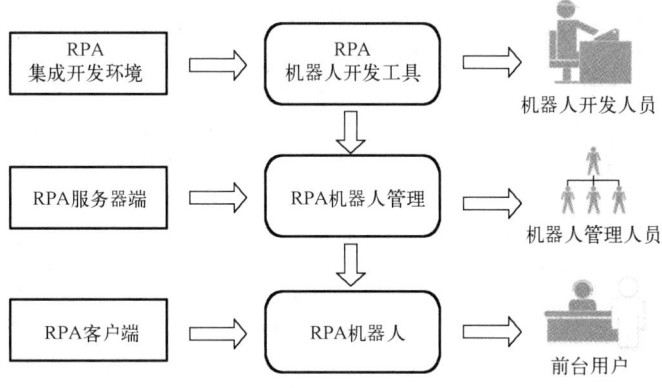

图 2-1 RPA 软件产品组成

RPA 集成开发环境是机器人开发实施人员的设计和发布平台,类似于开发 RPA 的 Microsoft Visual Studio 或者 Eclipse。RPA 集成开发环境就是将 RPA 机器人安装在客户端,模拟人进行"大量重复"且"规则明确"的业务流程处理,而 RPA 服务器端则用来管理和监测 RPA 客户端。

RPA 服务器端是负责管理 RPA 的"机器人",主要的职责包括:RPA 功能版本管理,RPA 客户端运行监控、任务分配、运行结果展现及日志分析等,需要 RPA 系统管理员维护和监控 RPA 管家的运行情况。

RPA 客户端则依据是否需要与用户进行交互,分为交互式 RPA 和非交互式 RPA。非交互式 RPA 就是完全不需要人参与的机器人(也称为后台机器人),而交互式 RPA 的"交互"可以理解为"人机交互",判断机器人的启动是否需要人工触发,必须由人工触发启动的机器人也称为前台机器人,需要 RPA 前台用户处理 RPA 无法处理的数据。

2.1.2 RPA 软件选择

企业实施财务机器人流程自动化项目,对 RPA 产品进行选型时需要考虑很多因素,除了公司规模、产品功能与需求的契合度、平台独立、安全、可伸缩性、快速部署、可靠性、产品开发难度、产品运用成功案例和实施经验等因素，还需要考虑产品的功能升级和运维服务等因素。此外，是否有社区版、在国内有办事机构和可靠的合作伙伴亦需纳入考虑范围。

企业部署 RPA 财务机器人，可以直接向 RPA 服务提供商购买机器人开发、咨询及实施服务，以及第三方 RPA 产品的许可。针对企业中特殊的业务场景，还可以进行 RPA 功能的定制化开发。一般来说，企业在是否引入数字员工 RPA 财务机器人这个问题上，最大的考量在于 ROI(Return On Investment，投入产出比)。

在实际进行 RPA 项目开发前，首先需要从市场上购买第三方 RPA 产品的许可。目前比较成熟的 RPA 产品，对于各种功能需求的支持已经做得较为完善，开发工具强大，因此开发周期较短，很少需要写代码或基本不用写代码，功能可根据业务场景灵活变更，维护成本也较低；而自行开发的 RPA 应用开发周期较长，需要针对功能编写代码，功能支持相对单一，维护成本较高，但此系统不需要许可费用，且与业务系统可以做更深层次的集成。最终如何选择要看客户的需要。

安永基于丰富的 RPA 项目经验总结了 RPA 产品能力的七大维度。各类公司可以根据自身需求和基础来综合考虑七个维度进行产品选型。公司的需求与基础包括部署规模、拓展需求、标准化程度、场景复杂度、员工 RPA 能力等，RPA 产品能力的七大维度分别是稳定性(能够按计划长时间正常运行)、管控能力(集中进行管理)、信息安全性(保障敏感数据安全)、兼容性(支持多种硬软件环境)、易用性(技术难度低)、公司开发实力(厂商规模和经验)和部署成本(产品价格与收费模式)。市面上的 RPA 产品大多由控制平台、机器人和设计平台组成，不同的组成部分对应不同的能力维度：①控制平台与机器人应具备较强的稳定性；②控制平台需具备管控能力；③机器人需要具备信息安全性，杜绝数据泄露；④设计平台需具备兼容性，能应对复杂的部署环境；⑤设计平台需要保障易用性，以便提高开发效率与扩大产品适用人群；⑥公司开发实力决定了产品质量与后期维护支持；⑦部署成本则需要根据整体情况来衡量。

目前比较主流的国内外 RPA 软件有 UiPath、Blue Prism、Automation Anywhere、Work Fusion、WinAutomation、来也 UiBot 等。后面将会对以上软件进行简单介绍。

2.2 来也科技 UiBot

2.2.1 基本情况

UiBot 是北京来也科技有限公司(简称"来也科技")的一款 RPA 软件平台。来也科技创办于 2015 年，由常春藤盟校(Ivy League)机器学习博士团队发起，是中国乃至全球的智能自动化领军品牌，为客户提供变革性的智能自动化解决方案，提升组织生产力和办公效率，释放员工潜力，助力政企实现智能时代的人机协同。

来也科技的核心技术涵盖深度学习、强化学习、机器人流程自动化(RPA)、自然语言处理(NLP)、个性化推荐和多轮多模交互等。来也科技的产品是一套智能自动化平台，基于这一平台，能够根据客户需要，构造各种不同类型的数字化劳动力，实现业务流程的自动化，全面提升业务效率。来也科技已获得数十项专利和国家高新技术企业认证。来也科技推出的第一款 C 端陪伴式机器人"小来"，已通过微信服务了近千万个个人用户。

来也科技的产品从技术能力视角看，主体为 3 个部分：来也 RPA，通过简单易用、敏捷快速的方式实现自动化能力，对组织当前的信息化系统非侵入、无改造需求；来也 IDP，以开箱即用和自定义训练两种方式提供快速应用的智能文档处理能力，面向图像类文档和文本类文档都能处理；来也 Chatbot，提供了智能多轮对话能力，帮助数字员工与人类建立基于自然语言的交互、理解能力，实现数字化联动。

2017 年，来也科技面向企业客户推出 B 端产品——智能对话机器人平台"吾来"。

2019 年，来也科技与奥森科技公司合并，携手机器人流程自动化平台 UiBot，进军 RPA+AI 市场。

2021 年，来也科技与德勤中国开启战略合作，双方将分别发挥"RPA+AI 技术"和"专业服务领域"的领先优势，加速助力中国政企实现数字化转型升级。

目前，来也科技帮助保险、通信、电力、金融、零售等多行业的企业客户，以及智慧城市、政务服务、医保社保、公共医疗、院校在内的公共事业领域，实现了各种业务场景的深度突破与打通，构建起了端到端的自动化解决方案，已服务超过 200 家 500 强企业，200 个省市政府机构及上千家中小企业，2021 年《财富》世界 500 强榜单前十名企业中，7 家在使用来也科技的智能自动化产品。

2022 年，来也科技入选国际权威研究机构高德纳（Gartner）发布的 2022 年 RPA 魔力象限，这是该公司第二次入选。Gartner 认为来也科技将持续发力进军全球市场，高度认可其端到端的智能自动化平台、合作伙伴与开发者双生态以及全球市场战略。

2023 年，Gartner 正式发布《2023 Gartner Peer Insights"客户之声"：企业级对话式 AI 平台》报告，来也科技作为中国厂商唯一代表首次入选。在 2023 年度收录的 15 家企业级对话式 AI 平台厂商中，来也科技的客户推荐率高达 95%，位列全球前三。

● 2.2.2 UiBot 软件介绍

1. 概述

来也科技的 UiBot RPA 产品是一款基于低代码、组件式开发的智能自动化解决方案，旨在帮助企业和组织实现业务流程的自动化和智能化。通过 UiBot RPA，用户无须具备编程能力，只需通过拖曳组件、配置参数等方式即可快速搭建自动化流程。UiBot RPA 支持多种操作系统、浏览器和软件，可实现跨平台、跨应用的自动化操作。此外，UiBot RPA 还提供了丰富的功能，包括鼠标键盘操作、软件自动化、界面操作、AI 模块、Office 支持等，满足企业在各个领域的自动化需求。

UiBot RPA 支持 AI 技术，如 OCR 文字识别、表格识别、语音识别等，可以实现更智能化的自动化操作。UiBot RPA 拥有庞大的开发者社区，提供丰富的教程、案例和资源，支持开发者交流和成长。

2. 主要产品

（1）UiBot Creator（流程创造者）。RPA 的核心是流程的开发和运行，在流程中进行界面自动化操作、AI 识别、数据读写等具体步骤。UiBot Creator 允许用户以流程图、低代码的方式，用鼠标拖曳各个步骤，轻松组装符合业务需求的自动化流程。

（2）UiBot Worker（流程机器人）。RPA 流程编写完毕，部署在流程机器人之中。可以根据需要手动启动运行,或在满足特定触发条件时自动启动。任务可编排,过程可回溯。

(3) UiBot Commander(机器人指挥官)。对于企业内部的多个流程机器人可以进行统一管理,快速批量下发任务,并为流程机器人提供运行时所需的数据、凭证、文件等。还可以实时监测流程机器人的运行状态,或回看其历史记录。

(4) UiBot IDP(智能文档处理平台)。基于 OCR、NLP 等前沿深度学习算法打造的智能文档处理平台,提供了文档的识别、分类、要素提取、校验、比对、纠错等功能,能实现企业日常文档处理工作的自动化。

(5) Chatbot(对话式 AI 平台)。强大的企业级对话机器人(Chatbot)低代码开发平台。基于深度学习的自然语言处理引擎和强大的企业级应用管理,提供了一站式的对话搭建能力,能实现不同交互方式的无缝对接,满足各个行业搭建员工服务、智能营销、智能客服等业务场景对话机器人的需求。同时,可提供满足不同层面的企业级 AI 应用管理的要求。

(6) 流程探索者。流程挖掘产品,能够通过获取企业信息系统(ERP、CRM、数据仓库等)中的大量日志数据,快速实现业务流程的可视化分析,形成对业务的全面洞察,便于监控和优化企业的现有流程。

此外,来也科技还有流程记录者、机器人创意中心、人机协同中心、数据服务与可视化大屏、云中机器人、容器化机器人等众多产品,可以帮助企业降低数智化转型管理难度、增强整体平台效果并优化业务流程等。

2.2.3 机器人应用

来也科技的 UiBot RPA 财务机器人是一款企业级自动化解决方案,可应用于多个行业,主要应用场景包括数据录入与处理、业务查询与报告、订单处理与跟踪、客户服务等,为企业带来显著的价值。

1. 政府机关

UiBot RPA 财务机器人可以应用于政务服务、税务申报、公文处理等业务流程,以此提高政府工作效率,提升公众满意度,降低人力成本,提高政务服务质量。

2. 能源行业

UiBot RPA 财务机器人可以应用于电力监控、能源数据收集、设备巡检等业务流程,以此实现智能化运营,提高能源企业的工作效率,降低运营成本,提升设备运行安全性。

3. 制造行业

UiBot RPA 财务机器人可以应用于生产数据收集、质量检查、设备维护等业务流程,以此提高生产效率,降低生产成本,提升产品质量,提高企业竞争力。

4. 会计行业

UiBot RPA 财务机器人可以自动完成账务的录入、核对和调整,提高会计工作的效率和准确性;可以根据会计准则和需求自动生成各类财务报表,如资产负债表、利润表和现金流量表等,减轻会计人员的工作负担;可以帮助会计人员处理烦琐的税务申报工作,包括增值税、企业所得税、个人所得税等,提高申报的准确性和效率;可以对会计数据进行实时监控和分析,发现异常情况,提前预警,降低财务风险。

2.3 UiPath

2.3.1 基本情况

UiPath 公司于 2005 年成立，总部设在纽约，业务遍及北美、欧洲和亚洲的 14 个国家，获得来自 Accel（Accel 国际风险投资公司）、CapitalG（谷歌资本）、红杉资本（Sequoia Capital）等超过 4 亿美元的资金支持，是一家机器人流程自动化的私人控股公司。

2022 年 10 月，UiPath 推出了 UiPath AI Center of Excellence（COE），这是一个基于人工智能的创新中心，旨在帮助企业充分利用人工智能技术，提高业务效率和竞争力。该中心提供了一系列服务，包括 AI 战略规划、数据准备、模型训练和部署等，帮助企业实现业务的智能化转型。

2023 年 6 月，UiPath 推出了 UiPath Automation Cloud，这是一个基于云的自动化平台，旨在为企业提供更灵活、高效的自动化解决方案。该平台提供了丰富的自动化功能，包括智能文档处理、自然语言处理、计算机视觉等，帮助企业从结构化、半结构化和非结构化文档中分类和提取信息。

2.3.2 UiPath 软件介绍

1. 概述

UiPath 产品是由 UiPath 公司开发的 RPA 软件，用于实现企业日常工作的自动化，是 RPA 领域最受欢迎的软件之一。

UiPath 产品由 Studio（高级流程设计工具，用来制作 workflow，如图 2-2 所示，还有 StudioX 和 Studio Pro 两种类型）、Robot（用来运行 UiPath Studio 生成的 workflow）、Orchestrator（基于 UiPath Studio 和 UiPath Robot 的一种网络应用，用来管理多个机器人进行协调工作）等三个软件组成。

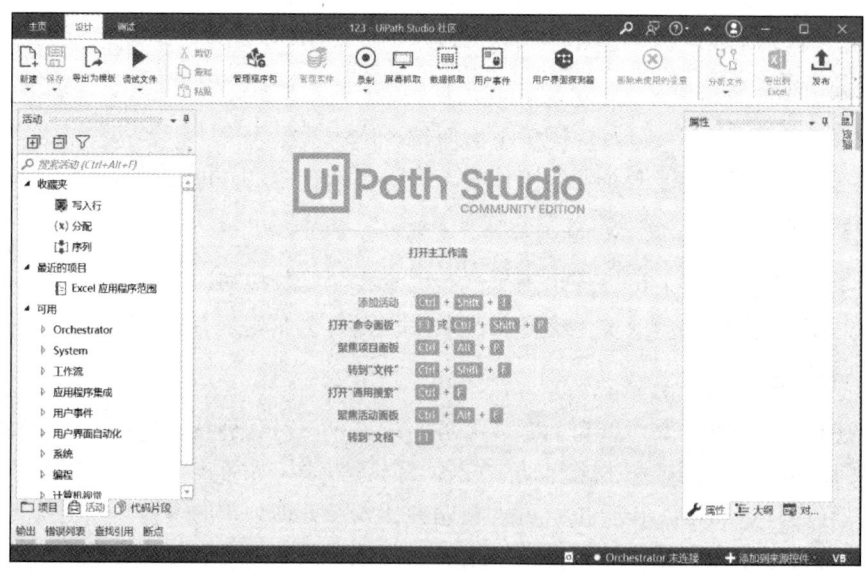

图 2-2　UiPath Studio 主界面

2．主要特点

UiPath RPA 软件具有丰富的功能和强大的扩展性，适用于各种行业和领域的 RPA 应用开发，可以帮助企业提高工作效率，降低人力成本，提升竞争力，其主要特点包括以下几项。

(1) 安装与部署：UiPath RPA 支持在各种操作系统平台上安装，如 Windows、Linux 和 macOS 等。部署方面，UiPath RPA 提供了单机部署、多机部署和云部署等多种方式，能满足不同企业的需求。

(2) 集成与扩展：UiPath RPA 具有丰富的 API 和插件系统，可以与其他企业应用系统集成，如 ERP、CRM 等。同时，UiPath RPA 支持自定义插件开发，方便开发者进行功能扩展和优化。

(3) 流程设计：UiPath RPA 提供了可视化的流程设计工具，使开发者可以轻松地设计和调试 RPA 流程。流程设计工具包括各种功能模块，如数据抓取、数据处理、控制语句等，支持创建复杂的业务逻辑。

(4) 任务分配与调度：UiPath RPA 的 Orchestrator 控制台可以对任务进行分配、监控和调度，实现对 RPA 机器人的集中化管理。Orchestrator 支持任务队列、任务优先级等功能，可以确保 RPA 流程的高效运行。

(5) 异常处理与容错：UiPath RPA 支持异常处理和容错机制，当 RPA 流程遇到错误或异常时，可以自动进行处理，保证流程的稳定运行。UiPath RPA 提供了详细的错误日志和调试工具，方便开发者进行问题定位和修复。

(6) 企业级框架(REF)：UiPath RPA 提供了企业级框架(REF)，用于实现更高级别的 RPA 功能，如跨系统集成、模块化开发等。REF 包括各种核心库和扩展库，可以支持开发者构建复杂的 RPA 应用。

(7) 社区支持与培训：UiPath RPA 拥有庞大的开发者社区，提供了丰富的教程、案例和文档，能帮助开发者学习和掌握 RPA 技术。UiPath RPA 还提供了专业的培训服务，可以帮助企业快速提升 RPA 技能水平。

随着 RPA 应用的拓展，云 RPA 应用成为企业的重要选择。UiPath 公司于 2023 年 6 月推出的一款基于云的自动化平台 UiPath Automation Cloud。它利用 RPA 技术，为企业提供灵活、高效的自动化解决方案。UiPath Automation Cloud 包含了智能文档处理、智能数据提取、智能机器人、自动化流程设计、集成与扩展、协作与共享和安全与合规功能。

2.3.3 机器人应用

UiPath 的 RPA 机器人在电信、BPO(商务流程外包)、公共部门等行业中得到大量应用。

1．电信

某通信公司是一家领先的通信运营商，在 40 多个国家的 110 多个城市设有分公司和办事处。公司在全球范围内为企业客户提供创新的通信服务和解决方案。在内部，公司采购部门几乎提供整个公司所需的一切。这个部门是一个庞大而复杂的系统，涉及采购的各个方面，包括供应商谈判、合同、订单和付款。采购部门还监督其他部门，如公司合同和支付中心，每年约有 80 名雇员处理数十万份合同和付款。这是一个劳动密集型的流程，但合同和付款对整个企业的成功至关重要，这意味着错误或拖延是不能容忍的。该通信公司一直在寻找新的方法，以确保快速、准确地处理合同和付款，如业务流程再造和优化操作。

该通信公司认为，它可以使用 RPA 处理许多重要的操作过程，特别是高度重复的、基于规则的任务。RPA 不仅可以简化劳动密集型、手工操作业务，还可以帮助公司避免人为错误，提高员工生产率和降低成本。整个采购过程从第一个提案到最终付款包括 40 个不同的步骤，小组为初步试点方案推荐了 13 个采购流程。为了将风险降到最低，并确保试点项目能够有效地工作，团队选择使用 UiPath RPA 将其中的 6 个流程自动化。其余 7 个流程继续由员工管理，同时这些员工作为一个有价值的控制小组，评估试点项目的成功与否。

一开始，该通信公司觉得在其设置和微调机器人时会遇到一些小错误，但实际上从来没有过。机器人不仅保持了 100%的处理精度，而且它们的生产率是人类的 3 倍。该通信公司已经完成了对其余 7 个采购流程的 RPA 部署，然后支持将 RPA 部署到公司内的其他部门和团体。预计合同和支付中心的工作量将减少 30%，这将显著提高生产率，并帮助公司每年节省大约 60 000 个工时。

2．BPO

在当今的印度，BPO(商业流程外包)行业是该国最大的私营雇佣行业，拥有近 350 万人的劳动力。然而，这里没有秘密，也没有魔力，BPO 业务模型依赖于两个非常基本的支柱：一方面是低技能、重复性、大批量工作，另一方面是大量低成本、可培训的工作人员。

RPA 加速了 BPO 创新。在 2014 年，Capgemini 和 UiPath 开始致力于 RPA 技术的突破：无人值守的自动化，机器人可以管理机器人，允许虚拟劳动力以批量方式运行，无须人工决策。在 2015 年春季，成本削减超过 80%是常见的，到 2016 年年初，BPO 供应商对这些机器人造成的新的、破坏性的趋势做出了反应。一些供应商淡化了 RPA 的重要性，但大多数人都认识到安永合伙人所说的，"如果您能够很好地描述一个过程，从而将其外包，那么您很可能会考虑将其自动化。"事实上，随着 RPA 创新的推进，越来越多的 BPO 计划正变得参与人数很少或根本没有人参与。推动 BPO 业务模式剧变的是那些希望成本降得更低、周期更快和服务水平更高的客户。BPO 供应商不会消失，他们可能会重新调整商业模式，以反映更高价值的技能集、更深的领域知识。但是，他们的业务模式肯定包含 RPA 产品。

3．公共部门

公共部门通常面临工作量巨大造成的效率降低、员工短缺、无法及时响应监督要求和政策频繁变更、缺乏跨部门协作工具等问题。通过实施 RPA 项目，对家庭护理申请、医疗补助、失业救济金、税务办理等相关流程进行自动化，帮助社会服务部门和劳动力市场部门分别减少了 70%以上及 95%以上的行政处理时间。公民也从中享受到了巨大红利，如 12%以上的公民找到工作或投入学习，为劳动力市场计划降低了 44%的成本，节省了 22%的财政支出，降低了 60%的管理成本。

相关链接：

2023 年 8 月 9 日，企业自动化软件公司 UiPath(纽交所代码：PATH)日前宣布被《Gartner 2023 年机器人流程自动化魔力象限报告》评为领导者。这是 UiPath 连续五年被评为领导者。在这份报告中，UiPath 因其执行能力占据高位。

UiPath 联席首席执行官 Robert Enslin 表示:"我们认为,这一认可证明了我们在提供一流人工智能平台方面的领导地位,该平台可帮助客户通过自动化超额完成关键业务指标。我们看到了人工智能实现更先进自动化流程的巨大潜力,它甚至能够处理复杂的流程。我们将继续投资,将人工智能优势与自动化运营能力相结合,为专业人士打造优秀平台,帮助他们提高技能,完成重要的工作。UiPath 致力于帮助逾万家全球客户提高生产力,实现卓越成果并改善客户体验。"

该魔力象限报告评估了 16 家企业级 RPA 供应商,以帮助企业根据其自动化需求做出更佳选择。

资料来源:UiPath 官网。

2.4 Blue Prism

2.4.1 基本情况

Blue Prism 是英国跨国软件公司 Blue Prism Group 的商业简称,公司致力于为开展全球业务的各公司提供独特的机器人自动化软件,以解决低回报、高风险、人工数据输入和处理等工作。Blue Prism 总部位于英国默西赛德郡的一个小镇,在美国和澳大利亚设有区域办事处。

2019 年 7 月,世界三大机器人流程自动化(RPA)供应商之一的 Blue Prism 宣布,全面进军中国市场,从 RPA 产品研发、技术培训、售后支持、机器人自动化生态建设四个方面入手,加速中国 RPA 产业的发展,积极推动自动化技术落地,拉近中国与世界企业之间的机器人自动化的距离。

2020 年新冠疫情的出现彻底改变了全球组织的工作方式,加快了数字化转型的进程。而 RPA 为组织提供了足够的技术支持,保证了业务的连续性和效率性。2020 年上半年,Blue Prism 的营业收入相比同期整体增长 70%,达到 6 850 万英镑。

Blue Prism 在 2021 年进一步扩大了市场份额,与全球多家知名公司建立了合作伙伴关系,如微软、IBM 等。同时,在 2021 年获得了多项荣誉,包括被 Gartner 评为"领导者"地位,以及被 Forrester 评为"卓越"级别。

2023 年 8 月,Blue Prism 被评为 2023 年度 Gartner Magic Quadran 机器人流程自动化领导者,这是 Blue Prism 连续第五年获得该荣誉。

2.4.2 Blue Prism 软件介绍

1. 概述

Blue Prism 是一款基于人工智能(AI)和机器学习(ML)技术的 RPA 软件,是建立在微软.NET 框架上的,它可以自动应用任何应用程序,支持多种平台。它可以多种方式呈现(终端仿真器、厚客户机、瘦客户机、Web 浏览器、Citrix 和 Web 服务)。它被设计用于具有物理和逻辑访问控制的多环境部署模型(开发、测试、阶段和生产)。Blue Prism 是机器人自动化软件的开拓者,同时也是 RPA 经典工具。

Blue Prism 的 RPA 软件通过手动、基于规则、后台管理过程的快速自动化,使业务操作变得敏捷和具有成本效益。它是一个经济高效的解决方案,可以帮助企业获得高质量的商业智能；通过创建"虚拟员工队伍"，可以降低成本并提高准确性。

2022 年，Blue Prism 发布了 Blue Prism 5.1，进一步增强了其 RPA 平台的功能，包括增强型 AI 能力、改进的任务自动化功能等。2023 年，Blue Prism 发布了一款名为"Blue Prism Process Discovery"的新产品，这是一款基于机器学习的智能自动化工具，可对企业的业务流程进行挖掘和分析，以识别和评估自动化机会。

2. 主要特点

Blue Prism 由设计器、过程控制器、对象控制器和应用建模器四个部分组成，设计器主要用来设计整个 RPA 业务工作流程，过程控制器主要用来创建自动化流程任务，对象控制器用来连接外部应用程序，应用建模器则用来创建应用程序虚拟模型。Blue Prism 主要特点包括如下几项。

（1）自动化流程：Blue Prism 可以自动执行各种重复性任务，如数据录入、报表生成、订单处理等，从而提高工作效率，降低人力成本。

（2）无须编程：Blue Prism 采用图形化界面，用户无须具备编程知识即可轻松创建自定义的工作流程，实现业务流程的自动化。

（3）智能化：Blue Prism 支持 AI 技术，如 OCR 文字识别、表格识别、语音识别等，可实现更智能化的自动化操作。

（4）跨平台：Blue Prism 支持跨平台操作，可以在多种操作系统上使用。

（5）安全性：Blue Prism 提供了安全设置，可以确保用户数据的安全性和隐私性。

（6）团队协作：Blue Prism 支持团队协作，可以与其他用户共享工作流程，提高团队的工作效率。

（7）云服务：Blue Prism 支持云服务，用户可以通过云平台轻松实现业务流程的自动化和智能化。

（8）集成能力：Blue Prism 具有强大的集成能力，可以与其他软件和插件协同工作，实现自动化流程的集成和优化。

（9）报表和监控：Blue Prism 提供了丰富的报表和监控功能，用户可以实时了解自动化流程的运行状况，对流程进行优化和调整。

2.4.3　机器人应用

Blue Prism 作为一款全球知名的 RPA 软件，在交通、物流、审计等行业有着广泛的应用。

1. 交通行业

交通行业中的数据录入、票据处理、账单管理等业务流程可以利用 Blue Prism 的 RPA 机器人实现自动化，以此提高数据处理速度和准确性，降低人力成本，提升客户满意度，提高交通行业的运营效率。

2. 物流行业

物流行业中的订单处理、货物跟踪、运输管理等业务流程可以利用 Blue Prism 的 RPA 机器人实现自动化，以此提高物流业务的处理速度和准确性，降低人力成本，提高客户满意度，提升物流行业的运营效率。

3．审计行业

审计行业中的数据收集、报表生成、审计管理等业务流程可以利用 Blue Prism 的 RPA 机器人实现自动化，以此提高审计工作效率，降低人力成本，提高审计质量和准确性。

2.5 Automation Anywhere

2.5.1 基本情况

Automation Anywhere 公司成立于 2003 年，总部位于美国加利福尼亚，是一家机器处理自动化研发商，专注于机器人流程自动化及自动化软件。目前已有超过 1100 家组织使用其 150 多万个机器人，运营范围涵盖 10 余个国家。

2021 年年初，Automation Anywhere 发布了其全新的自动化成功平台（Automation Success Platform），该平台具有更强大的 AI 能力、改进的任务自动化功能以及更丰富的原生集成能力。同时，进一步加强了与 AWS 和谷歌云的合作，可为客户提供更可靠的 RPA 解决方案。它还与 OpenAI 和微软一起推出了其第一个生成式 AI 解决方案，进一步增强了其 RPA 平台的功能。

2022 年，Automation Anywhere 发布了 Automation Co-Pilot，这是一款可嵌入任何应用程序的自动化助手，现已成功整合生成式 AI 功能并对外开放。同时，推出了三项创新解决方案，分别是面向业务用户的生成式 AI、面向自动化人员的生成式 AI，以及文档自动化生成式 AI。

2023 年 6 月，Automation Anywhere 与 Google Cloud 加强了合作。Automation Anywhere 借助 Vertex AI 和大型语言模型（LLM），在其 Automation Success Platform 上构建并启动了新的生成式 AI 功能，将生成式人工智能与流程自动化相结合，加速人工智能在企业中的应用。

2.5.2 Automation Anywhere 软件介绍

1．概述

Automation Anywhere 是一款针对商业以及 IT 任务的自动执行工具，是市场占有率最高的 RPA 软件之一。用户不需要编程就可以快速设定复杂的任务安排。通过向导，用户可以建立键盘记录和鼠标动作记录，还可以创建自动化脚本。

Automation Anywhere 遵循分布式架构。通过这种架构，Automation Anywhere 的主控制器可以集中管理机器人，该工具的架构主要分为 Bot Creators、Control Room 和 Bot Runners，这些组件都能连接主控制器。如果你将这三个组件汇总在一起，一旦开发人员创建任务/机器人并在主控制器进行更新，主控制器就可以根据要求或优先级，在 Bot Runners 上安排和执行这些机器人。除此之外，它还提供 IQ Bots（基于人工智能和机器学习的机器人）、Bot 分析器（用于分析每个机器人性能的工具）和 Bot Farm（根据工作量的需求创建多个机器人）三种产品。

2．主要特点

Automation Anywhere 主要用于实现业务流程的自动化、智能化和数字化，其主要特点包括如下几项。

（1）自动化任务：Automation Anywhere 可以自动化执行各种重复性任务，如数据录入、报表生成、订单处理等，从而提高工作效率，降低人力成本。

（2）无须编程：Automation Anywhere 采用低代码界面，用户无须具备编程知识即可轻松创建自定义的工作流程，实现业务流程的自动化。

（3）丰富的功能：Automation Anywhere 提供了丰富的功能，包括键盘鼠标操作、软件自动化、界面操作、AI 模块、Office 支持等，满足企业在各个领域的自动化需求。

（4）智能化：Automation Anywhere 支持 AI 技术，如 OCR 文字识别、表格识别、语音识别等，可实现更智能化的自动化操作。

（5）任务调度：Automation Anywhere 支持任务调度，可以按照用户设定的时间自动执行任务，提高工作效率。

（6）跨平台：Automation Anywhere 支持跨平台操作，可以在多种操作系统上使用。

（7）安全性：Automation Anywhere 提供了安全设置，可以确保用户数据的安全性和隐私性。

（8）团队协作：Automation Anywhere 支持团队协作，可以与其他用户共享工作流程，提高团队的工作效率。

（9）云服务：Automation Anywhere 支持云服务，用户可以通过云平台轻松实现业务流程的自动化和智能化。

总之，Automation Anywhere 是一款功能强大、易用、智能的自动化软件，适用于各个行业和领域的用户，助力提高工作效率和减轻工作负担。

2.5.3 机器人应用

Automation Anywhere 作为一款全球知名的 RPA 软件，在证券、通信等行业有着广泛的应用。

1．证券行业

证券行业中的交易处理、数据录入、报表生成等重复性、规则性强的工作流程可以利用 Automation Anywhere 的 RPA 机器人实现自动化，以此提高证券业务处理速度，降低人力成本，提高数据准确性和客户满意度，增强证券公司的竞争力。

2．通信行业

通信行业中的订单处理、账单管理、客户服务等工作流程可以利用 Automation Anywhere 的 RPA 机器人实现自动化，以此提高通信业务处理速度，降低人力成本，提高客户满意度和服务质量，提升通信企业的竞争力。

2.6 WorkFusion

2.6.1 基本情况

WorkFusion 是一家全球领先的智能流程自动化（IPA）公司，旨在帮助企业实现数字化转型。WorkFusion 成立于 2010 年，总部位于美国加州旧金山，WorkFusion 的使命是让企业能够轻松地实现流程自动化，提高业务效率和竞争力。

2022 年，WorkFusion 发布了 K22，进一步增强了其智能流程自动化平台的功能，包括增强型 AI 能力、改进的任务自动化功能等。2023 年，WorkFusion 发布了一款名为"WorkFusion K23"的新产品，这是一款基于人工智能的智能流程自动化平台，具有更强大的智能流程设计功能、改进的任务自动化功能等。

WorkFusion 的客户遍布全球各地，覆盖了金融、制造、零售、医疗等多个行业。自成立以来，WorkFusion 凭借其领先的技术和优质的服务，赢得了市场的认可和客户的信赖。在 2021 年，WorkFusion 被 Gartner 评为"领导者"，被 Forrester 评为"卓越"级别。

截至 2023，WorkFusion 已获得 3 轮融资，总额达 3.4 亿美元。最近一次融资是在 2021 年 4 月，获得 E 轮 5000 万美元融资。

2.6.2 WorkFusion 软件介绍

1．概述

WorkFusion RPA 软件是一款集成了人工智能(AI)和机器人流程自动化(RPA)技术的智能自动化平台，旨在帮助企业实现数字化转型，提升业务效率和竞争力。WorkFusion RPA 软件通过智能流程识别、自动化流程优化、数据准确性和完整性检查等功能，实现企业重复性任务的自动化，降低人力成本，提高工作效率。此外，WorkFusion RPA 软件采用了先进的人工智能技术，能够智能识别和优化业务流程，进一步提高了自动化流程的准确性和效率。该软件适用于金融、制造、零售、医疗等多个行业，可以帮助企业在各个领域实现流程自动化，提升业务效率。

2．主要特点

WorkFusion RPA 软件具有以下特点：

(1) 智能流程识别。WorkFusion RPA 软件通过人工智能技术，自动识别企业的业务流程，无论是结构化的还是非结构化的，从而为企业提供智能化的流程分析和优化方案。

(2) 自动化流程优化。WorkFusion RPA 软件可以自动执行企业的业务流程，替代人工进行重复性、烦琐的工作，从而提高工作效率，降低人力成本。

(3) 数据准确性和完整性检查。WorkFusion RPA 软件能够对自动化流程中的数据进行准确性和完整性检查，确保数据的准确性，防止因为错误的数据导致的业务流程错误。

(4) 集成能力。WorkFusion RPA 软件提供了丰富的原生集成能力，可以与企业现有的各种系统和应用程序轻松对接，实现全面的数据流转和业务流程自动化。

(5) 安全性和可靠性。WorkFusion RPA 软件注重数据安全，提供了多种安全措施，如数据加密、身份验证等，以确保企业的数据安全。同时，其稳定性和可靠性也得到了客户的认可。

3．主要产品

WorkFusion 主要有两个 RPA 平台，RPA Express 和 RPA Express Pro。

RPA Express 可以实现从网上、PDF 文档及报告中搜索或提取数据。其特征是有记录器、可无码自动化、有拖放式建造器、桌面与 Web 自动化等。

RPA Express Pro 可以实现人力资源自动上机、管理病人预约、生成和发送报告。其特征是集中管理自动化、用户无限、多并发机器人、工作流管理、任务调度、监视和路由（7×24 小时）、无缝的人和机器人协作（人在循环中）、安全 BOT 凭证、自由、快速、满载。

RPA Express 结合了业务用户成功实现自动化所需的所有基本组件，包括建房、管理、数字化和自定义。它使用基于 Java 的脚本构建和自定义机器人，使用 WorkFusionAPI 发布、发送和接收来自 Citrix、Oracle 和 SAP 等应用程序的数据；通过按一个没有代码、基于对象的记录的按钮来实现任务的自动化，这种记录简单易懂、高度精确、易于编辑，而且发布速度快。

2.6.3 机器人应用

WorkFusion 的 RPA 机器人在保险、医疗保健、运输等行业有着广泛的应用。

1. 保险行业

保险行业中的数据录入、理赔处理、客户服务等工作流程可以利用 WorkFusion 的 RPA 机器人实现自动化，以此提高保险业务处理速度，降低人力成本，提高客户满意度和服务质量，提升保险行业的竞争力。

2. 医疗保健行业

医疗保健行业中的数据录入、病历管理、药物配对等工作流程可以利用 WorkFusion 的 RPA 机器人实现自动化，以此提高医疗保健业务处理速度，降低人力成本，提高数据准确性和患者满意度，提升医疗保健行业的竞争力。

3. 运输行业

运输行业中的订单处理、物流跟踪、运输安全管理等工作流程可以利用 WorkFusion 的 RPA 机器人实现自动化，以此提高运输业务处理速度，降低人力成本，提高客户满意度和服务质量，提升运输行业的竞争力。

相关链接：

WorkFusion 公司创造了让经济运转的技术。人工智能和自动化的迅速崛起，以及人们在劳动力中角色的变化，为个人、企业和整个国家创造了机遇。

WorkFusion 公司的目的是减少工作的复杂性，并帮助客户通过将人与智能软件机器人配对来开发机会。

2012—2013 年：每件有影响力的事情都从"如果"开始。WorkFusion 公司的"如果"诞生于麻省理工学院计算机科学与人工智能实验室（CSAIL）联合创始人马克斯·扬科勒维奇（Max Yankelevich）和安德鲁·沃尔科夫（Andrew Volkov）赞助的一项研究：如果软件能够识别高质量的工作，并管理执行这些工作的人，结果会怎样？这个具有挑战性的计算机科学问题的解决方案变成了 WorkFusion 公司的第一个产品，它使用高级统计质量控制和机器学习（ML）来协调工作。

2014—2015 年：第一个人工智能驱动的软件 bot 平台有了基础的数据驱动的 AI 架构和来自有远见的早期客户的见解。WorkFusion 软件的研发和产品团队创建了世界上第一个集成的RPA和认知自动化平台：智能流程自动化(SPA)。

2016—2017年：免费设置RPA，让AI变得简单。突破性的技术通常从复杂、昂贵和稀缺开始，RPA也是如此。作为品类的领导者，WorkFusion公司让RPA变得简单、免费，并与RPA Express一起得到广泛使用：这是世界上第一个免费的RPA产品。从历史上看，人工智能一直是大学和拥有数据科学家与专业工程师团队的大公司的专利。WorkFusion公司发布了其专利流程自动化，以消除清理数据、培训模型和验证自动化工作等耗时且昂贵的数据科学工作，使AI成为业务人员的一种能力。

WorkFusion公司认识到缺乏关于这个新领域的高质量、免费的教育，因此推出了第一个在线自动化培训门户：自动化学院。该公司还大大扩展了其合作伙伴生态系统和全球销售和交付业务，在德国、印度、法国、新加坡和英国开设办事处，以支持快速增长的客户需求。

2018年及以后：人工智能驱动软件已经成为全球企业的关键能力和竞争优势。WorkFusion公司使其软件即服务自动化产品具有自动化云计算的弹性，并且具有随需应变能力。世界上很多公司都在使用WorkFusion公司的智能自动化产品来改变运营，更好地服务客户，并创造新的商业模式。

资料来源：workfusion官网。

2.7 WinAutomation

⊃ 2.7.1 基本情况

WinAutomation是一家专注于提供自动化解决方案的公司，其核心产品是WinAutomation桌面自动化软件。这款软件基于Windows平台，用于自动执行所有重复性任务，能自动启动和使用应用程序，实现填写数据、操作各种软件等自动化操作。

WinAutomation公司的产品主要适用于财务、税务、金融、人力资源、信息技术、保险、客户服务、运营、制造等多种行业的自动化场景。通过融合已有的OCR(光学字符识别)和领先的自然语言处理(NLP)技术，WinAutomation可以为企业提供更智能、更灵活、更具效率的数字化员工。

此外，WinAutomation还具有支持交互式执行的特点，可以满足各种流程处理的需求。通过在流程中结合人工交互，提高自动化流程运行的准确率。同时，WinAutomation的开发团队拥有丰富的行业技术经验，可以为不同用户提供灵活定制的系统开发。

⊃ 2.7.2 WinAutomation软件介绍

1. 概述

WinAutomation的核心功能包括自动化鼠标和键盘操作、启动和使用应用程序、填写数据等。通过使用WinAutomation，用户可以解放双手，将时间和精力投入到更有价值的工作中。

WinAutomation还具备先进的技术特点，集成了光学字符识别(OCR)和自然语言处理(NLP)技术，这使得它可以处理和理解自然语言文本，实现更复杂的自动化任务。此外，WinAutomation支持多种编程语言，包括Python、Java、C#等，方便不同水平的开发者使用。

WinAutomation 具有交互式执行的特点，用户可以在自动化流程中加入人工交互环节，提高自动化流程的准确性和灵活性。同时，WinAutomation 的开发团队拥有丰富的行业经验，可以为不同用户提供灵活定制的系统开发服务，满足用户的个性化需求。它适用行业广泛，包括财务、税务、金融、人力资源、信息技术、保险、客户服务、运营、制造等，WinAutomation 可以帮助企业实现数字化转型，提高工作效率和竞争力。WinAutomation 用户界面如图 2-3 所示。

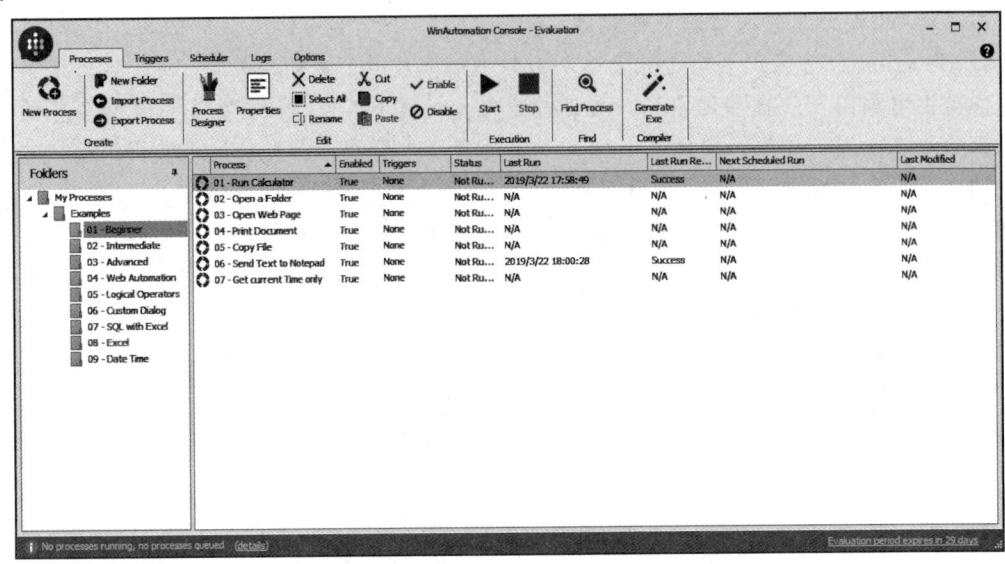

图 2-3　WinAutomation 用户界面

2．主要特点

（1）能自动执行任务。

① 能自动使用本地文件中的数据，填写和提交 Web 表单；

② 能检索并解析用户的电子邮件，并使用电子邮件中包含的数据更新数据库；

③ 能启动应用程序，移动、调整大小，关闭和操作窗口，截取屏幕图；

④ 能将用户的任务转换为用户自己的应用程序，只需按一下按钮即可与其他人共享；

⑤ 能收集网站并从任何网页提取数据到 Excel 或文本文件中；

⑥ 能以任何可能的方式复制、移动、编辑、重命名、压缩、解压缩和操纵文件或文件夹；

⑦ 能读取和写入数据到 Excel 文件中，连接 SQL 数据库和操纵文本文件；

⑧ 能将预先记录的鼠标操作轨迹发送给任何桌面应用程序；

⑨ 能自动化用户的 FTP 传输：按计划下载、上传文件或整个文件夹；

能结合以上所有设计自定义任务，以满足用户的特定需求。

（2）宏记录器。在屏幕上执行一次任务，宏记录器可将其转换为一系列操作，可以随意多次重复。录制后，可以使用 Job Designer 进一步自定义宏。

（3）网页自动化。只需浏览网页，就能收集数据、填写表单、下载文件，完成所有在网上进行的操作，Web 录像机可将它们转换为用户可以随时运行的宏。

（4）可视化作业设计器的开发及使用更直观。

（5）任务计划程序。内置的任务计划程序可以根据选定的时间范围自动执行任何任务。通过从日程安排菜单中的不同选项中进行选择，可将任务设置为在需要时完成。

（6）键盘宏。键盘一直是计算机中硬件绑定时间最长的硬件，现在可给它一个"转折点"：队列键盘宏自动化。

（7）系统监视。系统监视可以根据所选事件自动执行任何任务。通过选择触发菜单中的不同选项，可将任务设置为在需要时正常运行。

（8）内置 UI 设计器对话窗口。每当工作需要时，可以自动输入一些用户设置，用户不用再忍受同样无聊的灰色对话框。

（9）异常处理。WA 提供了四个级别的异常处理来处理不同的场景。无论其复杂程度如何，都可通过设置和控制流程的行为，从最小的构建活动到对所有流程进行全局异常处理。通过触发发送给自己的电子邮件或捕获屏幕以查看导致程序运行错误的意外因素，随时了解任何故障。

2.7.3　机器人应用

WinAutomation 作为一款 RPA 软件，在市政、水务等行业有着广泛的应用。

1. 市政行业

市政行业中的数据录入、报表生成、项目管理等工作流程可以利用 WinAutomation 的 RPA 机器人实现自动化，以此提高市政工作效率，降低人力成本，提升公众满意度。

2. 水务行业

水务行业中的数据录入、报表生成、水量监测等工作流程可以利用 WinAutomation 的 RPA 机器人实现自动化，以此提高水务工作效率，降低人力成本，提高数据准确性和服务质量，提升水务部门的竞争力。

2.8　Power Automate

2.8.1　基本情况

微软公司（Microsoft）是一家美国跨国科技公司，也是世界 PC（Personal Computer，个人计算机）软件开发的先导，由比尔·盖茨与保罗·艾伦创办于 1975 年，公司总部设在华盛顿州的雷德蒙德（Redmond）。

微软公司主要以研发、制造、授权和提供计算机软件等服务业务为主。最畅销的产品为 Microsoft Windows 操作系统和 Microsoft Office 系列软件。微软目前是全球最大的计算机软件提供商。2020 年 9 月，微软 Softomotive 公司在产品 WinAutomation 的基础上推出 Power Automate Desktop。2021 年微软宣布可以让 Win10 用户免费使用 Power Automate Desktop。

2022 年 11 月，微软发布了 Power Automate 预览版，新增流程挖掘功能，可以帮助用户识别数字业务瓶颈和优化自动化效率。流程挖掘通过对 ERP、CRM 等系统数据日志的智能分析，可帮助企业快速识别数字业务流程中的异常、断点等。

2023 年 8 月，微软宣布，Power Automate 将整合到 Microsoft Teams 应用中的现有 Workflows 中，并可能在未来引入更多 AI 增强相关功能，进一步提升用户体验。

2.8.2 Power Automate 软件介绍

1．概述

微软 Power Automate 的 Desktop Flow 于 2020 年 12 月 10 日在中国启用，Desktop Flow 分为有人值守 RPA 与无人值守 RPA，使用有人值守 RPA 时需要人工介入触发，可以进行实时录制、回放桌面端、网页端中的鼠标单击等操作。使用无人值守 RPA 时则可以实现全部自动化，可以进行大量任务的端到端自动化，简化工作流程，提升工作效率。以下是 Power Automate 的主界面，如图 2-4 所示。

Power Automate 内置 Microsoft 安全技术，满足所有 IT 安全要求的同时快速推进可伸缩的自动化流程。可使用简单的记录器和直观的拖放设计器轻松构建自动化。还可以专注于重要的工作(无论是在网页上，还是在桌面上)大规模地自动化。除此之外，还与其他 Microsoft 产品集成，无缝链接新老系统，也开始利用自建或外部连接器扩展应用。

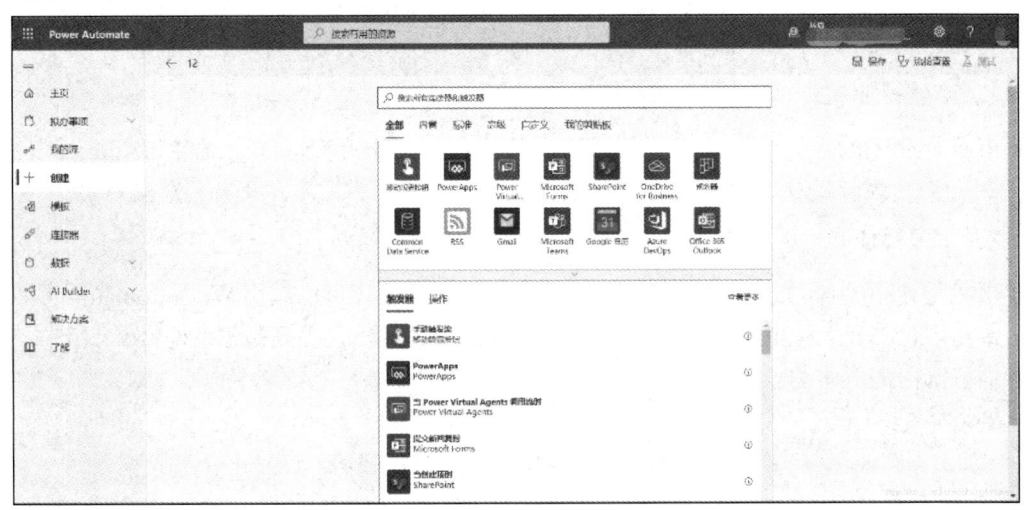

图 2-4　Power Automate 主界面

2．主要特点

Power Automate 的主要特点包括如下几项。

(1)无须编程：Power Automate 采用低代码界面，用户无须具备编程知识即可轻松创建自定义的工作流程，实现业务流程的自动化。

(2)丰富的触发器：Power Automate 提供了丰富的触发器(如创建/更新/删除文档、发送电子邮件、日历事件等)，用户可以根据触发器自动执行相应的操作。

(3)广泛的连接器：Power Automate 支持与众多第三方应用和服务的连接，如 SharePoint、OneDrive、Dynamics 365、Exchange、Twitter、Facebook 等。

(4)多种操作：Power Automate 支持多种操作(如搜索、筛选、排序、新建、更新、删除等)，用户可以对数据进行复杂的操作，满足业务需求。

(5)数据转换：Power Automate 支持数据转换，可以将一种数据格式转换为另一种数据格式，如将 Excel 中的数据转换为 CSV 文件。

(6)自动化任务：Power Automate 可以自动执行一些重复性任务，如自动发送电子邮件、自动更新文档等。

(7)预定义模板：Power Automate 提供了丰富的预定义模板，用户可以根据模板快速创建自动化流程，提高工作效率。

(8)安全性和隐私：Power Automate 支持安全性和隐私设置，可以确保用户数据的安全性和隐私性。

(9)团队协作：Power Automate 支持团队协作，可以与其他用户共享工作流程，提高团队的工作效率。

(10)手机应用：Power Automate 提供了手机应用，用户可以通过手机随时随地创建和监控自动化流程。

2.8.3 机器人应用

微软公司的 RPA 机器人应用行业广泛，涵盖了医疗、零售、金融等多个领域。

1. 医疗行业

微软 RPA 机器人可以应用于医疗行业的病例录入、药物研发、患者管理等业务流程，可以提高医疗工作效率，降低医疗成本，提高患者满意度，提升医疗服务质量。

2. 零售行业

微软 RPA 机器人可以应用于零售行业的订单处理、库存管理、客户订单跟踪等业务流程，用于提升订单处理速度，提高客户满意度，降低库存成本，提升企业运营效率。

3. 金融行业

微软 RPA 机器人可以应用于银行、证券、保险等金融机构的贷款审批、信用卡发行、保险理赔、投资咨询等业务流程。通过自动化处理大量金融数据，提高金融业务的处理速度和准确性，降低人力成本，提高客户满意度。

第二部分 UiBot 软件技术

第 3 章 UiBot 的安装与使用

UiBot 是来也科技自主研发的 RPA+AI 平台，也是中国 RPA+AI 领域的领导品牌，持续塑造了深受中国企业和中国办公者喜爱的 RPA 产品，推动着 RPA 技术在中国的普及和推广。

本章首先介绍来也科技 UiBot 产品的组成及如何下载与安装 UiBot Creator 软件，然后介绍 UiBot Creator 的界面，通过对 UiBot 基础知识的了解，为后面的学习打下基础。

3.1 UiBot 的组成

UiBot 能提供低代码或无代码的流程自动化开发，无论是财务人员还是审计人员，都可以在 UiBot 平台上创造出不同复杂程度的 RPA 机器人，以满足工作中的自动化需求。

UiBot 核心产品主要包含 UiBot Creator、UiBot Worker、UiBot Commander、UiBot IDP 四部分，分别为机器人的开发、运行、管理、智能化提供相应的工具和平台。

⬤ 3.1.1 UiBot Creator

创造者，即机器人开发工具，用于搭建流程自动化机器人。它采用中文可视化界面，同时支持拖曳式低代码或无代码的流程开发及专业开发模式，支持一键录制流程并自动生成机器人，支持 C、Java、Python、.Net 扩展插件及第三方 SDK 接入，兼顾入门期的简单易用和进阶后的快速开发需求。

⬤ 3.1.2 UiBot Worker

劳动者，即机器人运行工具，用于运行搭建好的机器人。它具备有人值守和无人值守两种模式：在有人值守模式下，通过人机协同的方式，完成桌面任务；在无人值守模式下，能够根据 UiBot Commander 的指挥，自动登录工作站，并全自动地完成任务。两种模式均支持定时启动、错误重试、任务编排等功能。

⬤ 3.1.3 UiBot Commander

指挥官，即控制中心，用于部署与管理多个机器人。它能够指挥多个 UiBot Worker 协同工作，既可以让多个 UiBot Worker 完成相同的工作，也可以把不同的工作自动分配给不同的 UiBot Worker。它支持多用户和灵活的权限控制，拥有安全审计系统，支持机器人工作日志追踪与实时监控。

3.1.4 UiBot IDP

UiBot IDP 是来也科技推出的一款智能文档处理平台，它是 UiBot RPA 机器人的重要组成部分。UiBot IDP 主要致力于为机器人提供执行流程自动化所需的各种 AI 能力，以满足不同行业和场景的需求。UiBot IDP 的主要特点和功能包括如下几点。

1．内置 AI 能力

UiBot IDP 内置了包括 OCR（光学字符识别）、NLP（自然语言处理）等多种适合 RPA 机器人的 AI 能力，可以满足企业在各种场景下的自动化需求。

2．预训练模型

UiBot IDP 提供了预训练模型，用户无须具备 AI 经验，只需简单的操作即可让机器人具备相应的 AI 能力，大大降低了 AI 应用的门槛。

3．与 UiBot Creator 无缝衔接

UiBot IDP 与 UiBot Creator 无缝衔接，用户可以通过拖曳的方式，轻松地将 AI 能力集成到机器人流程中，实现流程的自动化。

4．应用场景广泛

UiBot IDP 可以广泛应用于财务报销、合同处理、银行开户等场景，帮助企业提高工作效率，降低人力成本，提升服务质量。

3.2 下载与安装 UiBot Creator

3.2.1 下载 UiBot Creator

步骤一：访问 UiBot 官方网站，并点击"下载流程创造者（UiBot Creator）"，如图 3-1 所示。

图 3-1 访问 UiBot 官网

步骤二：新用户点击"立即注册"后生成一个新账号，然后在用户登录页面输入账号进行登录，如图 3-2 所示。

图 3-2　登录页面

步骤三：进入 UiBot Creator 下载页面后，点击 Windows x64（64 位）版本后的"点击下载"，如图 3-3 所示。

图 3-3　下载安装包

3.2.2　安装 UiBot Creator

步骤四：打开安装程序存储的位置，双击下载的安装程序进行安装，如图 3-4 所示。

步骤五：点击"立即安装"，如图 3-5 所示，也可选择"自定义安装"，手动选择 UiBot Creator 安装的位置。

步骤六：安装完成后，运行 UiBot Creator，进入登录页面，输入账号、密码，点击"登录"后开始使用，如图 3-6 所示。

图 3-4　打开安装包

图 3-5　立即安装

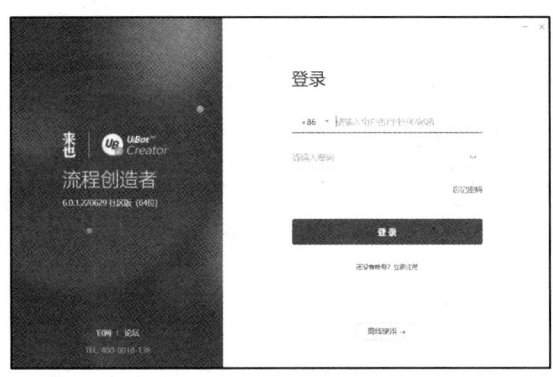

图 3-6　登录页面

3.3　UiBot Creator 界面介绍

3.3.1　主界面

启动 UiBot Creator 软件，登录后进入主界面，如图 3-7 所示。在该界面可以新建一个流程或打开已有流程。

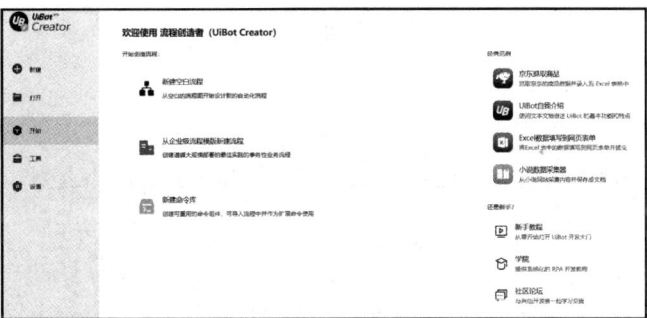

图 3-7　主界面

点击 UiBot Creator 主界面左侧菜单栏中的"工具"，可以在该界面安装相关工具，如图 3-8 所示。

图 3-8　工具界面

3.3.2 流程图界面

新建或打开一个流程后可以看出,每个流程都用一张流程图来表示。流程图界面中有工具栏、流程和命令区、开发区和配置区,如图3-9所示。

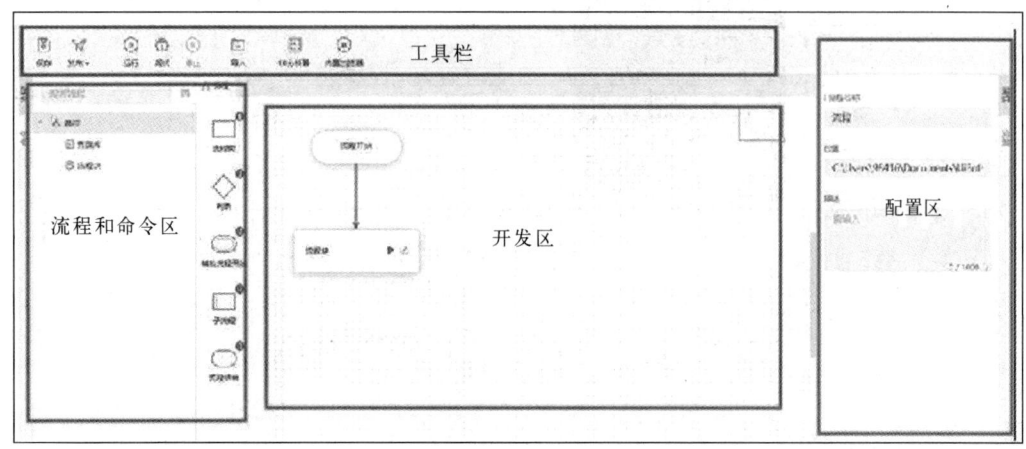

图3-9 流程图界面

1.工具栏

工具栏具有保存、发布、运行、调试等功能,同时,UiBot内置了一个UiBot开发的专属浏览器。

2.流程和命令区

流程区展示了该流程内的各个流程块的名称,进入某个流程块之后,流程区转为命令区,命令区展示的是具体的命令。

3.开发区

开发区展示了该流程内各流程块之间的关系及流程的运行顺序等信息。开发区左侧具有流程块、判断、辅助流程开始、子流程、流程结束五个组件。

4.配置区

配置区显示了流程块的名称、存储位置及描述信息。点击右侧的"变量",会切换到变量区域,该区域显示了流程中的变量信息。

3.3.3 流程块编辑界面

点击流程图中流程块右上角的编辑图标,可进入流程块编辑界面,流程块编辑界面分为可视化视图和源代码视图。

可视化视图中有工具栏、命令树、可视化编辑区、命令属性和变量面板四个主要区域,如图3-10所示。

1.工具栏

工具栏中较之前多了时间线、数据抓取、智能文档处理等功能。

2. 命令树

命令树中列出了 UiBot 的全部命令，包括基本命令、鼠标键盘、界面操作、智能文档处理、软件自动化、数据处理、文件处理等多个命令类别。每个命令类别展开后可查看类别下的具体命令。命令树上方还提供了命令搜索功能。

图 3-10　可视化视图

3. 可视化编辑区

可视化编辑区是命令组合形成流程块的工作区域，用户可以将命令树中的命令拖动或用鼠标双击添加到可视化编辑区。在可视化编辑区中可以拖动命令来调整命令的先后顺序或包含关系，也可用鼠标右击命令，对命令进行复制、删除、运行等基本操作。

4. 命令属性和变量面板

点击可视化编辑区中的某条命令，可看到该命令的属性面板，在命令的属性面板中会显示出该命令的一些必选属性及可选属性。切换到变量面板，可查看当前流程块中的变量信息，并可对变量进行增、删、改、查等基本操作。

源代码视图较可视化视图而言，编辑区展现的是源代码，右侧的属性区域由某个命令的属性变为了当前流程块的基本信息，如图 3-11 所示。

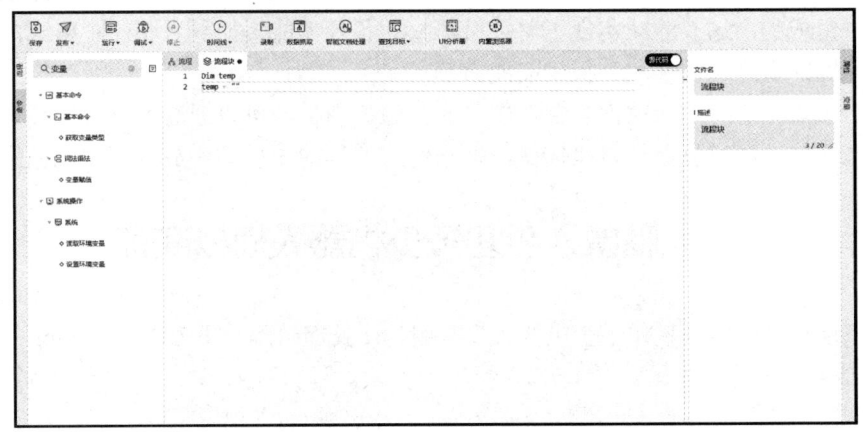

图 3-11　源代码视图

在源代码视图中，可视化的命令全部显示为对应的代码模块，代码顺序与可视化视图中命令的排列顺序一致，命令的属性也由代码显示出来。源代码视图适合有一定编程基础的用户使用，能让用户提高财务机器人开发效率。

可视化视图和源代码视图描述的是同一个流程块，它们是流程块的不同展示方式。在两种视图方式下，流程块中的命令是一模一样的，并且命令的顺序位置、包含关系完全对应，用户可以选择自己喜欢的视图方式来开发机器人。

3.4 UiBot Creator 的使用

3.4.1 创建一个新的项目

在 UiBot Creator 主界面中点击"新建"，通过如图 3-12 的方法创建一个新的流程项目，它的文件夹包括的内容如图 3-13 所示。

在用 UiBot Creator 工作时，我们必须为工作流程文件、活动、参数和变量分配名称。提供的名称必须有意义，以便它们的用法可以准确地描述项目和所涉及的任务。

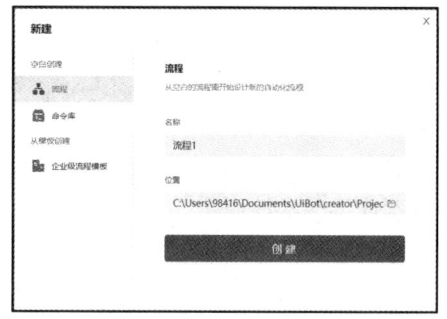

图 3-12　创建新的项目

图 3-13　文件夹内容

3.4.2 财务机器人开发

财务机器人开发本质上是完成一个流程项目的开发。UiBot Creator 所有的流程都是由一系列活动所组成的，这些活动实现了财务机器人的各种功能，如导入 Excel 格式的资产负债表数据、计算净资产收益率和分析偿债能力等。

UiBot Creator 所有的活动都放置在主界面左边的面板，可以通过名称直接搜索要使用的活动，组合这些活动时只需要直接拖曳，把它们按流程的先后顺序放到可视化编辑区中。

3.5 股票入手知多少机器人模拟实训

接下来通过"股票入手知多少机器人"案例，让我们熟悉一下 UiBot Creator 的基本开发流程。

3.5.1 场景描述与业务流程

HD 公司大厅公告栏处,挤满了员工,大家都在看这个季度的"蛮先进"销售业绩榜,嘉桐的名字排在了第一位。"又是嘉桐,每次都是他,毫无悬念。""人家是技术背景出身的,他的客户认可度很高的。""听说是某理工大学会计信息化专业毕业的,一出来就是复合型人才,能力强得很呢!""真羡慕这些大神……"

嘉桐刚刚走进公司大门,大家的眼光全部落在了他的身上,他已经习惯这些了,轻轻瞥了一眼公告栏,微微一笑,说道:"不好意思,每次都拿销售冠军,我也想给其他人机会,可是客户不允许啊！"同事们调侃道："嘉桐，这是你的实力，你别在那'凡尔赛'了，祝贺祝贺！"一番调侃后，嘉桐向长廊走去，遇见了迎面过来的财务总监程平。

程总："嘉桐啊，我看那个客户满意度调查表，他们纷纷点赞你，说你特别懂他们的需求，特别能够为他们提供性价比最佳的解决方案，技术背景出身的就是不一样，看来这次公司的年度销售冠军非你莫属，你这销售经理的收入都快赶超我了，好好干！加油！我看好你哦！"

嘉桐："程总您就别调侃我了，我那点工资还不够您塞牙缝，不过我看大家都在炒股，90后买基金都上微博热搜了，反正我这钱闲着也是闲着，存在银行这钱不生钱啊！不如去股市，赢了声名远播，输了下海干活！"

程总："不错啊年轻人，有想法！来，跟我学怎么买，赢了别墅靠大海！"

嘉桐："可是我是股票小白，我怕变成绿油油的'韭菜'被割掉。"

程总："那我们先来聊聊股票的板块吧。目前股市有主板、中小板、创业板和科创板，现在国家鼓励创新创业，特别是习近平总书记指出，当今世界正经历百年未有之大变局，未来10年，将是世界经济新旧动能转换的关键10年。我们作为科技创新企业，不管是谋划未来，还是立足当下，当然是关注最相关的创业板啦。"

嘉桐："那创业板具体指什么呢？"

程总："创业板是专为暂时无法在主板上市，但需要进行融资和发展的创业型企业设立的证券交易市场。创业板与主板市场相比，上市要求往往比较宽松，主要体现在成立时间、资本规模、中长期业绩等的要求上。创业板市场最大的特点就是低门槛进入，严要求运作，有助于有潜力的中小企业获得融资机会。创业板的市场代码是300开头的。上市后的前5个交易日不设价格涨跌幅限制，此后创业板股票当天竞价交易涨跌幅比例可以高达20%，所以股市有风险，投资需谨慎啊！"

嘉桐："我准备把一部分工资，大概40 000元拿去投资，搏一搏，争取单车变摩托。"

程总："你先别心急，我先来考考你，股票的交易单位为'股'，交易所规定股票委托买入计量单位必须为'手'，也就是100股的整数倍。那假如某数字化服务企业的股票昨日收盘价为25元/股，你现在有40 000元本金，你觉得今天你会买入多少手股票呢？"

嘉桐："让我好好想想……。有了，我把手数写在纸上了。"然后一脸坏笑地说道："程总，您猜，看看几次能够猜正确。对了，最多6次机会哟！呵呵！"

程总心里一惊，没想到这次给自己挖坑了，他陷入沉思……

"股票入手知多少机器人"的自动化流程如图3-14所示。

3.5.2 开发步骤

步骤一：打开 UiBot Creator 软件，新建流程，并将其命名为"股票入手知多少机器人"，从图3-9的左侧拖放5个"流程块"，2个"判断"和1个"流程结束"，并依次改名为"获取随机手数"，"输入猜测手数"，"已猜次数是否小于6"，"猜测手数是否等于随机手数"，"给出猜测手数过大或过小的提示"，"游戏结束提示正确手数"，"游戏结束提示猜测正确"，流程图页面如图3-15所示，流程图变量的属性设置如表3-1所示。

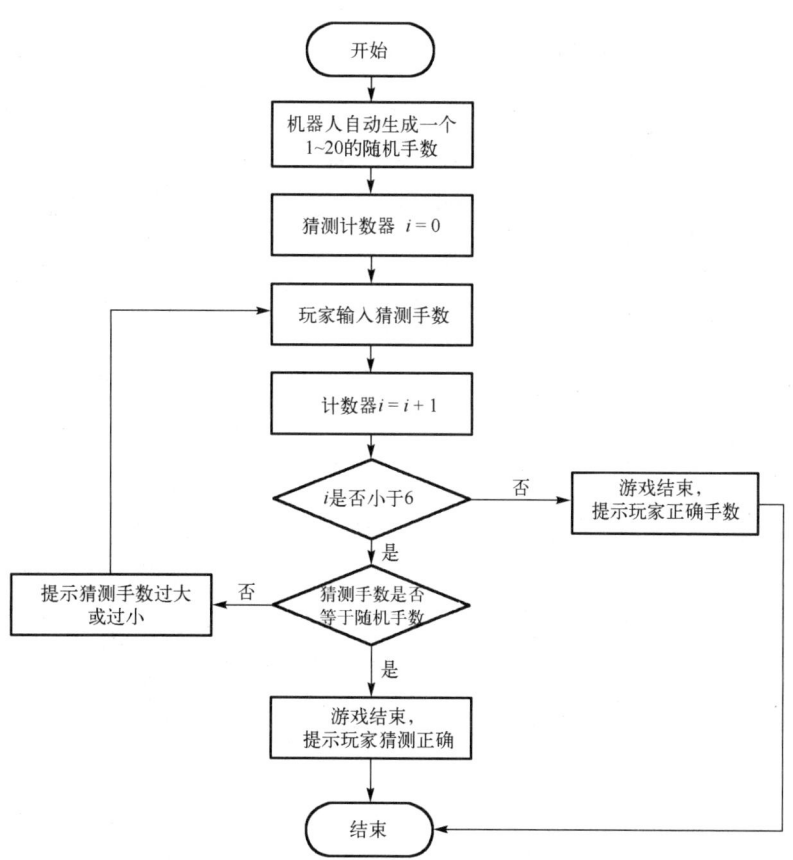

图 3-14 "股票入手知多少机器人"的自动化流程

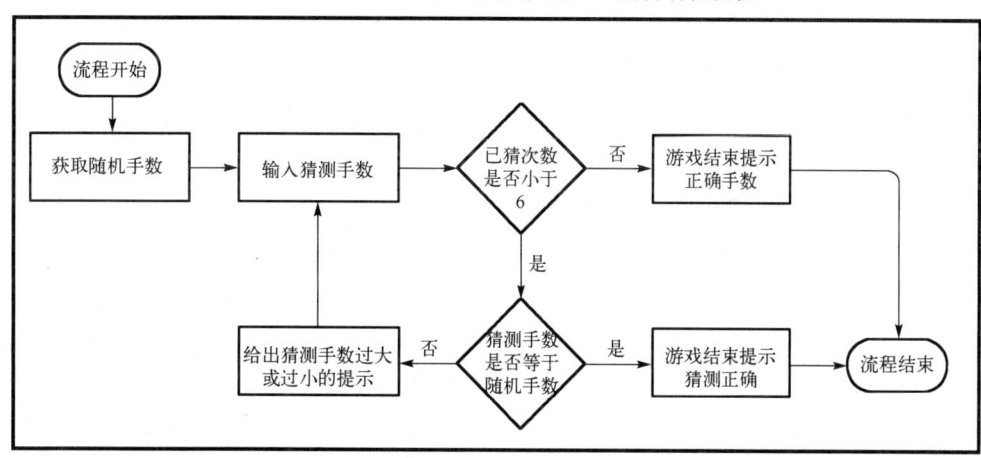

图 3-15 UiBot Creator 流程图页面

表 3-1 流程图变量属性设置

序号	变量名	值
1	随机手数	0
2	猜测手数	0
3	次数	0

步骤二：点击"编辑"进入"获取随机手数"流程块，在左侧命令框中搜索添加元素，添加1个"取随机数"、1个"变量赋值"和1个"取整数部分"，添加完成后的流程顺序如图 3-16 所示，属性设置如表 3-2 所示。

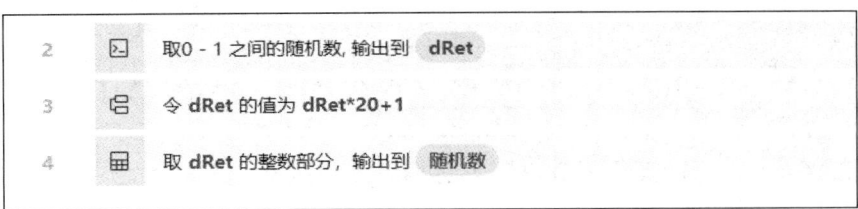

图 3-16　获取随机手数流程块

表 3-2　属性设置

活动名称	属性	值
获取随机手数	输出到	dRet
变量赋值	变量名	dRet
	变量值	dRet*20+1
取整数部分	输出到	随机数
	目标数据	dRet

注意：表格中的属性值都是在专业模式（EXP）中显示的。

步骤三：点击"编辑"进入"输入猜测手数"流程块，在左侧命令框中搜索添加元素，添加1个"输入对话框"、1个"转换为整数类型"和1个"变量赋值"，添加完成后的流程顺序如图 3-17 所示，属性设置如表 3-3 所示。

图 3-17　"输入猜测手数"流程块

表 3-3　属性设置

活动名称	属性	值
输入对话框	输出到	猜测数
	消息内容	"请输入嘉桐购买的创业板股票手数"
	对话框标题	"股票入手知多少"
转换为整数类型	输出到	猜测数
	转换对象	上一条命令的结果
变量赋值	变量名	次数
	变量值	次数+1

步骤四：在判断框"已猜次数是否小于6"中的"条件表达式"属性框内输入"次数<6"，

在判断框"猜测手数是否等于随机手数"中的"条件表达式"属性框内输入"猜测手数=随机手数"。

步骤五：点击"编辑"进入"给出猜测手数过大或过小的提示"流程块，在左侧命令框中搜索添加元素，添加1个"如果条件成立"、1个"否则执行后续操作"和2个"消息框"，添加完成后的流程顺序如图 3-18 所示，属性设置如表 3-4 所示。

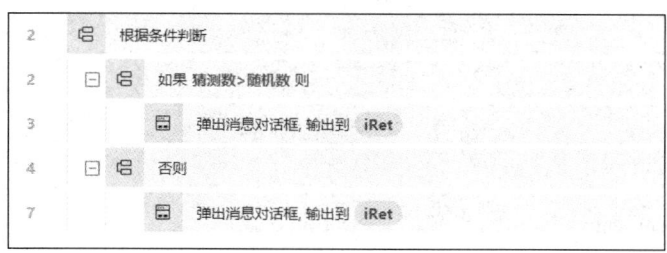

图 3-18　"给出猜测手数过大或过小的提示"流程块

表 3-4　属性设置

活动名称	属性	值
如果条件成立	判断表达式	猜测手数>随机手数
消息框	消息内容	"你猜大了哦，请再接再厉"
	对话框标题	"手数提示"
消息框	消息内容	"你猜小了哦，请再接再厉"
	对话框标题	"手数提示"

步骤六：点击"编辑"进入"游戏结束提示正确手数"流程块，在左侧命令框中搜索添加元素，添加1个"消息框"，将其消息内容属性修改为："游戏结束，正确的购买手数是"+随机数。

步骤七：点击"编辑"进入"游戏结束提示猜测正确"流程块，在左侧命令框中搜索添加元素，添加1个"消息框"，将其对话框标题属性修改为"游戏结束"，消息内容属性修改为"游戏结束，恭喜你猜对了"。

【课后思考】

1. 在本案例中，为什么嘉桐现有的资金购买股票数量最多只能是 20 手呢？
2. 为了程序的友好性，如果要求游戏结束后用消息框提示玩家的猜测次数，该如何修改程序呢？

第 4 章　UiBot Creator 基本语法

4.1　常量与变量

4.1.1　命名规则

在 UiBot Creator 中，命名规则是指为变量、函数、模块等元素命名时需要遵循的一些规则和原则。遵循正确的命名规则有助于提高代码的可读性和可维护性，便于其他开发者理解和修改代码。

一般来说，UiBot Creator 中的命名规则包括以下几点。

1. 变量命名

变量名应简洁明了，能够直观地反映变量的用途。通常使用驼峰式命名法(CamelCase)，例如：userName、PassWord 等。

2. 函数命名

函数名应能够准确地反映函数的功能，使用驼峰式命名法(CamelCase)，例如：getUserInfo、saveFile 等。

3. 模块命名

模块名应简洁明了，能够直观地反映模块的功能。通常使用驼峰式命名法(CamelCase)或下画线分隔(snake_case)，例如：user_management、file_processing 等。

4. 常量命名

常量名应简洁明了，能够直观地反映常量的用途。通常使用大写字母和下画线分隔(CONSTANT_NAME)，例如：MAX_LIMIT、MIN_AGE 等。

5. 类命名

类名应能够准确地反映类的功能。例如：User、File 等。

6. 枚举命名

枚举名应简洁明了，能够直观地反映枚举的用途。例如：UserRole、FileType 等。

需要注意的是，UiBot Creator 还要求命名的字符串中不能包含空格、特殊字符和字母大小写不能混杂的情况。遵循这些命名规则可以帮助开发者编写出更加规范、易读和易维护的代码。

4.1.2 常量

在 UiBot Creator 中,常量是一种特殊类型的数据,它可以在整个流程中保持不变。常量通常在流程开始时定义,并在整个流程中用于传递和存储一些固定不变的数据。常量的值在流程执行期间不会被修改,它们可以帮助开发者定义一些基本的流程参数,如数据库连接字符串、文件路径、固定文本等。

常量可以是数值型、字符型、逻辑型、数组、字典等数据类型。常量定义后必须要对其赋值,其有效范围就是在该流程内。

常量的定义方式:

const 常量名=常量值

使用常量可以让 UiBot Creator 的开发者编写出更加模块化和可重用的流程。在构建一个自动化流程时,开发者可以将一些固定不变的数据作为常量定义,然后在流程中的各个环节使用这些常量。这样,当需要更改这些固定数据时,开发者只需修改常量的值,而无须更改流程中的其他代码。这有助于提高流程的稳定性和可维护性,同时降低开发者的劳动强度。

4.1.3 变量

变量是指运算过程中值可以被改变的量。变量用于存储和传递数据,使得流程能够根据预定的逻辑进行决策和执行。使用变量可以帮助 UiBot Creator 的开发者编写出更加灵活和可重用的流程。例如,在构建一个自动化流程时,开发者可以定义全局变量来存储流程的状态信息,或者在不同的流程块之间传递数据。如果流程中某个环节出现了错误,开发者可以利用全局变量来捕捉这个错误,并在之后的流程块中进行相应的处理,比如重试操作或记录日志等。

变量的类型可以是数值型、字符型、逻辑型、数组、字典、null 等数据类型。变量的定义方式如下:

dim 变量名

dim 变量名=变量值

dim 变量名=变量值,变量名 1=变量值

如果变量没有定义,UiBot Creator 会在运行时自动定义。在 UiBot Creator 中,变量分为流程图变量和流程块变量。

1. 流程图变量

在 UiBot Creator 中,流程图变量是指在流程图中定义的变量。它们可以在整个流程中使用,并被所有流程块共享。流程图变量用于存储流程运行时的数据,如计数器、临时数据、用户输入等。这些变量可以在流程的不同部分被读取和修改,支持流程的动态运行和决策。

2. 流程块变量

流程块变量是指在 UiBot Creator 流程块内部定义的变量。每个流程块都可以有它自己的变量,用于存储该流程块特有的数据。流程块变量仅在所属的流程块内可见并可用,它用于存储流程块执行过程中需要用到的数据,如从数据库读取的数据、用户界面交互的结果等。

4.2 数据类型

在 UiBot Creator 中，数据类型是指在编写流程时所使用的各种基本数据类型，它们用于表示流程中的各种数据。正确地使用数据类型可以帮助开发者更好地组织和处理数据，从而实现各种自动化功能。UiBot Creator 常用的数据类型包括数值型、字符型、布尔型、数组和字典等。

4.2.1 数值型

数值型数据包括整数型数据和小数型数据。整数型数据由正整数、零、负整数构成。小数型数据是带小数点的数字。

4.2.2 字符型

字符型数据由任意字符组成，用单引号(')、双引号(")、三引号(""")成对表示。常用连接运算符为"&"，用于将两个字符串连接起来。

4.2.3 布尔型

布尔型数据又称逻辑型数据，用于逻辑判断，其结果为 True 或 False。逻辑运算符包括 AND、OR、NOT 三种类型。

4.2.4 数组

将多个同类型或者不同类型的数据存放到一个变量里，这个变量被称为数组，或有序元素序列。数组里的每个数据被称为数组的元素，每个元素的排序序号称为元素下标，元素下标从 0 开始。定义数组用方括号括起来，相邻元素以","（英文输入法下的逗号）进行间隔。获取数组中任意元素的值的方法：数组名加方括号，括号内填入对应的元素下标即可。

定义方式：dim 数组名=[元素 1,元素 2,元素 3…]

获取数组元素值：数组名[0]= 元素 1，数组名[1]= 元素 2

例如，A=[1,2,3,4,5,6]。如果要获取第三个元素 3，则输入数组 A[2]，这样就可以取到第三个数字。

4.2.5 字典

将多个同类型或者不同类型的数据按不同的变量名存放到一个容器里，这个容器被称为字典。字典里的每个数据对应的变量名被称为"键名"，数据被称为"键值"，键名要求必须为字符型，且键名有唯一性要求，键值无限制。

定义字典以花括号括起来，键名与键值配对出现，中间用":"间隔，两个键值对之间用","间隔。获取字典中任意元素的值的方法：字典名加方括号，方括号内输入对应的键名即可，且字典为无序集合。

定义方式：dim 字典名 = {键名:键值，键名 1:键值 1，键名 2:键值 2}。

获取元素值：字典名[键名] = 键值，字典名[键名 1]= 键值 1。

例如，per_data={"name": "wang", "age":18}。

如果要获取名字，则输入 per_data["name"]，就可以自动输出"wang"。

4.3 算术运算符

运算符是用于进行某种运算的符号，参与运算的数据被称为操作数。UiBot Creator 常用的算术运算符如表 4-1 所示。

表 4-1 UiBot Creator 常用的算术运算符

运算符	中文名称	功能描述	例子
+	加号	两个数相加	Dim a=1,b=2 a+b=3
-	减号	两个数相减	Dim a=1,b=2 b-a=1
*	乘号	两个数相乘	Dim a=1,b=2 a*b=2
/	除号	两个数相除	Dim a=1,b=2 b/a=2
mod	取余数	取余数	Dim a=1,b=2 b mod a=0
^	求幂	返回幂值	Dim a=1,b=2 a^b=1
<>	不等于	不等于	Dim a=1,b=2 a<>b

4.4 逻辑控制语句

用计算机解决某个具体问题时，逻辑控制语句主要包括顺序执行所有的语句(顺序结构)、选择执行部分语句(选择结构)和循环执行部分语句(循环结构)三种情况，如图 4-1 所示，其语句功能如表 4-2 所示。

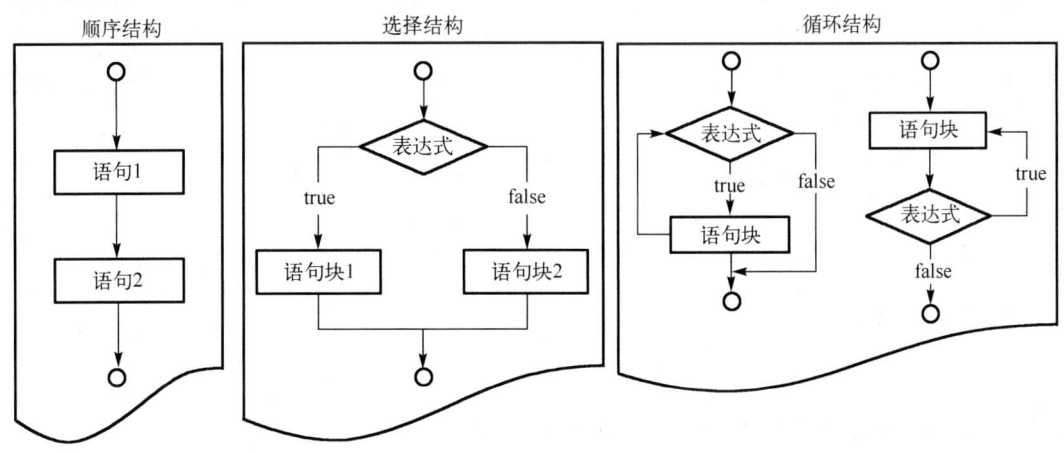

图 4-1 逻辑控制语句

表 4-2 逻辑控制语句功能

逻辑控制语句类别	功能
顺序结构	按编写顺序依次执行
选择结构	根据条件分支的结果选择执行不同的语句(条件分支命令)
循环结构	在一定条件分支下,反复执行某段程序的流程结构,其中反复执行的语句称为循环体,决定循环是否终止的判断条件称为循环条件

4.5 条件选择语句

4.5.1 If…End If

这是最简单的判断语句,如果满足条件,则执行条件内的语句。其中判断条件可以是单纯的布尔值或变量,也可以是比较表达式或逻辑表达式(如 a>b and a<3)。如果判断条件为真,则执行条件内的语句,如图 4-2 所示。

举例:首先定义了 a=2,现在 a=2,满足条件 a>1,所以就会执行 If 中的 a=a+1 语句。当执行一次以后,a 就会变成 3,如图 4-3 所示。

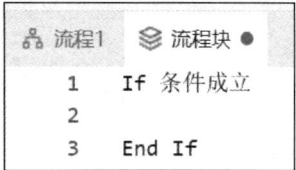

图 4-2 If…End If 语句

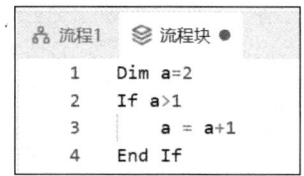

图 4-3 If…End If 语句举例

4.5.2 If…Else…End If

这是最简单的条件分支语句,该语句的意思是如果满足条件,则执行 If 后面的语句块 1,否则,执行 Else 后面的语句块 2,如图 4-4 所示。

举例:首先定义了 a=0,现在 a=0,不满足 a>1 的条件,所以就不会执行 a=a+1 语句,而是执行 a=a+2 语句,执行一次过后,a 的值将变为 2,如图 4-5 所示。

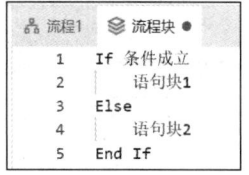

图 4-4 If…Else…End If 语句

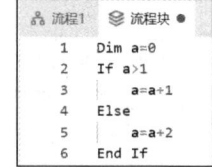

图 4-5 If…Else…End If 语句举例

4.5.3 If…ElseIf…ElseIf…Else…End If

这个语句在遇到多种条件判断时使用。执行语句后,如果判断条件为假,则跳过该语句,进行下一个 ElseIf 的判断,只有在所有的判断条件都为假的情况下才会执行 Else 中的语句,如图 4-6 所示。

举例：定义了 a=0，现在 a=0，首先判断第一个条件，a 不等于 5，所以不满足第一个条件；然后判断第二个条件 a 是否等于 4，a 不等于 4，所以第二个条件也不满足；判断第三个条件 a 是否等于 3，a 不等于 3，所以第三个条件也不满足；执行最后一个条件 a=a+2，所以运行结果是 2，如图 4-7 所示。

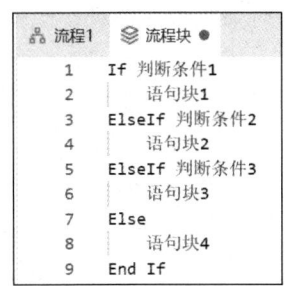 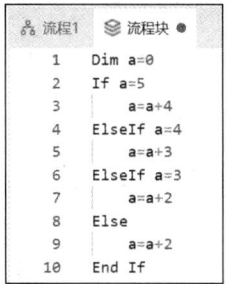

图 4-6　If…ElseIf…ElseIf…Else…End If 语句　　　　图 4-7　If…ElseIf…ElseIf…Else…End If 语句举例

4.6　循 环 语 句

4.6.1　For 循环——计次循环

For 循环是计次循环，一般应用在循环次数已知的情况下，通常用于遍历数组和字典，如 4-8 所示。

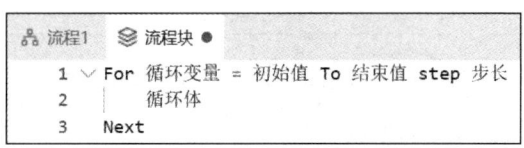

图 4-8　For 循环——计次循环

图中 step 为步长，表示循环变量每次的变化量，可为负数，也可以省略默认为 1；循环体为一组被重复执行的语句。

举例：i 一般是计次循环的默认变量，用来计数用，这里的意思就是，i 变量从 0 变到 10，每次循环步长为 1，意思就是增加 1。这里的循环语句是 a=a+1。i 从 0 到 10，第 0 次也要算上，所以一共循环了 11 次，最后 a 的值就会变为 11，如图 4-9 所示。

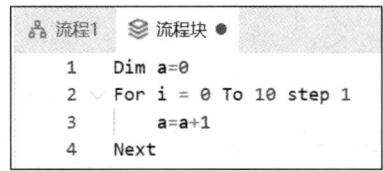

图 4-9　For 循环——计次循环举例

4.6.2　For 循环——遍历循环

遍历循环，顾名思义，就是遍历数组或字典中的每个元素，将其中的每个元素都单独拿出来进行一次操作，如图 4-10 所示。

举例：定义了一个空的数组 B 和一个数组 A，数组 A 里面有元素 1、2、3、4、5、6。现在我们对数组 A 进行遍历循环，意思就是将数组里面的每个元素都单独提取出来，放进变量 value 中。所以这段程序的意思就是将 1、2、3、4、5、6 分别抽取出来，然后进行加 1，再放进一个新的数组中。注意，遍历循环只是取值，并不会对原数组的值进行改变，即数组 A 内的内容没有发生任何改变，如图 4-11 所示。

```
流程1    流程块
For Each value In A
    value进行何种操作
Next
```

图 4-10　For 循环——遍历循环

```
流程1    流程块
Dim B=[]
Dim A=[1,2,3,4,5,6]
For Each value In A
    value=value+1
    arrRet=push(B,value)
Next
```

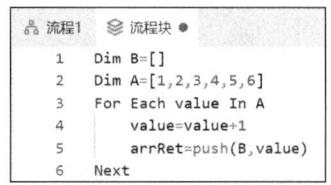

图 4-11　For 循环——遍历循环举例

结果如图 4-12 所示，数组 B 的值变成了[2,3,4,5,6,7]，之前是一个空的数组。它是将数组 A 的值逐个取出再放入数组 B 中。

```
[2023-8-20 17:58:50] [INFO] 流程块.task 第9行：[
    2,
    3,
    4,
    5,
    6,
    7
]
```

图 4-12　For 循环——遍历循环举例结果

4.6.3　Do 循环——无限循环

Do 循环是条件循环，通过条件来判断循环体是否停止。Do 循环有三种：无限循环、满足条件循环、不满足条件循环。无限循环如图 4-13 所示。

举例：Loop 后面不跟条件，这个循环语句就会一直执行下去，a 就会不断地自增 1，一直执行下去，这就叫无限循环，也叫死循环，如图 4-14 所示。

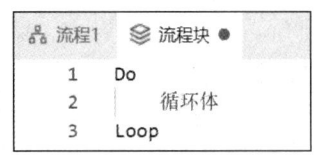

```
流程1    流程块
Do
    循环体
Loop
```

图 4-13　Do 循环——无限循环

```
流程1    流程块
Dim a=0
Do
    a=a+1
Loop
```

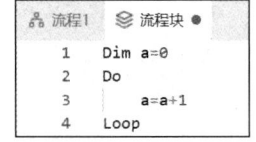

图 4-14　Do 循环——无限循环举例

4.6.4　Do 循环——满足条件循环

满足条件循环，顾名思义，就是当满足 Do While 后的条件时，循环就会自动停止。满足条件循环也分为先条件循环和后条件循环。先条件循环就是先判断，再执行循环；而后条件循环则是先执行，再判断条件，如图 4-15 所示。

举例 1：满足先条件循环，先判断再运行。首先判断 a 是否等于 0，a=0 则执行循环体

a=a+1，此时 a=1；然后判断 a 是否等于 0，此时 a 已经等于 1，不满足循环条件，所以跳出循环，此时 a 的值为 1，如图 4-16 所示。

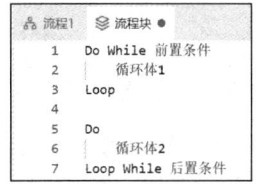 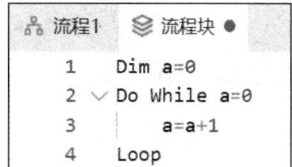

图 4-15 Do 循环——满足条件循环　　　图 4-16 Do 循环——满足条件循环举例 1

举例 2：满足后条件循环，先运行再判断。首先执行 a=a+1，此时 a=1；然后判断 a 是否小于 3，如果小于 3，则继续循环，如果大于或等于 3，则跳出循环，此时 a=1，小于 3，所以继续循环，如图 4-17 所示。

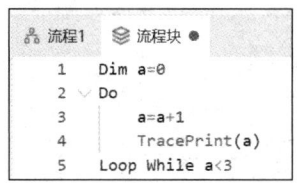

图 4-17 Do 循环——满足条件循环举例 2

4.6.5　Do 循环——不满足条件循环

不满足条件循环，顾名思义，就是当不满足 Do Until 后的条件时，循环就会自动停止。它和满足条件循环相同，只是一个是满足条件进行循环，一个是不满足条件进行循环，如图 4-18 所示。

举例 1：不满足先条件循环，先判断再运行。首先判断 a 是否等于 8，此时 a=0，不满足条件，所以执行循环体，最后的结果 a=8，如图 4-19 所示。

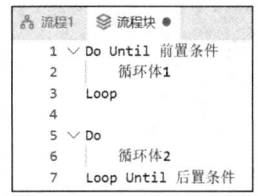 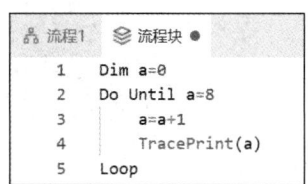

图 4-18 Do 循环——不满足条件循环　　　图 4-19 Do 循环——不满足条件循环举例 1

举例 2：不满足后条件循环，先运行再判断。首先执行 a=a+1，此时 a=1，不满足 a=3 的条件，所以会继续执行循环体，直到 a=3 才结束循环，如图 4-20 所示。

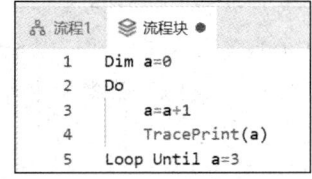

图 4-20 Do 循环——不满足条件循环举例 2

4.6.6 Break 语句

当 For 循环或 Do 循环所产生的操作已经满足业务要求时,可以通过 Break 语句立刻终止并跳出循环语句,避免过度循环次数的发生,提高处理效率。

4.6.7 Continue 语句

Continue 语句是循环语句的另外一种控制循环方向的语句。当满足指定条件时,Continue 语句使循环回到开始处,继续循环,忽略 Continue 语句后的语句。

4.7 净资产增长率考核机器人模拟实训

通过前面的讲解,我们基本熟悉了 UiBot Creator 中的变量、运算符、条件语句等基本语法,下面以 HD 公司净资产增长率考核为例进行模拟实训。

4.7.1 场景描述与业务流程

HD 公司财务部办公区。

"嗒,嗒,嗒,嗒,叮!"时针刚指向六点,HD 公司财务部会计核算岗的杨霁莞就迫不及待地关掉计算机,拿上早已收拾好的背包,一边心里想着今天终于能够按时下班了,一边快步朝打卡处走去。旁边的同事张洪霜看着杨霁莞这一波行云流水的操作,不禁想起了中学时候踩着下课铃飞奔向食堂的自己……这边杨霁莞刚掏出考勤卡,就看见财务总监程总朝着自己走来,顿时产生了一种不祥的预感……

程总:"小杨,你先别下班,跟我到办公室一趟。"

杨霁莞只能乖乖地跟着程总到了财务总监办公室。

程总:"公司明天召开临时股东大会,你赶紧把公司近两年的净资产增长率数据拿出来,还有同行业的对比数据也要,然后分析一下公司2023年净资产增长率状况。"

"好的,程总,没什么其他事的话,我就先出去了。"杨霁莞微笑着点头道。

"嗯,抓紧时间哦。"程总头也不抬地说道。

刚走出办公室,杨霁莞的脸就垮下来了,果然,悲伤的预感从不会出错,她悻悻地回到自己的座位。看着杨霁莞又垂头丧气地走回来,张洪霜探出头问道:"你怎么又回来啦?"

杨霁莞长叹一口气,"别提了,刚准备打卡下班,就被程总逮回来分析净资产增长情况,看来今天又得加班了啊。"

张洪霜疑惑道:"程总分析净资产增长率干吗啊?"

杨霁莞:"你知道净资产增长率是指公司本期净资产总额与上期净资产总额的比率吧,净资产增长率反映了公司资本规模的扩张速度,这不明天要召开股东大会了吗,股东们要通过净资产增长率来衡量公司的规模变动和成长状况啊……只是可怜了我这个小虾米,每天都被这些财务琐事缠身,脑子里面一团乱麻,说好的朝九晚六,硬生生变成了朝六晚九……"

抱怨归抱怨,杨霁莞说罢还是打开了"蛮好用"计算机,开始了与财务数据的战斗。首先是本公司同期数据的整理比较分析,然后是和同行业的平均净资产增长率进行比较,杨霁莞此刻内心只想着赶紧完成任务,然后去找程总交差。

HD公司净资产增长率考核业务流程如图4-21所示。

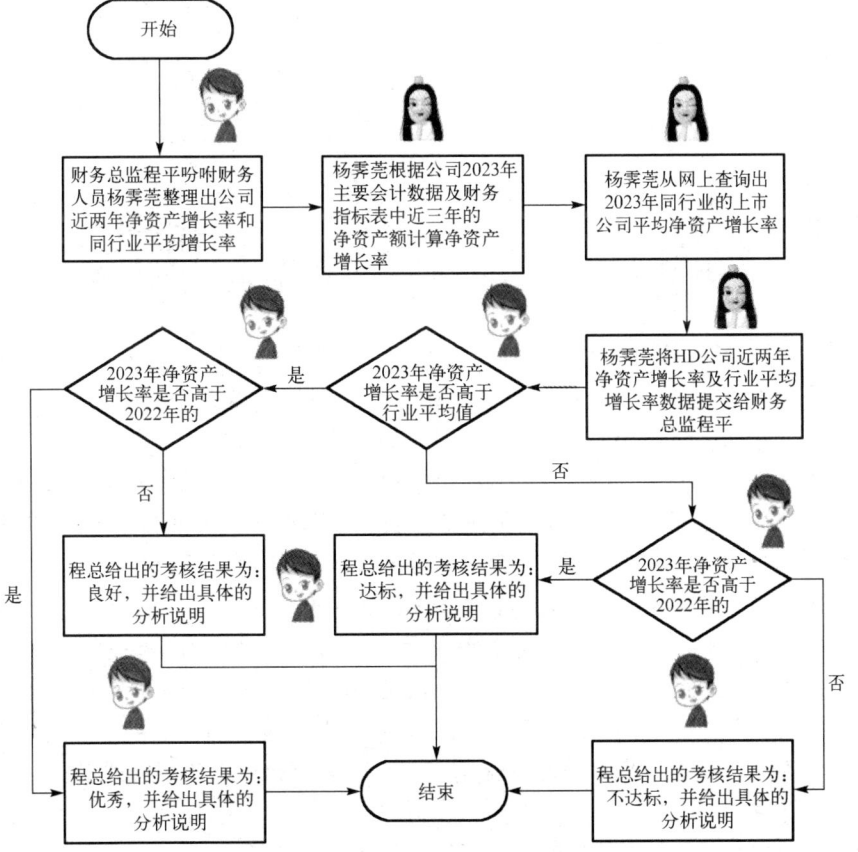

图4-21　HD公司净资产增长率考核业务流程

4.7.2 自动化流程设计

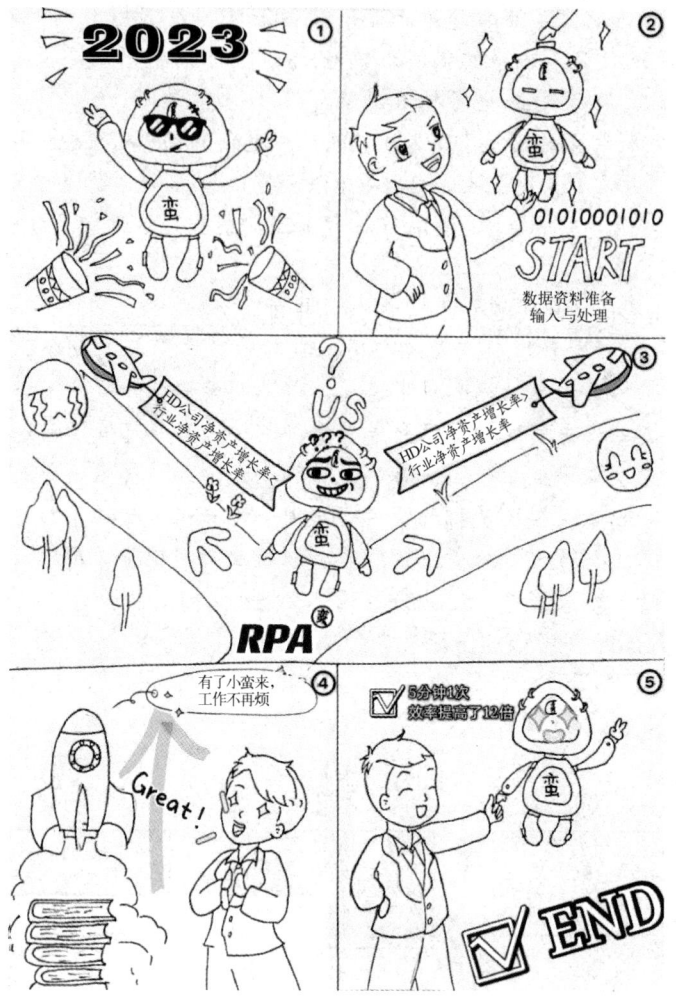

转眼到了 2024 年。还是熟悉的地点熟悉的人，不同的是，经过 HD 公司财务部信息化岗位几位员工半年多的努力，财务部年初开始上线 RPA 财务机器人——小蛮。小蛮的出现，简直就是财务部所有员工的福音，比如可怜的小虾米杨霁莞，再也不用"被加班"了。

如果程总想要知道公司 2023 年净资产增长率的考核结果，只需一键启动小蛮，小蛮就会自动从公司 2023 年主要会计数据和财务指标表中读取近 3 年的年份、净资产额及行业平均增长率，然后计算出公司近两年的净资产增长率，并将 2023 年净资产增长率同行业平均净资产增长率进行比较。若高于行业平均值，则比较 2023 年净资产增长率是否高于 2022 年净资产增长率，若高于，则小蛮提示程总考核结果为：优秀，并给出具体的考核说明；反之，则提示程总考核结果为：良好，并给出具体的考核说明。若 2023 年净资产增长率低于行业平均值，则比较 2023 年净资产增长率是否高于 2022 年净资产增长率，若高于，则小蛮提示程总考核结果为：达标，并给出具体的考核说明；反之，则提示程总考核结果为：不达标，并给出具体的考核说明。

HD 公司净资产增长率考核自动化流程设计如图 4-22 所示。

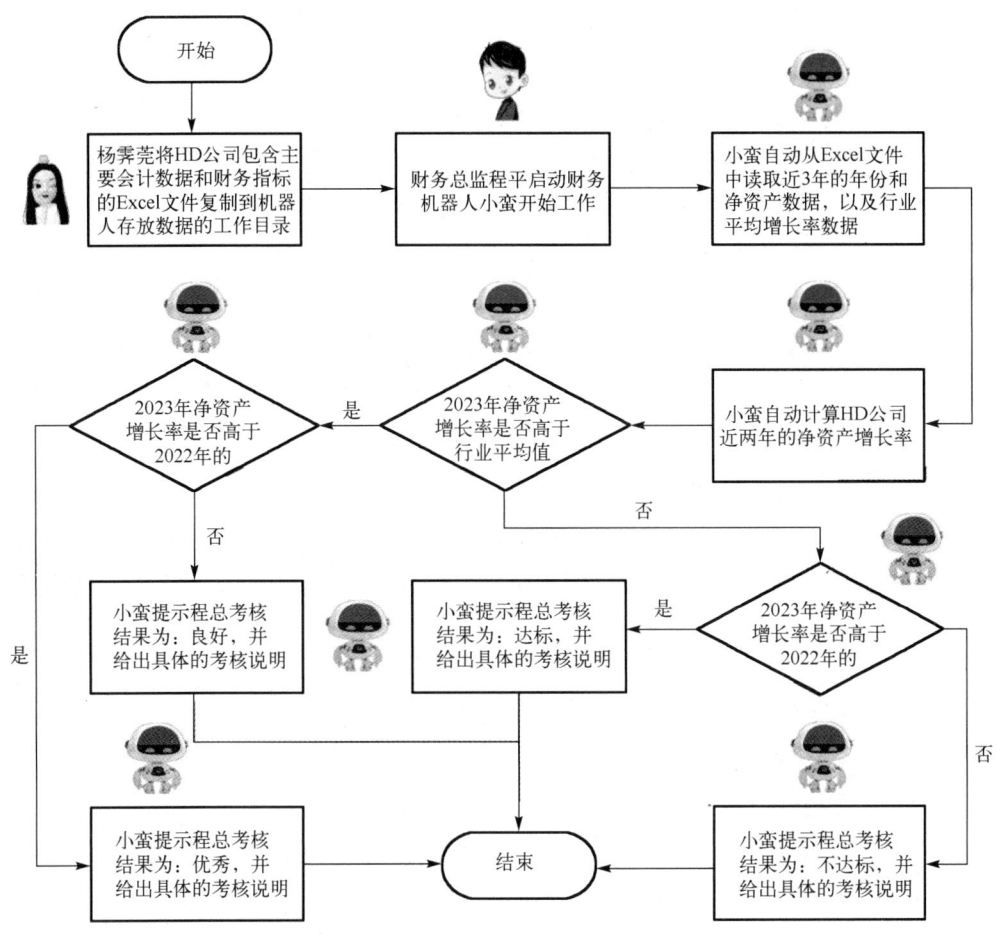

图 4-22　HD 公司净资产增长率考核自动化流程

小蛮给 HD 公司带来的价值巨大！

在小蛮上线之前，财务部每月需要分析各种财务指标，出具近 20 份财务分析报告，一份分析报告的制作至少需要花费 3 小时。人工工作方式不但效率低、耗时较长，而且小错误在所难免，也无暇顾及去提高分析水平。

在小蛮上线之后，平均只需要 5 分钟就能做好一份分析报告，每个月至少节省 50 多个工时，财务部的员工再不会因为突如其来的分析工作加班了。现在这种工作模式，效率高、用时短，财务分析人员可以专注分析模型的构建并不断升级，从而实现有机的人机协作共生。

在投资回报上，财务分析岗员工人均时薪为 60 元，年人工成本节约 4 万多元，虽然部署小蛮机器人需要一定的前期投入，但每年一个小蛮的运维服务费用相对比较固定，一般也就 1 万余元，而财务分析报告工作只不过是小蛮众多日常工作中的一项，看来小蛮的投资回报是相当可观哦。

4.7.3　技术路线与开发步骤

HD 公司净资产增长率考核机器人小蛮的开发总体技术路线如下：

(1)添加"读取区域",获取公司净资产数据。
(2)添加"变量赋值",计算净资产增长率。
(3)添加"如果条件成立",考核净资产增长率等级。
(4)添加"消息框",显示考核结果。

本案例需要使用 HD 公司主要会计数据和财务指标表,如图 4-23 所示。为简化起见,本案例将行业平均净资产增长率设定为 19.2%。

	2023年	2022年	2021年
营业收入(元)	2 325 047 409.32	1 710 218 028.51	1 218 798 082.68
归属于上市公司股东的净利润(元)	323 750 932.99	241 382 013.60	214 240 021.65
归属于上市公司股东的扣除非经常性损益的净利润(元)	249 676 699.46	220 244 766.13	191 468 659.61
经营活动产生的现金流量净额(元)	-25 003 883.79	-270 464 681.06	206 128 153.69
基本每股收益(元/股)	0.38	0.28	0.26
稀释每股收益(元/股)	0.38	0.27	0.26
加权平均净资产收益率	14.45%	12.72%	13.58%
	2023年末	2022年末	2021年末
资产总额	3 146 622 560.24	2 637 265 339.69	2 108 380 164.71
归属上市公司股东的净资产(元)	2 459 654 331.35	2 064 546 600.18	1 731 909 030.76

图 4-23 HD 公司主要会计数据和财务指标

下面讲解财务机器人小蛮的具体开发步骤。

1. 搭建整体流程框架

步骤一:打开 UiBot Creator 软件,新建流程,并将其命名为"HD 公司净资产增长率考核机器人",从左侧拖放"流程块",添加 1 个"流程块",1 个"结束",并将"流程块"改名为"净资产增长率考核",流程图界面如图 4-24 所示。

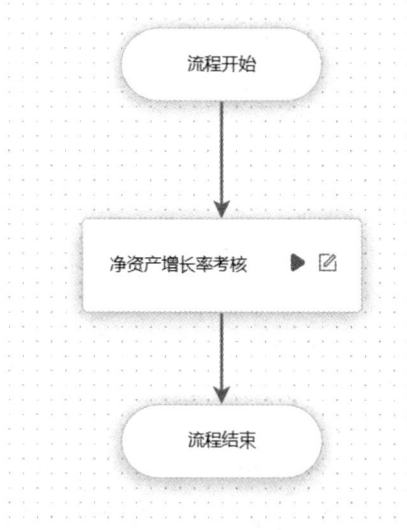

图 4-24 UiBot Creator 流程图界面

步骤二:点击"净资产增长率考核"流程块右侧的"编辑"图标进入流程块,并添加流程块变量,其属性设置如表 4-3 所示。

表 4-3 流程块变量属性设置

序号	变量名	值
1	objExcelWorkBook	""
2	NF	""
3	JZC	""
4	HYZZL	""
5	ZZL1	""
6	ZZL2	""
7	YEAR1	""
8	YEAR2	""
9	FXBG	""

步骤三：放置准备文件。打开"HD 公司净资产增长率考核机器人"流程文件夹，在"res"文件夹中放入"HD 公司主要会计数据和财务指标.xlsx"，如图 4-25 所示。

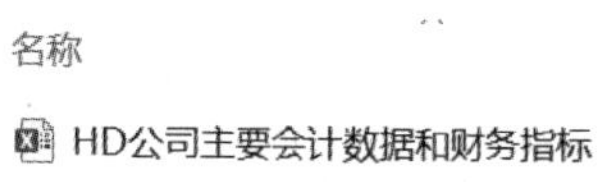

图 4-25 放置准备文件

2. 采集净资产及年份数据

步骤四：在左侧的命令框中搜索添加元素，添加 1 个"打开 Excel 工作簿"、2 个"读取区域"、1 个"关闭 Excel 工作簿"，添加完成后的流程顺序如图 4-26 所示，属性设置如表 4-4 所示。

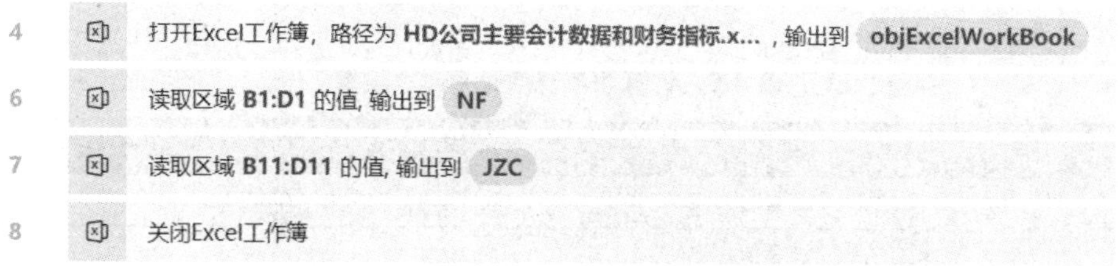

4	打开Excel工作簿，路径为 **HD公司主要会计数据和财务指标.x...**，输出到 **objExcelWorkBook**
6	读取区域 **B1:D1** 的值，输出到 **NF**
7	读取区域 **B11:D11** 的值，输出到 **JZC**
8	关闭Excel工作簿

图 4-26 采集净资产及年份数据

表 4-4 采集净资产及年份数据属性设置

活动名称	属性	值
打开 Excel 工作簿	输出到	objExcelWorkBook
	文件路径	@res"HD 公司主要会计数据和财务指标.xlsx"
读取区域	输出到	NF
	工作簿对象	objExcelWorkBook
	工作表	"Sheet1"
	区域	"B1:D1"
	显示即返回	否

续表

活动名称	属性	值
读取区域	输出到	JZC
	工作簿对象	objExcelWorkBook
	工作表	"Sheet1"
	单元格	"B11:D11"
	显示即返回	否
关闭 Excel 工作簿	工作簿对象	objExcelWorkBook

3. 计算净资产增长率

步骤五：在左侧的命令框中搜索添加元素，添加 5 个"变量赋值"，添加完成后的流程顺序如图 4-27 所示，属性设置如表 4-5 所示。

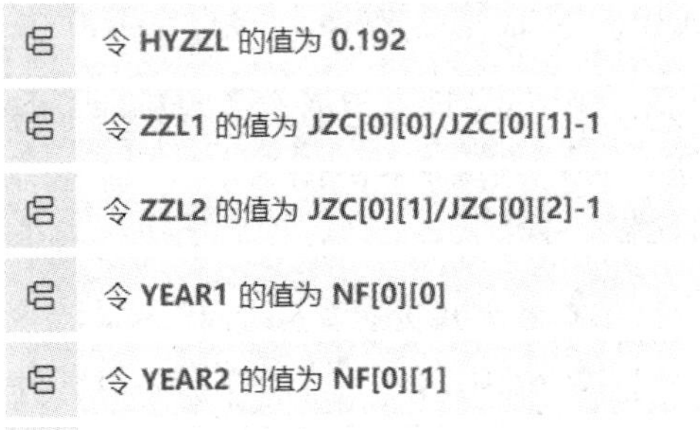

- 令 HYZZL 的值为 0.192
- 令 ZZL1 的值为 JZC[0][0]/JZC[0][1]-1
- 令 ZZL2 的值为 JZC[0][1]/JZC[0][2]-1
- 令 YEAR1 的值为 NF[0][0]
- 令 YEAR2 的值为 NF[0][1]

图 4-27 计算净资产增长率

表 4-5 计算净资产增长率属性设置

活动名称	属性	值
变量赋值	变量名	HYZZL
	变量值	0.192
变量赋值	变量名	ZZL1
	变量值	JZC[0][0]/JZC[0][1]-1
变量赋值	变量名	ZZL2
	变量值	JZC[0][1]/JZC[0][2]-1
变量赋值	变量名	YEAR1
	变量值	NF[0][0]
变量赋值	变量名	YEAR2
	变量值	NF[0][1]

4. 评判净资产增长率等级

步骤六：在左侧的命令框中搜索添加元素，继续添加 3 个"如果条件成立"、3 个"否则执行后续操作"、4 个"消息框"，添加完成后的流程顺序如图 4-28 所示，属性设置如表 4-6 所示。

图 4-28 评判净资产增长率等级

表 4-6 评判净资产增长率等级属性设置

活动名称	属性	值
如果条件成立	判断表达式	ZZL1>HYZZL
如果条件成立	判断表达式	ZZL1>ZZL2
消息框	输出到	FXBG
	消息内容	YEAR1&"净资产增长率考核结果：优秀！具体说明：HD 公司"&YEAR1&"净资产增长率为:"&ZZL1&"，高于"&YEAR1&"同行业上市公司的平均净资产增长率 "&HYZZL&"，并且高于"&YEAR2&"公司的净资产增长率:"&ZZL2&"，反映了 HD 公司资产规模扩张速度较快，并且具有很好的发展能力！"
	对话框标题	"小蛮分析报告"
	按钮样式	0
	图标样式	1
消息框	输出到	FXBG
	消息内容	YEAR1&"净资产增长率考核结果：良好！具体说明：HD 公司"&YEAR1&"的净资产增长率为:"&ZZL1&"，高于"&YEAR1&"同行业上市公司的平均净资产增长率： "&HYZZL&"，但低于公司"&YEAR2&"的净资产增长率:"&ZZL2&"，反映了 HD 公司发展能力优于同行业上市公司平均水平，但其资产规模扩张速度减缓！"
	对话框标题	"小蛮分析报告"
	按钮样式	0
	图标样式	1
如果条件成立	判断表达式	ZZL1>ZZL2

续表

活动名称	属性	值
消息框	输出到	FXBG
	消息内容	YEAR1&"净资产增长率考核结果：达标！具体说明：HD公司"&YEAR1&"的净资产增长率为:"&ZZL1&"，低于"&YEAR1&"同行业上市公司的平均净资产增长率: "&HYZZL&"，但高于公司"&YEAR2&"的净资产增长率:"&ZZL2&"，反映了HD公司发展能力虽然低于同行业平均水平，但其资产规模扩张速度较快。"
	对话框标题	"小蛮分析报告"
	按钮样式	0
	图标样式	1
消息框	输出到	FXBG
	消息内容	YEAR1&"净资产增长率考核结果：不达标！具体说明：HD公司"&YEAR1&"的净资产增长率为:"&ZZL1&"，低于"&YEAR1&"同行业上市公司的平均净资产增长率: "&HYZZL&"，并且低于公司"&YEAR2&"的净资产增长率:"&ZZL2&"，反映了HD公司发展能力逊于同行业上市公司平均水平，并且其资产规模扩张速度减缓！"
	对话框标题	"小蛮分析报告"
	按钮样式	0
	图标样式	1

步骤七：运行，得到小蛮分析报告，提示HD公司2023年净资产增长率等级，并给出分析说明，如图4-29所示。

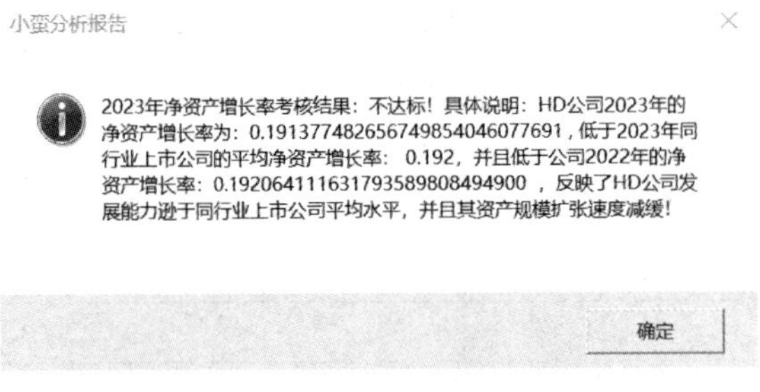

图4-29　HD公司2023年净资产增长率情况分析

【课后思考】

1. 如何得到HD公司同行业上市公司的净资产增长率数据？
2. 如何自动计算行业平均净资产增长率？
3. 如何将Excel文件中保存的行业平均净资产增长率数据导入本案例中使用？

第 5 章　Excel 数据处理自动化

5.1　功　能　简　介

5.1.1　关于 Excel

Microsoft Excel 是 Microsoft 为以 Windows 和 Apple Macintosh 为操作系统的计算机编写的一款电子表格软件。直观的界面、出色的计算功能和图表工具，再加上成功的市场营销，使 Excel 成为最流行的个人计算机数据处理软件之一。

现在 Excel 在我们日常学习和生活中扮演着重要的角色，可以用来制作电子表格，完成许多复杂的数据运算，进行数据分析和预测，并且具有强大的制作图表的功能。在 Excel 中，不必进行编程就能对工作表中的数据进行检索、分类、排序、筛选等操作，使用系统提供的函数可完成各种数据的分析。由于 Excel 具有十分友好的人机界面和强大的计算功能，它已成为国内外广大用户管理公司和个人财务、统计数据、绘制各种专业化表格的得力助手。

在日常工作中，由于面临着大量数据，因此财务人员的日常工作离不开 Excel。拥有熟练的 Excel 技能不仅能够帮助财务人员提高工作效率、减少工作量，而且还能够让工作成果显得更专业化。

5.1.2　Excel 操作自动化基本介绍

UiBot 中的 Excel 自动化主要用于帮助各种类型的企业用户实现 Microsoft Excel 数据处理。Excel 自动化可以实现从单元格、列、行或范围中读取数据，向其他电子表格或工作簿写入数据，执行宏，甚至提取公式的活动。通过 Excel 自动化，还可以对数据进行排序、彩色编码或附加其他信息。即使用户的计算机上没有安装 Microsoft Excel，也可以执行部分活动，但更多的活动还是需要在安装了 Microsoft Excel 的机器上才能运行。图 5-1 是 UiBot 中 Excel 自动化的部分活动，大致可以分为工作簿类命令、数据处理类命令、格式类命令、工作表类命令四大类型。

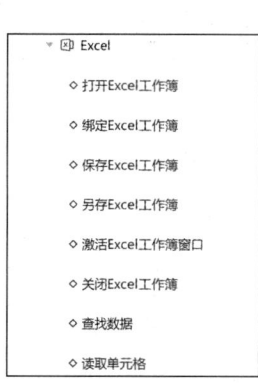

图 5-1　Excel 自动化中的部分活动

5.2　工作簿类命令

工作簿是处理和存储数据的文件，一个 Excel 文件对应一个工作簿，Excel 文件标题栏上显示的便是当前工作簿的名字。工作簿类命令的主要功能是对 Excel 的工作表进行基本操作，包括打开 Excel 工作簿、绑定 Excel 工作簿、保存 Excel 工作簿等，其功能描述如表 5-1 所示。

表 5-1　工作簿类命令功能描述

类型	编号	活动	功　　能
Excel 工作簿类命令	1	打开 Excel 工作簿	打开指定工作簿，所有对工作簿的操作都是针对某个已打开的工作簿进行的；若指定工作簿不存在，则会自动创建一个空白 Excel 工作簿
	2	绑定 Excel 工作簿	绑定一个已打开的 Excel 工作簿，并返回绑定的对象
	3	保存 Excel 工作簿	对指定的 Excel 工作簿进行保存
	4	另存 Excel 工作簿	将某一 Excel 工作簿另存为指定文件
	5	激活 Excel 工作簿窗口	指将绑定的 Excel 窗口前置，以便后续操作
	6	关闭 Excel 工作簿	关闭指定工作簿

5.3　数据处理类命令

在 Excel 自动化中，数据处理类命令涉及数据的查找、读取与写入，具体包括查找数据、读取单元格、写入单元格、写入行、删除行、插入图片、选中区域及执行宏等 23 个活动，其功能描述如表 5-2 所示。

表 5-2　数据处理类命令功能描述

类型	编号	活动	功　　能
Excel 数据处理类命令	1	查找数据	查找某一值在工作表中的位置，并返回此位置的单元格名称或索引
	2	读取单元格	读取指定工作表中某一单元格的值
	3	读取区域	读取指定工作表中某一区域的值，返回二维数组
	4	自动填充区域	对指定工作表中指定区域的单元格进行自动填充
	5	读取行	读取指定工作表某一单元格所在行的值
	6	读取列	读取指定工作表某一单元格所在列的值
	7	获取行数	获取指定工作表有数据的行数
	8	获取列数	获取指定工作表有数据的列数
	9	合并或拆分单元格	在某一工作表中合并指定单元格
	10	写入单元格	在某一工作表中，将值或公式写入指定单元格
	11	写入行	在某一工作表中，从指定单元格向后输入一行数据
	12	删除行	在某一工作表中，删除指定单元格或指定行号所在行
	13	写入列	在某一工作表中，从指定单元格向下输入一列数据
	14	删除列	在某一工作表中，删除指定单元格或指定列号所在列
	15	插入行	在某一工作表中，于指定单元格前插入一行数据
	16	插入列	在某一工作表中，于指定单元格前插入一列数据
	17	插入图片	在某一工作表中，于指定单元格插入特定图片，并设置图片的大小、位置
	18	删除图片	在某一工作表中，删除指定图片
	19	写入区域	在某一工作表中，将指定二维数组填入特定范围

续表

类型	编号	活动	功能
Excel 数据处理类命令	20	选中区域	选中某一工作表中的指定区域，便于后续操作
	21	清除区域	清除某一工作表中指定区域的内容
	22	删除区域	删除某一工作表中的指定区域
	23	执行宏	在某一启动宏的工作簿中执行指定宏

5.4 格式类命令

Excel 格式类命令主要针对工作表的外观和格式，包括指定单元格所在的行高、列宽设置，指定单元格或区域的颜色设置，以及选中单元格或区域的字体颜色设置，其功能描述如表 5-3 所示。

表 5-3 工作簿类命令功能描述

类型	编号	活动	功能
Excel 格式类命令	1	设置列宽	将某一工作表中选定单元格所在列设置为固定列宽
	2	设置行高	将某一工作表中选定单元格所在行设置为固定行高
	3	设置单元格颜色	将某一工作表中选定的单元格设置为指定颜色
	4	设置单元格字体颜色	将某一工作表中选定单元格字体设置为指定颜色
	5	设置区域字体颜色	将某一工作表中选定的区域字体设置为指定颜色
	6	设置区域颜色	将某一工作表中选定的区域设置为指定颜色

5.5 工作表类命令

工作表是指工作簿中的一张表格。每个工作簿默认包括三张工作表，分别为 Sheet1、Sheet2、Sheet3。如表 5-4 所示，工作表类命令便是针对工作表进行的，包括创建工作表、获取当前工作表名、重命名工作表、复制工作表等操作。

表 5-4 Excel 自动化工作表类命令功能描述

类型	编号	活动	功能
Excel 工作表类命令	1	创建工作表	在指定工作簿创建新的工作表
	2	获取当前工作表名	获取指定工作簿当前工作表的名称
	3	获取所有工作表名	获取指定工作簿所有工作表的名称
	4	重命名工作表	将某一工作簿中的指定工作表进行重命名
	5	复制工作表	复制某一工作簿中的指定工作表
	6	激活工作表	激活某一工作簿中的指定工作表
	7	删除工作表	删除某一工作簿中的指定工作表

5.6 财务指标计算机器人模拟实训

5.6.1 场景描述与业务流程

毛俊力在 HD 公司财务部财务分析岗已经工作两年了,而这两年间多数是披星戴月地工作,今天也不例外,又是一个加班到深夜的日子。

毛俊力望着窗外城市亮起的灯光,想自己当初也是志在四方,如今却早已被重复机械的工作耗尽了志气。她自嘲地笑着摇摇头后,收拾东西正准备回家,这时响起了电话铃声。

"毛俊力,还没走吧?正好,我刚刚和龚总通了电话,她指责我们的财务工作不达标,未尽到服务业务的本职,把我给痛批了一顿。这样,你赶紧分析一下公司 2022 年和 2023 年的财务报表,然后把分析报告发我邮箱,我整理整理,明天一早去向龚总汇报。"

"好的好的,程总。"

毛俊力认命地重新打开"蛮好用"计算机,忽然听见办公区门口传来脚步声,抬头一看,竟是财务部信息化岗技术大神文少波。

"这么晚了,你怎么还在公司啊?不会是趴在办公桌上睡着了吧?"文少波惊讶地问道。

毛俊力疲惫地笑了笑:"你才睡着了……辛苦地加班呢,程总动不动就让我做各种财务分析。在 Excel 里不停地输入公式、查找数据、运用公式计算,再对各项指标进行排序,一个一个单元格的数据密密麻麻的,看得我都视力模糊了,又费时又费力,今天已经是我这周第三次加班了。大神,能不能帮帮我啊,我再没完没了地加班就真的秃头了,更别想找男朋友了!"

文少波摆了摆手,若有所思地走向自己的办公桌。

办公室里陪伴毛俊力的只有一直使用的"蛮好用"计算机,小毛抿了一口"蛮好喝"咖啡,收回目光,一边祈祷着能赶上地铁末班车,一边开始了新一轮的加班……

HD 公司财务指标分析报告编制业务流程如图 5-83 所示。

第 5 章　Excel 数据处理自动化

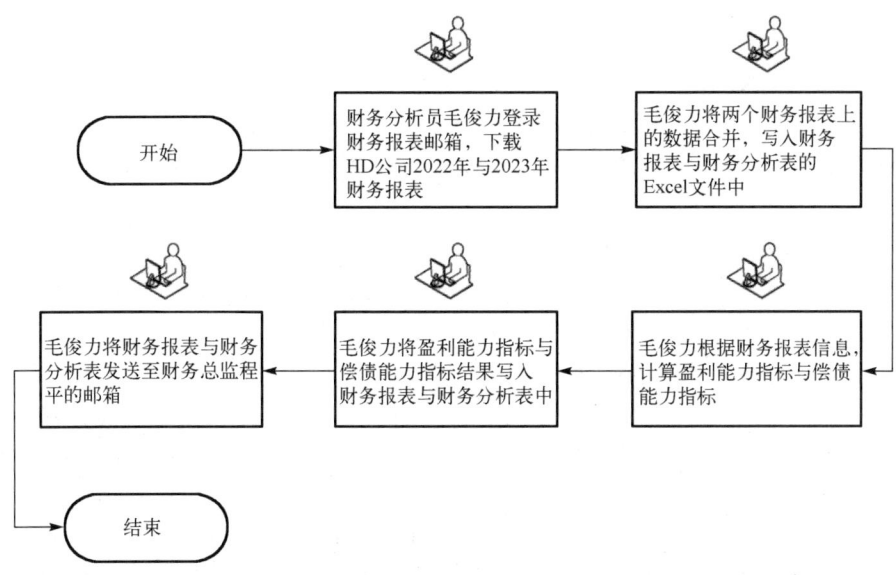

图 5-2　HD 公司财务指标分析报告编制业务流程

【沙盘模拟推演】

　　阅读业务场景描述之后，请结合财务指标分析报告编制案例，思考案例中涉及的企业情况、人员与岗位，以及业务描述等要点，并梳理出财务指标分析报告编制工作的业务流程，进行业务痛点分析。

　　以小组为单位，在 RPA 财务机器人开发模拟物理沙盘上推演"机器人分析"。

5.6.2　自动化流程设计

伴随着邮件发送成功的提示音,毛俊力终于结束了今天的加班,关上计算机伙伴"蛮好用",抬头一看,发现已经凌晨一点了,想到待会儿只能骑共享单车回家,不禁皱紧了眉头。毛俊力正收拾着东西,突然听见文少波兴奋的声音。

"毛俊力你快过来,给你看个厉害的东西!"毛俊力走到文少波计算机前,看着屏幕一脸迷茫。

文少波急忙解释道:"你都叫我大神了,我不能不帮你啊。你知道我们信息化小组最近在学习开发财务机器人小蛮吗?我刚刚忙活半天,就是在给你设计自动化流程呢。"

说话间,文少波运行刚开发的财务指标分析机器人小蛮,然后给毛俊力讲解道:"小蛮首先登录公司工作邮箱,读取邮件并下载2022年和2023年的财务报表,将两个财务报表数据合并后写入财务报表与财务分析表的Excel文件中。随后小蛮分别计算2022年和2023年的盈利能力指标和偿债能力指标,以'同比增减'的排序方法对财务指标进行重新排序,并将指标结果分别写入财务报表与财务分析表中相对应的盈利能力分析表与偿债能力分析表,最后小蛮将财务报表与财务分析表文件以附件的形式发送到程总邮箱。"

看着正在执行自动化操作的机器人小蛮,毛俊力笑了笑说道:"膜拜大神!这个小蛮简直就是雪中送炭啊,看来我终于能告别加班了,妈妈再也不用担心我找不到男朋友啦!"

HD公司基于Excel自动化的财务指标分析报告编制自动化流程如图5-3所示。

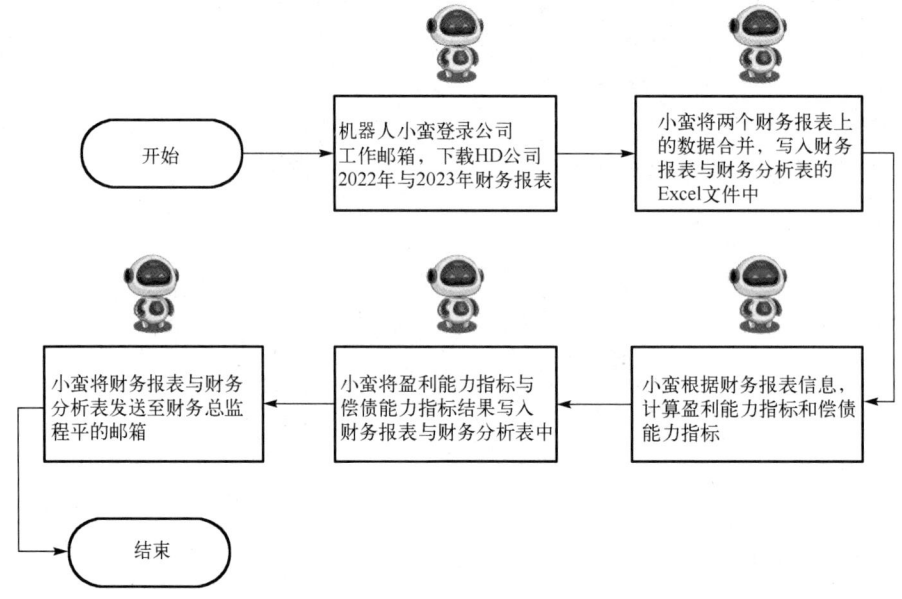

图5-3　基于Excel自动化的财务指标分析报告编制自动化流程

机器人小蛮上线后,毛俊力的工作效率和工作质量都有了大幅度提升,每天上班都能听到她哼着"蛮好听"的歌曲。

据测算,毛俊力每月需要做一次财务指标计算和分析,而每次的财务指标计算工作就要花费几小时,更别说财务分析了。现在有了小蛮的帮助,计算财务指标和生成财务分析表不到3分钟就可以完成,完全不可同日而语。

财务部工作的RPA转型得到了公司管理层的高度认可,总经理多次在重要场合对财务部的改革创新精神进行了表扬，文少波颇为惊讶却又顺理成章地获得了年度"总经理特别创新奖"，奖励是他期盼已久的巴厘岛"蛮好玩"大礼包。

【沙盘模拟推演】

基于以上的自动化流程描述进行详细的自动化流程设计；结合案例的业务流程，完成详细的机器人流程设计，规范机器人开发过程中所使用的数据，其中所需数据主要来源于邮件和财务报表；确定所需财务指标和财务数据，如市盈率、营业利润率、净利润率等；思考如何进行数据处理，如对各年度的财务报表数据进行汇总，对利润表中的财务数据进行计算，对计算出的财务指标按同比增减排序，实现不同类型数据间的转换等，最后输出财务指标分析报告至相关负责人邮箱。

以小组为单位，在RPA财务机器人开发模拟物理沙盘上推演"机器人设计"和"数据标准与规范化设计"。

5.6.3 技术路线与开发步骤

基于Excel数据处理自动化的财务机器人小蛮的开发总体技术路线如下：
(1)添加"查找邮件"并配置活动。
(2)添加"下载附件"，下载财务报表附件。
(3)添加"读取范围"，读取财务报表。
(4)添加"写入范围"，将读取到的财务报表合并。
(5)添加"写入单元格"，写入函数计算财务指标。
(6)使用"发送邮件"，发送电子邮件。

【沙盘模拟推演】

根据自动化流程总体设计，结合以上技术思路，以小组为单位，在RPA财务机器人开发模拟物理沙盘上推演"机器人开发"。

下面讲解财务机器人小蛮的具体开发步骤。

步骤一：打开UiBot Creator软件，新建流程，并将其命名为"财务指标计算机器人"，如图5-4所示。

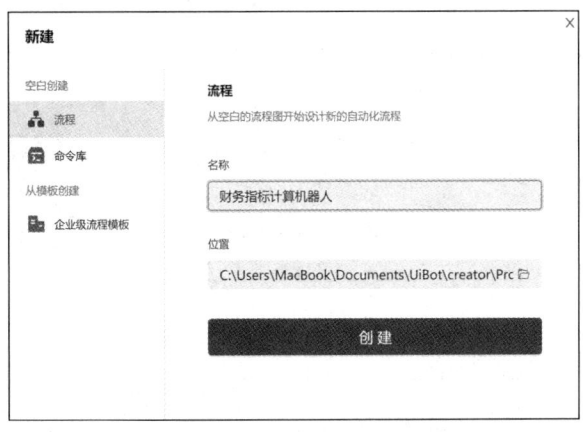

图5-4 新建"财务指标计算机器人"流程

步骤二：拖入 5 个"流程块"和 1 个"流程结束"至流程图主界面，并连接起来。流程块描述改成："下载财务报表""合并财务报表""进行盈利能力分析""进行偿债能力分析""发送分析结果邮件"，如图 5-5 所示。

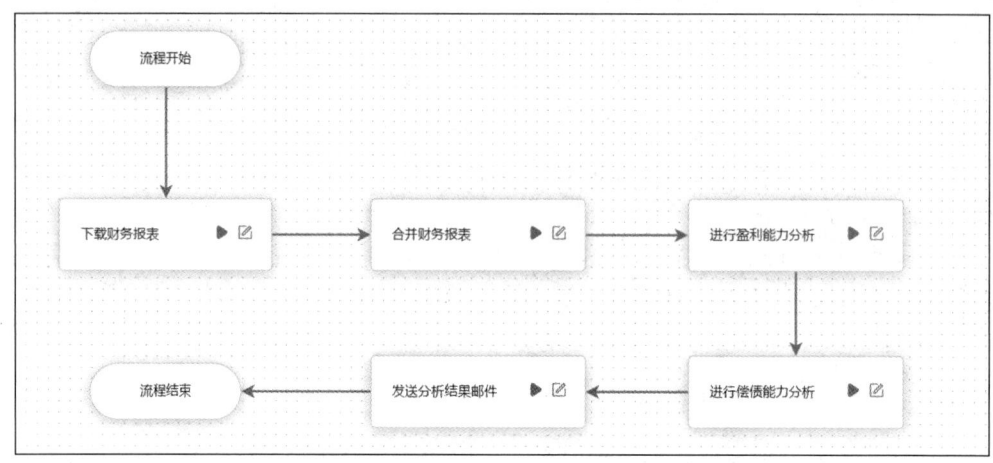

图 5-5　财务指标计算机器人流程图主界面

步骤三：首先准备一个邮箱用于收发邮件，在邮箱设置中点击"IMAP/SMTP 服务和 POP3/SMTP 服务"，将 2 个服务全部开启，如图 5-6 所示，并记录授权码。（注：后续邮箱相关密码使用授权码，而不是邮箱本身的密码。）

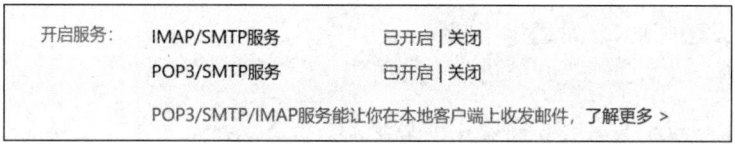

图 5-6　开启相关协议服务

步骤四：使用另一个邮箱向准备好的邮箱发送 HD 公司 2022 年度财务报表、HD 公司 2023 年度财务报表，并将其设置为未读邮件，如图 5-7 所示。

图 5-7　准备未读邮件

步骤五：保存后关闭流程图主界面，点击"文件夹"，进入项目文件夹根目录，如图 5-8 所示。点击"res"文件夹，将准备文件全部放入，如图 5-9 所示。

第 5 章　Excel 数据处理自动化

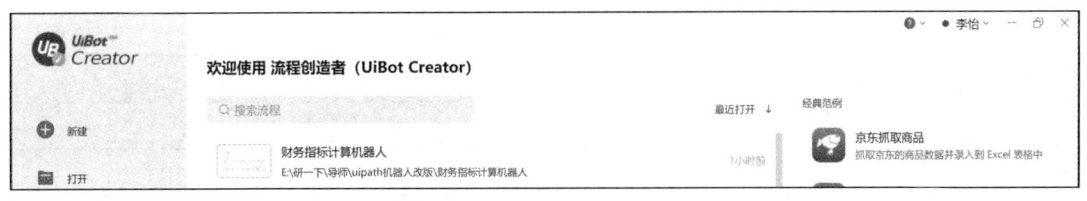

图 5-8　返回项目文件夹根目录

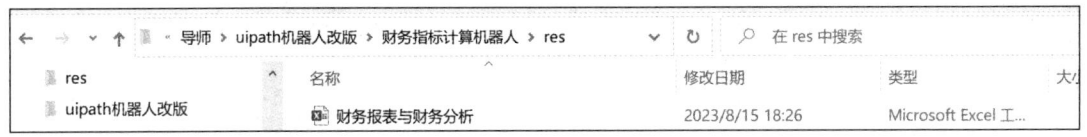

图 5-9　放入准备文件

步骤六：点击进入"下载财务报表"流程块。搜索"IMAP"，顺序拖入"连接邮箱""查找邮件"，如图 5-10 所示。设置"连接邮箱""查找邮件"的属性，如表 5-5 所示。要注意，根据使用邮箱的种类不同，此处的"inbox"若报错，则换成"收件箱"。该步骤的目的是根据邮件主题关键词找到 HD 公司 2022 年与 2023 年的财务报表，最后效果如图 5-11 所示。

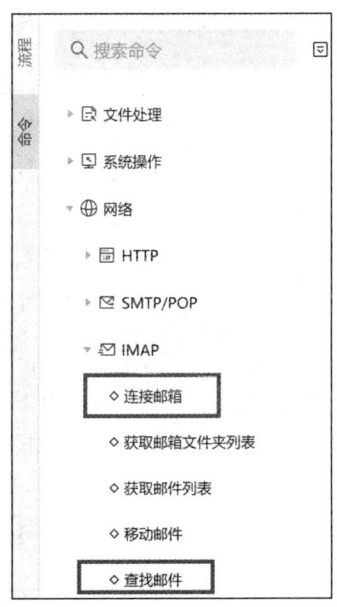

图 5-10　拖入"连接邮箱""查找邮件"

表 5-5　"连接邮箱""查找邮件"属性设置

活动名称	属性	值
连接邮箱	输出到	objIMAP
	服务器地址	"imap.163.com"
	登录账号	"example@163.com"
	登录密码	"授权码"
	服务器端口	143

75

续表

活动名称	属性	值
连接邮箱	SSL 加密	否
	邮箱地址	"mail.163.com"
查找邮件	输出到	cwbb
	邮箱对象	objIMAP
	字符集	"gb2312"
	邮箱文件夹	"inbox"
	搜索关键字	"财务报表"

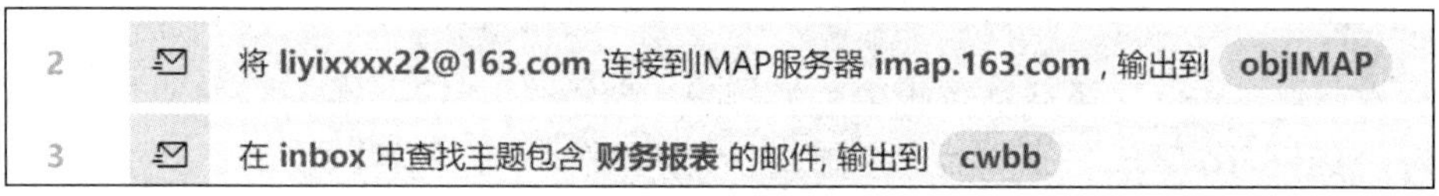

图 5-11　效果图

步骤七：拖入"获取数组长度"，属性设置如图 5-12 所示，该步骤的目的是获取总共收到了多少条财务报表信息。

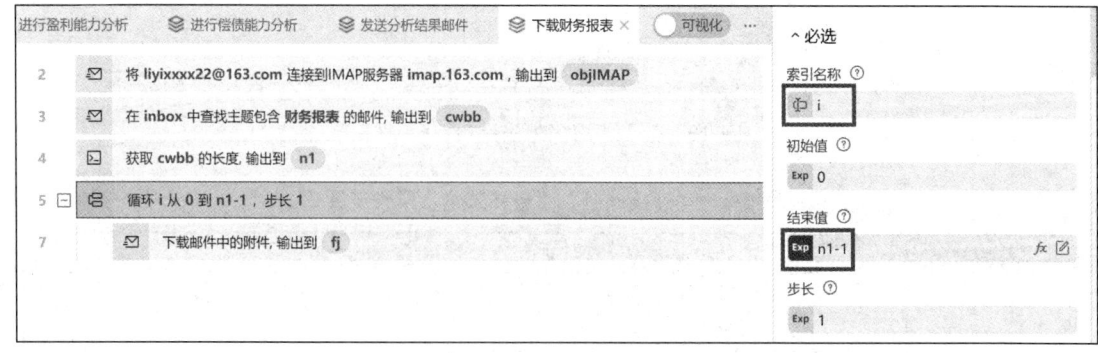

图 5-12　设置"获取数组长度"属性

步骤八：在上一步下方拖入"从初始值开始按步长计数"，属性设置如图 5-13 所示，在该循环内按顺序拖入 IMAP 中的"下载附件"，属性设置如表 5-6 所示，该步骤用于将财务报表附件下载至指定文件夹中。

图 5-13　设置"从初始值开始按步长计数"属性

表 5-6 "下载附件"属性设置

活动名称	属性	值
从初始值开始按步长计数	索引名称	i
	初始值	0
	结束值	n1-1
	步长	1
下载附件	输出到	fj
	邮箱对象	objIMAP
	邮件对象	cwbb[i]
	存储路径	@res""
	字符集	""

步骤九：保存后退出该编辑块，回到流程图主界面，点击流程编辑图标，进入"合并财务报表"流程块编辑界面，如图 5-14 所示。

图 5-14 进入"合并财务报表"流程块编辑界面

步骤十：拖入 3 个"打开 Excel 工作簿"，具体属性设置如表 5-7 所示，最后效果如图 5-15 所示。

表 5-7 "打开 Excel 工作簿"属性设置

活动名称	输出到	文件路径	是否可见	打开方式	密码	编辑密码
打开 Excel 工作簿	cwbb2022	@res"HD 公司 2022 年度财务报表.xlsx"	是	Excel	""	""
	cwbb2023	@res"HD 公司 2023 年度财务报表.xlsx"	是	Excel	""	""
	cwbbhb	@res"财务报表与财务分析.xlsx"	是	Excel	""	""

```
打开Excel工作簿，路径为 HD公司2022年度财务报表.xlsx，输出到 cwbb2022
打开Excel工作簿，路径为 HD公司2023年度财务报表.xlsx，输出到 cwbb2023
打开Excel工作簿，路径为 财务报表与财务分析.xlsx，输出到 cwbbhb
```

图 5-15 效果图

步骤十一：拖入 6 个"读取区域""写入区域"，如图 5-16 所示，具体属性设置如表 5-8、表 5-9 所示。

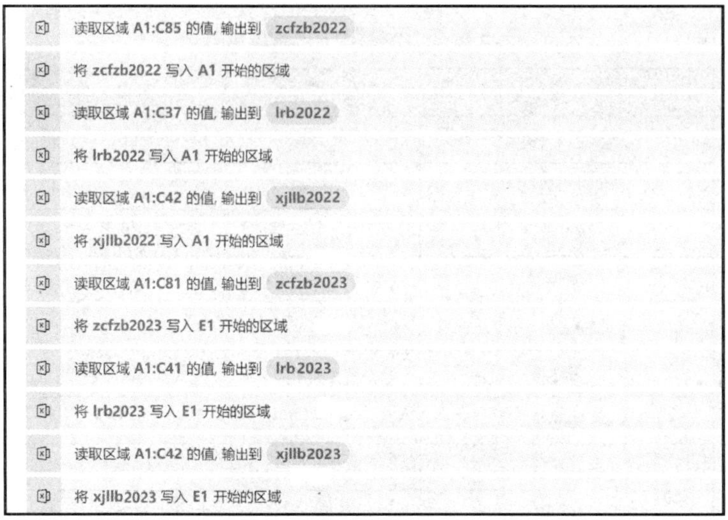

```
读取区域 A1:C85 的值, 输出到  zcfzb2022
将 zcfzb2022 写入 A1 开始的区域
读取区域 A1:C37 的值, 输出到  lrb2022
将 lrb2022 写入 A1 开始的区域
读取区域 A1:C42 的值, 输出到  xjllb2022
将 xjllb2022 写入 A1 开始的区域
读取区域 A1:C81 的值, 输出到  zcfzb2023
将 zcfzb2023 写入 E1 开始的区域
读取区域 A1:C41 的值, 输出到  lrb2023
将 lrb2023 写入 E1 开始的区域
读取区域 A1:C42 的值, 输出到  xjllb2023
将 xjllb2023 写入 E1 开始的区域
```

图 5-16 拖入"读取区域""写入区域"

表 5-8 "读取区域"属性设置

活动名称	输出到	工作簿对象	工作表	区域	显示即返回
读取区域	zcfzb2022	cwbb2022	"资产负债表"	"A1:C85"	是
	lrb2022	cwbb2022	"利润表"	"A1:C37"	是
	xjllb2022	cwbb2022	"现金流量表"	"A1:C42"	是
	zcfzb2023	cwbb2023	"资产负债表"	"A1:C81"	是
	lrb2023	cwbb2023	"利润表"	"A1:C41"	是
	xjllb2023	cwbb2023	"现金流量表"	"A1:C42"	是

表 5-9 "写入区域"属性设置

活动名称	工作簿对象	工作表	开始单元格	数据	立即保存
写入区域	cwbbhb	"资产负债表"	"A1"	zcfzb2022	是
	cwbbhb	"利润表"	"A1"	lrb2022	是
	cwbbhb	"现金流量表"	"A1"	xjllb2022	是
	cwbbhb	"资产负债表"	"E1"	zcfzb2023	是
	cwbbhb	"利润表"	"E1"	lrb2023	是
	cwbbhb	"现金流量表"	"E1"	xjllb2023	是

步骤十二：拖入 3 个"关闭 Excel 工作簿"，如图 5-17 所示，具体属性设置如表 5-10 所示。

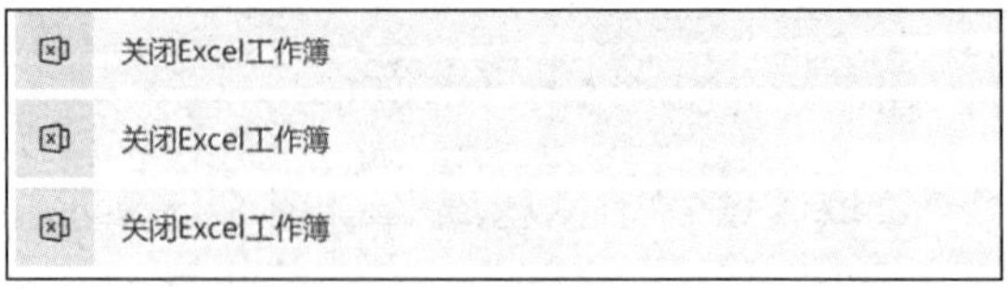

```
关闭Excel工作簿
关闭Excel工作簿
关闭Excel工作簿
```

图 5-17 拖入"关闭 Excel 工作簿"

表 5-10 "关闭 Excel 工作簿"属性设置

活动名称	工作簿对象	立即保存
关闭 Excel 工作簿	cwbb2022	是
	cwbb2023	是
	cwbbhb	是

步骤十三：保存后退出该编辑块，回到流程图主界面，点击流程编辑图标，进入"进行盈利能力分析"流程块编辑界面，如图 5-18 所示。

图 5-18 进入"进行盈利能力分析"流程块编辑界面

步骤十四：拖入"打开 Excel 工作簿"，路径设置为"@res"财务报表与财务分析.xlsx""，变量名设置为 cwbbhb，具体设置如图 5-19 所示。

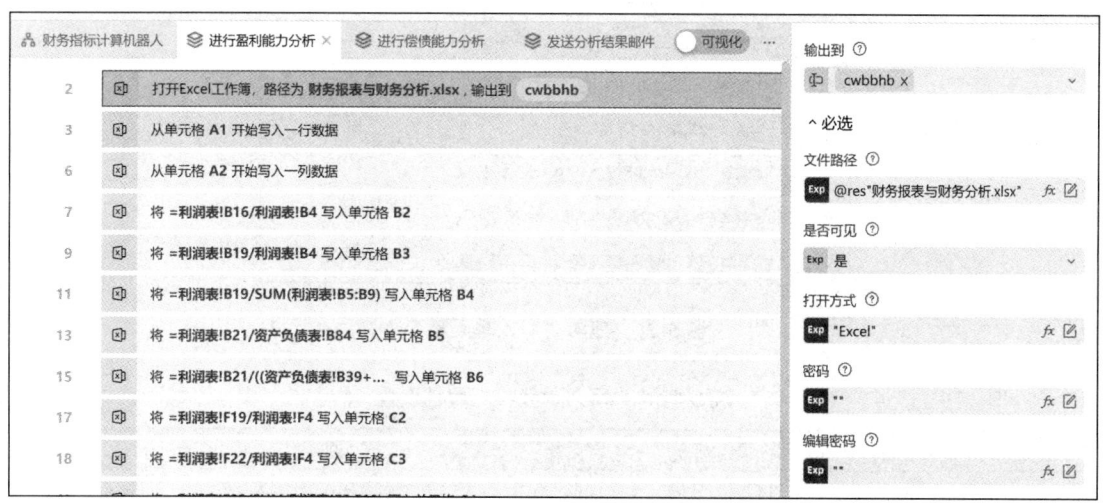

图 5-19 "打开 Excel 工作簿"属性设置

步骤十五：拖入"写入行""写入列"，如图 5-20 所示，具体属性设置如表 5-11 所示。

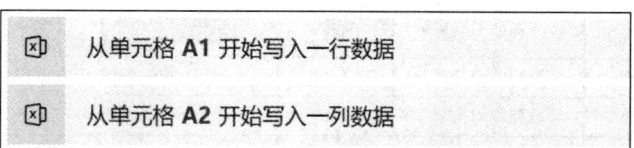

图 5-20 拖入"写入行""写入列"

表 5-11 "写入行""写入列"属性设置

活动名称	属性	值
写入行	工作簿对象	cwbbhb
	工作表	"盈利能力分析"
	单元格	"A1"
	数据	[盈利能力分析','2022 年','2023 年','增长率']
	立即保存	否
写入列	工作簿对象	cwbbhb
	工作表	"盈利能力分析"
	单元格	"A2"
	数据	['营业利润率','销售利润率','成本费用利润率','净资产收益率','总资产报酬率']
	立即保存	否

步骤十六：拖入 10 个"写入单元格"，如图 5-21 所示，具体属性设置如表 5-12 所示。

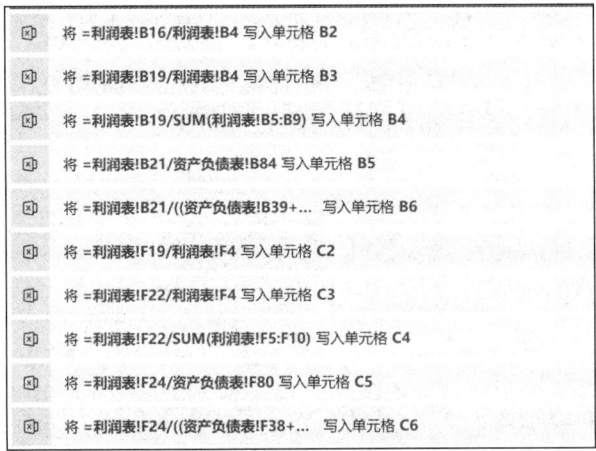

图 5-21 拖入"写入单元格"

表 5-12 "写入单元格"属性设置

活动名称	工作簿对象	工作表	单元格	数据	立即保存
写入单元格	cwbbhb	"盈利能力分析"	"B2"	"=利润表!B16/利润表!B4"	否
	cwbbhb	"盈利能力分析"	"B3"	"=利润表!B19/利润表!B4"	否
	cwbbhb	"盈利能力分析"	"B4"	"=利润表!B19/SUM(利润表!B5:B9)"	否
	cwbbhb	"盈利能力分析"	"B5"	"=利润表!B21/资产负债表!B84"	否
	cwbbhb	"盈利能力分析"	"B6"	"=利润表!B21/((资产负债表!B39+资产负债表!C39)/2)"	否
	cwbbhb	"盈利能力分析"	"C2"	"=利润表!F19/利润表!F4"	否
	cwbbhb	"盈利能力分析"	"C3"	"=利润表!F22/利润表!F4"	否
	cwbbhb	"盈利能力分析"	"C4"	"=利润表!F22/SUM(利润表!F5:F10)"	否
	cwbbhb	"盈利能力分析"	"C5"	"=利润表!F24/资产负债表!F80"	否
	cwbbhb	"盈利能力分析"	"C6"	"=利润表!F24/((资产负债表!F38+资产负债表!G38)/2)"	否

步骤十七：拖入"获取行数"，属性设置如图 5-22 所示，该步骤的目的是获取盈利能力分析工作表中有数据的行数。

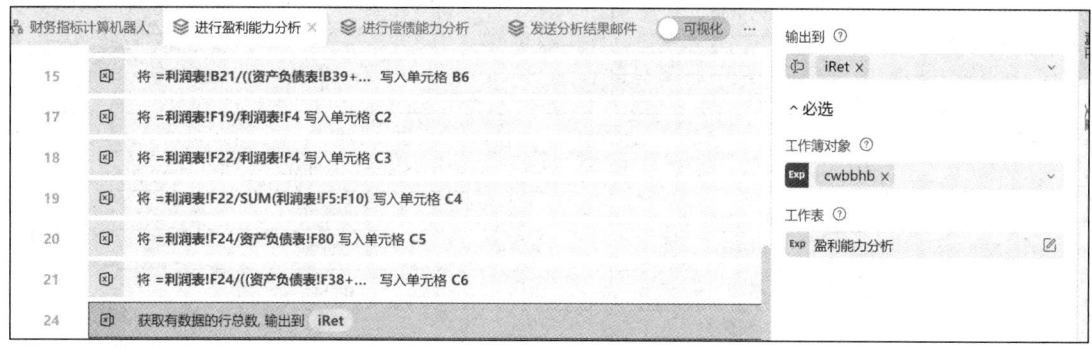

图 5-22 "获取行数"属性设置

步骤十八：拖入"先执行操作"，输入判断表达式"n1 <= iRet"，在其中添加 2 个"读取单元格"、2 个"转为小数数据"、1 个"写入单元格"和 1 个"变量赋值"，如图 5-23 所示，具体属性设置如表 5-13 所示。

图 5-23 拖入"先执行操作"

表 5-13 属性设置

活动名称	属性	值
读取单元格	输出到	c
	工作簿对象	cwbbhb
	工作表	盈利能力分析
	单元格	"C"&n1
	显示即返回	是
读取单元格	输出到	b
	工作簿对象	cwbbhb
	工作表	盈利能力分析
	单元格	"B"&n1
	显示即返回	是

续表

活动名称	属性	值
转为小数数据	输出到	c1
	转换对象	c
转为小数数据	输出到	b1
	转换对象	b
写入单元格	工作簿对象	cwbbhb
	工作表	盈利能力分析
	单元格	"D"&n1
	数据	(c1-b1)/b1
	立即保存	否
变量赋值	变量名	n1
	变量值	n1+1

步骤十九：拖入"关闭 Excel 工作簿"，如图 5-24 所示，工作簿对象为"cwbbhb"。

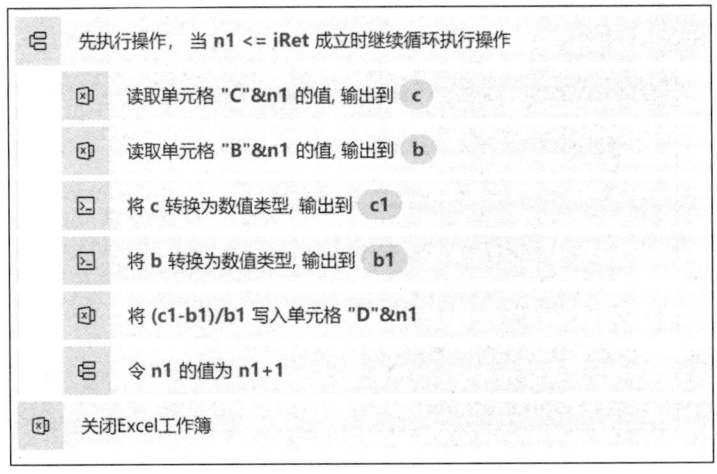

图 5-24　拖入"关闭 Excel 工作簿"

步骤二十：保存后退出该编辑块，回到流程图主界面，点击流程编辑图标，进入"进行偿债能力分析"流程块编辑界面，如图 5-25 所示。

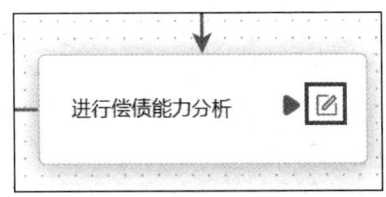

图 5-25　进入"进行偿债能力分析"流程块编辑界面

步骤二十一：拖入"打开 Excel 工作簿"，"文件路径"设置为"财务报表与财务分析.xlsx"，变量名设置为 cwbbhb，具体设置如图 5-26 所示。

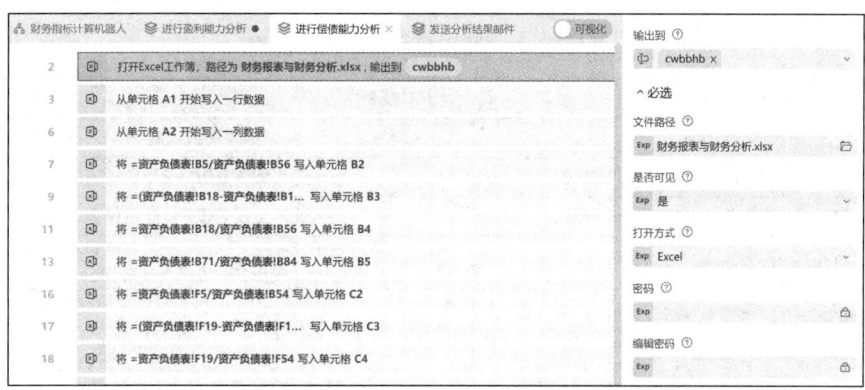

图 5-26 "打开 Excel 工作簿"属性设置

步骤二十二：拖入"写入行""写入列"，如图 5-27 所示，具体属性设置如表 5-14 所示。

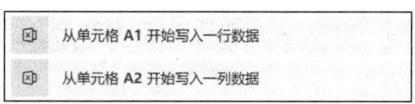

图 5-27 拖入"写入行""写入列"

表 5-14 "写入行""写入列"属性设置

活动名称	属性	值
写入行	工作簿对象	cwbbhb
	工作表	偿债能力分析
	单元格	"A1"
	数据	['偿债能力分析','2022 年','2023 年','增长率]
	立即保存	否
写入列	工作簿对象	cwbbhb
	工作表	偿债能力分析
	单元格	"A2"
	数据	['现金比率','速动比率','流动比率','产权比率']
	立即保存	否

步骤二十三：拖入 8 个"写入单元格"，如图 5-28 所示，具体属性设置如表 5-15 所示。

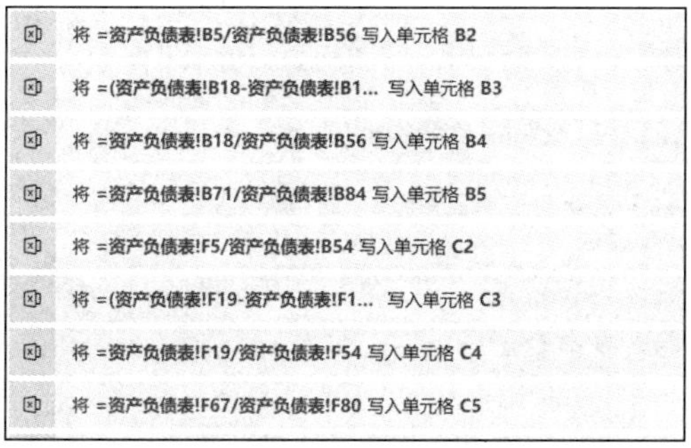

图 5-28 拖入"写入单元格"

表 5-15 "写入单元格"属性设置

属性设置对照表	
写入位置	写入内容
Excel.Sheet("偿债能力分析").Cell("B2")	=资产负债表!B5/资产负债表!B56
Excel.Sheet("偿债能力分析").Cell("C2")	=资产负债表!F5/资产负债表!F54
Excel.Sheet("偿债能力分析").Cell("B3")	=(资产负债表!B18-资产负债表!B14-资产负债表!B10-资产负债表!B17)/资产负债表!B56
Excel.Sheet("偿债能力分析").Cell("C3")	=(资产负债表!F19-资产负债表!F18-资产负债表!F15-资产负债表!F11)/资产负债表!F54
Excel.Sheet("偿债能力分析").Cell("B4")	=资产负债表!B18/资产负债表!B56
Excel.Sheet("偿债能力分析").Cell("C4")	=资产负债表!F19/资产负债表!F54
Excel.Sheet("偿债能力分析").Cell("B5")	=资产负债表!B71/资产负债表!B8"
Excel.Sheet("偿债能力分析").Cell("C5")	=资产负债表!F67/资产负债表!F80

步骤二十四：拖入"获取行数"，属性设置如图 5-29 所示，该步骤的目的是获取偿债能力分析工作表中有数据的行数。

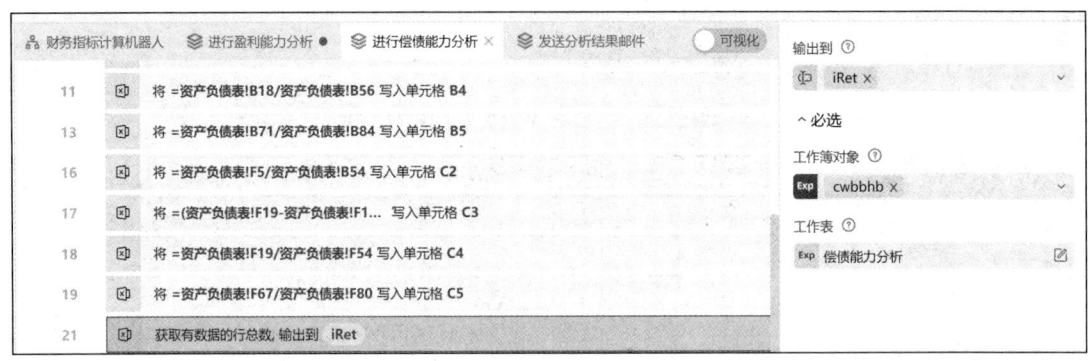

图 5-29 "获取行数"属性设置

步骤二十五：拖入"先执行操作"，输入判断表达式"n1 <= iRet"，在其中添加 2 个"读取单元格"、2 个"转为小数数据"、1 个"写入单元格"和 1 个"变量赋值"，如图 5-30 所示，具体属性设置如表 5-16 所示。

图 5-30 拖入"先执行操作"

表 5-16 属性设置

活动名称	属性	值
读取单元格	输出到	c
	工作簿对象	cwbbhb
	工作表	偿债能力分析
	单元格	"C"&n1
	显示即返回	是
读取单元格	输出到	b
	工作簿对象	cwbbhb
	工作表	偿债能力分析
	单元格	"B"&n1
	显示即返回	是
转为小数数据	输出到	c1
	转换对象	c
转为小数数据	输出到	b1
	转换对象	b
写入单元格	工作簿对象	cwbbhb
	工作表	偿债能力分析
	单元格	"D"&n1
	数据	(c1-b1)/b1
	立即保存	否
变量赋值	变量名	n1
	变量值	n1+1

步骤二十六：拖入"关闭 Excel 工作簿"，工作簿对象为"cwbbhb"，如图 5-31 所示。

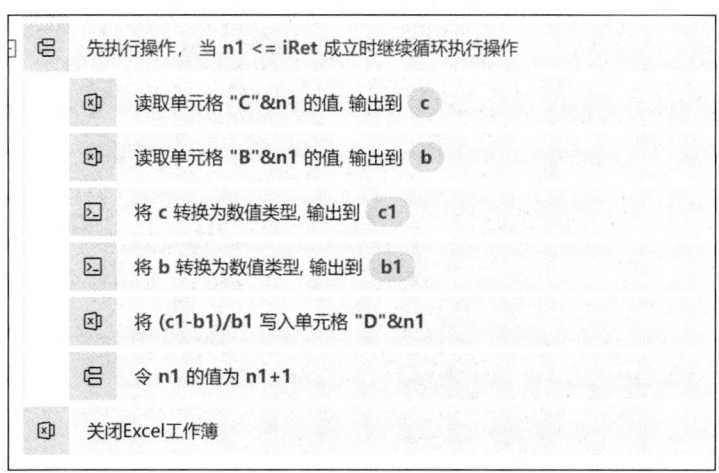

图 5-31 拖入"关闭 Excel 工作簿"

步骤二十七：保存后退出该编辑块，回到流程图主界面，点击流程编辑图标，进入"发送分析结果邮件"流程块编辑界面，如图 5-32 所示。

图 5-32　进入"发送分析结果邮件"流程块编辑界面

步骤二十八：拖入"发送邮件"，账号密码为准备好的账号及授权码，如图 5-33、图 5-34 所示，属性设置如表 5-17 所示。

图 5-33　拖入"发送邮件"

图 5-34　设置"发送邮件"

表 5-17 "发送邮件"属性设置

活动名称	属性	值
发送邮件	输出到	bRet
	SMTP 服务器	smtp.163.com
	服务器端口	25
	SSL 加密	否
	登录账号	登录账号
	登录密码	登录密码
	发件人	发件人邮箱
	收件人	收件人邮箱
	抄送	""
	邮件标题	分析结果
	邮件正文	程总好,这是财务指标分析结果,请您查收!
	邮件附件	财务报表与财务分析.xlsx

步骤二十九:点击"运行",该邮件就能够自动发送到财务总监程平的邮箱了。

【沙盘模拟推演】

机器人开发完成后,分析机器人的部署规划方式和运行模式;分析财务报表与财务指标分析机器人在效率、质量等方面带来的价值,同时考虑机器人运行过程中可能存在的风险与应对措施,若存在流程中断,我们该如何解决?又该如何防范呢?

以小组为单位,在 RPA 财务机器人开发模拟物理沙盘上推演"机器人运用",包括机器人的部署与运行、价值与风险及人机如何协作共生。

【课后思考】

1. 做完本章模拟实训,请大家思考如何将分析的指标数据用百分比格式表示。
2. 如果增加 3 个偿债能力与 3 个盈利能力的指标计算,以及对应增长率的计算,程序该如何设计呢?

【延伸学习】

我们已经学完基于 Excel 自动化的基本应用、读取数据、写入数据和数值指标的计算等,"云会计数智化前沿"微信公众号给大家介绍了如何利用 UiBot 的 Activity 组合,依托 Excel 自动化对表单内的数据做数据汇总,有兴趣的同学可以进行更深入的学习。

第 6 章 E-mail 人机交互自动化

6.1 功能简介

6.1.1 E-mail 简介

电子邮件(E-mail)是一种用电子手段提供信息交换的通信方式，是互联网应用最广泛的服务。通过基于互联网的电子邮件系统，用户可以以非常低廉的价格、非常快速的方式，与世界上任何一个角落的网络用户联系。E-mail 可以发送文字、图像、声音等多种形式的内容。常用的 E-mail 有 Outlook、Exchange、Gmail、Hotmail、网易、新浪、QQ 等。E-mail 的发送和接收协议主要包括 SMTP(简单邮件传输协议)、POP3(邮局协议版本 3)和 IMAP(Internet 邮件访问协议)三种，这几种协议都是由 TCP/IP 协议族定义的。

E-mail 的发送涉及发送方与接收方，发送方构成客户端，而接收方构成服务器，服务器含有众多用户的电子邮箱。发送方通过邮件客户程序，将编辑好的邮件向邮局服务器(SMTP 服务器)发送。邮局服务器识别接收者的地址，并向管理该地址的邮件服务器(POP3 和 IMAP 服务器)发送消息。邮件服务器将消息存放在接收者的邮箱内，并告知接收方有新邮件到来。接收方通过邮件客户程序连接到服务器后，就会看到服务器的通知，进而打开自己的电子邮箱来查收邮件。

人机交互是计算机科学、心理学、社会学、图形设计、工业设计等多学科的综合，是一门研究系统与用户之间的交互关系的学问。系统可以是各种各样的机器，也可以是计算机化的系统和软件。人机交互界面通常是指用户可见的部分。用户为完成确定的任务，通过人机交互界面与系统交流，实现人与计算机之间的信息交换。由于不同用户的教育背景、理解方式、行为习惯及具备的技能都不相同，因此，为了系统的可用性或者用户友好性，人机交互界面的设计要以用户为中心，关注用户对系统的理解和体验。

随着社会的发展和智能时代的到来，E-mail 作为重要的人机交互界面，成为企业日常财务工作中，实现人与人之间、人与系统之间信息沟通的重要载体。例如，全面预算管理是为完成企业既定的经营目标，利用预算对企业内部各部门、各单位的各种财务及非财务资源进行分配、考核、控制，以便有效地组织和协调企业的生产经营活动。尽管很多企业实现了全面预算管理信息化，但是从预算编制、预算执行、预算调整到预算考核评价的整个全面预算管理过程，仍然离不开企业各分公司的财务部门之间、财务部门与业务部门之间基于 E-mail 方式的多层级、多维度复杂信息沟通，然而这种基于人工方式的 E-mail 信息沟通很难高效地实现工作协同。

在机器人流程自动化时代，E-mail 的读取、下载和发送自动化成为最重要的 RPA 应用之一。通过 E-mail 自动化，可以为财务工作建立高效的人机交互界面，提高消息发送的时效性、指向性，帮助用户节省时间，提高工作效率，解决复杂财务工作的高效协同。

【思维拓展】

介绍了 E-mail 的功能和用途之后，我们知道 E-mail 可以应用到很多财务工作场景中。那么大家思考一下，在企业的会计核算、应收应付账款管理、成本管理、预算管理和资金管理过程中，E-mail 可以用于哪些具体工作环节呢？其价值是什么呢？

6.1.2　E-mail 自动化活动

E-mail 的功能主要是发送和接收邮件。在本节，你将学习如何在 UiBot 中实现自动读取 E-mail、自动下载 E-mail 附件、自动发送 E-mail，以及自动读取邮件模板来发送 E-mail。

1. 邮件活动

E-mail 自动化涉及对邮件属性的操作。UiBot 提供的邮件属性包括发件人、收件人、邮件标题、邮件正文等内容，其用法如表 6-1 所示。

表 6-1　邮件属性的用法

属性	用法
发件人	发件人邮箱地址
收件人	收件人邮箱地址，多个地址可用["abc@ui.bot"，"xyz@ui.bot"]数组的形式填写
邮件标题	邮件的标题
邮件正文	邮件正文内容，支持 HTML 类型的正文内容

UiBot 提供了一系列支持 SMTP/POP、IMAP 电子邮件协议的活动，还预置了服务 Outlook 邮件用户、IBM Notes 用户的专属活动，主活动如表 6-2 所示，子活动如表 6-3 所示。

表 6-2　邮件主活动

类别	主活动	含义
邮件	SMTP/POP	简单邮件传输协议，用于发送邮件
	IMAP	Internet 邮件访问协议，用于接收邮件
	Outlook	微软公司电子邮件系统，主要服务个人用户
	IBM Notes	IBM Lotus Notes 公司的电子邮件系统

表 6-3　邮件子活动

主活动	子活动	功能
SMTP/POP	发送邮件	连接指定的 SMTP 服务器发送邮件
	获取邮件列表	获取收件箱邮件列表
	下载附件	下载邮件中的附件到指定的文件夹
	删除邮件	删除指定的邮件
IMAP	连接邮箱	连接 IMAP 接收邮件服务器，返回一个可操控的连接对象
	查找邮件	在收件箱中查找邮件
	移动邮件	将邮件移动到指定的文件夹
	获取邮件列表	获取收件箱邮件列表
	下载附件	下载邮件中的附件到指定的文件夹
	删除邮件	删除指定的邮件

续表

主活动	子活动	功能
Outlook	发送邮件	使用 Outlook 发送邮件
	获取邮件列表	使用 Outlook 获取邮箱中的邮件
	移动邮件	使用 Outlook 将邮件移动到指定文件夹
	回复邮件	使用 Outlook 回复邮件
	删除邮件	使用 Outlook 删除邮件
	下载附件	使用 Outlook 下载邮件附件
IBM Notes	发送邮件	使用 IBM Notes 发送邮件
	获取邮件列表	使用 IBM Notes 获取邮箱中的邮件
	移动邮件	使用 IBM Notes 将邮件从文件夹移动到指定的文件夹
	回复邮件	使用 IBM Notes 回复邮件
	下载邮件	使用 IBM Notes 下载指定邮件中的附件
	删除邮件	使用 IBM Notes 删除指定的邮件

E-mail 的发送采用 SMTP 协议。SMTP(Simple Mail Transfer Protocol)，即简单邮件传输协议，是一个相对简单的基于文本的协议。SMTP 协议维护传输秩序、规定邮件服务器之间如何进行工作，它的目标是可靠、高效地传送 E-mail。UiBot 使用 SMTP/POP 板块下"发送邮件"活动发送邮件，可以指定多个邮件接收方。

E-mail 的接收可以采用 POP3 或 IMAP 协议。POP3(Post Office Protocol Version3)，即邮局协议版本 3，由 RFC1939 定义。该协议主要用于支持使用客户端远程管理服务器上的 E-mail。POP3 不提供对邮件更强大的管理功能，通常邮件下载后就会被删除，而更多的管理功能则由 IMAP 来实现。IMAP(Internet Mail Access Protocol)，即邮件访问协议，使用因特网报文访问协议第 4 版本。邮件客户端使用该协议可以从邮件服务器上获取邮件的信息、下载邮件等。它与 POP3 协议的主要区别是用户无须把所有的邮件全部下载，可以通过客户端直接对服务器上的邮件进行操作。UiBot 使用 IMAP 板块下"连接邮箱"活动接收邮件，使用"移动邮件"活动将 IMAP 电子邮件移动到指定的文件夹。

当你使用 SMTP/POP 和 IMAP 活动收发邮件时，需要在属性面板配置服务器地址及端口号。用户常用的 qq 邮箱和网易 163 邮箱的服务器配置信息，如表 6-4 所示。

表 6-4 常用邮箱的服务器配置信息

邮箱	服务器名称	服务器地址及端口号
qq.com	SMTP	服务器：smtp.qq.com，SSL 协议端口号：465 或 587
	POP3	服务器：pop.qq.com，SSL 协议端口号：995
	IMAP	服务器：imap.qq.com，SSL 协议端口号：993
网易 163	SMTP	服务器：smtp.163.com，SSL 协议端口号：465 或 994
	POP3	服务器：pop.163.com，SSL 协议端口号 995
	IMAP	服务器：imap.163.com，SSL 协议端口号 993

由于微软公司的 Outlook 电子邮件系统及 IBM 公司的 Notes 电子邮件系统用户众多，UiBot 特别为其预置了定制活动，如表 6-2 所示。通过定制活动，使用它们默认的邮件账户，不需要设置服务器、端口等信息，就能够实现邮件的接收、移动和发送。

2．获取邮件消息活动

POP3、IMAP、Outlook 和 IBM Notes 都有获取邮件消息的活动，它们能够从邮箱的文件夹里检索 E-mail，如图 6-1 所示。需要注意的是，Outlook 和 IBM Notes 都能够直接获取邮件消息，而在使用 POP3 和 IMAP 时，需要先添加"连接邮箱"活动才能对邮箱进行连接。

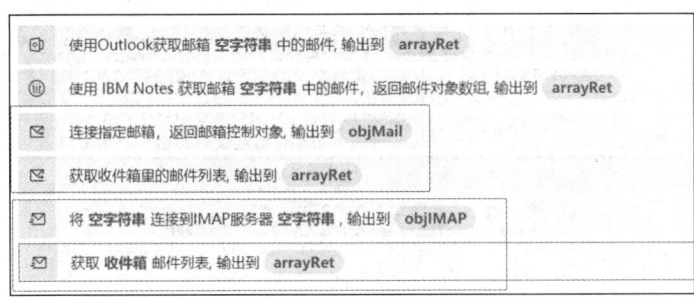

图 6-1　四种获取邮件消息的活动

使用 UiBot 的 Outlook 和 IBM Notes 电子邮件系统收发邮件时，不需要设置服务器、端口等信息，就能够实现邮件的接收、移动和发送等。但当你使用 SMTP/POP、IMAP 活动收发邮件时，通常需要登录邮箱做一些设置，下面以 QQ 邮箱为例进行说明。

登录 QQ 邮箱，点击"设置"，再点击"账户"，找到"POP3/IMAP/SMTP/Exchange/CardDAV/CalDAV 服务"，开启"POP3/SMTP 服务"和"IMAP/SMTP 服务"（服务默认是关闭的），如图 6-2 所示。

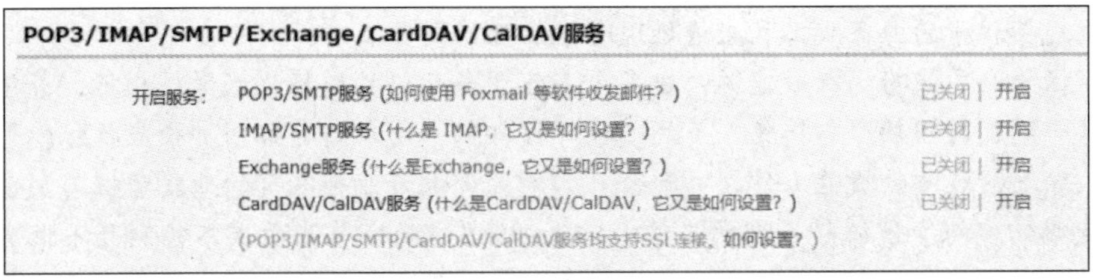

图 6-2　开启"POP3/SMTP 服务"和"IMAP/SMTP 服务"

点击"开启"，通过短信验证密码后，QQ 邮箱系统会生成一串授权码，后续使用 SMTP/POP、IMAP 活动进行邮件收取和邮件发送操作都使用这串授权码，不再使用邮箱的原始密码。

这里，我们以"IMAP"模块下的"连接邮箱""获取邮件列表"为例，讲解各种属性类型的属性和含义，如表 6-5 所示。

表 6-5　"连接邮箱""获取邮件列表"的部分属性

活动块	属性	含义
连接邮箱	服务器地址	待使用的电子邮件服务器主机，其格式如"imap.163.com"
	登录账号	用于接收邮件消息的电子邮件账户，其格式如"4961140@qq.com"
	登录密码	开通 IMAP 服务后的邮箱加密码，而非普通登录密码
	服务器端口	用于接收电子邮件信息的端口号，其格式如 993
	SSL 加密	使用 SSL 加密连接服务器，默认为否
	邮箱地址	用于接收邮件消息的电子邮件账户，其格式如"4961140@qq.com"

续表

活动块	属性	含义
获取邮件列表	邮箱对象	由"连接邮箱"命令返回的可操控连接对象
	邮箱文件夹	将从指定邮箱文件夹中检索邮件消息
	邮件数量	从列表顶部开始获取的邮件消息数量,用来限制读取的邮件数量
	仅限未读消息	指定是否只检索未读邮箱消息,默认为是
	标记为已读	指定是否将已检索的邮箱消息标记为已读,默认为否
	字符集	当邮件对象的附件名称等出现中文乱码时,需要设置正确的字符集进行解码,否则保持默认值为空字符串即可

6.2 自动读取 E-mail

在本节,你将通过 HD 公司的财务工作场景案例,学会如何使用 IMAP 协议来帮助你自动读取 E-mail 和下载邮件附件,以及如何自动读取 Outlook 邮件,为你的财务机器人开发学习之旅建立业务、财务和技术一体化的设计思维与应用实现。

【案例背景】

随着以云计算、大数据、人工智能为代表的数字化时代的到来,以及国家发改委、财政部等相关部委宏观政策的助推,今年的企业信息化市场需求异常旺盛,深耕企业信息化市场 20 多年的 HD 公司终于迎来了千载难逢的发展机遇。

抓住机遇,先做大再做强,经过几轮董事会会议,最终确定了今年的公司战略是一步步施行市场规模扩张的业务战略和激进性现金流管理的财务战略。

为了保障公司战略的有效实施,提高今年各业务部门的销售收入考核指标,并将业务部门合同执行的及时回款率与销售人员的业绩考核挂钩,要求财务部门加强应收账款管理,做好及时入账与应收账款提醒工作,并配合人力资源部做好业务人员的业绩考核与奖金发放。

新战略的实施,使得财务部的工作"雪上加霜",而公司基于成本控制并不批准财务部增加人员编制。HD 公司总共有 180 多名业务人员,在建项目 600 多个,每个项目都按执行进度付款。增加及时入账与应收账款提醒这项工作,看似简单、重复,但是工作量巨大,而要把它持续做好,可是件不容易的事情。

"估计这项工作分配给谁,谁都会急得跳起来马上辞职!"财务总监程平一想到这里就愁得食不知味、夜不安寝。

这天,程总正在办公室坐着发愁,望着眼前的透明玻璃发呆,忽然,一个身影出现,财务部刚刚入职的报销稽核岗员工聂琦从门口路过。顿时,程总喜上眉梢,脸上露出了灿烂的笑容。

聂琦何许人也?

本科就读于吉林财经大学信息管理与信息系统专业,硕士研究生毕业于重庆理工大学"互联网+会计"MPAcc 专业的大数据及人工智能财务方向。因为试用期工作积极,专业能力强,创新思维不走寻常路,因此被批准提前入职公司财务部。

"安排聂琦负责这项工作!好钢要用在刀刃上,她的互联网思维和 IT 技术能力,也许能够让我们重新审视当前惯性的财务工作模式。公司的财务工作是时候做出些改变了!"程总拨通了财务部经理王文怡的电话说道。

于是，聂琦非常愉快地、没有任何选择地接受了这项"额外"工作。

每天，聂琦都会收到大量来自业务部门员工的合同收款提醒邮件，她需要一封封地浏览邮件主题，确定之后再下载邮件附件。由于公司内部邮件往来频繁，再加上每天也会收到不少广告邮件，有时候聂琦觉得自己简直像是大海捞针般地在筛选邮件。

一周后，这种虽然简单，但是重复、工作量巨大的工作，让聂琦感受到了从未有过的疲惫，有些心累了。

"难道这就是我想要做的财务工作吗？这种工作模式如果再继续下去，我可能在公司也待不久了，我也不想再做这个财务工作了。"聂琦心如死灰地想道。

"不！我绝对不能半途而废！我要改变！我的研究生导师不是说过：我们'互联网+会计'人的思维是用基于IT技术的创新去防范风险，用基于业务、财务、技术的一体化协同去谋求财务工作的职业发展吗？"我一定可以的！"聂琦给自己使劲打气。

信心堪比黄金，思路决定出路。由于聂琦在研究生阶段学过"RPA、NLP与会审模式识别"课程，比较熟练地掌握了机器人流程自动化技术的运用，同时还跟着导师做过类似的项目，于是，她决定开发一个小蛮财务机器人来解决当前的问题。

但是，如何才能够科学、高效地开发一个财务机器人呢？聂琦开始使劲地回忆课堂上的点点滴滴，找出参加导师项目的各种资料。

"首先，分析现在的工作需求与'痛点'，然后做数据标准设计、自动化流程设计，最后做财务机器人小蛮的开发。"聂琦终于厘清了解决方案和实施步骤，并开始行动起来。

两周后，财务机器人小蛮成功上线工作。聂琦再也不用烦恼这项工作了，再也不用担心离开公司了，因为这一切都可以通过小蛮来帮忙。

财务机器人小蛮的应用，在公司财务部和业务部门引起了强烈的反响，两个部门之间的关系突然开始融洽起来。值得一提的是，总经理王宏波居然在一次高管联席会议上，当众表扬财务部的创新工作。关于这一点，让程总始料未及。

"为什么我们做了那么多工作，经常加班熬夜，付出许多却并没有得到别人的认同？而这项工作，只做了这么一点创新，就得到那么多认同？看来，我们财务工作真的应该与时俱进，必须做出改变了。"程总开始思考更多。

● 6.2.1 使用 IMAP 协议读取邮箱中的未读邮件主题

【例 6-1】应用场景

一大早，聂琦便接到任务，进行及时收款确认提醒。其实就是在项目执行过程中，客户根据进度付款后会告知业务人员，然后由业务人员将付款信息和客户的付款凭证附件通过邮件形式反馈给财务部，财务部收到后会及时核对银行收款信息，并将收款金额和付款时间等信息传递到人力资源部做业务人员的业绩考核和每月的奖金发放。

聂琦在心里盘算着，这项工作还是可以利用邮件自动收取来完成的。

首先财务机器人的开发得从规范邮件主题和邮件附件命名开始，要不然会面临着复杂的自然语言处理技术应用，这样问题就搞复杂了。技术要与管理协同，如果我们制定邮件主题和附件名称的命名规范(格式:XMFKXX-部门名称-业务人员姓名-客户名称-合同编号-付款金额-付款日期），利用现有的 RPA 字符串处理技术就能够很方便地识别出部门、员工、项目、付款金额等主要信息，那这项复杂工作岂不是就变得很简单啦！想到这个方法如此之"帅"，聂琦顿时开心地笑起来。

要想知道神奇的财务机器人小蛮是如何工作的，那我们就一起一探究竟吧！

1. **数据准备**

首先，我们需要准备聂琦的网易 163 邮箱账号和密码；其次，需要保证聂琦的收件箱有几封来自业务人员的收款提醒未读邮件，以便我们的小蛮能够顺利地展示读取和解析未读邮件的功能，如图 6-3 所示。

图 6-3 "163 网易免费邮"界面

2. **开发步骤**

准备好之后，让我们一步步揭开小蛮财务机器人开发的神秘面纱吧！具体步骤如下：

步骤一：打开 UiBot，新建流程。从左侧拖曳 1 个流程块，点击流程编辑图标，进入流程块，如图 6-4 所示。

步骤二：在左侧的命令框中搜索"IMAP"，接着将"连接邮箱""查找邮件"拖入流程块中，如图 6-5 所示。添加完成后的属性设置如表 6-6 所示。

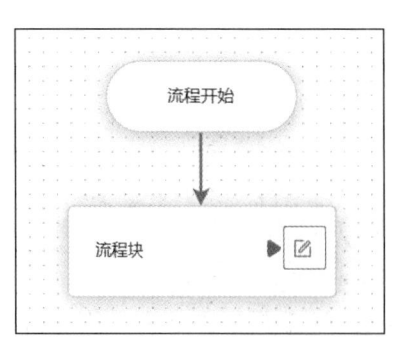

图 6-4 拖曳并进入"流程块"

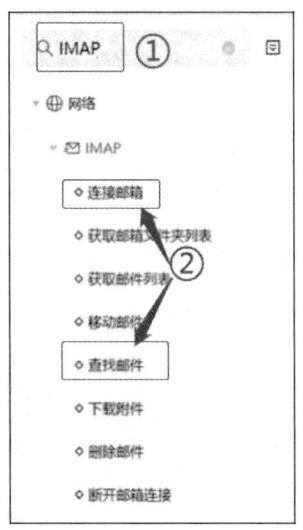

图 6-5 拖入"连接邮箱""查找邮件"

表 6-6 属性设置

活动名称	属性	值
连接邮箱	输出到	objIMAP
	服务器地址	imap.163.com
	登录账号	hdchina_rpa@163.com
	登录密码	注意此处的密码填写的是邮箱授权码,并非邮箱的登录密码
	服务器端口	993
	SSL 加密	否
	邮箱地址	hdchina_rpa@163.com
查找邮件	输出到	arrayRet
	邮箱对象	objIMAP
	字符集	gb2312
	邮箱文件夹	INBOX
	查找关键字	XMFKXX-
注意:属性需切换至专业模式		

步骤三:添加"依次读取数组中每个元素",依次读取邮件主题。在属性界面设置"值"为"value","数组"为"arrayRet",如图 6-6 所示。

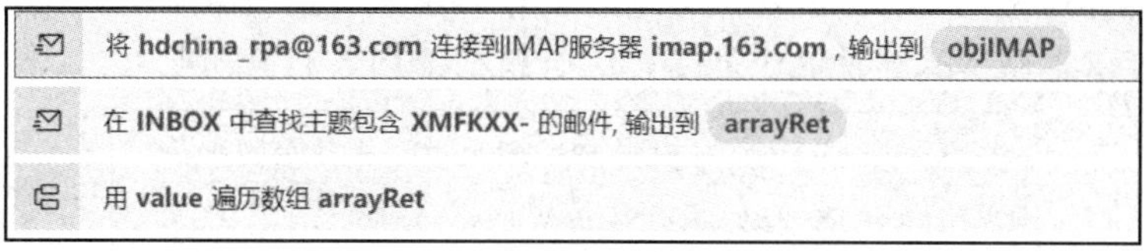

图 6-6 设置"依次读取数组中每个元素"属性

步骤四:在循环下添加"分割字符串"。在"目标字符串"中输入"value["SUBJECT"]",分隔符为"-",输出到"Fkxx"。接着在下方添加 1 个"变量赋值",令变量名"Scxx"的值为"Scxx&""&Fkxx[1]&","&Fkxx[2]&","&Fkxx[3]&","&Fkxx[4]&","&Fkxx[5]",如图 6-7 所示。

步骤五:添加"获取时间",输出到"dTime"。接着添加格式化时间,属性设置如图 6-8 所示。

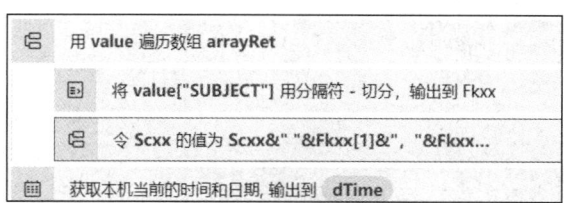

图 6-7 获取邮件主题

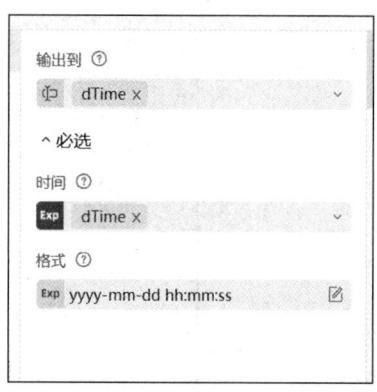

图 6-8 设置"格式化时间"属性

步骤六：添加"消息框"，在"消息内容"属性中输入"dTime&"收到的来自业务部门的客户付款提醒邮件清单："&Scxx&"HD公司财务部""，对话框标题为"邮件提醒"，如图6-9所示。

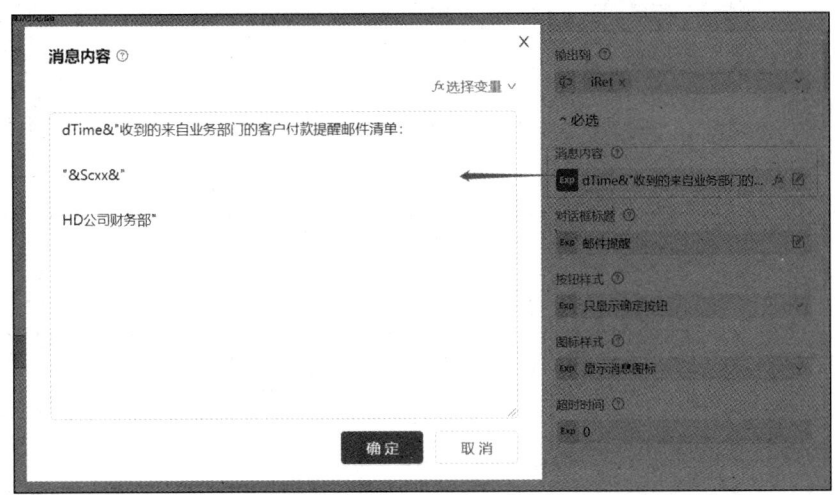

图6-9　设置"消息内容"属性

步骤七：恭喜你完成了整个程序的开发，程序完整视图如图6-10所示。点击"运行"，机器人小蛮就可以自动读取邮件的主题了，运行结果如图6-11所示。

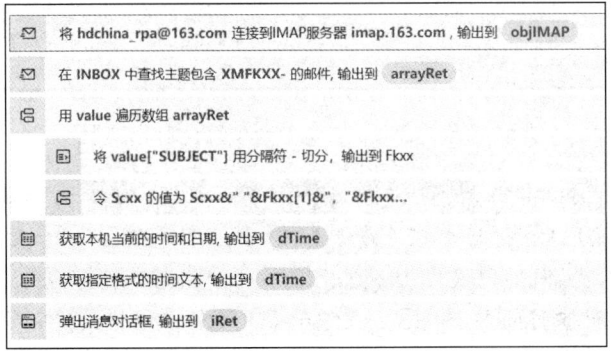

图6-10　程序完整视图

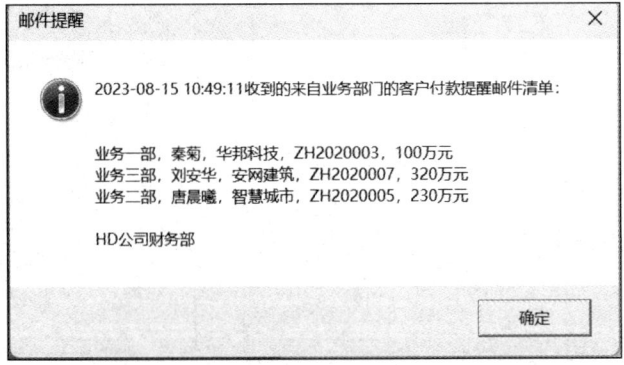

图6-11　收到的客户付款提醒邮件清单信息

6.2.2 使用 IMAP 协议下载附件

为了方便查询和管理，聂琦按日期命名客户的付款凭证。下面，我们就用财务机器人小蛮来帮助聂琦自动下载带有"客户付款凭证"主题的邮件附件。具体操作步骤如下：

步骤一：依次添加"连接邮箱""查找邮件"，设置同 6.2.1 节的步骤二。接着添加获取时间和格式化时间，属性设置如图 6-12 所示。

步骤二：添加 1 个"创建文件夹"，路径为"@res""&sRet&"客户付款凭证""。在下方拖入"依次读取数组中每个元素"，用值"value"遍历数组"arrayRet"。

步骤三：在左边搜索 IMAP 并将"下载附件"拖入循环中，邮箱对象为"objIMAP"，邮件对象为"value"，存储路径设置为"@res""&sRet&"客户付款凭证""，如图 6-13 所示。

图 6-12　设置获取时间和格式化时间

图 6-13　设置"下载附件"属性

步骤四：点击"运行"，就可以读取满足条件的邮件，并将其附件保存在当前目录下的"20230815 客户付款凭证"文件夹中，如图 6-14 所示。

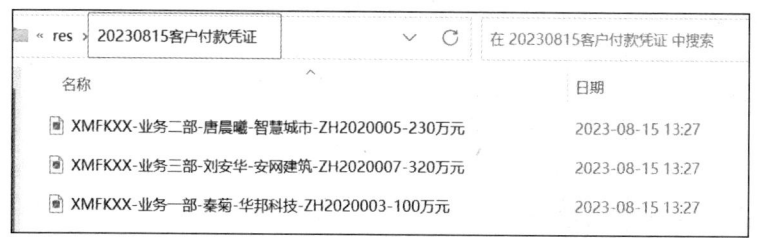

图 6-14　保存邮件附件到本地文件夹

6.2.3 读取 Outlook 邮箱中的未读邮件

在日常工作和生活中，除了使用 163、126、263 邮箱，也有许多人使用 Outlook 邮箱。在这里，为大家介绍在 UiBot 中如何实现自动读取 Outlook 邮箱中的未读邮件。

在本章最开始已经介绍过 UiBot 有专门服务 Outlook 用户的功能，所以操作起来也非常简便，它不需要设置服务器和端口号参数，就能够直接使用默认的 Outlook 账户。

下面为大家介绍两个自动读取 Outlook 邮箱的趣味功能。

1. 自动计算未读邮件个数

步骤一：准备 1 封未读邮件，如图 6-15 所示。

图 6-15　准备未读邮件

步骤二：在左上方搜索"Outlook"并添加"获取邮件列表"，输入邮箱地址，并将"邮箱文件夹"设置为""收件箱""，"标记为已读"设置为"否"，如图 6-16 所示。

步骤三：添加"获取长度"，将目标字符串或数组设置为"arrayRet"，输出到"iRet"。接着添加 1 个"消息框"，将"消息内容"设置为"iRet"，"对话框标题"设置为"未读邮件个数"，如图 6-17 所示。

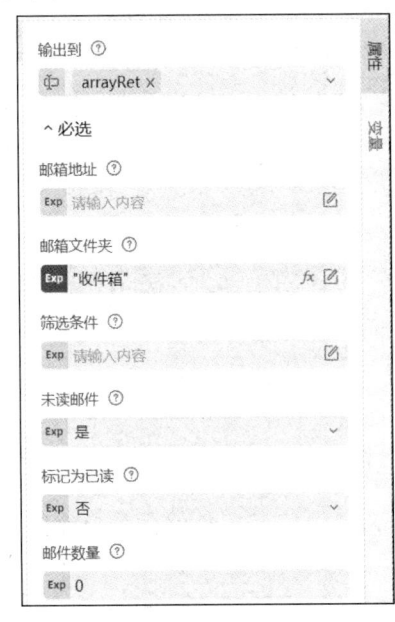

图 6-16　设置"获取邮件列表"属性

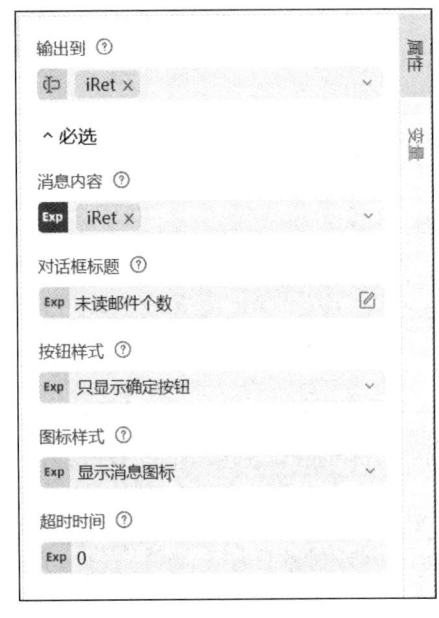

图 6-17　设置未读邮件个数提醒消息框

步骤四：点击"运行"，就可以自动读取 Outlook 邮箱中未读邮件的个数，并且"消息框"中显示未读邮件的个数，如图 6-18 所示。

2. 自动获取未读邮件的发送时间

步骤一：在上一个练习的基础上，在"获取邮件列表"下方添加"依次读取数组中每个元素"，用值"value"遍历数组"arrayRet"。

步骤二：在"依次读取数组中每个元素"中添加 1 个"消息框"，消息内容为" value["DATE"] "，其余属性设置如图 6-19 所示。

图 6-18　自动读取未读邮件个数

步骤三：点击"运行"，就可以自动读取 Outlook 邮箱中未读邮件的发送时间，并做出信息提示，如图 6-20 所示。

图 6-19　设置消息框内容

图 6-20　自动读取未读邮件发送时间

6.3　自动发送 E-mail

6.3.1　使用 SMTP 协议发送邮件

在新冠疫情下，传统企业的数字化转型让 HD 公司面临更多的发展机遇。经过对国家宏观政策的研判和行业的深度分析，HD 公司确立了数字化产品升级和市场拓展的新型战略。

HD 公司新战略的实施对项目的及时收款管理工作提出了更高的要求，虽然公司使用的财务软件能够根据合同付款计划实现应收账款提醒和相关信息的文件导出，但是通知业务人员及时去收款，仍然需要财务部负责应收账款提醒工作的杨杰每周定期发邮件完成。

每到这一天，杨杰就进入"紧张"状态，从各个信息系统导出数据，然后整理到一个 Excel 文件后，就开始进入烦琐的发邮件工作。由于应收账款属于非常重要的商业信息，在公司内部也是保密级别很高的，因此不允许群发邮件。杨杰需要给业务人员单独写邮件主题和邮件正文，然后挨个发送邮件提醒他们。当每次点"发送"之前，客户名称、合同编号、收款金额等关键信息，杨杰都要反复检查几次，生怕出错。但是，有时候往往事与愿违，想起被业务人员"指责"工作失误，杨杰就胆战心惊。

除了这项工作，杨杰每天还需要处理大量的财务琐事，所以还不得不抽午休的时间加班发送邮件，日常工作本来已经够烦人了，再想到还要被这"伤神"的"简单"工作剥夺休息时间，杨杰就会进入间歇性暴躁状态，哀嚎着："有没有人能救救我啊！"

财务部报销稽核岗的聂琦开发的财务机器人小蛮成功上线应用，让杨杰似乎找到了一劳永逸的解决方案。

"小蛮能够自动读取邮件,难道就不能自动发送邮件吗?"杨杰问聂琦。

"当然可以!不过不凑巧,我最近刚好比较忙。这样,我们一起去向程总汇报,让财务部信息化岗的同事文少波来帮你开发小蛮吧。"聂琦对杨杰说道。

听了她们的汇报,程总当场愉快地同意了!有聂琦前面的探索实践,程总相信这件事情也能够取得成功。

一周后,财务机器人小蛮正式上线工作,运行良好。杨杰再也不用发邮件了,开心地直转圈圈:"苍天有眼,终于派了一个机器人来拯救我!"如果你好奇小蛮是怎样自动发送应收账款提醒邮件的,就和我一起看下去吧!

使用 SMTP 协议发送邮件的总体设计如图 6-21 所示,具体操作步骤如下:

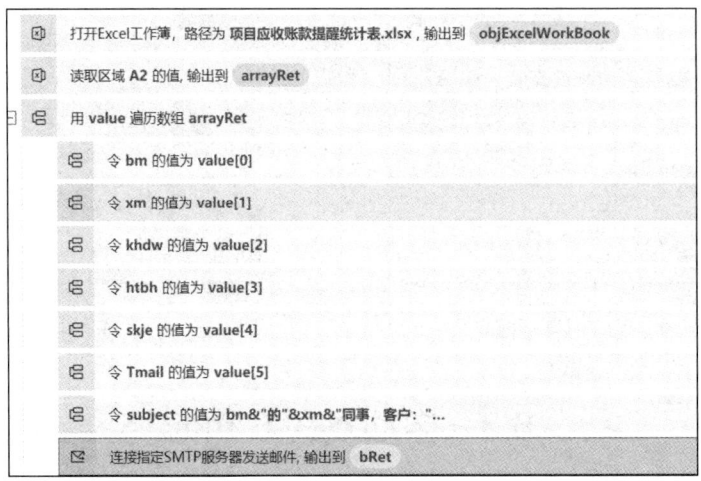

图 6-21　使用 SMTP 协议发送邮件的总体设计

步骤一:添加"打开 Excel 工作簿",选择准备文件中的"项目应收账款提醒统计表.xlsx"。接着添加"读取区域",设置工作表为"Sheet1",区域为"A2",输出到"arrayRet",如图 6-22 所示。

图 6-22　读取所需要的内容

步骤二:添加"依次读取数组中每个元素",用值"value"遍历数组"arrayRet",之后的操作均在该循环内进行。接着在循环中添加 7 个"变量赋值",具体设置如表 6-7 所示。

表 6-7　"变量赋值"属性设置

变量名	变量值
bm	value[0]
xm	value[1]
khdw	value[2]
htbh	value[3]

续表

变量名	变量值
skje	value[4]
Tmail	value[5]
subject	bm&"的"&xm&"同事，客户："&khdw&"(合同编号："&htbh&")的应收账款是："&skje&"，请及时收款！"

步骤三：在左上方搜索"SMTP"并添加"发送邮件"，如图 6-23 所示，按照之前的方法设置邮箱服务器及端口，并将"收件人"设置为"Tmail"，"邮件标题"设置为""应收账款提醒""，"邮件正文"设置为"subject"。

图 6-23 设置"发送邮件"属性

步骤四：恭喜你完成了整个程序的开发。点击"运行"，机器人小蛮就可以自动发送邮件，提醒客户及时付款了。运行完成后，应收账款提醒邮件的正文如图 6-24 所示。

图 6-24 应收账款提醒邮件

6.3.2 使用 Outlook 发送 E-mail

学会了用 SMTP 协议的方法自动发送邮件，下面我们来看看如何让 Outlook 自动发送邮件。

步骤一：在左上方搜索"Outlook"并添加"发送邮件"，并在相应位置填写收信邮箱、邮件标题、邮件正文等，如图 6-25 所示。

步骤二：点击"运行"，就能够自动发送 E-mail 了，是不是感觉非常方便？不需要配置服务器、端口号，也不需要设置密码参数，就能够直接使用 Outlook 邮箱自动发送 E-mail，如图 6-26 所示。

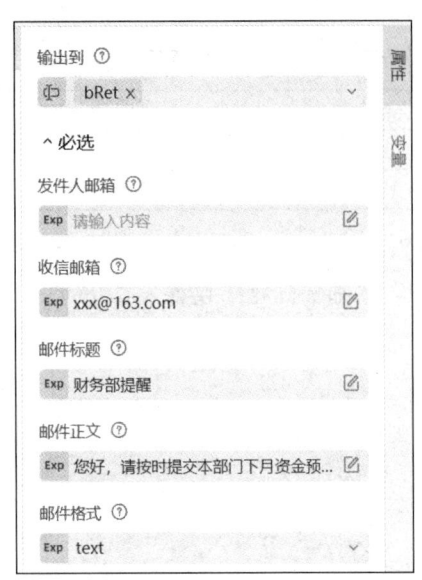

图 6-25　设置 Outlook 下的"发送邮件"属性

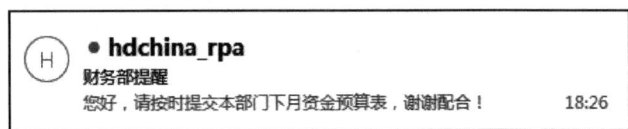

图 6-26　收到的 E-mail

【思维拓展】

你也可以利用上一节的操作方法，使用 Outlook 邮箱自动发送邮件模板，并将当前屏幕截图作为附件发送给指定收件人。

6.4　自动移动 E-mail

6.4.1　E-mail 移动前的准备

知识管理对企业长期发展和实现企业利益最大化有着积极作用。通过对知识的获取、创造、整合、更新、创新等方式，不间断地积累个人知识和企业知识，由此形成企业智慧循环，从而帮助企业及时应对市场的变化，做出正确的决策。邮件作为知识获取的重要渠道，其日常管理是非常重要的。

HD 公司财务部的聂琦除了负责报销稽核的日常工作，还负责财务部门知识管理工作。每天，她都要整理财务部工作邮箱中的 E-mail，然后将 E-mail 归档到知识管理服务器的不同文件夹。这个工作有价值吗？反正干了几个月之后，聂琦特别没有"存在感"，都产生了辞职的打算。不过，神奇的是，有一天，她在情绪极度低落的短暂抽泣之后，突然抬头大叫道："聪明又帅气的机器人小蛮一定可以'解救'我，一定……可以的。"

下面来看看 UiBot 财务机器人小蛮的技术开发是如何完成的。

步骤一：你需要在邮箱中新建一个与收件箱同级的文件夹，如"客户付款信息"。

步骤二：同时需要保证收件箱有几封来自业务人员的收款提醒未读邮件，如图 6-27 所示。

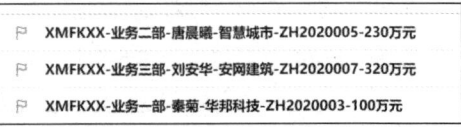

图 6-27　准备未读邮件

6.4.2 移动 E-mail

在做好准备工作之后，开始移动 E-mail 机器人的开发工作。

步骤一：在左上方搜索"IMAP"并依次添加"连接邮箱""获取邮件列表"，属性设置参考上小节的内容，如图 6-28 所示。

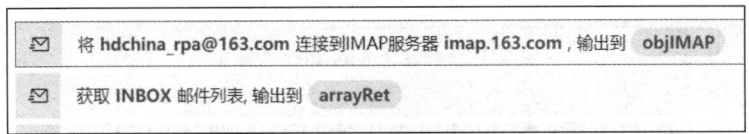

图 6-28　连接邮箱并获取未读邮件

步骤二：添加"依次读取数组中每个元素"，用值"value"遍历数组"arrayRet"。接着在循环中添加"查找字符串"，设置"目标字符串"为"value["SUBJECT"]"，"查找内容"为""XMFKXX""，"开始查找位置"为 1，如图 6-29 所示。

图 6-29　设置"查找字符串"属性

步骤三：添加"如果条件成立"，在"判断表达式"中输入"bRet<>0"。接着在左上方搜索"IMAP"并添加"移动邮件"，设置"邮箱对象"为"objIMAP"，"目标邮箱文件夹"为"客户付款信息"，"邮件对象"为"value"，"输出到"为"bRet"。最终流程如图 6-30 所示。

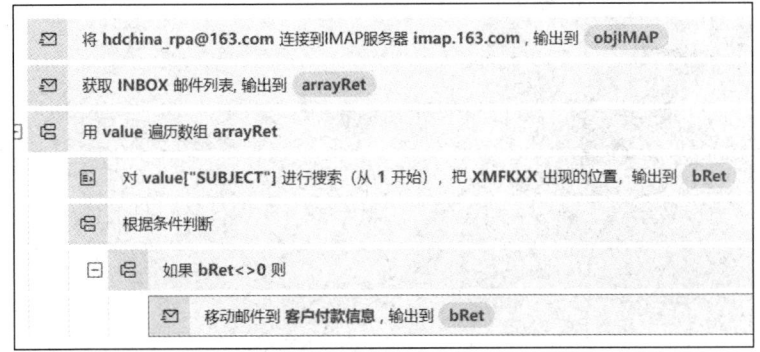

图 6-30　移动邮件流程

步骤四：点击"运行"，就能够自动将邮件按主题分类移动到相应的文件夹下，如图 6-31 所示。

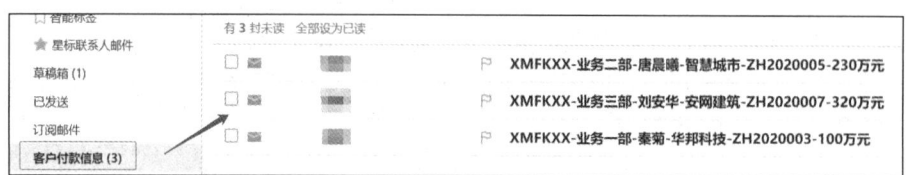

图 6-31　移动邮件到相应文件夹

6.5　财务计划编制机器人模拟实训

6.5.1　场景描述与业务流程

"唉……"HD 公司财务部计划岗的郑毅刚上班就坐在办公桌前长叹了一口气。

这一幕恰好被路过的财务部信息化岗的同事杨杰看见了，杨杰拍了拍郑毅的肩膀问道："发生什么事情了？和我说说，看能不能帮你解决。"

"又到了做月度财务计划的日子，其实如果只是编制财务计划花不了多长时间，但是，我要登录邮箱下载公司各个事业部发来的收支计划，然后将所有邮件按部门归类，这些重复性、机械性，但又无技术含量的工作却耗费了我太多的时间……"

说到这里，郑毅又叹了一口气："而且我们计划岗每个月要接触大量的计划表，各部门提交的数据又多又杂，比如光是收支计划里的收入就有销售收入、收回应收账款、退回保证金、其他收入等，而销售收入又包括传统 ERP 及相关信息化服务、智能制造软件和实施服务、应用系统运营维护服务、云计算产品及服务等收入类型，汇总整理起来效率特别低，要是有人帮我完成这些工作就好了。"

听到这，杨杰神秘地说道："我能请到一个既聪明又帅气的朋友帮你忙。"

看到郑毅一脸的质疑，杨杰说："但你得首先向我讲解和展示一下你原来的财务计划编制工作流程，要不然神仙也救不了你。"

郑毅虽然对杨杰的话有所怀疑，但还是立马启动自己的"蛮好用"计算机，滔滔不绝地介绍起来……

HD 公司月度财务计划编制业务流程如图 6-32 所示。

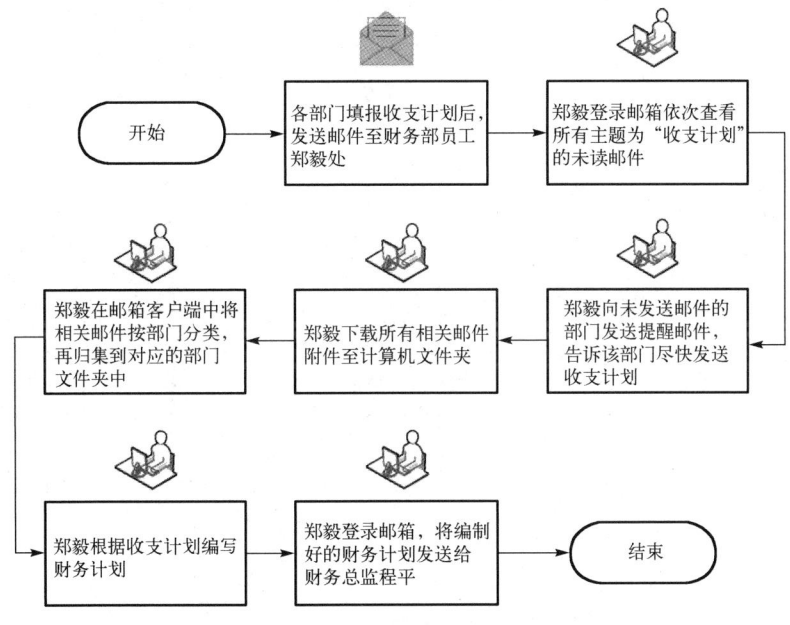

图 6-32　HD 公司月度财务计划编制业务流程

【沙盘模拟推演】

　　阅读业务场景描述之后，分析案例中涉及的企业情况、人员与岗位，以及业务描述等要点，并梳理出公司月度财务计划收支报表编制工作的业务流程，结合流程步骤进行痛点分析与梳理。

　　以小组为单位，在 RPA 财务机器人开发模拟物理沙盘上推演"机器人分析"板块。

6.5.2 自动化流程设计

郑毅端起咖啡杯,使劲地喝了一大口"蛮好喝"咖啡,然后开始给杨杰讲解并演示工作流程。听了半个小时,杨杰打断还在滔滔不绝的郑毅,自信满满地对郑毅比了个"OK"手势,然后就回了自己的办公桌。

不到1个小时,郑毅就收到了杨杰发送过来的财务机器人小蛮,他按照杨杰的指导完善了机器人的初始设置和工作部署,然后一键启动小蛮,不出一分钟,财务总监程平就收到了郑毅发来的财务计划。想到以往的月度财务计划都是临近下班才收到,今天郑毅却一反常态地在上午就提交了，程总决定找来郑毅问个究竟。

笑容满面的郑毅不慌不忙地对程总解释道："程总，其实今天的工作是因为我得到了杨杰为我量身定做的财务机器人小蛮的帮助，他可厉害了。"程总惊讶地看着郑毅问道："小蛮是何许人也？真有那么厉害吗？"郑毅看着程总怪怪的表情，暗自偷笑，拿起"蛮好用"笔记本电脑，走到程总旁边，用手指点了一下触摸屏，只见电脑屏幕上显示了机器人小蛮的工作流程：第一步，小蛮首先登录邮箱，检索主题包含"收支计划"的邮件，并将其附件中的业务部门收支计划文件下载至指定文件夹，然后将收到邮件的时间保存至"资金收支计划工作记录表"中，同时更新该表中相关业务部门的发件状态；第二步，小蛮将收到的业务部门收支计划按照部门进行归类，并向未发送收支计划的部门发出提醒邮件；第三步，小蛮将下载的各个业务部门的收支计划进行数据汇总后，将所有数据填入财务收支计划表；第四步，小蛮将财务收支计划表通过邮件发给相应负责人。

HD 公司基于 E-mail 自动化的财务计划编制自动化流程设计如图 6-33 所示。

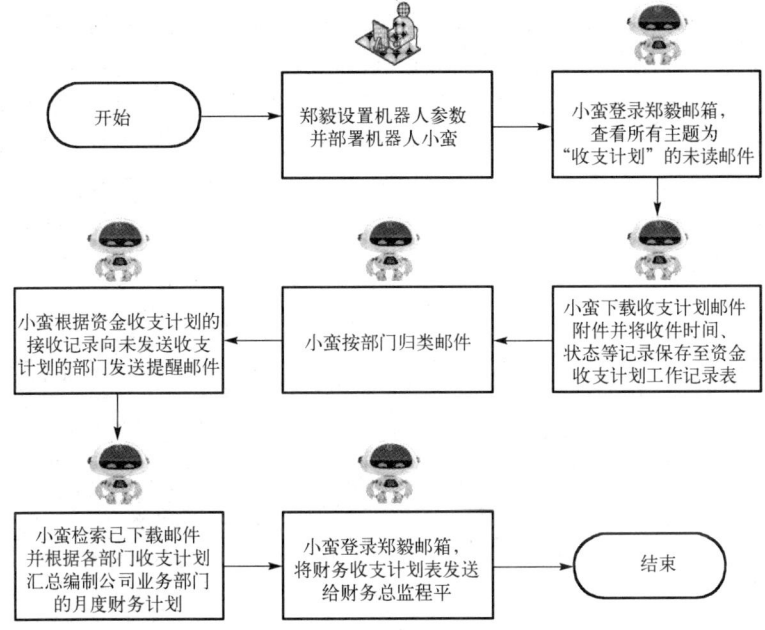

图 6-33　HD 公司基于 E-mail 自动化的财务计划编制自动化流程

程总在心里默默算了一笔账：目前，从各部门收集、汇总和编制一份收支计划表前前后后至少要花 4 天时间，如果用机器人来做，一次只需要十几分钟就搞定了，人基本上只是最后的审核。这样下来，不但这项工作的效率会极大地提高，还可以节省大量人天数，一年算下来有 50 多个人天了。

"现在有个问题，就是不知道这个小蛮贵不贵呢？"程总很困惑。

程总是个实干派，很快就打听到了财务机器人小蛮的成本主要来自开发实施费用，以及流程的年度许可费和机器人的运维费用。开发实施一个普通的机器人一般 1～2 周，而运行和维护一个机器人每月的最低成本可以达到 350 元。整合流程后，一个机器人不仅能做财务计划编制，还可以同时分析财务指标等，财务计划编制大约只占其总工作量的 1/6，想到这里，程总的心里已经有了答案。

【沙盘模拟推演】

基于以上自动化流程描述进行详细的自动化流程设计；结合案例的业务流程，规范机器人开发过程中所使用的数据，讨论数据输入的来源、数据类型、数据内容等相关要点，考虑如何进行数据处理，如部门信息的定位筛选、财务指标的计算，以及不同类型数据间的转换等问题，最后确定输出的财务计划报告的内容及对象。

以小组为单位，在 RPA 财务机器人开发模拟物理沙盘上推演"机器人设计"和"数据标准与规范化设计"。

6.5.3 技术路线与开发步骤

财务计划编制机器人开发包括登录邮箱并获取各部门邮件、收取邮件并更新工作管理表、提醒未发送邮件部门、生成财务报表并发送四个模块。

首先，使用连接邮箱、查找邮件等活动获取邮件，筛选"收支计划"邮件；其次，利用下载附件活动下载各部门报上来的收支计划；再次，使用复制文件、获取时间、打开 Excel 工作簿、中间裁剪、读取单元格、写入单元格等活动更新邮箱工作管理表；然后，使用读取区域、依次读取数组中每个元素、如果条件成立、发送邮件等活动读取业务部门的邮件发送状态，并给未发送邮件部门发提醒；接着，使用获取文件或文件夹列表、读取区域、写入区域、取 ASCII 字符等活动定位附件里各部门的收支文件，对各部门收支数据进行处理，生成汇总表；最后，使用发送邮件将财务计划表发给财务总监程平。

表 6-8 财务计划编制机器人开发技术路线

模块	功能描述	使用的活动
登录邮箱并获取各部门邮件	登录邮箱获取邮件，筛选"收支计划"邮件	连接邮箱
		查找邮件
收取邮件并更新工作管理表	创建"公司月度资金收支计划表.xlsx"和"月度资金收支计划工作管理.xlsx"	复制文件
		重命名
	依次下载邮件附件，并匹配部门与相关数据，更新收支计划工作管理表	依次读取数组中每个元素
		下载附件
		获取时间
		格式化时间
		中间裁剪
		打开 Excel 工作簿
		查找数据
		读取单元格
		写入单元格
		关闭 Excel 工作簿
提醒未发送邮件部门	打开"月度资金收支计划工作管理.xlsx"读取业务部门的邮件发送状态	打开 Excel 工作簿
		读取区域
		关闭 Excel 工作簿
	判断业务部门是否上报收支计划，向未发送邮件部门发提醒	依次读取数组中每个元素
		如果条件成立
		发送邮件

续表

模块	功能描述	使用的活动
生成财务报表并发送	依次读取附件里各部门的收支文件,并将数据写入"公司月度资金收支计划表.xlsx"	获取文件或文件夹列表
		依次读取数组中每个元素
		打开 Excel 工作簿
		读取区域
		写入区域
		取 ASCII 字符
		关闭 Excel 工作簿
	将"公司月度资金收支计划表.xlsx"发给财务总监	发送邮件

【沙盘模拟推演】

根据自动化流程的总体设计,结合以上技术思路,以小组为单位,在 RPA 财务机器人开发模拟物理沙盘上推演"机器人开发"。程序整体开发视图如图 6-34 所示。

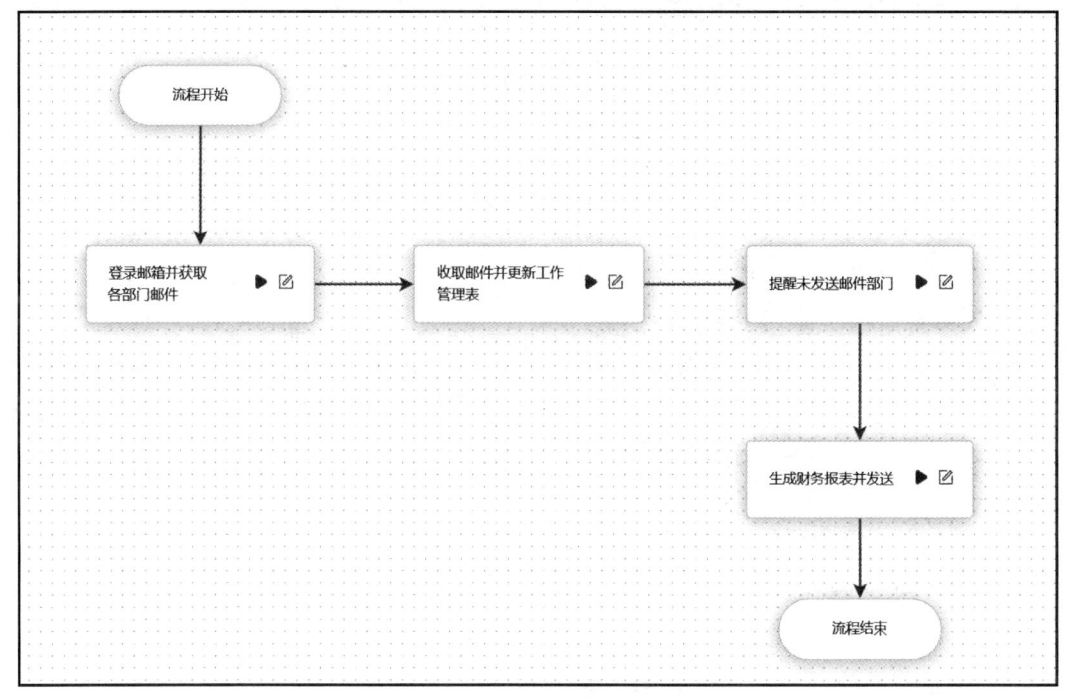

图 6-34 财务收支计划编制机器人程序视图

在本案例中,首先需要准备两封或多封未读邮件(需多个邮箱账号发送),如图 6-35 所示,以此来模拟 HD 公司不同的事业部发送给郑毅收支计划的场景。接下来展示程序中需要用的文件,各业务部门资金收支计划表的样式如图 6-36 所示;公司月度资金收支计划工作管理表如图 6-37 所示;公司月度资金收支计划汇总表如图 6-38 所示。

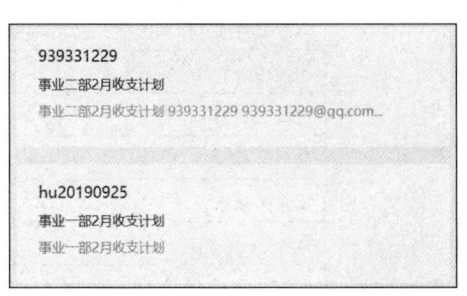

图 6-35　准备的未读邮件

HD科技股份有限公司

2023年2月资金收支计划表

编制部门：业务一部　　单位：万元

项　目	上月实际	本月计划		项　目	上月实际	本月计划	
		上　报	审　定			上　报	审　定
一、资金来源				二、资金支出			
1. 销售收入	413	430	481	1. 职工薪酬	58	62	60
(1) 传统ERP及相关信息化服务	110	130	140	2. 五险一金	15	13	16
(2) 智能制造软件和实施服务	100	80	93	3. 业务招待费	7	6.5	7.5
(3) 应用系统运营维护服务	59	60	71	4. 广告宣传费	3.8	3.2	2.9
(4) 云计算产品及服务	144	160	177	5. 差旅费	21	26	27
2. 收回应收账款	70	62	34	6. 咨询费	1	0.8	1.2
3. 退回保证金	11	30	17	7. 租赁费	4.6	5.2	4
4. 其他收入	5	7	13	8. 材料采购费	2	1	0.5
				9. 保证金	25	40	35
				10. 办公费	4	6.2	5.6
				11. 水电费	1	1.2	1.5
				12. 运杂费	0.5	0.8	0.7
				13. 折旧费	2.8	3.2	3
				14. 其他	2	2.3	2.5
合　计	499	529	545	合　计	147.7	171.4	167.4

图 6-36　各业务部门资金收支计划表

HD科技股份有限公司

资金收支计划上报工作记录

序号	月份	部门	报送人	报送邮箱	报送时间	报送状态
1						
2						
3						
4						
5						
6						
7						
8						
9						

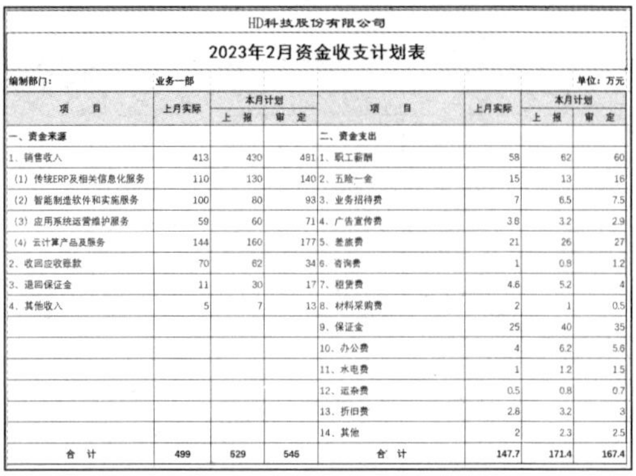

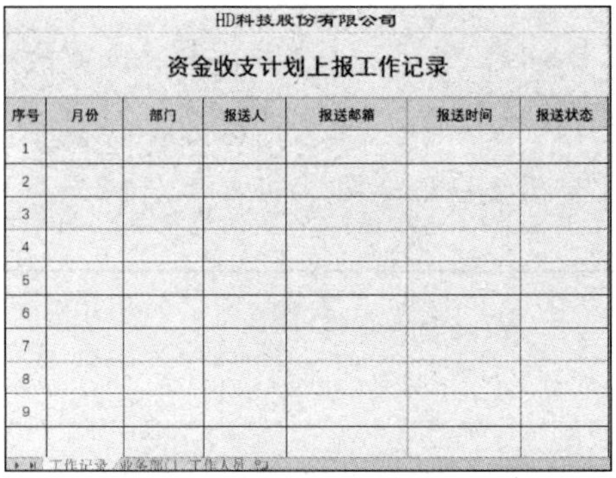

图 6-37　公司月度资金收支计划工作管理表

2023年2月HD公司资金收支计划汇总表

单位：万元

项　目	上月实际	本月计划		项　目	上月实际	本月计划	
		上　报	审　定			上　报	审　定
一、资金来源				二、资金支出			
1. 销售收入	-	-	-	1. 职工薪酬	-	-	-
(1) 传统ERP及相关信息化服务	-	-	-	2. 五险一金	-	-	-
(2) 智能制造软件和实施服务	-	-	-	3. 业务招待费	-	-	-
(3) 应用系统运营维护服务	-	-	-	4. 广告宣传费	-	-	-
(4) 云计算产品及服务	-	-	-	5. 劳务费	-	-	-
2. 收回应收账款	-	-	-	6. 咨询费	-	-	-
3. 退回保证金	-	-	-	7. 租赁费	-	-	-
4. 其他收入	-	-	-	8. 材料采购费	-	-	-
				9. 保证金	-	-	-
				10. 办公费	-	-	-
				11. 水电费	-	-	-
				12. 运杂费	-	-	-
				13. 折旧费	-	-	-
				14. 其他	-	-	-
合　计	-	-	-	合　计	-	-	-

图 6-38　公司月度资金收支计划汇总表

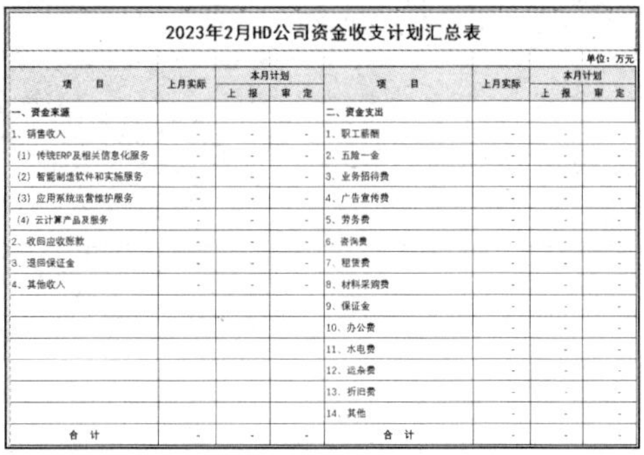

下面讲解财务机器人小蛮的具体开发步骤。

1. 登录邮箱并获取各部门邮件

步骤一：新建流程后，将其命名为“财务收支计划编制机器人”。拖入 4 个“流程块”和 1 个“流程结束”至流程图设计主界面，并连接起来。流程块分别命名为：登录邮箱并获取各部门邮件、收取邮件并更新工作管理表、提醒未发送邮件部门、生成财务报表并发送，如图 6-34 所示。

步骤二：在主界面右侧“流程图”处创建 2 个流程图变量，如图 6-39 所示。

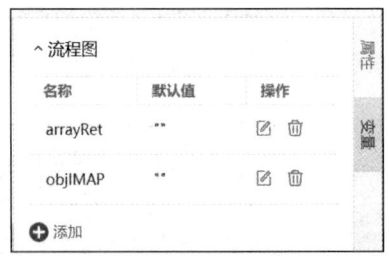

图 6-39　流程图变量

步骤三：点击“编辑”进入“登录邮箱并获取各部门邮件”流程块。在左上方搜索“IMAP”并将“连接邮箱”“查找邮件”拖入流程块中，如图 6-40 所示，具体属性设置如表 6-9 所示。

表 6-9　属性设置

活动名称	属性	值
连接邮箱	输出到	objIMAP
	服务器地址	imap.163.com
	登录账号	hdchina_rpa@163.com
	登录密码	（注意此处的密码填写的是邮箱授权码，并非邮箱的登录密码）
	服务器端口	993
	SSL 加密	否
	邮箱地址	hdchina_rpa@163.com
查找邮件	输出到	arrayRet
	邮箱对象	objIMAP
	字符集	gb2312
	邮箱文件夹	INBOX
	查找关键字	收支计划

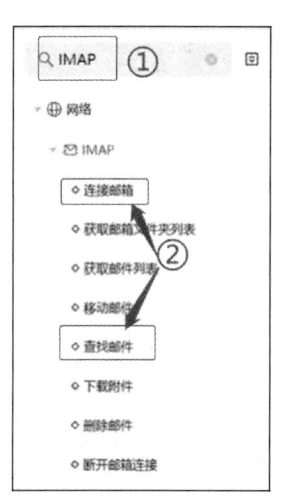

图 6-40　添加"连接邮箱""查找邮件"

2．收取邮件并更新工作管理表

步骤四：点击进入"收取邮件并更新工作管理表"流程块。添加 2 个"复制文件"和 1 个"重命名"，第一个文件路径设置为"@res"数据标准模板\\公司月度资金收支计划表模板.xlsx""，复制到的路径为"@res"""；第二个文件路径为"@res"数据标准模板\\月度资金收支计划工作管理.xlsx""，复制到的路径为"@res"""。接着设置"重命名"，路径为"@res"公司月度资金收支计划表模板.xlsx""，名称重命名为"公司月度资金收支计划表.xlsx"，如图 6-41 所示。

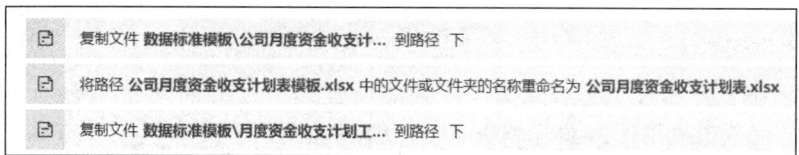

图 6-41　添加 2 个"复制文件"和 1 个"重命名"

步骤五：添加 1 个"依次读取数组中每个元素"，用变量"value"遍历数组"arrayRet"。收取邮件并更新工作管理表的剩余操作均在此循环内处理，因此，活动块都应该放在循环里面。

步骤六：在左上方搜索"IMAP"并拖入"下载附件"，将"邮箱对象"设置为"objIMAP"，"邮件对象"设置为变量"value"，"输出到"设置为"arrRet"，"存储路径"设置为"@res"附件""，如图 6-42 所示。

步骤七：点击界面右侧的"变量"模块，在当前流程块创建 7 个变量："接收时间""业务部门""工作记录""上报行索引""报送人""月份""联系邮箱"。在"下载附件"下方添加"获取时间""格式化时间"，将"获取当前时间"设置为接收时间，接着将"时间"设置为"接收时间"，"格式"设置为""yyyy-mm-dd hh:mm:ss""，"输出到"设置为"接收时间"，如图 6-43 所示。

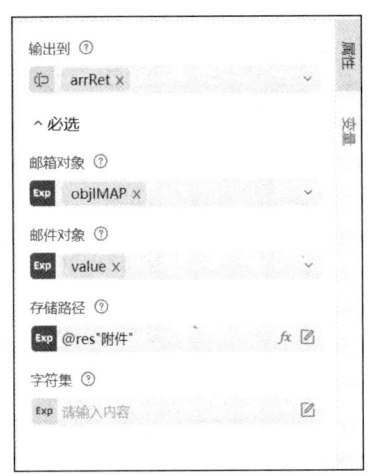

图 6-42 设置"下载附件"属性　　　　图 6-43 设置"格式化时间"属性

步骤八：添加"中间裁剪"，目标字符串为"value["SUBJECT"]"，开始裁剪位置为 5，裁剪长度为 20，将"输出到"设置为"业务部门"。在下方添加"打开 Excel 工作簿"，文件路径为"@res"月度资金收支计划工作管理.xlsx""，如图 6-44 所示。

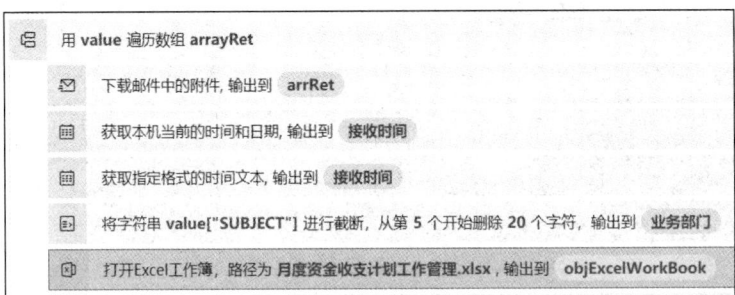

图 6-44 获取上报收支计划的业务部门

步骤九：在下方添加"查找数据"，具体设置如图 6-45 所示。添加 2 个"读取单元格"，"工作簿对象"设置为"objExcelWorkBook"。第一个"读取单元格"的"工作表"设置为"业务部门"，"单元格"设置为""C"&上报行索引[0]"，"输出到"设置为"报送人"；第二个"读取单元格"的工作表同样设置为"业务部门"，"单元格"设置为""D"&上报行索引[0]"，"输出到"设置为"联系邮箱"，如图 6-46 所示。

步骤十：添加 1 个"写入单元格"以更改业务部门的上报状态，具体设置如图 6-47 所示。在下方添加"抽取指定位置字符"，"目标字符串"设置为"value["SUBJECT"]"，开始位置为 5，结束位置为 7，将"输出到"设置为"月份"，该步骤是为了抽取收支计划的月份。

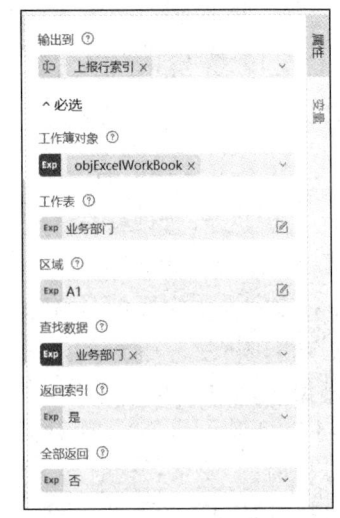

图 6-45 根据业务部门查找相关数据

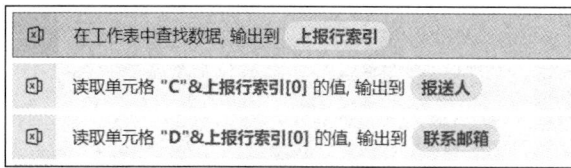
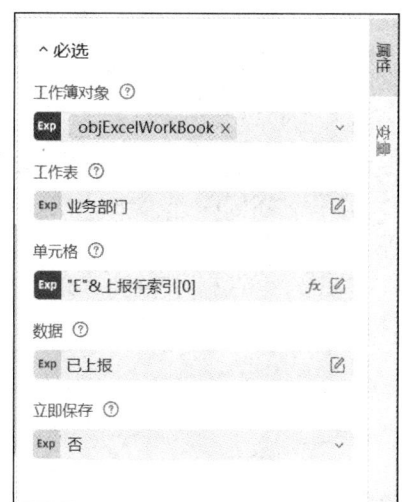

图 6-46　设置"读取单元格"　　　　图 6-47　设置"写入单元格"

步骤十一：添加变量"序号"，默认值设置为"0"；添加变量"行数"，默认值设置为"4"，以便之后更新工作管理表。添加 7 个写入单元格，具体设置如表 6-10 所示，将各部门发送邮件的相关信息填入工作记录表中。

表 6-10　"写入单元格"属性设置

工作簿对象	工作表	单元格	数据
objExcelWorkBook	"工作记录"	"A"&行数	序号+1
		"B"&行数	月份
		"C"&行数	业务部门
		"D"&行数	报送人
		"E"&行数	联系邮箱
		"F"&行数	接收时间
		"G"&行数	已报送

步骤十二：添加 1 个"变量赋值"，令变量"行数"的值为"行数+1"，如图 6-48 所示。接着在下方添加"关闭 Excel 工作簿"。

图 6-48　添加"变量赋值"

3．提醒未发送邮件部门

步骤十三：点击"编辑"进入"提醒未发送邮件部门"模块。拖入"打开 Excel 工作簿"，文件路径为"@res"月度资金收支计划工作管理.xlsx"，输出到"arrayRet"。在下方添加 1 个"读取区域"，具体设置如图 6-49 所示，以读取"业务部门"工作表中各部门邮件的发送状态。

步骤十四：添加"关闭 Excel 工作簿"，工作簿对象为"objExcelWorkBook"。在下方添加"依次读取数组中每个元素"，用变量"value"遍历数组"arrayRet"。在给未发送邮件部门发提醒邮件阶段，剩余操作均在此循环内处理，因此，活动块都应该放在循环里面。

步骤十五：在循环中添加 1 个"如果条件成立"，判断表达式设置为"value[4]="未上报""。在左上方搜索"SMTP"，添加"发送邮件"到"如果条件成立"下方，如图 6-50 所示，设置邮箱服务器、端口、密码、账号信息，其中收件人设置为"value[3]"，邮件标题设置为""财务部门提醒""，邮件正文为"请尽快提交本月收支计划至财务部"。

图 6-49 设置"读取区域"

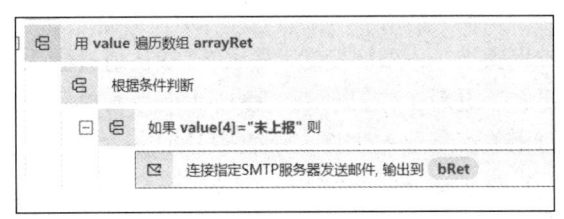

图 6-50 添加"如果条件成立"和"发送邮件"

4．生成财务报表并发送

步骤十六：点击"编辑"进入"生成财务报表并发送"模块。添加"获取文件或文件夹列表"，将"路径"设置为"@res"附件""，"列表内容"设置为"文件"，"返回全路径"选择"是"，"输出到"设置为"iRet"，如图 6-51 所示。这一步的作用是将用于保存邮件附件文件夹内的所有文件的路径保存在变量中，方便接下来的操作。

图 6-51 添加"获取文件或文件夹列表"

步骤十七：添加"依次读取数组中每个元素"，用变量"value"遍历数组"iRet"。在循环中添加"打开 Excel 工作簿"，将"文件路径"设置为"value"，"输出到"设置为"objExcelWorkBook"。在当前流程块创建 2 个变量，分别命名为"资金来源""资金支出"。

步骤十八：添加 2 个"读取区域"、1 个"关闭 Excel 工作簿"，"工作簿对象"均设置为"objExcelWorkBook"，其余属性设置如表 6-11 所示。这步主要是按照部门列表来读取各部门收支计划内容。接下来新增 1 个变量，命名为"列"，默认值为"B"。

表 6-11 属性设置

活动名称	属性	值
读取区域	输出到	资金来源
	工作簿对象	objExcelWorkBook
	工作表	收支计划
	区域	B7:D14
读取区域	输出到	资金支出
	工作簿对象	objExcelWorkBook
	工作表	收支计划
	区域	F7:H20
关闭 Excel 工作簿	工作簿对象	objExcelWorkBook

步骤十九：添加 1 个"打开 Excel 工作簿"，"文件路径"设置为"@res"公司月度资金收支计划表.xlsx""，将"输出到"设置为"objExcelWorkBook"。接着在下方添加 2 个"写入区域"、1 个"关闭 Excel 工作簿"，具体属性设置如表 6-12 所示。这步主要是为了将读取的收支计划内容写入公司月度资金明细表中。

表 6-12 属性设置

活动名称	属性	值
写入区域	工作簿对象	objExcelWorkBook
	工作表	明细表
	开始单元格	列&"6"
	数据	资金来源
写入区域	工作簿对象	objExcelWorkBook
	工作表	明细表
	开始单元格	列&"16"
	数据	资金支出
关闭 Excel 工作簿	工作簿对象	objExcelWorkBook

步骤二十：添加 1 个"取 ASCII 字符"到"关闭 Excel 工作簿"下方，将"对应 ASCII 码"设置为"Asc(列)+3"，"输入到"设置为"列"，如图 6-52 所示。

步骤二十一：点击"依次读取数组中每个元素"左侧，将循环收起，如图 6-53 所示。在左上方搜索"SMTP"，拖入"发送邮件"添加在"依次读取数组中每个元素"下方，配置邮箱服务器、端口、账号及密码信息，将"收件人"设置为财务总监的邮箱账号，"邮件标题"设置为"公司月度资金收支计划表"，"邮件正文"设置为"请查收公司月度资金收支计划表！"，"邮件附件"设置为"@res"公司月度资金收支计划表.xlsx""，如图 6-54、图 6-55 所示。

至此，财务计划编制机器人的开发程序就全部完成了，点击“运行”，如果存在未发送收支计划的业务部门，则会收到财务部门提醒，如图 6-56 所示；完成月度资金收支计划工作管理表的填报工作，如图 6-57 所示；完成公司月度资金收支计划汇总表的填报工作，如图 6-58 所示。财务总监收到邮件，如图 6-59 所示。

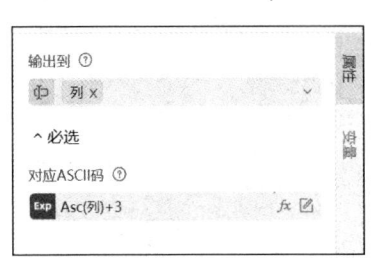

图 6-52　设置“取 ASCII 字符”属性

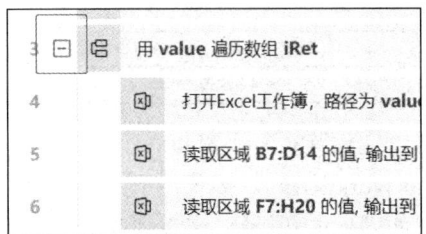

图 6-53　收起循环

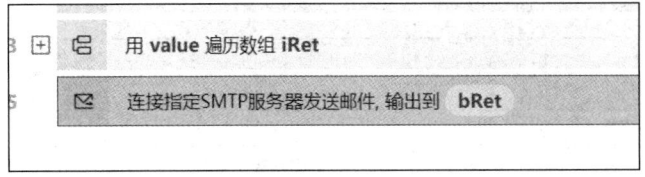

图 6-54　添加“发送邮件”

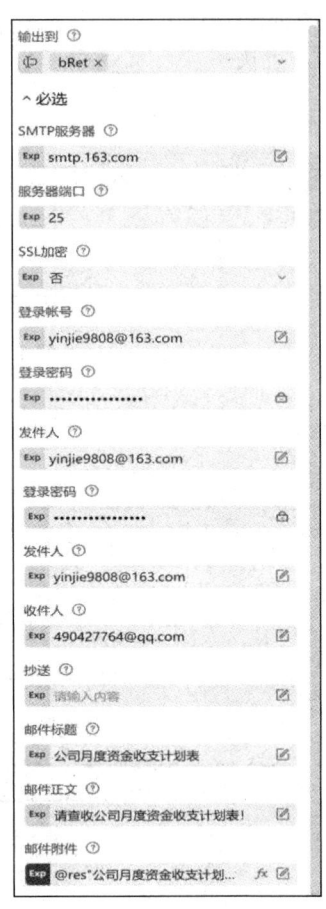

图 6-55　设置“发送邮件”属性

图 6-56　自动发送提醒邮件

HD科技股份有限公司

资金收支计划上报工作记录

序号	月份	部门	报送人	报送邮箱	报送时间	报送状态
1	2020年2月份	业务三部	喻其丽	dchina_rpa@163.co	2021-1-17 10:00	已报送
2	2020年2月份	业务二部	刘泓	5382219@qq.com	2021-1-17 9:59	已报送
3	2020年2月份	业务一部	简瑞	4961140@qq.com	2021-1-17 9:59	已报送
4						
5						
6						
7						
8						
9						

工作记录　业务部门　工作人员

图 6-57　完成月度资金收支计划工作管理表

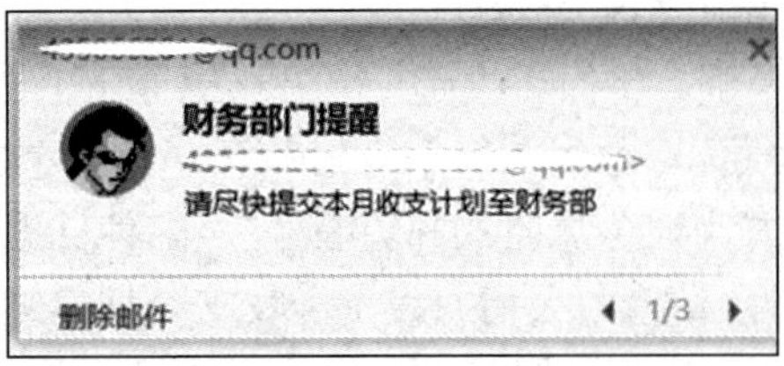

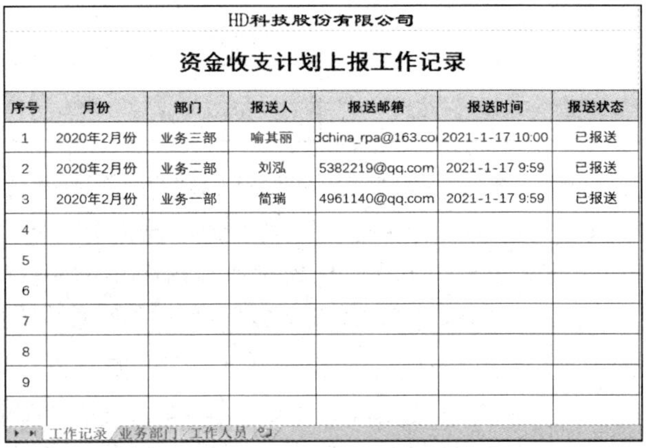

图 6-58　完成公司月度资金收支计划汇总表　　　图 6-59　财务总监收到邮件

【沙盘模拟推演】

　　结合自动化流程设计，分析与梳理机器人开发的技术路线；分析机器人的部署规划方式和运行模式；分析运用机器人在效率、质量等方面带来的价值，但同时也要考虑机器人运行过程中可能存在的风险与应对措施。

　　以小组为单位，在 RPA 财务机器人开发模拟物理沙盘上推演"机器人运用"，包括机器人的部署与运行、价值与风险，以及人机如何协作共生。

【课后思考】

　　1. 如果要在最后的财务计划表中体现收入、支出同比增减情况分析，该如何用程序实现？

　　2. 在本案例中，如果在最后发送财务计划报告邮件时，邮件状态提示发送失败，我们该如何解决，又该如何防范呢？

第 7 章 PDF 文本读取自动化

7.1 功能简介

7.1.1 关于 PDF

PDF（Portable Document Format）是以跨平台支持多媒体集成信息的出版和发布为目的而设计的国际通用的文件格式，广泛用于公文、商务等领域。PDF 主要由三项技术组成：衍生自 PostScript、字形嵌入系统、资料压缩及传输系统。PDF 文件格式可以将文字、字形、格式、颜色及独立于设备和分辨率的图形图像等封装在一个文件中。该格式文件还可以包含超文本链接、声音和动态影像等电子信息，支持特长文件，集成度和安全可靠性都较高。PDF 文件以 PostScript 语言图像模型为基础，无论在哪种打印机上都可保证精确的颜色和准确的打印效果，即 PDF 会忠实地再现原稿的每一个字符、颜色及图像。

PDF 文件不管是在 Windows、Unix，还是在苹果的 Mac OS 操作系统中都是通用的，这一特点使它成为在 Internet 上进行电子文档发送和数字化信息传播的理想文档格式。越来越多的电子图书、产品说明、公司文稿、网络资料、电子邮件开始使用 PDF 格式文件，目前上市公司的季报、半年报和年报普遍使用 PDF 格式文件发布。PDF 格式文件已成为数字化信息传递链上的一个工业标准。

7.1.2 PDF 活动

在商务办公场景中，PDF 格式文件是除 Office 格式文件之外最常用的文件，因此对 PDF 文件的处理在商务办公场景中比较频繁和重要。UiBot 提供对 PDF 文件处理的命令，包括获取总页数、获取所有图片、将指定页另存为图片、获取指定页图片、获取指定页文本、合并 PDF，如图 7-1、表 7-1 所示。

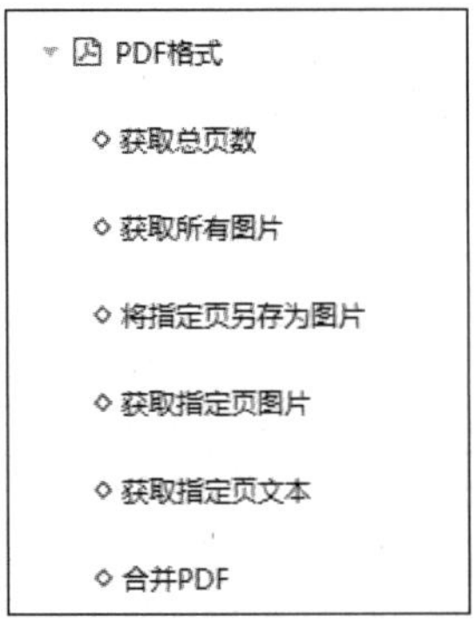

图 7-1 PDF 格式文件处理命令

表 7-1 PDF 格式文件处理命令功能描述

类别	序号	活动	功能
PDF	1	获取总页数	获取一份 PDF 格式文件的总页数
	2	获取所有图片	获取一份 PDF 格式文件中所有的图片并保存至目标文件夹
	3	将指定页另存为图片	将一份 PDF 格式文件中的指定页另存为图片格式
	4	获取指定页图片	获取一份 PDF 格式文件指定页中包含的图片并保存至目标文件夹中
	5	获取指定页文本	获取一份 PDF 格式文件指定页中包含的图片并保存至设置的变量当中
	6	合并 PDF	合并 PDF 文件并保存至目标文件夹中

7.2 主要功能

PDF 包含文本、图像，有时会是图像式文字，本小节将对 UiBot 提供的 PDF 格式文件处理的所有命令进行一个详细的介绍，命令主要包括以下六个：获取总页数、获取所有图片、将指定页另存为图片、获取指定页图片、获取指定页文本、合并 PDF。通过对本小节的学习，我们能够熟练掌握 UiBot 中有关 PDF 格式文件处理的全部命令，学习如何通过各种命令来实现 PDF 自动化识别。

⮞ 7.2.1 获取总页数

"获取总页数"是最为基础和简单的命令，它的主要作用为获取一份 PDF 格式文件的总页数，这极大地方便了对 PDF 格式的电子文件进行归档时的工作。比如现在绝大多数企业都会将合同扫描为电子档进行储存，在合同归档时可以运用 UiBot 的"获取总页数"命令来获取 PDF 格式的合同的总页数，方便合同归档的基础性工作。

以获取 SY 公司 2022 年年度财务报告总页数为例，我们将使用"获取总页数"命令来获取 SY 公司 2022 年年度财务报告总页数。

步骤一：新建流程"获取总页数"。先在流程图界面中分别添加 1 个"流程开始""流程结束""流程块"，并将"流程块"重命名为"获取总页数"，如图 7-2 所示。在相应的 res 文件夹中保存好准备的文件，如图 7-3 所示。

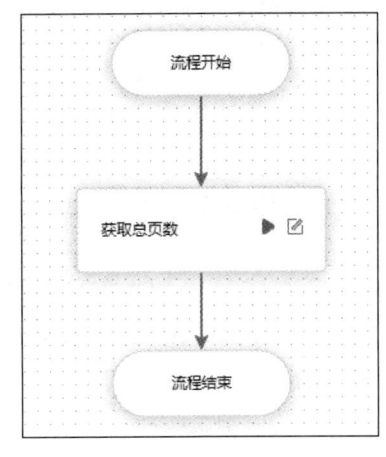

图 7-2　程序的流程图　　　　　　　图 7-3　为程序准备的文件

步骤二：点击进入"获取总页数"流程块，添加 1 个"获取总页数"、1 个"输出调试信息"，如图 7-4 所示。"获取总页数"的属性设置如图 7-5 所示。

图 7-4　程序的可视化界面

输出到
iRet
必选
文件路径
SY公司2022年年度财务报告.PDF
密码

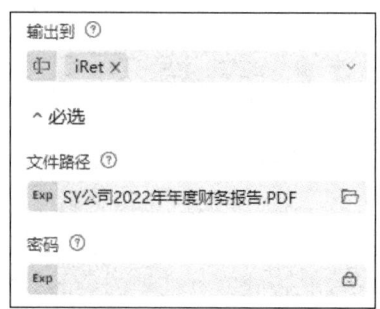

图 7-5　设置“获取总页数”属性

步骤三：点击“运行”，最终运行结果如图 7-6 所示。

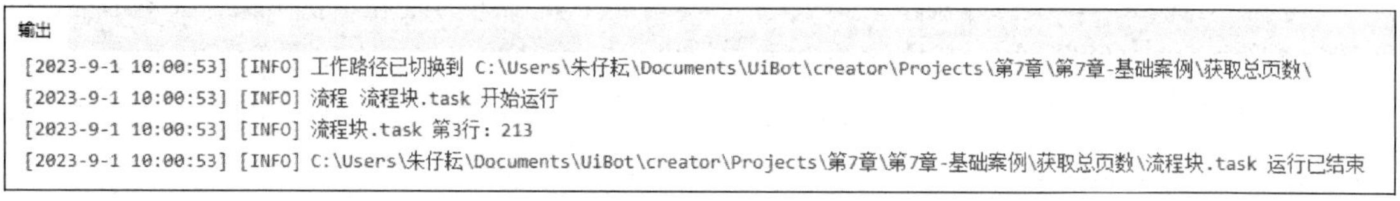

输出
[2023-9-1 10:00:53] [INFO] 工作路径已切换到 C:\Users\朱仔耘\Documents\UiBot\creator\Projects\第7章\第7章-基础案例\获取总页数\
[2023-9-1 10:00:53] [INFO] 流程 流程块.task 开始运行
[2023-9-1 10:00:53] [INFO] 流程块.task 第3行: 213
[2023-9-1 10:00:53] [INFO] C:\Users\朱仔耘\Documents\UiBot\creator\Projects\第7章\第7章-基础案例\获取总页数\流程块.task 运行已结束

图 7-6　程序的最终运行结果

7.2.2　获取所有图片

“获取所有图片”是 PDF 格式文件处理命令中有关图片的命令，它的主要作用为获取一份 PDF 格式文件中所有的图片并保存至目标文件夹，这极大地提高了获取 PDF 格式文件中所有图片的工作效率。比如财务人员将各类凭证扫描为电子档以 PDF 的文件格式保存时，我们可以通过“获取所有图片”这一命令来获取 PDF 格式文件中包含的凭证图片，方便了凭证的分类和整理工作。关于图片的保存格式，UiBot 提供了 PNG、JPG、BMP 三种格式。

以获取 SY 公司 2022 年年度财务报告中所有的图片为例，我们将使用“获取所有图片”命令来获取 SY 公司 2022 年年度财务报告中所有的图片，并以需要的图片格式保存在目标文件夹中。

步骤一：新建流程“获取所有图片”。先在流程图界面中分别添加 1 个“流程开始”“流程结束”“流程块”，并将“流程块”重命名为“获取所有图片”，如图 7-7 所示。在相应的 res 文件夹中保存好准备的文件并新建文件夹“图片”，如图 7-8 所示。

流程开始
获取所有图片
流程结束

图 7-7　程序的流程图

图片
SY公司2022年年度财务报告

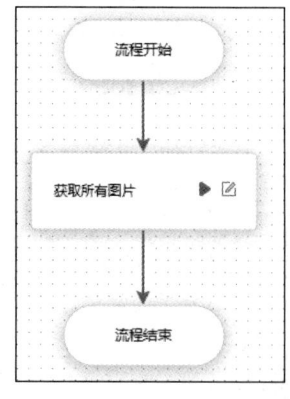

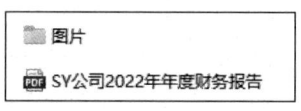

图 7-8　为程序准备的文件

步骤二：点击进入"获取所有图片"流程块，添加 1 个"获取所有图片"，并设置其属性，如图 7-9、图 7-10 所示。

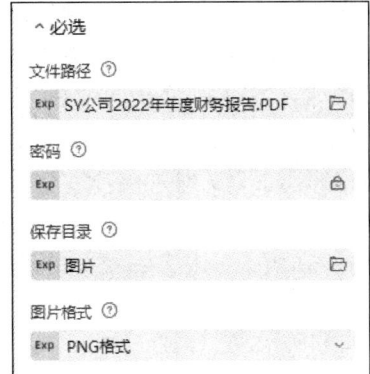

| 图 7-9　程序的可视化界面 | 图 7-10　设置"获取所有图片"属性 |

步骤三：点击"运行"，SY 公司 2022 年年度财务报告 PDF 文件中的所有图片都已保存在"图片"文件夹中，最终运行结果如图 7-11 所示。

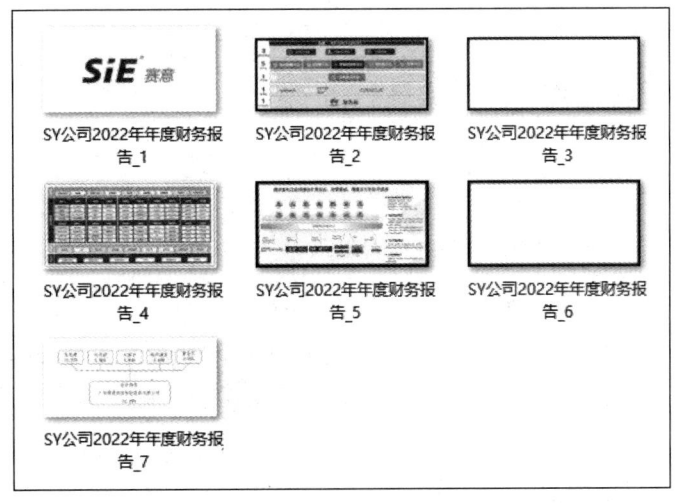

图 7-11　程序的最终运行结果

7.2.3　将指定页另存为图片

"将指定页另存为图片"是 PDF 格式文件处理命令中有关图片的另一个重要命令，它的主要作用为将一份 PDF 格式文件中的指定页另存为图片格式。这个命令在实务工作中同样也具有较强的实用性，比如财务人员想要将一份 PDF 格式的电子合同中的重要页面单独保存在文件夹中方便查看，那么就可以使用 UiBot 的"将指定页另存为图片"这一命令来实现高效率的自动化处理。

以将 SY 公司 2022 年年度财务报告中的合并利润表所在页另存为图片为例，我们将使用"将指定页另存为图片"命令把 PDF 文件中合并利润表所在页另存为图片并保存在目标文件夹中。

步骤一：新建流程"将指定页另存为图片"。在流程图界面中分别添加 1 个"流程开始""流程结束""流程块"，并将"流程块"重命名为"将指定页另存为图片"，如图 7-12 所示。在相应的 res 文件夹中保存好准备的文件并新建文件夹"利润表"，如图 7-13 所示。

步骤二：点击进入"将指定页另存为图片"流程块，添加一个"将指定页另存为图片"，并设置其属性，如图 7-14、图 7-15 所示。

步骤三：点击"运行"，PDF 文件中合并利润表所在页已经以图片形式保存在"利润表"文件夹中，最终运行结果如图 7-16 所示。

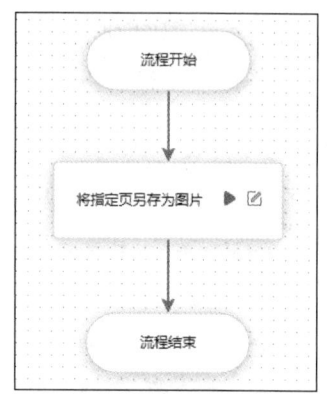

图 7-12　程序的流程图

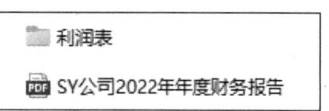

图 7-13　为程序准备的文件

图 7-14　程序的可视化界面

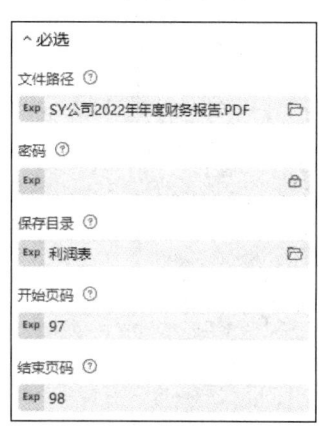

图 7-15　设置"将指定页另存为图片"属性

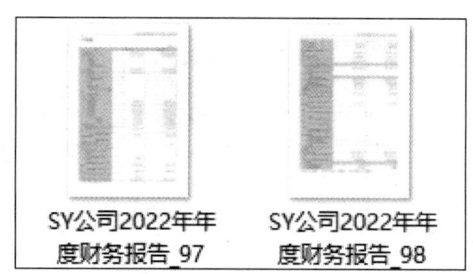

图 7-16　程序的最终运行结果

7.2.4　获取指定页图片

"获取指定页图片"是 PDF 格式文件处理命令中有关图片的一个重要命令，它的主要作用为获取一份 PDF 格式文件指定页中包含的图片并保存至目标文件夹中。这个命令以其能够更加灵活地保存 PDF 格式文件中的图片而区别于"获取所有图片"这一命令。比如，财务人员想要保存一份合同中指定页包含的图片而非全部图片，就可以使用"获取指定页图片"来实现。

以获取 SY 公司 2022 年年度财务报告中的公司与实际控制人之间的产权及控制关系的方框图为例，我们将使用"获取指定页图片"命令来获取 SY 公司 2022 年年度财务报告中的公司与实际控制人之间的产权及控制关系的方框图。

步骤一：新建流程"获取指定页图片"。在流程图界面中分别添加 1 个"流程开始""流程结束""流程块"，并将"流程块"重命名为"获取指定页图片"，如图 7-17 所示。在相应的 res 文件夹中保存好准备的文件并新建文件夹"公司实际控制人及其一致行动人"，如图 7-18 所示。

第 7 章　PDF 文本读取自动化

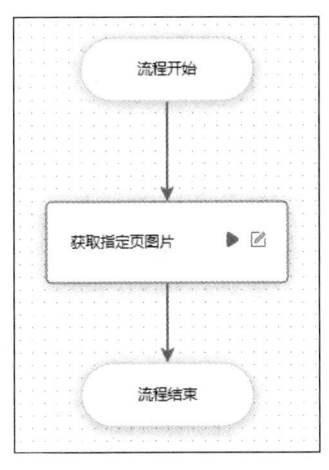

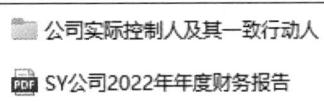

图 7-17　程序的流程图　　　　图 7-18　为程序准备的文件

步骤二：点击进入"获取指定页图片"流程块，添加一个"获取指定页图片"，并设置其属性，如图 7-19、图 7-20 所示。

步骤三：点击"运行"，PDF 文件中的公司与实际控制人之间的产权及控制关系的方框图已经以图片形式保存在"公司实际控制人及其一致行动人"文件夹中，最终运行结果如图 7-21 所示。

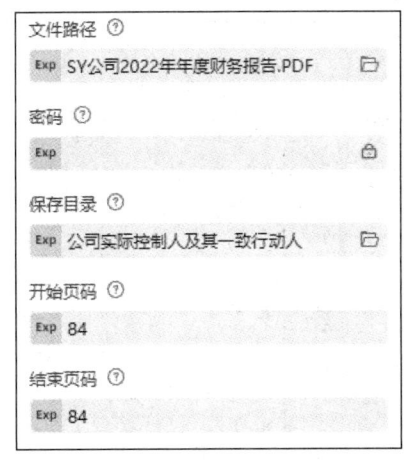

图 7-19　程序的可视化界面

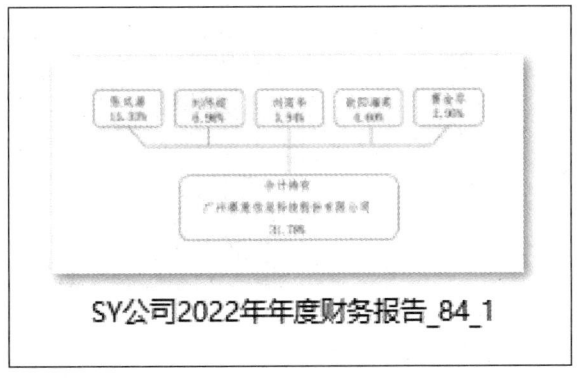

图 7-20　设置"获取指定页图片"属性　　　　图 7-21　程序的最终运行结果

7.2.5　获取指定页文本

"获取指定页文本"是 PDF 格式文件处理命令中有关文本的一个重要命令，它的主要作用为获取一份 PDF 格式文件指定页中包含的图片并保存至设置的变量当中，需要使用时调用变量即可。在实务工作中，这一命令能够实现高效率、低成本地处理 PDF 文本工作，比如财务人员在获取合同中重要条款时就可以使用"获取指定页文本"这一命令。

以获取 SY 公司 2022 年年度财务报告中的审计意见为例，我们将使用"获取指定页文本"

123

命令来获取 SY 公司 2022 年年度财务报告中的审计意见。

步骤一：新建流程"获取指定页文本"。在流程图界面中分别添加 1 个"流程开始""流程结束""流程块"，并将"流程块"重命名为"获取指定页文本"，如图 7-22 所示。在相应的 res 文件夹中保存好准备的文件，如图 7-23 所示。

步骤二：点击进入"获取指定页文本"流程块，添加 1 个"获取指定页文本"、1 个"输出调试信息"，如图 7-24 所示。"获取指定页文本"的属性设置如图 7-25 所示。

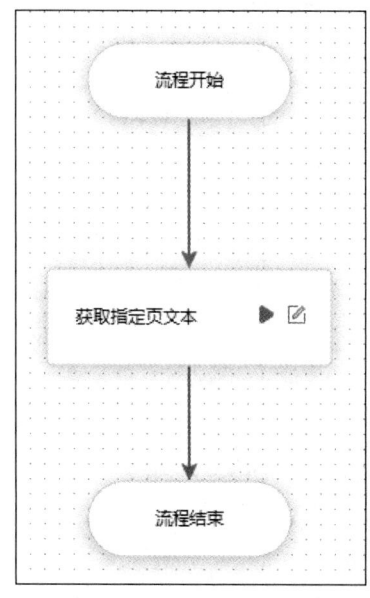

图 7-23 为程序准备的文件

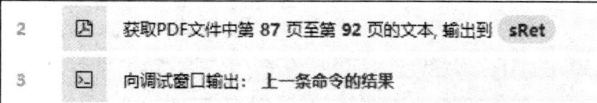

图 7-22 程序的流程图　　　　　　　　　图 7-24 程序的可视化界面

图 7-25 设置"获取指定页文本"属性

步骤三：点击"运行"，最终运行结果如图 7-26 所示。

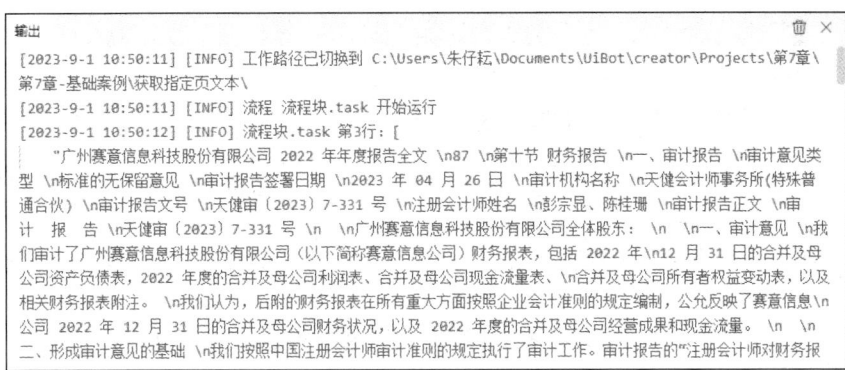

图 7-26　程序的最终运行结果

7.2.6　合并 PDF

"合并 PDF"是 PDF 格式文件处理命令中对 PDF 格式文件进行合并处理的命令，它能够合并 PDF 文件并保存至目标文件夹中。

以合并 SY 公司 2023 年半年度报告摘要和 SY 公司 2023 年半年度报告为例，我们将使用"合并 PDF"命令来进行 PDF 文件合并。

步骤一：新建流程"合并 PDF"。在流程图界面中分别添加 1 个"流程开始""流程结束""流程块"，并将"流程块"重命名为"合并 PDF"，如图 7-27 所示。在相应的 res 文件夹中保存好准备的文件并新建文件夹"财报合并"，如图 7-28 所示。

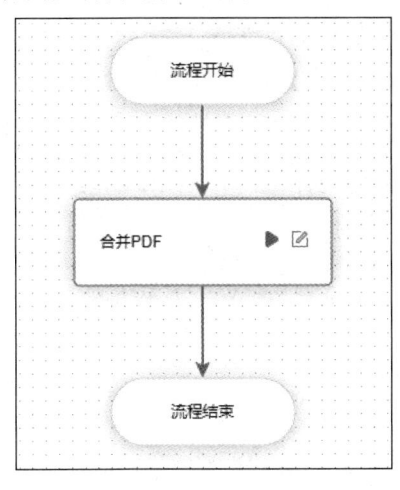

图 7-27　程序的流程图

图 7-28　为程序准备的文件

步骤二：点击进入"合并 PDF"流程块，添加一个"合并 PDF"，并设置其属性，如图 7-29、图 7-30 所示。

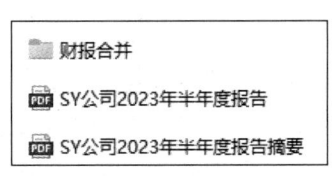

图 7-29　程序的可视化界面

步骤三：点击"运行"，最终运行结果如图 7-31 所示。

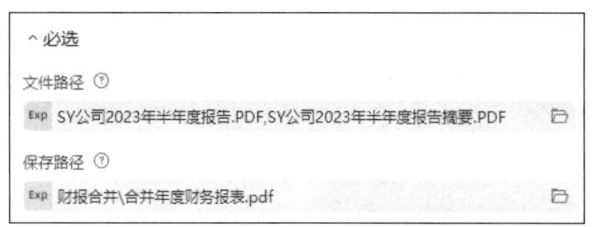

图 7-30　设置"合并 PDF"属性　　　　图 7-31　程序的最终运行结果

7.3　经营状况分析机器人模拟实训

7.3.1　场景描述与业务流程

合上办公桌上的最后一个文件夹，忙碌了一上午的财务分析员胡赛楠终于完成了手头上的一项重要工作，不由得松了一口气。胡赛楠端起咖啡刚送到嘴边，"叮"，眼前的"蛮好用"计算机传来一声清脆的提示音，定睛一看是财务总监程平发来的 QQ 新信息，上面显示：

"小胡，有个紧急任务交给你。你从公司专门用于收集同行竞争对手(友商)公司财报信息的专用邮箱去下载 SY 公司 2022 年的财报，将我们公司与 SY 公司的经营情况做一个分析，重点比较两公司的盈利能力。另外，今天下午 4 点公司将召开经营分析工作会议，开会之前请将'友商'分析报告发送到市场部、产品部的负责人和我的邮箱，会议上你来汇报一下对比分析情况。"

胡赛楠赶紧放下刚泡的高能咖啡"蛮好喝"，伸出双手在键盘上敲打几下，回复了程总"收到"之后，马上又进入忙碌的工作状态……

时间就这样一分一秒地溜走，胡赛楠沉浸于收集数据、处理数据、计算指标之中，浑然不觉已经快过了饭点。

"咚咚咚",是财务部信息化岗的"大神"余睿来提醒胡赛楠去吃午饭了。

胡赛楠朝余睿诉苦道:"本来我可以早早就去吃饭了,却因为程总临时安排的紧急任务耽误了吃饭时间。"说到这里,胡赛楠忍不住向自己的好朋友吐槽起来,"虽然看起来是个很简单的工作,但是,因为 SY 公司的财报是 PDF 文件格式,没办法将里面相关的报表数据直接转换成 Excel 表格,只能来回反复地复制、粘贴、复制、粘贴……,太耗时耗力了,而这样的数据'搬运工'工作,对我们财务人员来说,真是家常便饭,我已经习以为常了。将数据从 PDF 文件搬到 Excel 文件中之后,就是计算财务指标,这也是一个体力活。就拿我刚刚计算的毛利率、营业利润率、销售利润率、净利润率等几个财务指标来说,计算方法非常简单,毛利率=(营业收入-营业成本)/营业收入,营业利润率=营业利润/营业收入,销售利润率=利润总额/营业收入,净利润率=净利润/营业收入。虽然消耗的脑细胞不多,可用掉的都是宝贵的时间,真希望有大神降临来解救解救我……"

尽管是吐槽,余睿却不得不承认,这确实是许许多多财务工作者目前面临的难题。

"大神会有的,还是先吃饭吧!"余睿说道。

胡赛楠摇摇头:"我得先完成组织交给我的任务,赶时间没办法呀,只有'蛮好吃'泡面和我更搭。"

HD 公司与同行竞争对手 SY 公司的经营情况对比分析业务流程如图 7-32 所示。

【沙盘模拟推演】

阅读业务场景描述之后,分析案例中涉及的企业情况、人员与岗位,以及业务描述等要点,梳理出详细的业务流程和关键环节的业务痛点分析,并以小组为单位,在 RPA 财务机器人开发模拟沙盘上完成与同行业竞争对手公司经营情况对比分析案例的"机器人分析"模块。

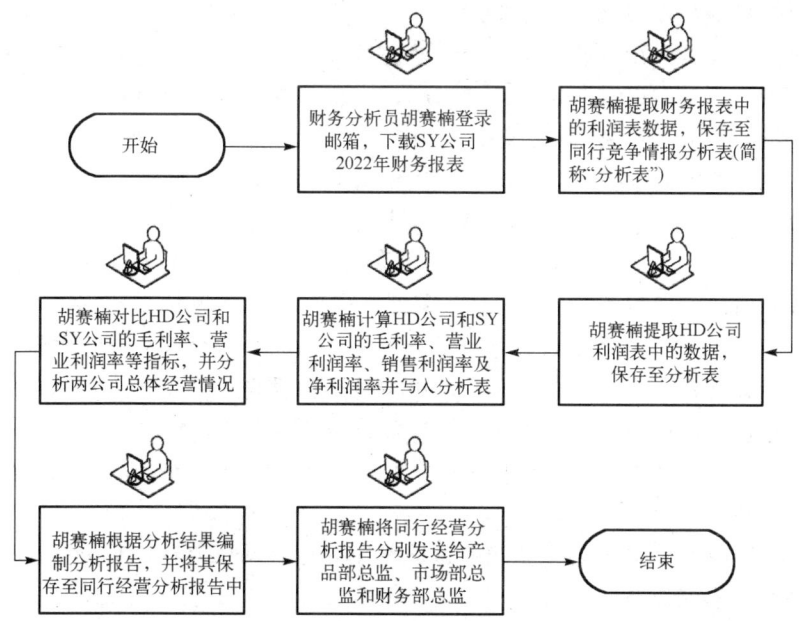

图 7-32　HD 公司与同行竞争对手 SY 公司的经营情况对比分析业务流程

7.3.2 自动化流程设计

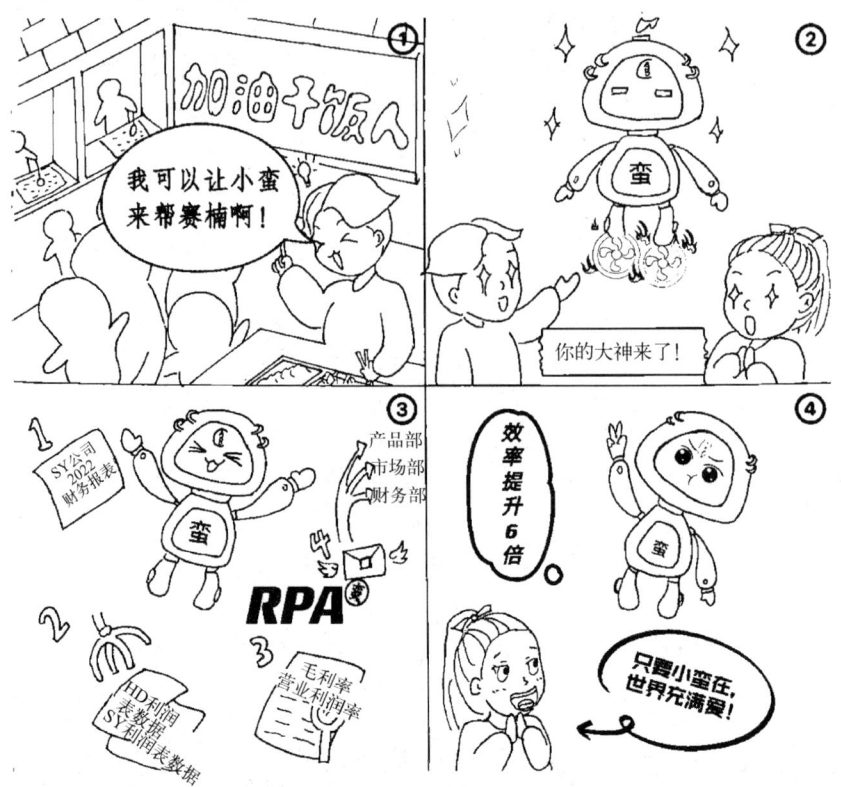

吃午饭时,余睿灵机一动,心想:这段时间公司贯彻"RPA 助力财务职能转型"战略,正在开发的财务机器人小蛮,不正是胡赛楠需要的"大神"吗?看着一直嘟囔的胡赛楠,余睿笑而不语,心想待会儿给她一个惊喜。

午饭后,余睿没有去公司的"蛮放松"休息区,直接回到自己的办公桌,半小时后给胡赛楠发来了财务机器人小蛮,余睿告诉胡赛楠,小蛮是自己专门为她的同行竞争对手公司经营情况对比分析工作定制的 RPA 机器人。"一旦你启动机器人小蛮,他会自动登录工作邮箱,读取邮件并下载附件中的 SY 公司财务报表 PDF 文件;接着,小蛮从 PDF 文件中识别、提取出利润表数据,并保存至同行竞争情报分析表 Excel 文件中;然后,小蛮根据 Excel 文件中 SY 公司的利润表数据计算相关财务指标,根据本地文件夹中 HD 公司的 Excel 利润表数据计算对应会计期间的相同财务指标,并将计算结果保存至分析表中;紧接着,小蛮会对比 HD 公司和 SY 公司的毛利率、营业利润率等财务指标数据,分析两家公司经营情况,然后编制并生成同行经营分析报告 Word 文档;最后小蛮将分析报告分别发送给产品部总监、市场部总监及财务部总监。在整个工作过程中,小蛮简直是一气呵成,So easy!"

胡赛楠看着小蛮 10 分钟就搞定了自己平时 3 个小时的工作量,忍不住感叹:"只要小蛮在,世界充满爱!"

HD 公司基于 PDF 读取自动化的经营情况对比分析自动化流程设计如图 7-33 所示。

在 HD 公司,和胡赛楠做同样工作的员工共有 3 个人,小蛮上线之后,只需要胡赛楠 1 个人,并且不到 30 分钟即完成了分析工作。

公司每年至少需要进行 12 次同行业经营情况对比分析工作，财务分析岗时薪为 60 元，而同行业经营情况对比分析机器人的开发和维护成本远远低于人力成本，看来有了小蛮，真可以为公司节省一大笔费用呢。ROI 是多少呢？你可以算一算！

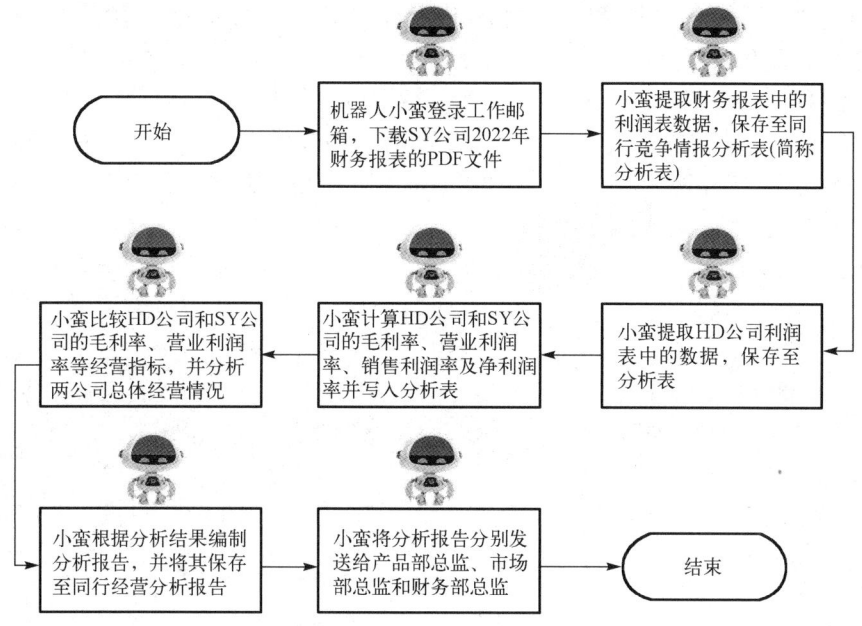

图 7-33　HD 公司基于 PDF 读取自动化的经营情况对比分析自动化流程

【沙盘模拟推演】

基于以上的自动化流程描述进行详细的自动化流程设计；结合案例的业务流程，规范机器人开发过程中所使用的数据，其中所需数据主要来源于邮件和财务报表；确定所需财务指标，如毛利率、营业利润率、净利润率等；思考如何进行数据处理，如对利润表数据的定位筛选，对财务指标的计算问题，以及不同类型数据间的转换等，最后输出经营分析报告至相关负责人邮箱。

以小组为单位，在 RPA 财务机器人开发模拟物理沙盘上推演"机器人设计"和"数据标准与规范化设计"。

7.3.3　技术路线与开发步骤

基于 PDF 读取自动化的经营情况对比分析的财务机器人小蛮开发总体技术路线如下：

（1）使用"连接邮箱""查找邮件""依次读取数组中每个元素""下载附件"，下载 SY 公司 2022 年年度财务报告 PDF 文件。

（2）使用"PDF 表格识别""提取表格结果至 Excel"，将 SY 公司 2022 年年度财务报告 PDF 文件中的利润表提取到 Excel 表格中。

（3）使用"打开 Excel 工作簿""更改窗口显示状态""另存 Excel 工作簿""关闭 Excel 工作簿""读取单元格""写入单元格"，完成将 SY 公司年报中的利润数据提取至同行竞争情况分析表的工作。

(4) 使用"打开 Excel 工作簿""更改窗口显示状态""读取区域""写入区域""关闭 Excel 工作簿",完成将本公司利润数据提取至同行竞争情况分析表的工作。

(5) 使用"打开 Excel 工作簿""更改窗口显示状态""写入单元格""关闭 Excel 工作簿",完成利润指标计算和填写工作。

(6) 使用"打开文档""更改窗口显示状态""文档另存为""关闭文档""打开 Excel 工作簿""读取单元格""查找文本后设置光标位置""如果条件成立""否则执行后续操作""写入文字""关闭 Excel 工作簿""保存文档""关闭文档",完成 SY 公司与本公司利润指标的对比和同行竞争情况报告的填写工作。

(7) 使用"发送邮件",将同行竞争情况分析表和分析报告发送至企业管理人员的邮箱中。

【沙盘模拟推演】

根据自动化流程总体设计,结合以上技术思路,以小组为单位,在 RPA 财务机器人开发模拟物理沙盘上推演"机器人开发",机器人开发的完整流程图如图 7-34 所示。

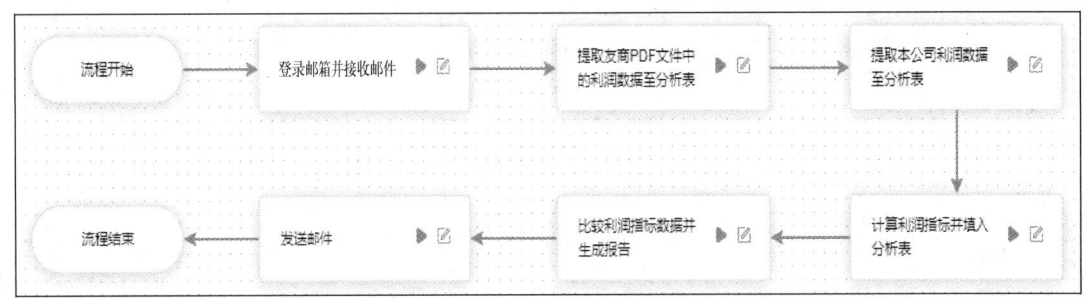

图 7-34 机器人开发的完整流程图

在进行机器人开发前,需先建立同行经营分析报告的底稿模板的 Word 文件和同行竞争情况分析表的 Excel 文件,如表 7-2 和图 7-35 所示。

表 7-2 同行竞争情况分析表

	A	B	C
1		SY公司利润表数据	HD公司利润表数据
2	营业收入		
3	营业成本		
4	营业利润		
5	利润总额		
6	净利润		
7			
8	毛利率		
9	营业利润率		
10	销售利润率		
11	净利润率		

同行业竞争情况分析报告

一个企业要想发展得好，首先要关注其经营情况，盈利能力是与企业相关的各方关注的焦点，同时也是企业成败的关键，只有保持企业的长期盈利性，才能真正做到持续稳定经营。反映企业盈利能力的比率有很多，我们选取最常用且最具有代表性的来分析：

①毛利率=（营业收入-营业成本）/营业收入×100%
②营业利润率=营业利润/营业收入×100%
③销售利润率=利润总额/营业收入×100%
④净利润率=净利润/营业收入×100%

上述比率中，毛利率、营业利润率、净利润率分别说明企业生产（或销售）过程，经营活动和整体的盈利能力，越高说明企业获利能力越强。

上述各个比率反映的都是企业分析当期的盈利能力状况，对于经营者而言，可以充分体现其工作业绩，因而倍受关注；而对于投资者而言，可能更为关注的是企业未来的盈利能力，也就是企业的成长性问题，成长性好的企业具有更广阔的发展前景。因此，对于企业未来盈利能力的分析也很有必要。

一般说来，可以通过企业过去几期的销售收入、营业利润、净利润等指标的增减变化情况来预测企业未来的发展前景。

下面是 HD 公司与 SY 公司盈利情况的具体分析：

毛利率反映的是一个商品经过生产转换内部系统以后增值的那一部分。也就是说，增值的越多，毛利自然就越多。比如产品通过研发的差异性设计，对比竞争对手增加了一些功能，而边际价格的增加又为正值，这时毛利也就增加了。HD 公司与 SY 公司的毛利率对比分析如下：

营业利润率是指经营所得的营业利润占销货净额的百分比，或占投入资本额的百分比。这种百分比能综合反映一个企业或一个行业的营业效率。HD 公司与 SY 公司的营业利润率对比分析如下：

销售利润率是以销售收入为基础分析企业获利能力，反映销售收入收益水平的指标，即每元销售收入所获得的利润。HD 公司与 SY 公司的销售利润率对比分析如下：

净利润率是指经营所得的净利润占销货净额的百分比，或占投入资本额的百分比。这种百分比能综合反映一个企业或一个行业的经营效率。HD 公司与 SY 公司的净利润率对比分析如下：

图 7-35 同行竞争情况分析报告

下面讲解财务机器人小蛮的具体开发步骤。

步骤一：在"流程开始"后依次添加六个"流程块"和一个"流程结束"，并将其依次命名为"登录邮箱并接收邮件""提取友商 PDF 文件中的利润数据至分析表""提取本公司利润数据至分析表""计算利润指标并填入分析表""比较利润指标数据并生成报告""发送邮件"，如图 7-36 所示。

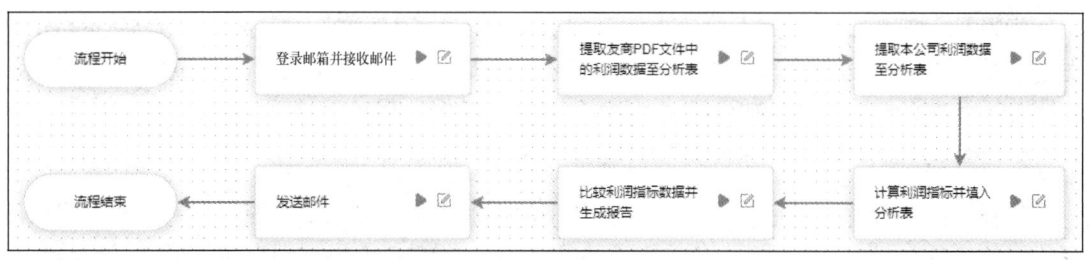

图 7-36 重命名流程块

1. 登录邮箱并接收邮件

步骤二：点击进入"登录邮箱并接收邮件"流程块。在左侧命令框内搜索"连接邮箱"，并拖入中间工作区，如图 7-37 所示。将"输出到"设置为"objIMAP"，"服务器地址"设置为"imap.qq.com"，"服务器端口"设置为"993"，并输入对应的登录账号、登录密码、邮箱地址，如图 7-38 所示。

步骤三：添加"查找邮件"。在左侧命令框内搜索"查找邮件"，并拖入"连接邮箱"下方，将"输出到"设置为"arrayRet"，"邮箱对象"设置为"objIMAP"，"字符集"设置为"gb2312"，"邮箱文件夹"设置为"收件箱"，"查找关键字"设置为"SY 公司 2022 年年度财务报告"，如图 7-39 所示。

图 7-37 添加"连接邮箱"

图 7-38 设置"连接邮箱"属性　　　　图 7-39 设置"查找邮件"属性

步骤四：添加"依次读取数组中每个元素"。在左侧命令框内搜索"依次读取数组中每个元素"，并拖入"查找邮件"下方，将"值"设置为"value"，"数组"设置为"arrayRet"，如图 7-40 所示。

步骤五：添加"下载附件"。在左侧命令框内搜索"下载附件"，并拖入"依次读取数组中每个元素"内，将"输出到"设置为"arrayRet"，"邮箱对象"设置为"objIMAP"，"邮件对象"设置为"value"，"存储路径"设置为"@res"财务报告 PDF 文档""，如图 7-41 所示。

2. 提取友商 PDF 文件中的利润数据至分析表

步骤六：点击进入"提取友商 PDF 文件中的利润数据至分析表"流程块，统一设置该流程块内的变量，如表 7-3 所示。在左侧命令框内搜索"PDF 表格识别"和"提取表格结果至 Excel"，并拖入中间工作区，如图 7-42 所示，它们的属性设置如图 7-43、图 7-44 所示。

第 7 章 PDF 文本读取自动化

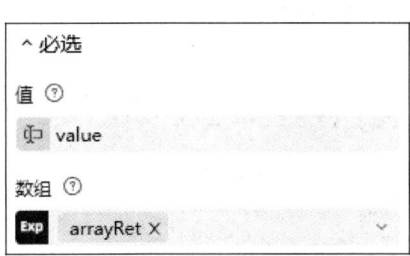

图 7-40　设置"依次读取数组中每个元素"属性　　图 7-41　设置"下载附件"属性

表 7-3　变量设置

变量名称	默认值	变量名称	默认值
总页数	""	同行竞争情况分析表	""
财务报告归档	""	营业成本	""
jsonRet	""	营业利润	""
SY 公司利润表	""	利润总额	""
营业收入	""	净利润	""
数据表模板	""		

图 7-42　程序可视化界面

图 7-43　设置"PDF 表格识别"属性　　图 7-44　设置"提取表格结果至 Excel"属性

133

步骤七：添加 2 个"打开 Excel 工作簿"、2 个"更改窗口显示状态"、1 个"另存 Excel 工作簿"、1 个"关闭 Excel 工作簿"。在左侧命令框内搜索"打开 Excel 工作簿""更改窗口显示状态""另存 Excel 工作簿""关闭 Excel 工作簿"，并拖入中间工作区，如图 7-45 所示。分别打开"SY 公司利润表.xlsx"和"数据表模板.xlsx"，并将两个 Excel 工作簿窗口界面最大化。将"数据表模板.xlsx"另存为"同行竞争情况分析表.xlsx"，并关闭"数据表模板.xlsx"。

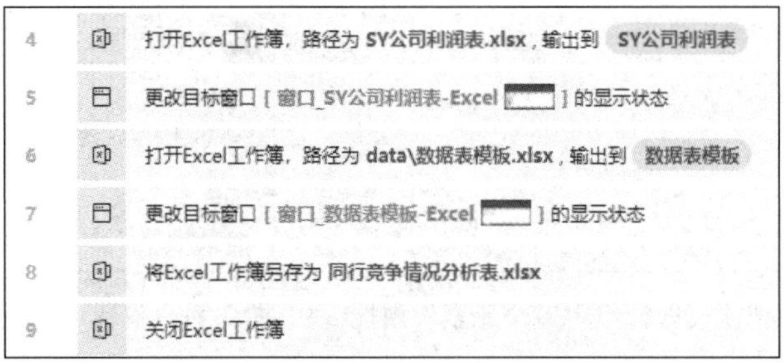

图 7-45 程序的可视化界面

步骤八：添加 1 个"打开 Excel 工作簿"、1 个"更改窗口显示状态"、5 个"读取单元格"、5 个"写入单元格"、2 个"关闭 Excel 工作簿"。在左侧命令框内分别搜索"打开 Excel 工作簿""更改窗口显示状态""读取单元格""写入单元格""关闭 Excel 工作簿"，然后拖入中间工作区，如图 7-46 所示。打开"同行竞争情况分析表.xlsx"，并将其窗口状态设为最大化，将友商利润表中的利润数据通过"读取单元格""写入单元格"命令填入"同行竞争情况分析表.xlsx"中（其中读取的数据在"SY 公司利润表.xlsx"的 Sheet1，写入的数据在"同行竞争情况分析表.xlsx"的同行竞争情况分析表），最后关闭并保存两个 Excel 工作簿，部分命令的属性设置如图 7-47、图 7-48 所示。

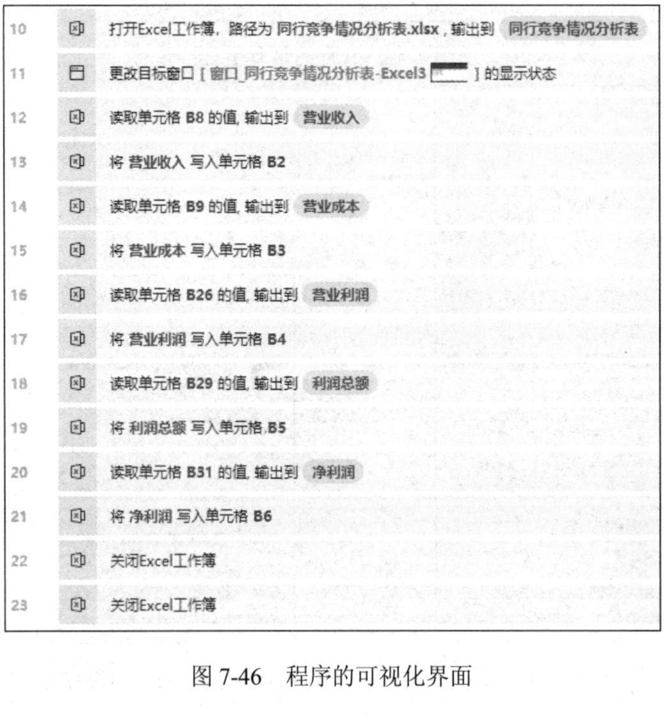

图 7-46 程序的可视化界面

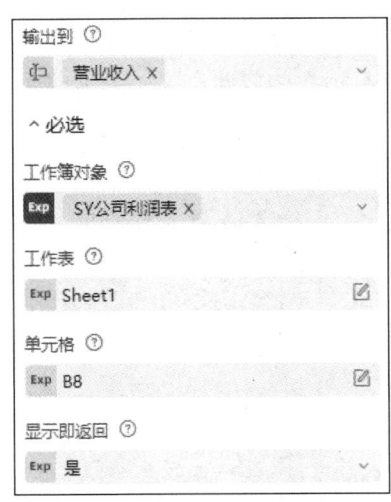
图 7-47 设置"读取单元格"属性

图 7-48 设置"写入单元格"属性

3．提取本公司利润数据至分析表

步骤九：点击"编辑"进入"提取本公司利润数据至分析表"流程块，统一设置该流程块内的变量，如表 7-4 所示。添加 2 个"打开 Excel 工作簿"、2 个"更改窗口显示状态"至中间工作区，如图 7-49 所示。分别打开"HD 公司利润表数据.xlsx"和"同行竞争情况分析表.xlsx"，并将两个窗口界面设置为最大化。

表 7-4　变量设置

变量名称	默认值
HD 公司数据表	"\"\""
HD 公司利润数据	""
同行竞争情况分析表	""

步骤十：添加 1 个"读取区域"、1 个"写入区域"、2 个"关闭 Excel 工作簿"。在左侧命令框内分别搜索"读取区域""写入区域""关闭 Excel 工作簿"，然后拖入中间工作区，如图 7-50 所示。"读取区域""写入区域"命令的属性设置如图 7-51、图 7-52 所示。

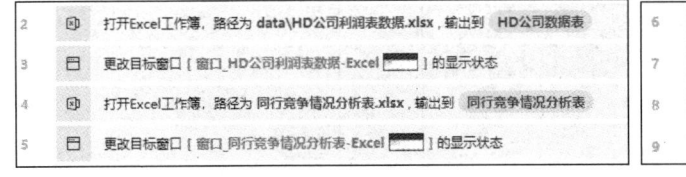

图 7-49　程序的可视化界面　　　　　图 7-50　程序的可视化界面

4．计算利润指标并填入分析表

步骤十一：点击"编辑"进入"计算利润指标并填入分析表"流程块，统一设置该流程块内的变量，如表 7-5 所示。添加 1 个"打开 Excel 工作簿"、1 个"更改窗口显示状态"、8 个"写入单元格"、1 个"关闭 Excel 工作簿"至中间工作区，如图 7-53 所示。该流程块将打开"同行竞争情况分析表.xlsx",并将其窗口界面设置为最大化,计算该工作簿的"同行竞争情况分析表"中的数据,并填写在相应单元格,部分命令的属性设置如图 7-54 所示。

图 7-51 设置"读取区域"属性

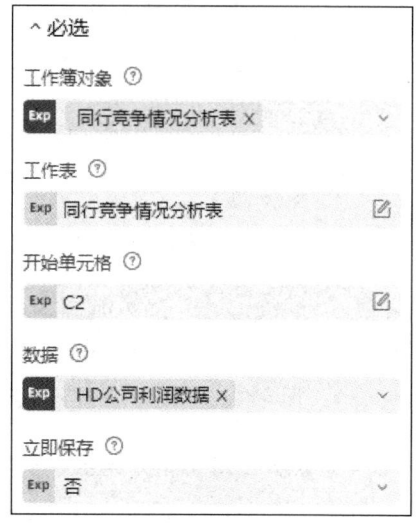

图 7-52 设置"写入区域"属性

表 7-5 变量设置

变量名称	默认值
同行竞争情况分析表	""

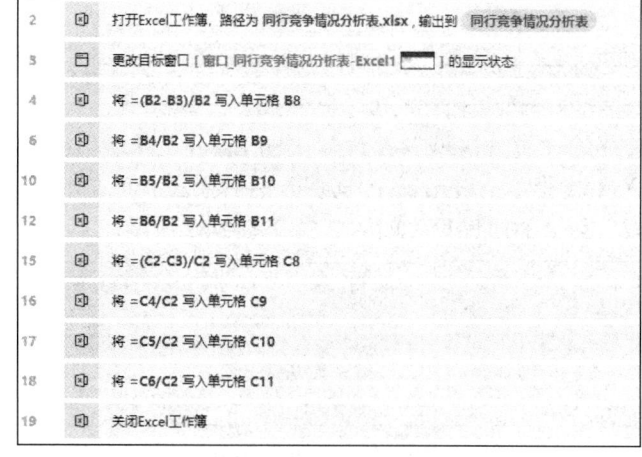

图 7-53 程序的可视化界面

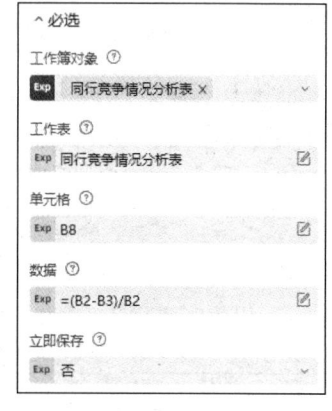

图 7-54 设置"写入单元格"属性

5. 比较利润指标数据并生成报告

步骤十二:点击"编辑"进入"比较利润指标数据并生成报告"流程块,统一设置该流程块内的变量,如表 7-6 所示。添加 1 个"打开文档"、1 个"更改窗口显示状态"、1 个"文档另存为"、1 个"关闭文档"至中间工作区,如图 7-55 所示。相关命令的属性设置如图 7-56、图 7-57 所示。

表 7-6　变量设置

变量名称	默认值
分析报告模板	""
同行竞争情况分析表	""
同行竞争情况分析报告	""
SY	""
HD	""

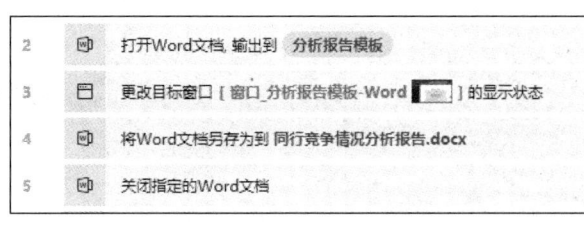

图 7-55　程序的可视化界面

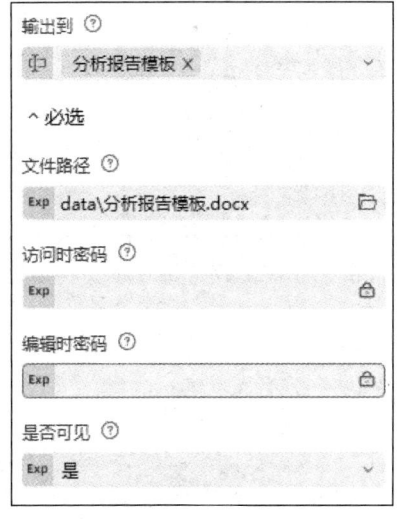

图 7-56　设置"打开文档"属性

图 7-57　设置"文档另存为"属性

步骤十三：添加 1 个"打开文档"、1 个"打开 Excel 工作簿"、2 个"更改窗口显示状态"至中间工作区，如图 7-59 所示。其中打开的文件分别为"同行竞争情况分析报告.docx"和"同行竞争情况分析表.xlsx"，并将它们的窗口界面设置为最大化。

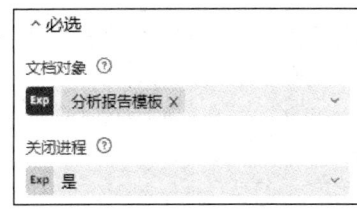

图 7-58　设置"关闭文档"属性

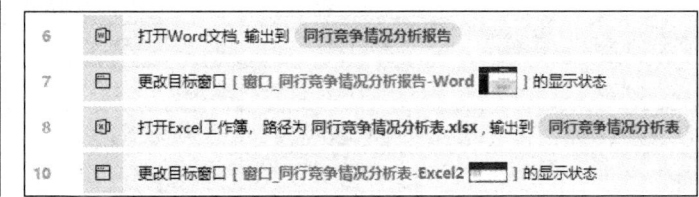

图 7-59　程序的可视化界面

步骤十四：添加 4 组"读取单元格""查找文本后设置光标位置""如果条件成立""否则执行后续操作""写入文字"至中间工作区，如图 7-60、图 7-61、图 7-62、图 7-63 所示。该步骤将完成友商 SY 公司与本公司 HD 公司的毛利率、营业利润率、销售利润率、净利润率的对比分析，并自动化填写到分析报告中，相关命令的属性设置如表 7-7、表 7-8、表 7-9、表 7-10 所示。

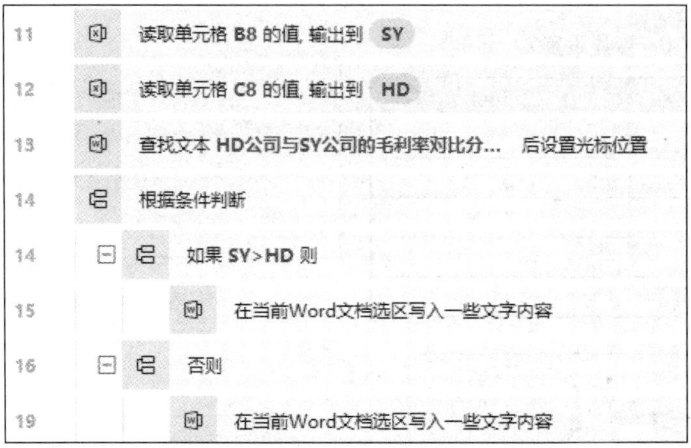

```
11  [X]  读取单元格 B8 的值, 输出到  SY
12  [X]  读取单元格 C8 的值, 输出到  HD
13  [W]  查找文本 HD公司与SY公司的毛利率对比分... 后设置光标位置
14  [旦]  根据条件判断
14     [旦]  如果 SY>HD 则
15        [W]  在当前Word文档选区写入一些文字内容
16     [旦]  否则
19        [W]  在当前Word文档选区写入一些文字内容
```

图 7-60　毛利率对比分析的可视化界面

表 7-7　相关命令属性设置

活动名称	属性	值
读取单元格	输出到	SY
	工作簿对象	同行竞争情况分析表
	工作表	同行竞争情况分析表
	单元格	B8
	显示即返回	是
读取单元格	输出到	HD
	工作簿对象	同行竞争情况分析表
	工作表	同行竞争情况分析表
	单元格	C8
	显示即返回	是
查找文本后设置光标位置	文档对象	同行竞争情况分析报告
	文本内容	HD 公司与 SY 公司的毛利率对比分析如下:
	相对位置	光标在文本之后
如果条件成立	判断表达式	SY>HD
写入文字	文档对象	同行竞争情况分析报告
	写入内容	根据小蛮给出的同行竞争情况分析表可以看出, SY 公司的毛利率高于 HD 公司的, 由此可见 SY 公司的毛利盈利表现更好, SY 公司的商品经过生产转换内部系统以后增值额更高
否则执行后续操作	—	—
写入文字	文档对象	同行竞争情况分析报告
	写入内容	根据小蛮给出的同行竞争情况分析表可以看出, HD 公司的毛利率高于 SY 公司的, 由此可见 HD 公司的毛利盈利表现更好, HD 公司的商品经过生产转换内部系统以后增值额更高

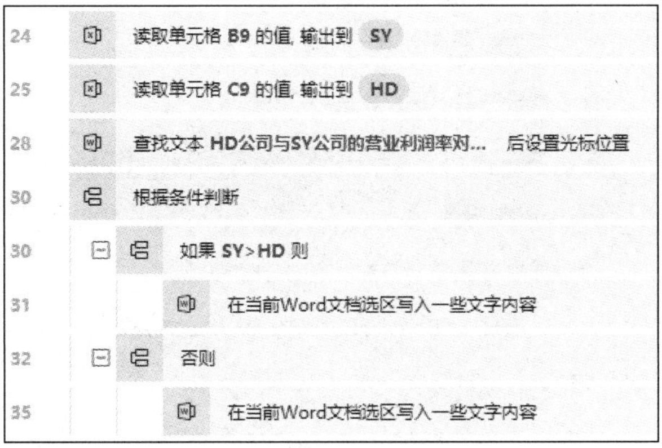

```
24  读取单元格 B9 的值，输出到 SY
25  读取单元格 C9 的值，输出到 HD
28  查找文本 HD公司与SY公司的营业利润率对...  后设置光标位置
30  根据条件判断
30    如果 SY>HD 则
31      在当前Word文档选区写入一些文字内容
32    否则
35      在当前Word文档选区写入一些文字内容
```

图 7-61 营业利润率对比分析的可视化界面

表 7-8 相关命令属性设置

活动名称	属性	值
读取单元格	输出到	SY
	工作簿对象	同行竞争情况分析表
	工作表	同行竞争情况分析表
	单元格	B9
	显示即返回	是
读取单元格	输出到	HD
	工作簿对象	同行竞争情况分析表
	工作表	同行竞争情况分析表
	单元格	C9
	显示即返回	是
查找文本后设置光标位置	文档对象	同行竞争情况分析报告
	文本内容	HD 公司与 SY 公司的营业利润率对比分析如下：
	相对位置	光标在文本之后
如果条件成立	判断表达式	SY>HD
写入文字	文档对象	同行竞争情况分析报告
	写入内容	根据小蛮给出的同行竞争情况分析表可以看出，SY 公司的营业利润率高于 HD 公司的，由此可见 SY 公司的营业利润率指标优于 HD 公司的，SY 公司的营业效率更高，经营业务表现更好
否则执行后续操作	—	—
写入文字	文档对象	同行竞争情况分析报告
	写入内容	根据小蛮给出的同行竞争情况分析表可以看出，HD 公司的营业利润率高于 SY 公司的，由此可见 HD 公司的营业利润率指标优于 SY 公司的，HD 公司的营业效率更高，经营业务表现更好

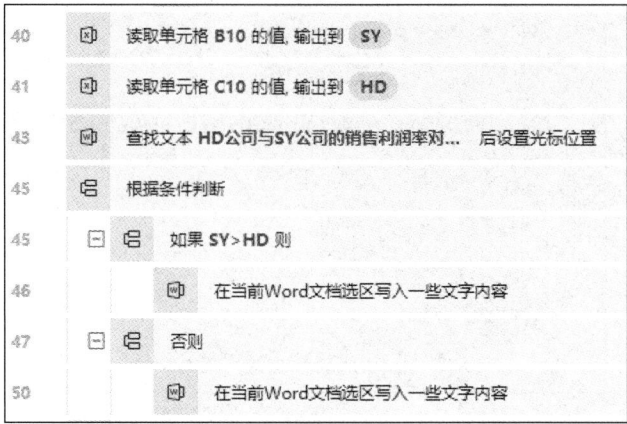

图 7-62 销售利润率对比分析的可视化界面

表 7-9 相关命令属性设置

活动名称	属性	值
读取单元格	输出到	SY
	工作簿对象	同行竞争情况分析表
	工作表	同行竞争情况分析表
	单元格	B10
	显示即返回	是
读取单元格	输出到	HD
	工作簿对象	同行竞争情况分析表
	工作表	同行竞争情况分析表
	单元格	C10
	显示即返回	是
查找文本后设置光标位置	文档对象	同行竞争情况分析报告
	文本内容	HD 公司与 SY 公司的销售利润率对比分析如下:
	相对位置	光标在文本之后
如果条件成立	判断表达式	SY>HD
写入文字	文档对象	同行竞争情况分析报告
	写入内容	根据小蛮给出的同行竞争情况分析表可以看出，SY 公司的销售利润率高于 HD 公司的，由此可见 SY 公司的销售利润率指标优于 HD 公司的，SY 公司的销售收入水平更高，销售业务表现更好
否则执行后续操作	—	—
写入文字	文档对象	同行竞争情况分析报告
	写入内容	根据小蛮给出的同行竞争情况分析表可以看出，HD 公司的销售利润率高于 SY 公司的，由此可见 HD 公司的销售利润率指标优于 SY 公司的，HD 公司的销售收入水平更高，销售业务表现更好

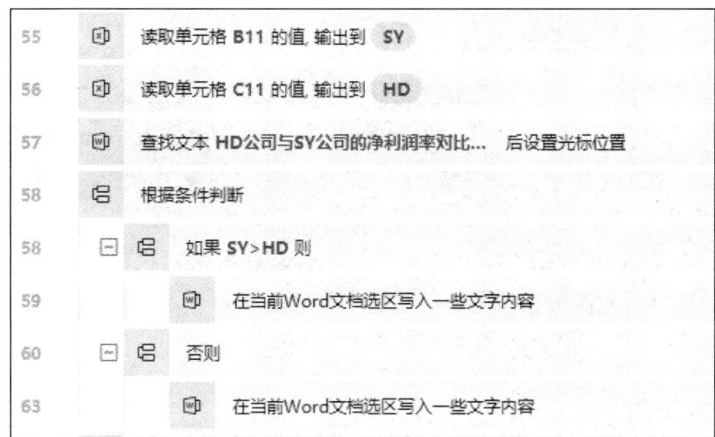

图 7-63　净利润率对比分析的可视化界面

表 7-10　相关命令属性设置

活动名称	属性	值
读取单元格	输出到	SY
	工作簿对象	同行竞争情况分析表
	工作表	同行竞争情况分析表
	单元格	B11
	显示即返回	是
读取单元格	输出到	HD
	工作簿对象	同行竞争情况分析表
	工作表	同行竞争情况分析表
	单元格	C11
	显示即返回	是
查找文本后设置光标位置	文档对象	同行竞争情况分析报告
	文本内容	HD 公司与 SY 公司的净利润率对比分析如下：
	相对位置	光标在文本之后
如果条件成立	判断表达式	SY>HD
写入文字	文档对象	同行竞争情况分析报告
	写入内容	根据小查给出的同行竞争情况分析表可以看出，SY 公司的净利润率高于 HD 公司的，由此可见 SY 公司的净利润率指标优于 HD 公司的，SY 公司的营业效率更高，盈利表现更好
否则执行后续操作	—	—
写入文字	文档对象	同行竞争情况分析报告
	写入内容	根据小查给出的同行竞争情况分析表可以看出，HD 公司的净利润率高于 SY 公司的，由此可见 HD 公司的净利润率指标优于 SY 公司的，HD 公司的营业效率更高，盈利表现更好

步骤十五：继续在下方添加 1 个"关闭 Excel 工作簿"、1 个"保存文档"、1 个"关闭文档"，如图 7-64 所示。"关闭 Excel 工作簿"的工作簿对象为"同行竞争情况分析表"，并立即保存；"保存文档"的文档对象为"同行竞争情况分析报告"；"关闭文档"的文档对象为"同行竞争情况分析报告"，并选择关闭进程为否。

6. 比较利润指标数据并生成报告

步骤十六：点击"编辑"进入"比较利润指标数据并生成报告"流程块，添加 1 个"发送邮件"，其可视化界面如图 7-65 所示。将"SMTP 服务器"设置为"smtp.qq.com"，"服务器端口"设置为"465"，"SSL 加密"设置为"是"，并输入对应的登录账号、登录密码、发件人、收件人。"邮件标题"为"同行竞争情况分析"，"邮件正文"为"您好，这是 HD 公司同行竞争情况分析表和分析报告，请您查收！"，"邮件附件"为经营状况分析机器人小蛮生成的"同行竞争情况分析表.xlsx"和"同行竞争情况分析报告.docx"，相关命令的属性设置如图 7-66 所示。

图 7-64　程序的可视化界面　　　　图 7-65　程序的可视化界面

点击"运行"，我们可以看到小蛮自动识别和读取数据，然后计算结果，接着写入同行竞争情况分析报告中，最后发送邮件。运行结束后可以看到邮件接收提示，如图 7-67 所示，具体收件信息如图 7-68 所示。

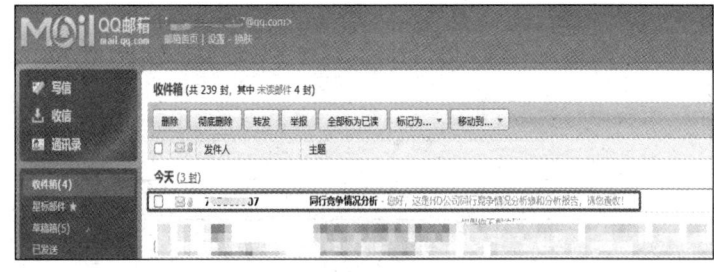

图 7-67　邮件接收提示

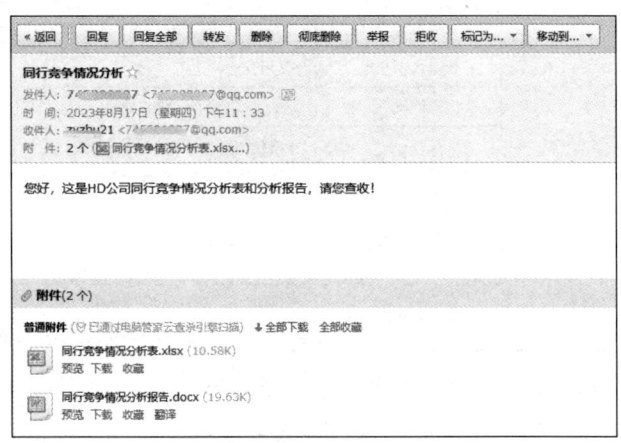

图 7-66　设置"发送邮件"属性　　　　图 7-68　提示邮件发送成功

【沙盘模拟推演】

　　结合自动化流程设计，分析与梳理机器人开发的技术路线；分析机器人的部署规划方式和运行模式；分析运用机器人在效率、质量等方面带来的价值，但同时要考虑机器人运行过程中可能存在的风险与应对措施，如最后发送经营分析报告时，邮件发送失败，我们该如何解决，又该如何防范？

　　以小组为单位，在 RPA 财务机器人开发模拟物理沙盘上推演"机器人运用"，包括机器人的部署与运行、价值与风险及人机如何协作共生。

【课后思考】

　　如果我们需要与多家同行业竞争对手公司做对比分析，那么数据文件、自动化流程和财务机器人程序该如何修改呢？

【延伸学习】

　　我们已经学完基于 PDF 组件的基本应用、大范围文本识别与特定文本的抓取，"云会计数智化前沿"微信公众号上给大家介绍了如何识别 PDF 文件并将文件内容录入 Excel 表格中，有兴趣的同学可以进行更深入的学习。

第 8 章 UiBot IDP 智能自动化

8.1 功能简介

8.1.1 IDP 简介

在 UiBot RPA 产品矩阵中,Creator 用于生产机器人,Worker 用于执行机器人,Commander 用于管理机器人。来也智能文档处理平台(Intelligent Document Processing,IDP)作为面向 RPA 的 AI 平台,提供了丰富的图片理解、文本理解的 AI 能力,赋能机器人生产和执行过程,是来也科技智能自动化平台的核心能力之一。IDP 基于光学字符识别(OCR)、计算机视觉(CV)、自然语言处理(NLP)、知识图谱(KG)等前沿技术,对各类文档进行识别、分类、抽取、校验等处理,帮助企业实现文档处理工作的智能化和自动化。

2022 年 5 月 6 日,国际研究机构 Everest 集团发布《智能文档处理技术供应商 PEAK Matrix®评估报告 2022》,来也科技作为唯一一家中国厂商入选,被评为"主要竞争者",同时在"产品愿景及能力"维度跻身世界前五,超越如 IBM、Microsoft 等大型厂商,位于所有主要竞争者最右端。继 RPA 产品与对话式 AI 产品后,UiBot IDP 首次登上世界级舞台,宣告来也科技智能自动化愿景全线产品矩阵均已经迈入全球领先阵营。IDP 作为智能自动化愿景中打通结构化与非结构化数据的关键一环,可以帮助企业实现文档处理工作的智能化和自动化;并帮助企业归类、存储真正被高效应用的数据,为进一步深度挖掘背后的业务打下坚实的基础。来也科技秉承"帮助组织和个人,做得更好,变得更好"的使命和"机器人助力每个人"的愿景, 期待通过领先的智能自动化技术,为全球组织塑造核心竞争力。

IDP 是智能自动化的重要组成部分,能够与其他核心业务应用程序集成,最大限度地减少人为干预,处理复杂文档格式下的数据,并满足合规要求。IDP 相对于人工进行大量重复性操作方面具有明显的优势,主要体现在以下几个方面:

(1)提供丰富的预训练的 AI 模型。使用者无须有 AI 经验,开箱即用。

(2)提供强大的定制化的 AI 能力。使用者可以在自己的数据集上,通过无代码的方式,标注、训练、测评、优化 AI 模型,使模型能够理解专业领域的文档。

(3)通过预置件和 Creator 无缝集成。 通过拖曳即可让机器人具备 AI 能力,帮助企业快速落地 RPA+AI。

(4)支持公有云、私有云以及混合云部署方式。私有云部署支持国产化适配,可以保证数据的私密性。

(5)适用于财务、人力、法务、IT 运维、电网、运营商、营销、客服等各行各业,形成端到端的智能自动化解决方案。

【思维拓展】

介绍了 IDP 技术之后，我们知道 IDP 技术可以进行多场景、多语种、高精度的文字检测与识别服务。那么大家思考一下，财务工作中的 IDP 应用场景有哪些？IDP 技术与深度学习算法相结合的财务工作场景有哪些？如何识别模糊图片、破损图片或者有污渍的图片？

8.1.2　IDP 智能自动化基本介绍

在 UiBot 中，IDP 智能自动化活动包括信息抽取、通用文字识别、通用表格识别、通用多票据识别、通用卡证识别、验证码识别、印章识别、自定义模板识别和其他命令等类别，如表 8-1 所示。下面进行每类命令的具体介绍。

表 8-1　IDP 智能自动化活动的组成

信息抽取	通用文字识别		通用表格识别		
文本信息抽取	屏幕文字识别	获取每行文本	屏幕表格识别	获取表格数	获取表格行
文件信息抽取	图像文字识别	获取所有文本元素	图像表格识别	获取指定表格	获取表格列
获取模板名称	PDF 文字识别	鼠标点击文本	PDF 表格识别	获取表格区域	获取表格单元格
获取字段名称列表	获取全部文本	鼠标移动到文本上	获取非表格文字	获取表格行数	提取表格结果至 Excel
获取字段结果	获取段落文本	查找文本位置	获取所有表格	获取表格列数	—
通用多票据识别	通用卡证识别	印章识别	自定义模板识别		
屏幕多票据识别	屏幕卡证识别	屏幕印章识别	屏幕自定义模板识别		
图像多票据识别	图像卡证识别	图像印章识别	图像自定义模板识别		
PDF 多票据识别	PDF 卡证识别	PDF 印章识别	PDF 自定义模板识别		
获取票据类型	获取卡证类型	提取印章信息	获取自定义模板名称		
获取票据内容	获取卡证内容	—	获取模板的字段列表		
—	—	—	获取模板识别结果		
验证码识别	文本分类	配额信息	标准地址		
屏幕验证码识别	文本分类	获取剩余配额	地址标准化		
图像验证码识别	获取排名结果	—	提取地址信息		

8.2　信息抽取

8.2.1　功能描述

信息抽取命令是在智能文档处理后台配置抽取模板后，对文本、文件进行信息抽取，其主要功能如表 8-2 所示。

表 8-2　信息抽取命令描述

命令类型	活动名称	功能
信息抽取	文本信息抽取	对文本进行信息抽取，需在 UiBot IDP 后台配置抽取模板
	文件信息抽取	对文件进行信息抽取，需在 UiBot IDP 后台配置抽取模板
	获取模板名称	获取信息抽取结果中的模板名称
	获取字段名称列表	从 UiBot IDP 接口获取抽取器中信息抽取模板的字段列表
	获取字段结果	获取信息抽取结果中指定字段的结果

8.2.2 上市公司公告信息抽取机器人模拟实训

1. 场景描述与痛点分析

在财务部门宁静的办公室里,彭兰雅和范洵正忙碌地进行着工作。他们紧盯着电脑屏幕上涌动的数字和数据,仿佛这是一项紧迫的任务,等待着他们的及时完成。房间里充满了压抑的气氛,每一份财务报表都似乎成了一个沉重的负担,挤压在他们的心头。

彭兰雅忍不住叹了口气,手指在键盘上飞快地敲击着,每一次击键都像是在提醒她时间的宝贵:"企业公告中的股份减持信息变化如此迅速,我们必须紧密关注以确保我们的投资决策准确。然而,手动搜寻和核对这些信息非常耗时,而且容易漏掉重要细节。"

范洵也不停地翻看着手中的公告文件,眼中透露出无奈:"而且,这些公告的格式和内容千差万别,我们必须花费大量时间去逐一阅读和比对。这样的操作方式不仅效率低下,还存在出现误差的风险,这对我们的财务决策可能带来不小的风险。"

彭兰雅抬起头,看向范洵,目光中充满了期待:"是啊,如果有一个高效、精确的工具能够帮助我们及时获取并整理这些股份减持信息,那将会大大提升我们的工作效率和决策准确性。我们需要一个可靠的智能助手,来协助我们应对这无尽的信息涌入。"

2. 机器人开发技术实现

步骤一:首先,将准备文件放入机器人文件夹的"res"文件夹当中,如图 8-1 所示。

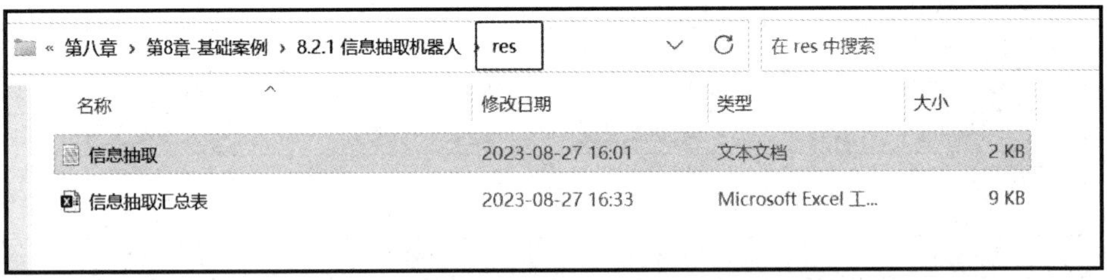

图 8-1 放置准备文件

步骤二:打开应用程序 UiBot Creator,新建流程并命名为"信息抽取机器人"。在流程中拖曳一个流程块到开始命令下方,重命名为"信息抽取",如图 8-2 所示。

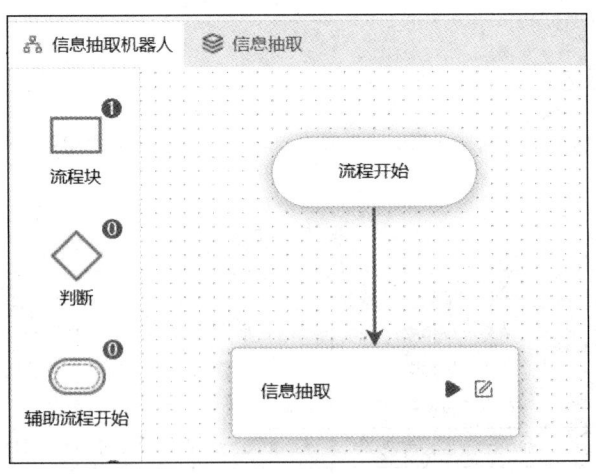

图 8-2 打开应用程序 UiBot Creator

步骤三：点击流程块右侧按钮进入"信息抽取"流程块，随后点击界面正上方的"智能文档处理"，如图 8-3 所示。在下方点击"前往 智能文档处理平台 配置"，如图 8-4 所示。

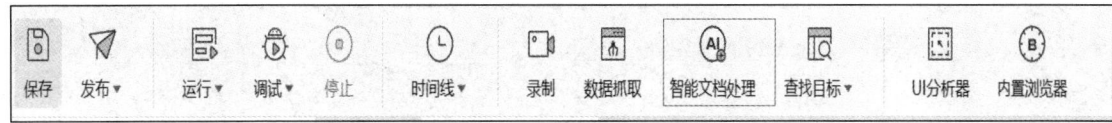

图 8-3　点击"智能文档处理"

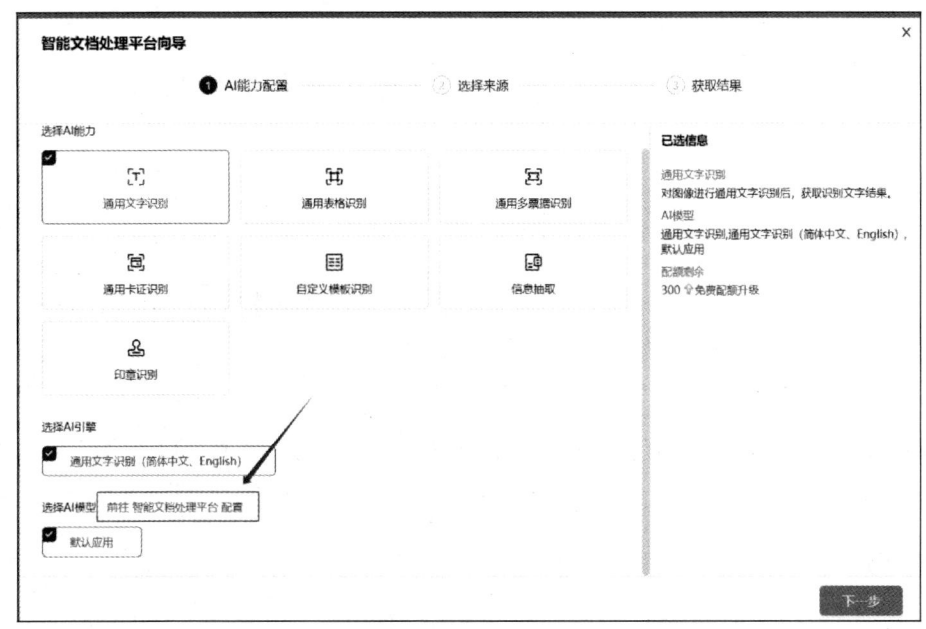

图 8-4　进入智能文档处理平台

步骤四：在左侧选择"定制化 AI 能力"，并点击"信息抽取"，如图 8-5 所示。

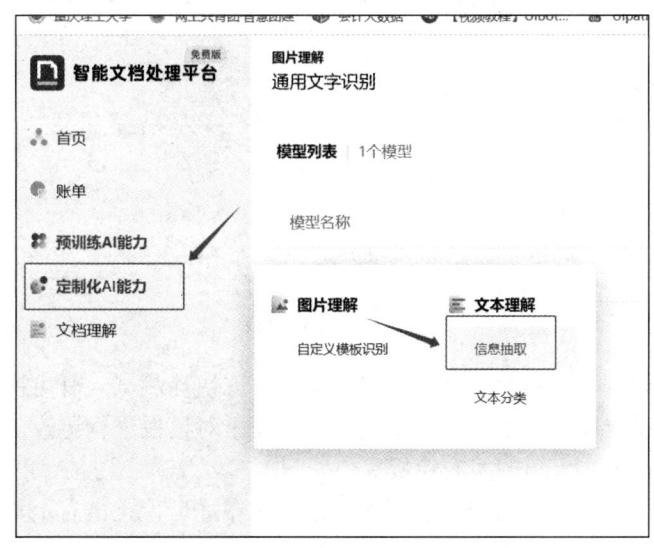

图 8-5　点击"信息抽取"

步骤五：点击"新建模型"，配置信息抽取模型，将模型名称命名为"上市公司的披露公告"，如图 8-6 所示，选择合适的引擎和语言，接着点击"新建"。

图 8-6　新建模型

步骤六：配置模板。新建模板，输入模板名称、模板描述，按照分析的字段上下文特征，依次配置匹配规则。勾选"允许此模板在文中匹配多次"，如图 8-7、图 8-8 所示。

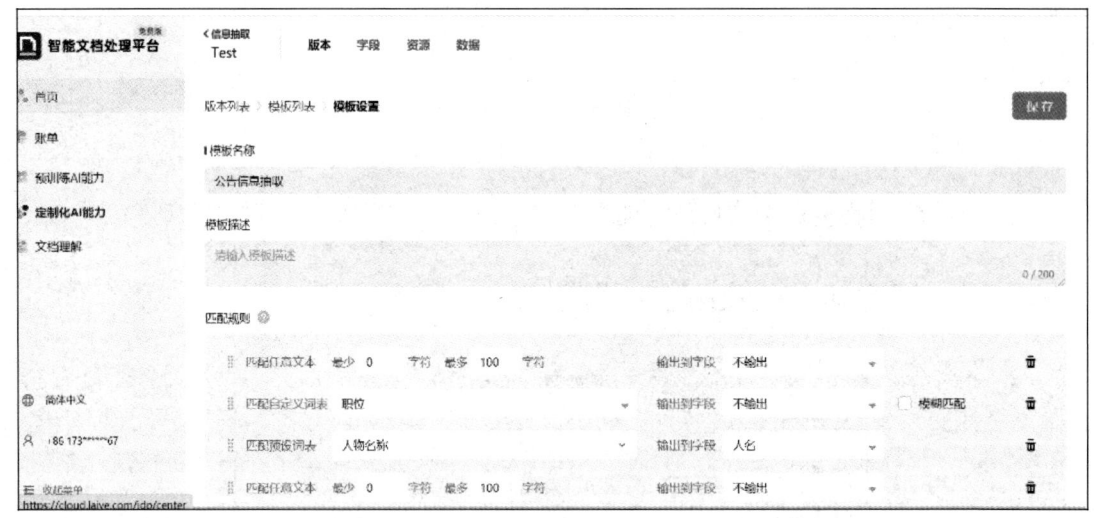

图 8-7　配置模板

步骤七：快速测试。模板配置完成后，可以在下方快速测试，有可视化结果和 JSON 格式结果。如果有错误会展示错误类型和错误原因，便于对模板进行更改，如图 8-9 所示。模板测试没问题后，点击右上角的发布模板。

步骤八：信息抽取测试。返回版本列表，模板发布之后，点击右上角的信息抽取测试，输入测试文本，查看信息抽取的结果，如图 8-10 所示。

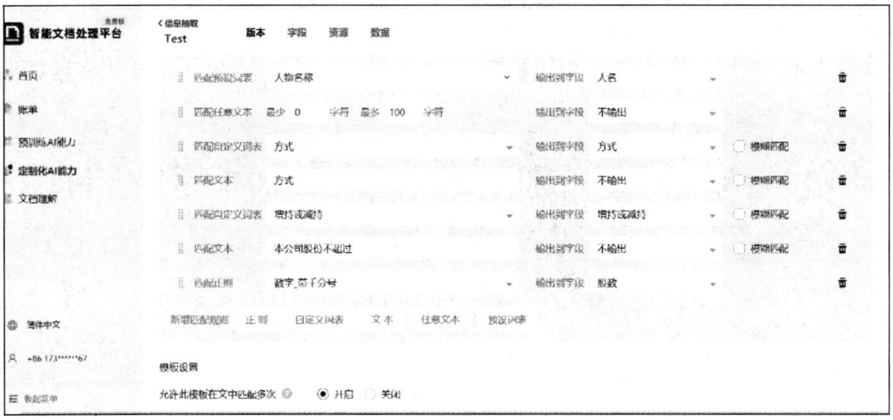

第 8 章 UiBot IDP 智能自动化

图 8-8 配置模板

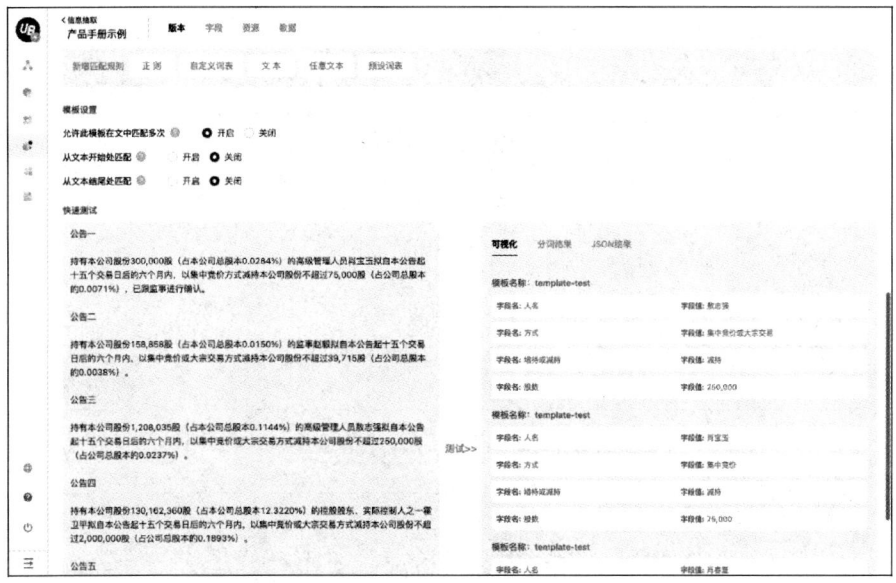

图 8-9 快速测试模版

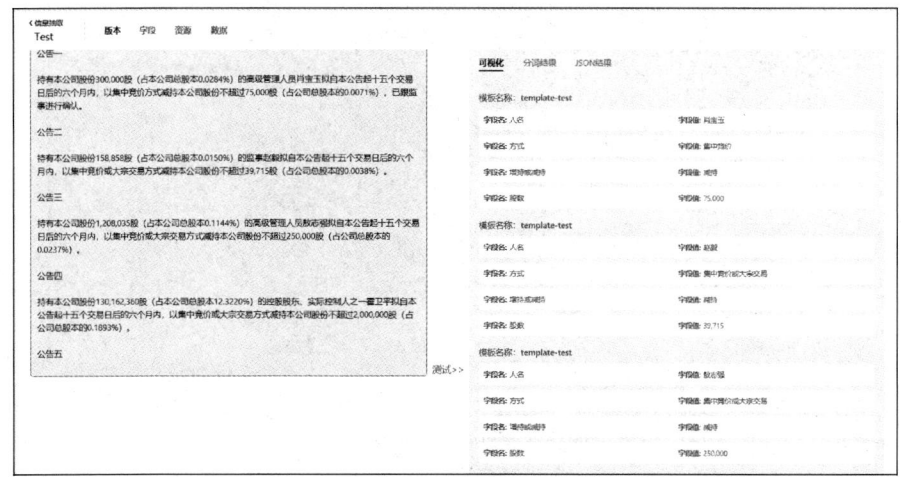

图 8-10 信息抽取测试

步骤九：回到应用程序 UiBot Creator 界面。点击流程块右侧按钮进入"信息抽取"流程块，随后点击界面正上方的"智能文档处理"，如图 8-11 所示。依次点击"信息抽取""上传文本文件"，如图 8-12 和图 8-13 所示。

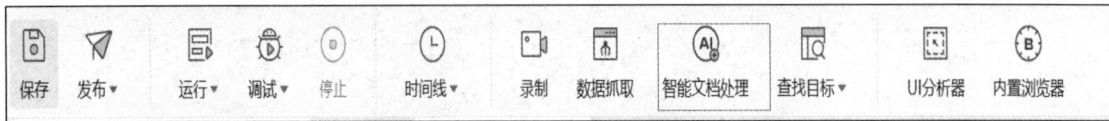

图 8-11　点击"智能文档处理"

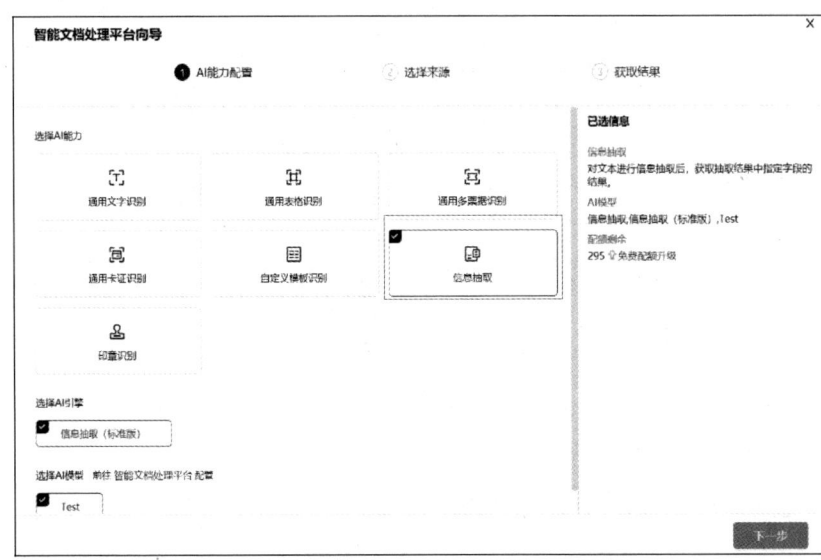

图 8-12　点击"信息抽取"

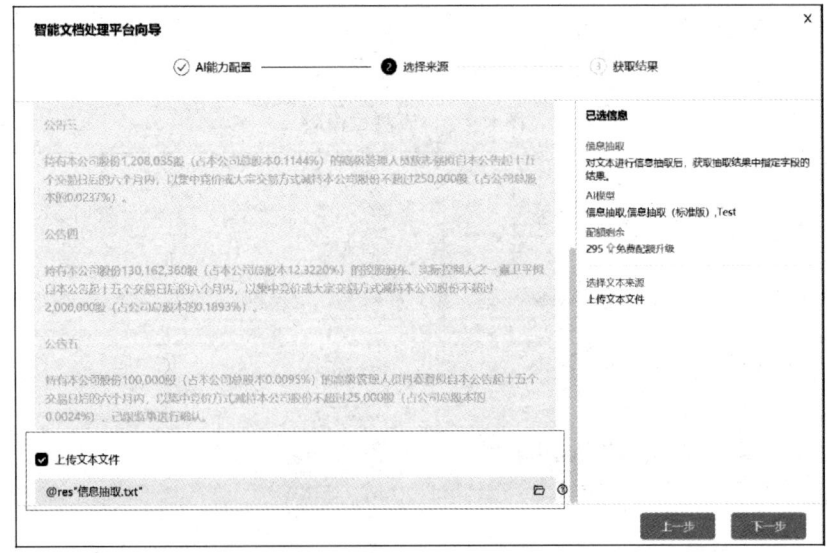

图 8-13　进行文本文件上传

步骤十：随后进入"获取结果"界面。勾选界面中间的"全部字段"，点击"完成"，如图 8-14 所示。

图 8-14 选择字段

步骤十一：进入可视化界面，添加"打开 Excel 工作簿"，拖至可视化界面第一排。属性栏路径更改为"@res"信息抽取汇总表.xlsx""，如图 8-15 所示。

图 8-15 添加"打开 Excel 工作簿"

步骤十二：进入流程块变量界面，依次添加"人名""方式""增持或减持""股数"四个变量，如图 8-16 所示。

步骤十三：回到可视化界面第七排，将公告信息中抽取的人名输出到变量"人名"。添加"写入单元格"，将"人名"写入单元格"A2"，如图 8-17 所示。

步骤十四：回到可视化界面第九排，将公告信息中抽取的方式输出到变量"方式"。添加"写入单元格"，将"方式"写入单元格"B2"，如图 8-18 所示。

步骤十五：回到可视化界面第十一排，将公告信息中抽取的增持或减持输出到变量"增持或减持"。添加"写入单元格"，将"增持或减持"写入单元格"C2"，如图 8-19 所示。

图 8-16 添加变量

图 8-17　添加"写入单元格"

图 8-18　添加"写入单元格"

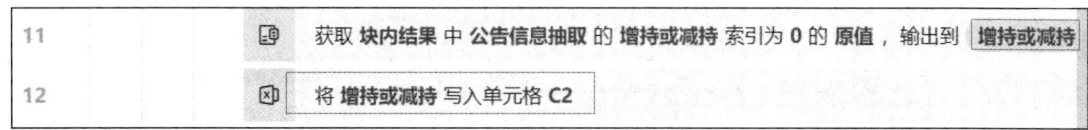

图 8-19　添加"写入单元格"

步骤十六：回到可视化界面第十三排，将公告信息中抽取的股数输出到变量"股数"。添加"写入单元格"，将"股数"写入单元格"D2"，如图 8-20 所示。

图 8-20　添加"写入单元格"

步骤十七：添加"关闭 Excel 工作簿"，如图 8-21 所示。

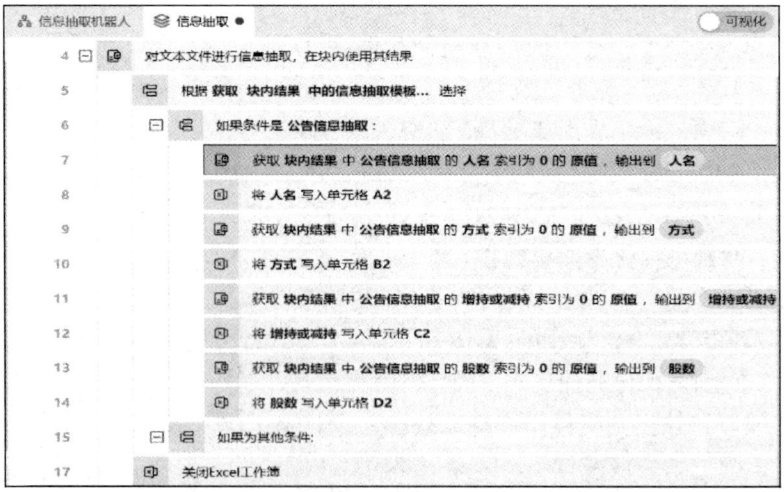

图 8-21　添加"关闭 Excel 工作簿"

步骤十八:点击"运行",信息抽取结果如图 8-22 所示。

	A	B	C	D	E
1	人名	方式	增持/减持	股数	
2	肖宝玉	集中竞价	减持	75,000	
3					
4					
5					

图 8-22 运行结果

8.3 通用文字识别

8.3.1 功能描述

通用文字识别命令是对图像进行通用文字识别,并根据提取类型获取文本识别结果,其主要命令功能如表 8-3 所示。

表 8-3 通用文字识别命令功能描述

命令类型	活动名称	功能
通用文字识别	屏幕文字识别	使用 UiBOt IDP 识别指定屏幕的文字,识别结果返回 JSON 格式的结果
	图像文字识别	使用 UiBOt IDP 识别指定图像的文字,识别结果返回 JSON 格式的结果
	PDF 文字识别	将 PDF 指定的页码通过 UiBot IDP 通用文字识别,识别结果为 JSON 格式的结果。在识别多页过程中,如果其中一页失败,则整个识别会返回错误,且会消耗配额
	获取全部文本	获取通用文字识别结果中的全部文本
	获取段落文本	获取通用文字识别结果中按段落划分的全部文本
	获取每行文本	获取通用文字识别结果中按行划分的全部文本
	获取所有文本元素	获取通用文字识别结果中按文本元素划分的全部文本
	鼠标点击文本	使用 UiBot IDP 在窗口范围内进行指定文字识别,如果识别到指定文字,就点击它
	鼠标移动到文本上	使用 UiBot IDP 在窗口范围内进行指定文字识别,如果识别到指定文字,就将光标移动到文本所在的位置
	查找文本位置	使用 UiBot IDP 查找文本位置,成功则返回字典类型的文本位置,失败则引发异常

通用文字识别能够识别常见文档上的文字内容,比如:

(1)识别合同、法律文书、红头文件等非结构化长文本文档,将识别后的文字直接归档。或识别后,使用定制化 AI 能力信息抽取将识别后的长文本结构化。

(2)识别送货单、海外发票、保单等半结构化单据,然后使用定制化 AI 能力自定义模板,基于位置和文本信息对单据进行结构化。

使用通用文字识别将线下数据转化为线上数据,能够将工作人员从重复机械的打字工作中解脱出来,投入到更多的高杠杆的工作当中。

通用文字识别具有多语言、复杂场景、多种格式、高准确率等特点。具体来说:

(1)多语言:支持中文(繁简)、英语、日语、韩语、法语、德语、葡萄牙语、意大利语、西班牙语、荷兰语等 50 多种常见语言。

(2) 复杂场景：能够处理旋转、遮挡、倾斜、密集文字、复杂背景、光照不均、抖动模糊、手写等复杂场景。

(3) 多种格式：支持 jpeg， jpg， png， pdf， bmp， tiff 格式等文档。

(4) 高准确率：印刷体识别准确率可达 99%。

8.3.2 识别屏幕文字机器人模拟实训

1. 场景描述与痛点分析

财务部门，一间安静的办公室。彭兰雅和范洵正在忙着烦琐的报销稽核工作。房间里弥漫着紧张和压抑的氛围。

两人面对面坐着，彭兰雅埋头在电脑前处理报销单，忍不住满脸疲倦地对范洵说道："哎，这个月的报销工作真是越来越多了。每次都得一个一个核对，真是麻烦。"

范洵还拿着一叠纸张在比对数据，也皱着眉："是啊，而且这些报销单的格式、数据都不够统一，我们得反复核对，还容易出错。上个月就因为一个小错误，差点让公司多付了好几千块。"她停顿了一会："要是有个不出错的大神帮忙就好了！"

彭兰雅抬头看了看范洵："要是有，我一定抱紧他的大腿！"

范洵也抬起了头，他们相视一笑，心中都希望赶紧来个大神解救他们！

2. 机器人开发技术实现

步骤一：首先，我们需要准备一张公司章程图片，将其命名为"屏幕识别.png"，图片样式如图 8-23 所示。

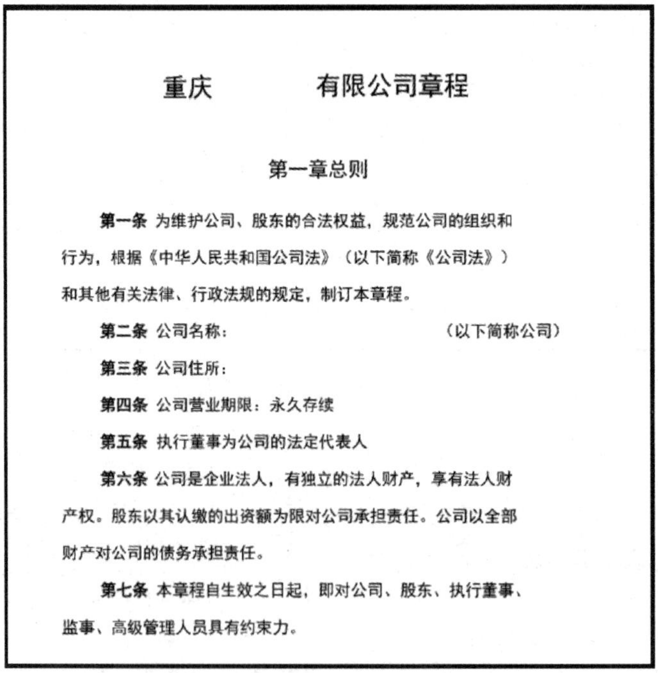

重庆　　　　有限公司章程

第一章总则

第一条 为维护公司、股东的合法权益，规范公司的组织和行为，根据《中华人民共和国公司法》（以下简称《公司法》）和其他有关法律、行政法规的规定，制订本章程。

第二条 公司名称：　　　　（以下简称公司）

第三条 公司住所：

第四条 公司营业期限：永久存续

第五条 执行董事为公司的法定代表人

第六条 公司是企业法人，有独立的法人财产，享有法人财产权。股东以其认缴的出资额为限对公司承担责任。公司以全部财产对公司的债务承担责任。

第七条 本章程自生效之日起，即对公司、股东、执行董事、监事、高级管理人员具有约束力。

图 8-23　屏幕识别.png

打开应用程序 UiBot Creator，拖曳一个流程块到开始命令下方，重命名为"识别屏幕文字"，如图 8-24 所示。

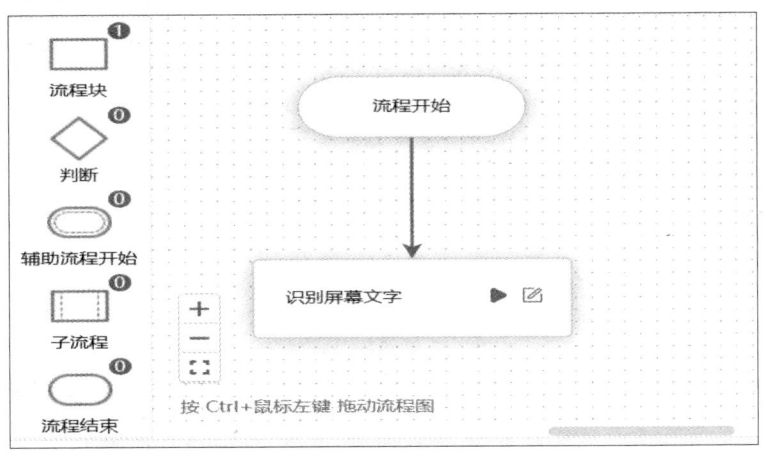

图 8-24　打开应用程序 UiBot Creator

步骤二：点击流程块右侧按钮进入"识别屏幕文字"流程块，随后点击界面正上方的"智能文档处理"，如图 8-25 所示。依次点击"通用文字识别""选择图像"，将 res 文件中的"屏幕识别.png"拖入拖曳区域，如图 8-26、图 8-27 所示，再点击"下一步""获取全部文本（包含换行）""完成"，如图 8-28 所示。

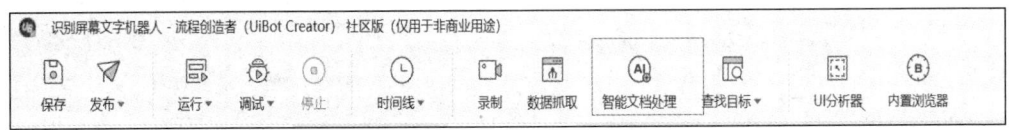

图 8-25　点击"智能文档处理"

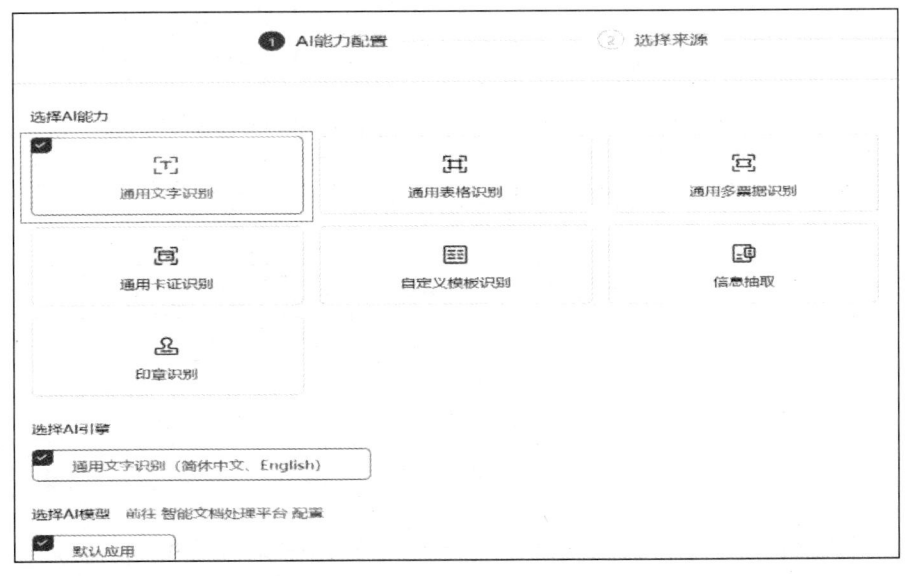

图 8-26　点击"通用文字识别"

图 8-27 点击"选择图像"

图 8-28 点击"获取全部文本(包含换行)""完成"

步骤三：在下方添加"打开 Word 文档",文档路径设置为"识别屏幕文字.docx",如图 8-29 所示。

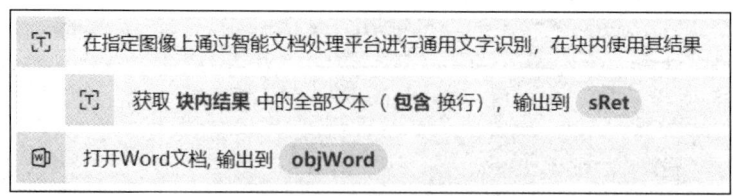

图 8-29 添加"打开 Word 文档"

步骤四：添加"写入文字",文档对象设置为"objWord",写入内容设置为"sRet",如图 8-30 所示。

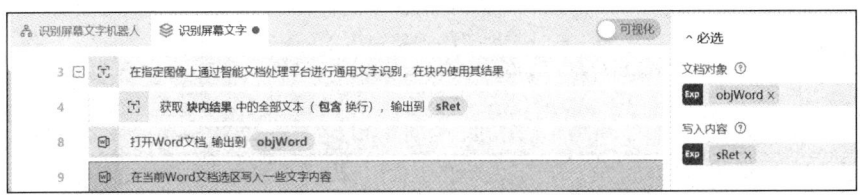

图 8-30 添加"写入文字"

步骤五：依次添加"保存文档""关闭文档"，如图 8-31 所示。

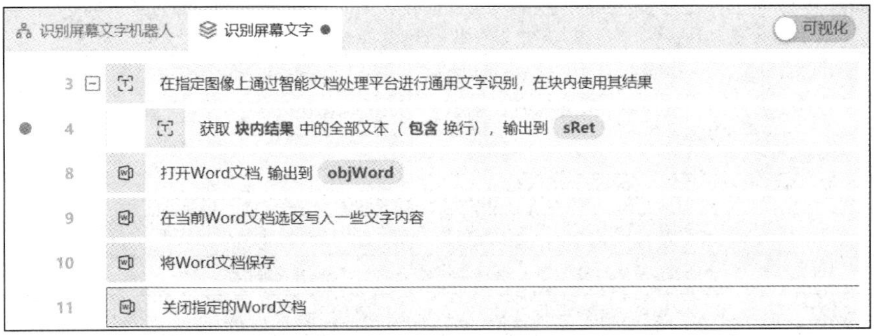

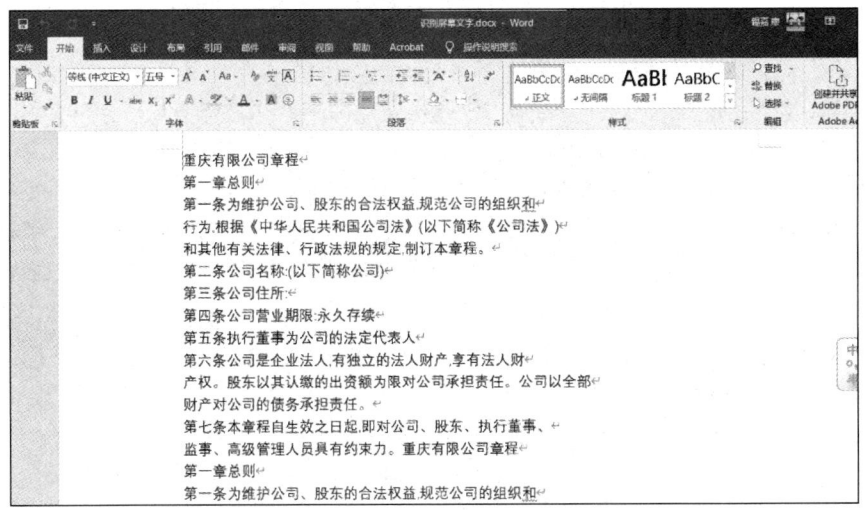

图 8-31 添加"保存文档""关闭文档"

步骤六：点击"运行"，识别屏幕文字结果如图 8-32 所示。

图 8-32 运行结果

8.4 通用表格识别

8.4.1 功能描述

通用表格识别命令是对图像进行通用表格识别，并根据提取类型获取表格识别结果，其主要命令功能如表 8-4 所示。

表 8-4 通用表格识别命令功能描述

命令类型	活动名称	功能
通用表格识别	屏幕表格识别	使用 UiBOt IDP 识别指定屏幕范围的多个表格，识别结果为 JSON 格式的结果
	图像表格识别	使用 UiBOt IDP 识别指定图像的多个表格，识别结果为 JSON 格式的结果
	PDF 表格识别	将 PDF 指定的页码通过 UiBot IDP 通用表格识别，识别结果为 JSON 格式的结果。在识别多页过程中，如果其中一页失败，则整个识别会返回错误，且会消耗配额
	获取非表格文字	获取表格识别结果中的非表格文字信息
	获取所有表格	获取表格识别结果中的所有表格信息(不包含非表格文字)，返回表格对象的数组
	获取表格数	获取表格识别结果中的所有表格数量(不包含非表格文字)，返回数字
	获取指定表格	获取表格识别结果中的指定表格信息，返回表格对象，该对象为二维数组
	获取表格区域	从表格对象中获取区域信息，返回二维数组
	获取表格行数	从表格对象中获取表格的行数，返回数字
	获取表格列数	从表格对象中获取表格的列数，返回数字
	获取表格行	从表格对象中获取指定表格整行信息，返回一维数组
	获取表格列	从表格对象中获取指定表格整列信息，返回一维数组
	获取表格单元格	从表格对象中获取指定表格单元格信息，返回字符串
	提取表格结果至 Excel	将"屏幕表格识别""图像表格识别""PDF 表格识别"命令的识别结果直接提取至 Excel 文件中

8.4.2 银行流水识别机器人模拟实训

1. 场景描述与痛点分析

周一的清晨和往常一样，清风拂面、鸟语花香，但是这并不影响打工人拖着周末嗨皮两天后的疲惫身体在通勤路上行色匆匆。

蛮先进公司最近正在紧锣密鼓地进行财务数字化转型，公司大楼里一片"热火朝天"的景象。财务总监程平左手托着一杯"蛮清新"绿茶、右手手持银行流水报表，对着财务部的彭兰雅说道："兰雅，我需要和你讨论一下我们的银行流水识别工作。我们一直在努力确保支出的准确性，但还是遇到了一些麻烦事儿。"

彭兰雅在听到程总的提问后，眉毛一紧，回答道："是的，程总，我也一直在关注这个问题。能具体说说您的想法吗？"

程总思考片刻，向兰雅说道："目前我们公司的体量越来越大，公司往来款项越来越多。我们的系统在处理大量流水数据时，速度明显变慢。这不仅耗费了员工的时间，还增加了错误的风险，耗时费力的痛点体现得尤为明显。"

彭兰雅："是的，这个问题让我一直很头疼。我们需要更有效的工具来处理这些流水数据，以提高工作效率。最近咱们公司正在进行财务数字化转型，说不定财务部数字化团队的机器人小蛮能够帮我们解决处理银行流水识别效率低下的问题！"

程总听到数字化转型，眼神突然放光，神采奕奕地说道："对对对！机器人小蛮肯定能行，要尽早把银行流水识别机器人放到数字化转型进程中！"

蛮先进公司紧接着开始推进银行流水识别机器人的开发。

2. 机器人开发技术实现

步骤一：打开应用程序 UiBot Creator，拖动一个流程块到开始命令下方，重命名为"银行流水识别"，如图 8-33 所示，并在相应的 res 文件夹中保存好准备的文件，如图 8-34 所示。

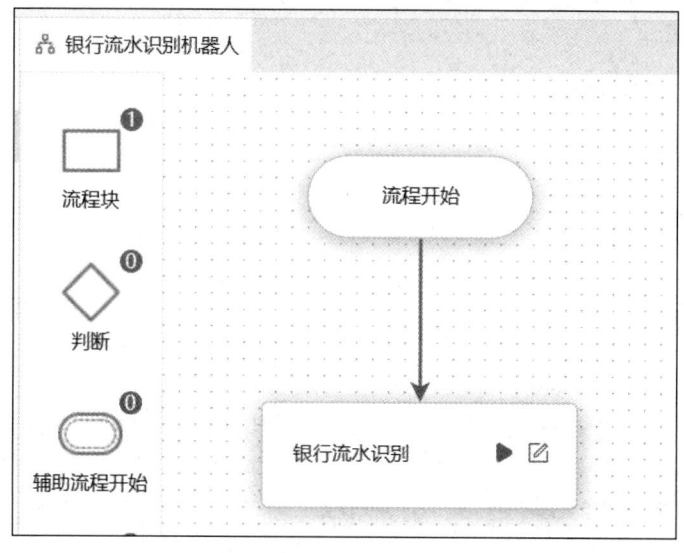

图 8-33　打开应用程序 UiBot Creator

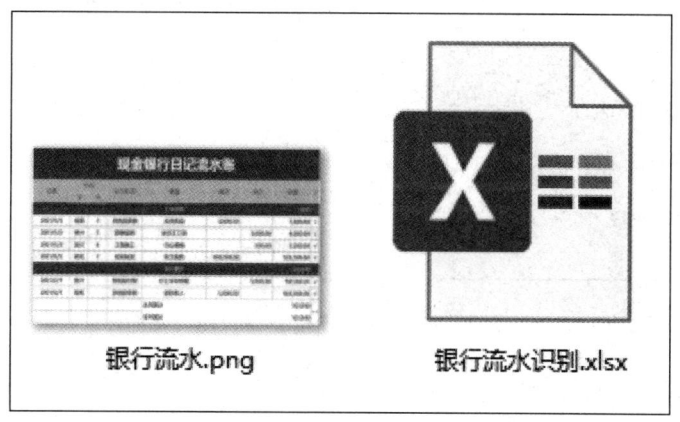

图 8-34　准备的文件

步骤二：点击流程块右侧按钮进入"银行流水识别"流程块，随后点击界面正上方的"智能文档处理"，如图 8-35 所示。依次点击"通用表格识别""前往　智能文档处理平台　配置"，如图 8-36 所示。

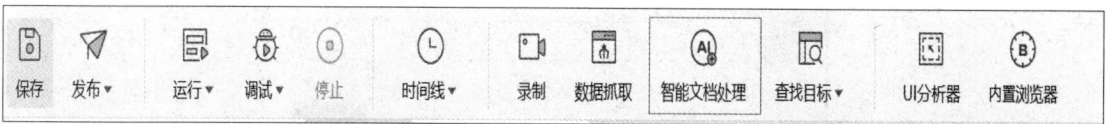

图 8-35　点击"智能文档处理"

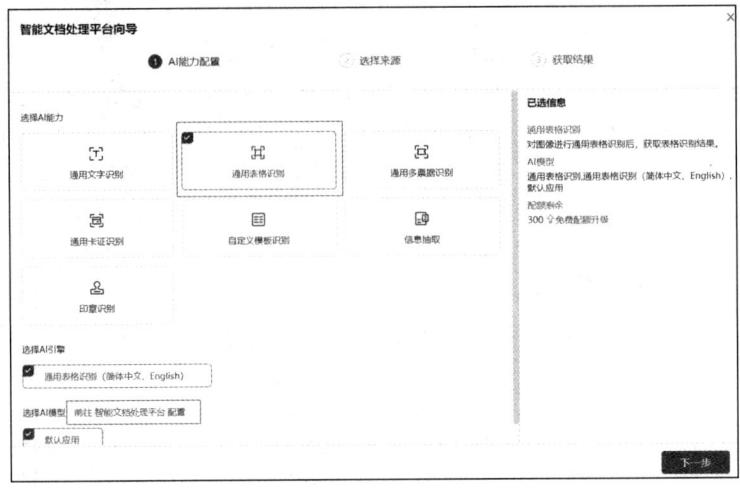

图 8-36 点击"通用表格识别"

步骤三：登录智能文档处理平台，点击"通用表格识别"，如图 8-37 所示。

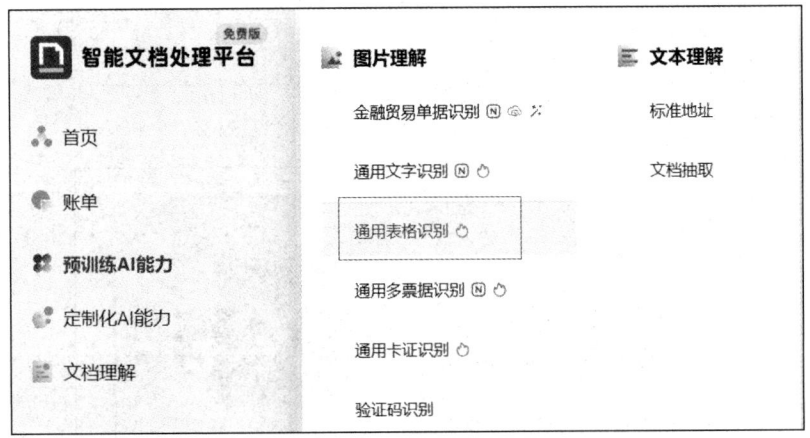

图 8-37 点击"通用表格识别"

步骤四：新建一个名为"银行流水识别模型"的通用表格识别模型，如图 8-38 所示。

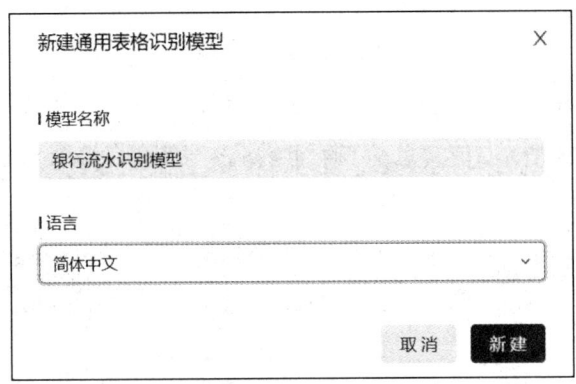

图 8-38 新建模型

第 8 章 UiBot IDP 智能自动化

步骤五：点击右上角的"测试"，如图 8-39 所示，进入测试页面。

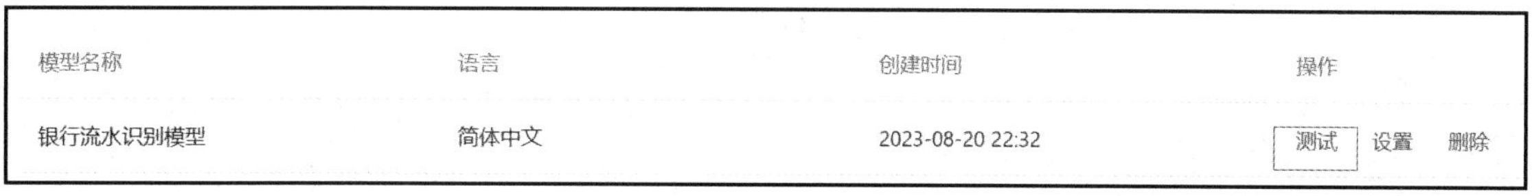

模型名称	语言	创建时间	操作
银行流水识别模型	简体中文	2023-08-20 22:32	测试　设置　删除

图 8-39　点击"测试"

步骤六：上传现金银行日记流水账图片，点击开始测试，获取识别结果，如图 8-40 所示。

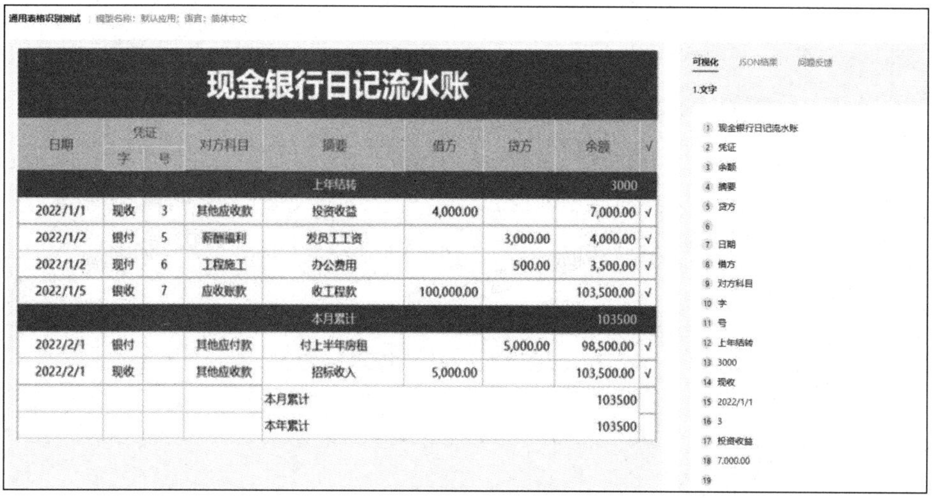

图 8-40　获取识别结果

步骤七：返回 UiBot Creator，依次点击"选择图像""银行流水""下一步"，如图 8-41 所示。

图 8-41　选择图像

步骤八：依次点击"完整信息提取""提取完整信息至 Excel"，选择"银行流水识别"的对应路径，再点击"完成"，如图 8-42 所示。

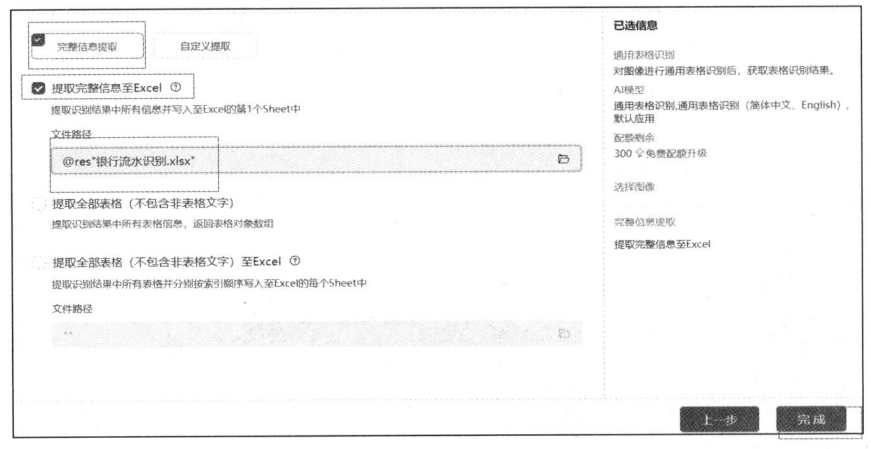

图 8-42　选择文件路径

8.5　通用多票据识别

8.5.1　功能描述

通用多票据识别命令是对图像进行通用多票据识别，并根据提取类型和字段获取识别结果，其主要命令功能如表 8-5 所示。

表 8-5　通用多票据识别命令功能描述

命令类型	活动名称	功能
通用多票据识别	屏幕多票据识别	使用 UiBot IDP 识别指定屏幕范围的多种票据，识别结果返回数组
	图像多票据识别	使用 UiBot IDP 识别指定图像的多种票据，识别结果返回数组
	PDF 多票据识别	将 PDF 指定的页码通过 UiBot IDP 通用多票据识别，识别结果返回数组。在识别多页过程中，如果其中一页失败，则整个识别会返回错误，且会消耗配额
	获取票据类型	获取通用多票据识别结果中的票据类型
	获取票据内容	获取通用多票据识别结果中的票据内容

8.5.2　发票读取机器人模拟实训

1. 场景描述与痛点分析

半夜，彭兰雅坐在昏暗的办公桌前，戴着眼镜一张一张地核对发票。彭兰雅心想：这些发票实在是太多了，审核到现在居然还没审核完，而且都已经半夜了，怎么办呀？都没时间检查信息是否正确了。彭兰雅每天都要花费大量的时间来审核这些发票，工作繁杂且重复，这不仅效率极低，也让她感到十分疲惫。最重要的是上个月她因为没有时间核对信息导致信息出错给公司造成了极大的损失。但是重复且繁杂的发票审核工作让她一再压缩睡觉的时间，已经没有精力再核对信息了，只能审一个检查一个，但是这样又让工作效率低得吓人。彭兰雅努力地对着电脑屏幕,逐一审核着发票,她不得不仔细检查每一个细节,生怕出错。

范洵是财务部 RPA 高手,常常开发程序帮助同事高效率工作。彭兰雅端着一杯咖啡去找范洵帮忙。彭兰雅问道:"范洵,有没有办法帮我审核发票啊,再这样下去我真的不行了。" 范洵说:"小问题,我刚开发了一个发票读取机器人叫小蛮,它可以帮你处理这些发票,效率会大大提高。"彭兰雅说:"真的吗?这太棒了!它怎么工作的?"范洵回答:"它具有屏幕多票据识别、图像多票据识别和 PDF 多票据识别等功能,可以智能地辅助你完成发票审核工作,而且它还可以获取票据的类型和内容。"彭兰雅听后眼前一亮,她恍若见到了解决问题的曙光。随着小蛮的投入使用,发票审核的效率大幅提升,彭兰雅终于松了口气。小蛮的上线让彭兰雅从繁重的发票审核工作中解脱出来,同时也提高了整个财务部的工作效率。最终,彭兰雅顺利地完成了每月的发票审核任务,她感叹着这个发票读取机器人的强大功能。彭兰雅:"谢谢你,小蛮,你真的是我的救星!"

2. 机器人开发技术实现

发票读取机器人是利用人工智能技术自动处理发票信息的系统。其作用在于提高企业财务流程的效率,降低成本,减少错误,加强合规性,释放员工潜力,加速审批流程,提升企业形象,实时监控和报告财务数据,从而使企业财务运营更加高效、精确和合规。包括读取发票的金额、税款、开票日期等重要信息。

准备的文件如图 8-43 所示。

图 8-43 准备的文件

步骤一:打开应用程序 UiBot Creator,拖曳一个流程块到开始命令下方,并重命名为"发票读取",如图 8-44 所示。

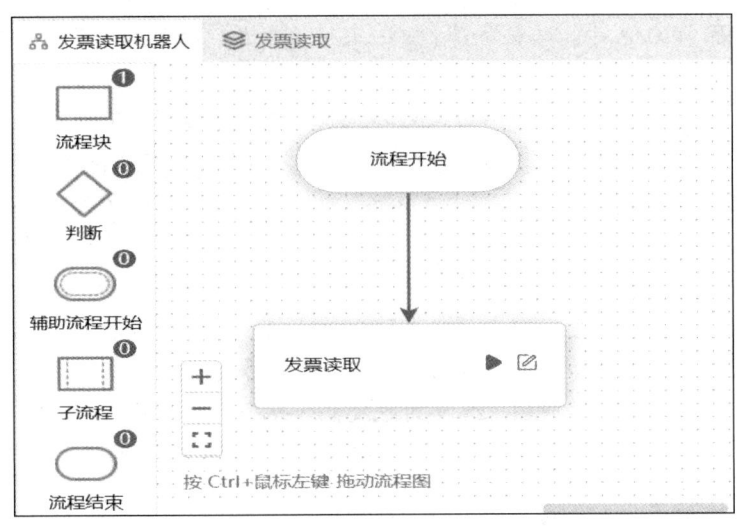

图 8-44　打开应用程序 UiBot Creator

步骤二：点击流程块右侧按钮进入"发票读取"流程块，随后点击界面正上方的"智能文档处理"，如图 8-45 所示。依次点击"通用多票据识别""下一步"，如图 8-46 所示。

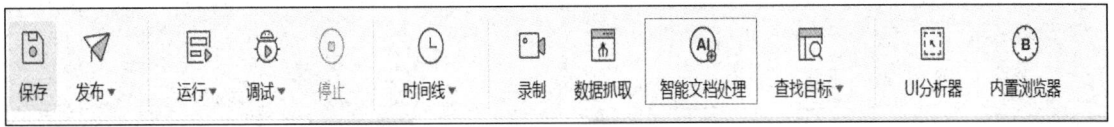

图 8-45　点击"智能文档处理"

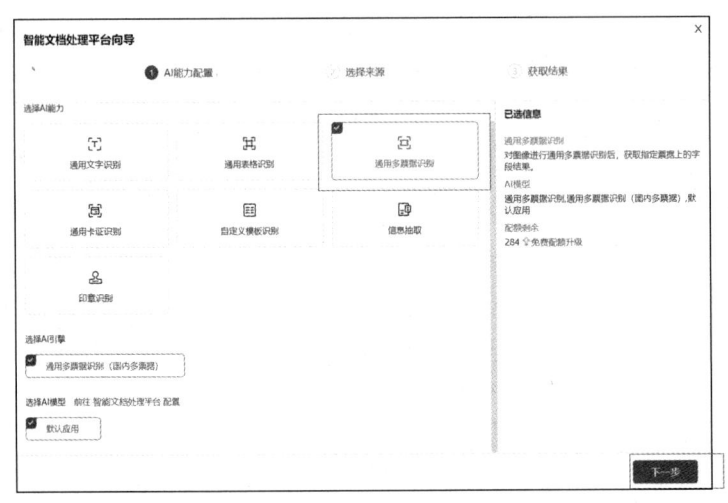

图 8-46　点击"通用多票据识别"

步骤三：点击"选择 PDF"，如图 8-47 所示，将 res 文件中的"水费发票.pdf"拖入拖曳区域，再点击"下一步"。

步骤四：依次选择增值税专用发票中的"开票日期""购买方名称""销售方名称""价税合计小写"，然后点击"完成"，如图 8-48 所示。

图 8-47 上传发票

图 8-48 勾选提取字段

步骤五：进入可视化界面，添加"打开 Excel 工作簿"，拖至可视化界面第十四排。属性栏路径更改为"@res"发票信息.xlsx""，如图 8-49 所示。

步骤六：进入流程块变量界面，依次添加"开票日期""购买公司""金额""销售公司"四个变量，如图 8-50 所示。

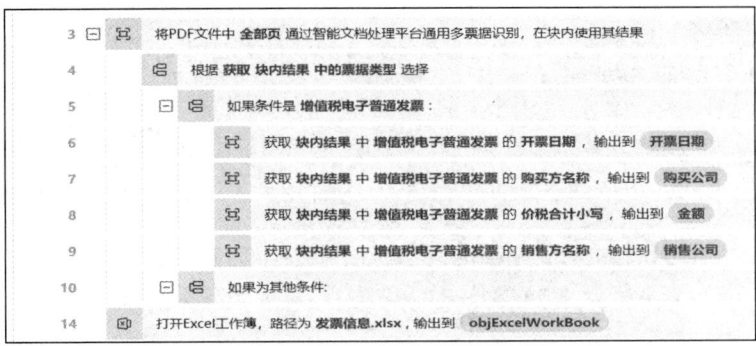

图 8-49　添加"打开 Excel 工作簿"

步骤七：添加"写入单元格"，将"开票日期"写入单元格"A2"，将"购买公司"写入单元格"B2"，将"销售公司"写入单元格"C2"，将"金额"写入单元格"D2"，如图 8-51 所示。

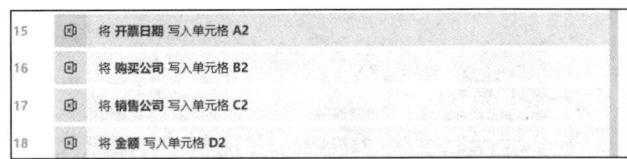

图 8-50　添加变量　　　　　　　　　　图 8-51　添加"写入单元格"

步骤八：添加"保存 Excel 工作簿""关闭 Excel 工作簿"，如图 8-52 所示。

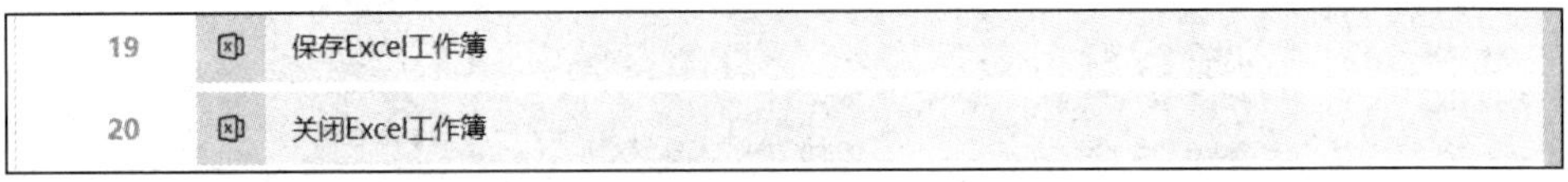

图 8-52　添加"保存 Excel 工作簿""关闭 Excel 工作簿"

步骤九：点击"运行"，通用多票据识别结果如图 8-53 所示。

	A	B	C	D
1	开票日期	购买公司	销售公司	金额
2	2022年6月1日	蛮先进有限公司	重庆市自来水有限公司	¥74.8
3				

图 8-53　运行结果

8.6 通用卡证识别

8.6.1 功能描述

通用卡证识别命令是对图像进行通用卡证识别，并根据提取类型和字段获取识别结果，其主要命令功能如表 8-6 所示。

表 8-6 通用卡证识别命令功能描述

命令类型	活动名称	功能
通用卡证识别	屏幕卡证识别	使用 UiBot IDP 识别指定屏幕范围的卡证，识别结果为 JSON 格式的结果
	图像卡证识别	使用 UiBot IDP 识别指定图像的卡证，识别结果为 JSON 格式的结果
	PDF 卡证识别	将 PDF 指定的页码通过 UiBot IDP 通用卡证识别，识别结果返回数组。在识别多页过程中，如果其中一页失败，则整个识别会返回错误，且会消耗配额
	获取卡证类型	获取通用卡证识别结果中的票据类型
	获取卡证内容	获取通用卡证识别结果中的票据内容

8.6.2 营业执照识别机器人模拟实训

1. 场景描述与痛点分析

负责财务部报销稽核工作的彭兰雅路过同事范洵的工作桌边，看见范洵正拿着厚厚一摞打印出来的 A4 纸，费劲地辨认着什么，不禁好奇地问道："范洵，你这是在做什么？"范洵抬头和彭兰雅打了声招呼，说道："在对供货商的资质进行审核，要将供货商的统一社会信用代码输入到系统当中，说起来简单，只是这个代码有十几位，又是数字和字母混合的，要想不出错地做完可要花好多工夫呢！"彭兰雅听完范洵的诉苦，笑了笑说道："财务总监程总前几天给我介绍了 RPA 机器人，说是可以帮助我们完成很多重复性的工作，不如我们一起试一试如何利用 RPA 机器人又快又好地完成营业执照的识别吧！"

2. 机器人开发技术实现

步骤一：将存储营业执照的图片文件放置在 res 文件夹下，如图 8-54 所示。

步骤二：打开应用程序 UiBot Creator，拖动一个流程块到开始命令下方，重命名为"营业执照识别"，如图 8-55 所示。

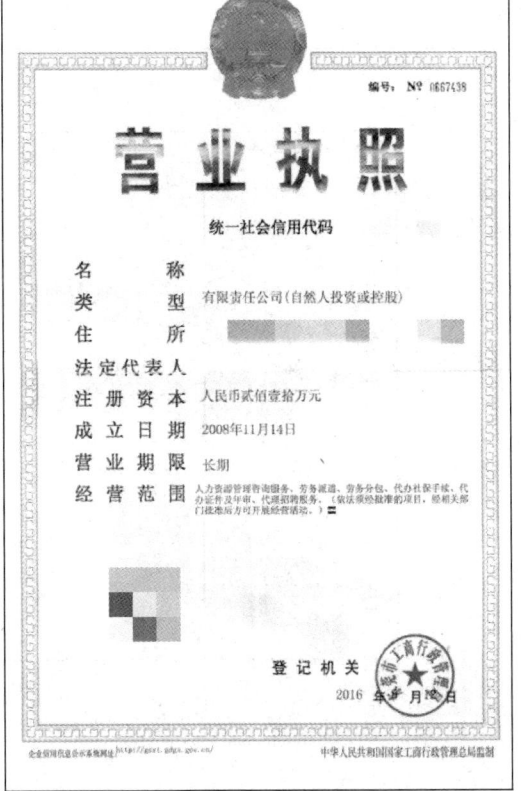

图 8-54 准备的文件

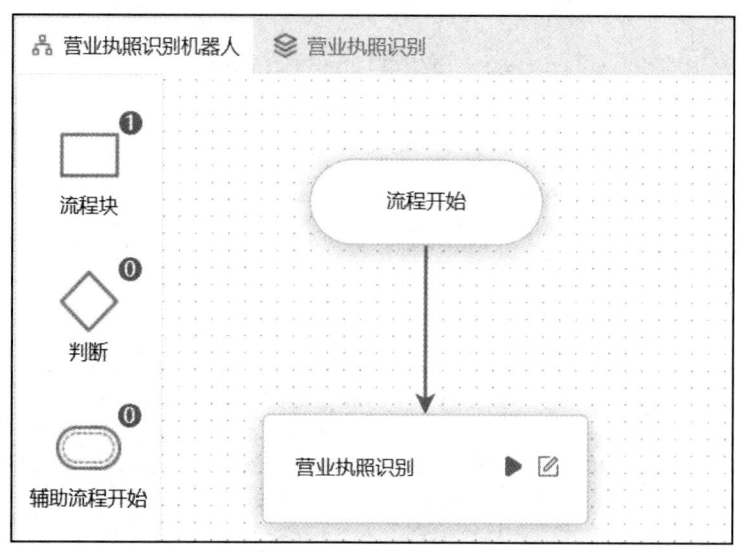

图 8-55　打开应用程序 UiBot Creator

步骤三：点击流程块右侧按钮进入"营业执照识别"流程块，随后点击界面正上方的"智能文档处理"，如图 8-56 所示。依次点击"通用卡证识别""下一步"，如图 8-57 所示。

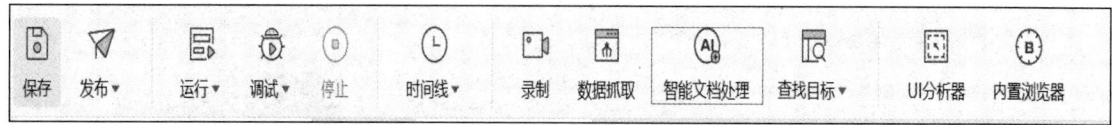

图 8-56　点击"智能文档处理"

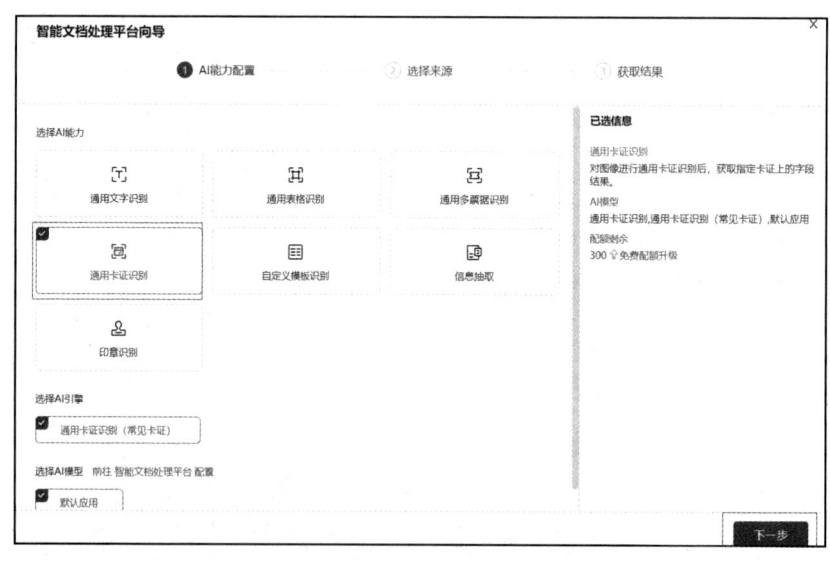

图 8-57　点击"通用卡证识别""下一步"

步骤四：点击"选择图像"，如图 8-58 所示，将 res 文件中的"营业执照.jpg"拖入拖曳区域，再点击"下一步"。

图 8-58　上传营业执照

步骤五：依次选择营业执照中的"经营范围""名称""类型""证照编号""统一社会信用代码"，然后点击"完成"，如图 8-59 所示。

图 8-59　勾选相应的提取字段

步骤六：进入可视化界面，添加"打开 Excel 工作簿"，拖至可视化界面第十五排。属性栏路径更改为"@res"营业执照识别.xlsx"，如图 8-60 所示。

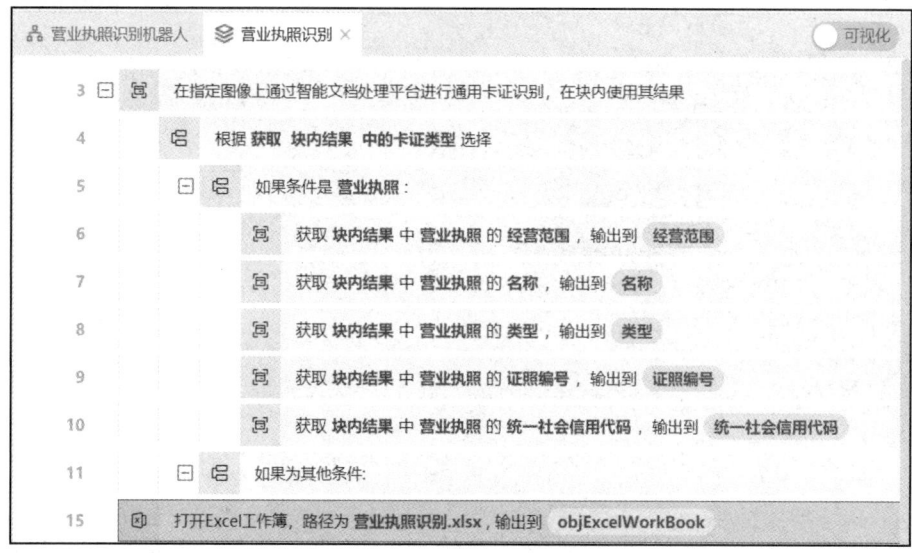

图 8-60 添加"打开 Excel 工作簿"

步骤七：进入流程块变量界面，依次添加"名称""经营范围""类型""证照编号""统一社会信用代码"五个变量，如图 8-61 所示。

步骤八：添加"写入单元格"，将"名称"写入单元格"A2"，将"类型"写入单元格"B2"，将"经营范围"写入单元格"C2"，将"统一社会信用代码"写入单元格"D2"，将"证照编号"写入单元格"E2"如图 8-62 所示。

图 8-61 添加变量 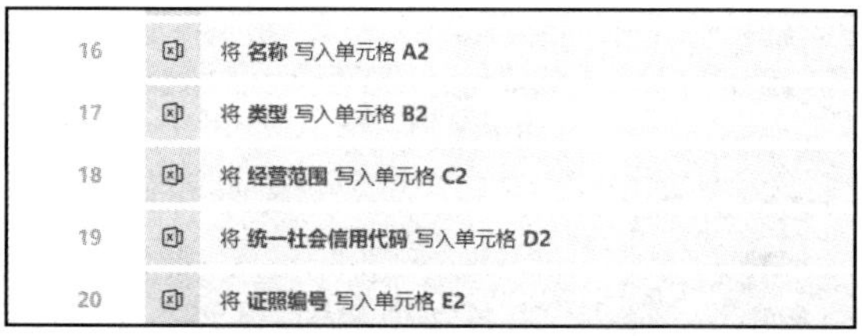　　图 8-62 添加"写入单元格"

步骤九：添加"保存 Excel 工作簿""关闭 Excel 工作簿"，如图 8-63 所示。
步骤十：点击"运行"，通用卡证识别结果如图 8-64 所示。

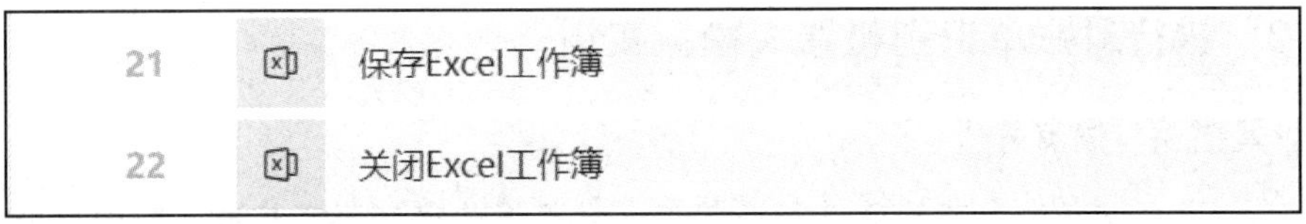

	21		保存Excel工作簿
	22		关闭Excel工作簿

图 8-63　添加"保存 Excel 工作簿""关闭 Excel 工作簿"

名称	类型	经营范围	统一社会信用代码	证照编号
东莞市慧通人力资源咨询管理服务有限公司	有限责任公司(自然人投资或控股)	人力资源管理咨询服务、劳务派遣、劳务分包、代办社保手续、代办证件及年审、代理招聘服务。(依法须经批准的项目，经相关部门批准后方可开展经营活动。)	91441900682410479N	667438

图 8-64　运行结果

8.7　自定义模板识别

8.7.1　功能描述

通用多票据识别、通用卡证识别能够处理有固定版式的半结构化数据，这些版式在各个政策文件里被定义为全国统一的标准。通用多票据和卡证识别能够很好地处理这些数据，完成 OCR 识别和字段抽取的任务。

国家规定版式规范是为了统一管理，在企业单位的生产经营、事业单位的社会服务过程中，也会有类似的管理需求，这就造成在企事业单位内部形成各式各样、具有业务特色的模板。自定义模板功能可以通过配置规则，抽取到这些模板中的数据。

我们可以通过几个成功案例来了解典型的使用场景。

(1) 某电力单位财务部门制定了成本报销审批表、项目拨款审批表、退费拨款审批表、差旅费报销单等一系列财务单据的格式，员工发起内部审批时，需要上传这些单据。在使用 RPA+AI 前，财务人员需要人工核对单据与审批系统上的金额是否一致。在使用 RPA+AI 后，自定义模板从单据上自动抽取关键字段，通过 RPA 比对抽取字段与审批系统中的金额是否一致，从而实现端到端的智能自动化。

(2) 某制造业厂商代工商用电器，将国内生产的电器贴牌后销往国外。在发货过程中会产生发货单等单据。发货单和国内的发票内容基本相同，但由于国外没有税务监制的发票样式，通常每家公司的发货单格式都不相同。通过自定义模板可以实现识别并抽取单号、日期、收货人、货品等信息，将发货信息数字化到企业的 ERP 系统中。

(3) 某疫苗厂商接收全国各地事业单位、医疗机构、部队的订单，年审时需要审核这些单位的资质。审核资质过程中需要使用 6 种不同的 AI 能力，其中事业单位的法人证，目前 IDP 平台无法提供开箱即用的 AI 能力处理。通过配置自定义模板，能够抽取统一社会信用代码、名称、住所、有效期等信息，与 OA 系统中填报的信息进行比对。

8.7.2 银行对账单识别机器人模拟实训

1. 场景描述与痛点分析

蛮先进公司会议室内,窗外透进一缕晨光,财务总监程总面容严肃,范洵办公桌上的回单堆积如山。

程总走向手足无措的范洵,拍了拍堆积如山的回单,向范洵问道:"范洵,最近回单填写的工作一直是个痛点,你遇到了什么问题吗?"

范洵眉头紧锁,用手抹了抹额头的汗水:"是的,程总。回单填写的工作太耗时了,常常出错。我们需要手动输入大量数据,容易疲劳和失误。"

在电脑前的彭兰雅敲击着键盘,眼睛紧盯着屏幕,向程总说道:"而且,回单填写还需要频繁检查各种格式,不同银行回单的要求不同。信息化岗也在不断解决数据不匹配的问题。"

程总抚掌思考:"这对我们来说确实是个很大的挑战。但我听说RPA(机器人流程自动化)可以帮助我们自动化完成这些重复任务。"

三个人聚焦在RPA解决方案上,彭兰雅举起手提案。

范洵将银行回单放在一旁的桌上,微笑着说道:"RPA可以模拟人工操作,自动填写回单信息,大幅减少错误。"

彭兰雅点击鼠标,展示自动化流程图后回答道:"同时,RPA可以根据不同银行回单的要求进行自动识别和匹配。"

程总点头称赞道:"很好,我们可以考虑引入RPA来解决这个问题。这样,不仅能提高效率,还能减少错误率,让我们的工作更加轻松。"

三人表情松动,会议室中的光线逐渐明亮,大家又投入到忙碌的工作中……

2. 机器人开发技术实现

步骤一:打开应用程序UiBot Creator,拖曳两个流程块到开始命令下方,重命名为"读取银行回单数据""写入回单表格",再拖入"流程结束",依次相连,如图8-65所示。在对应的res文件夹中放入准备好的"银行回单图片"文件夹和银行回单Excel表格,并将"银行回单"图片放入"银行回单图片"文件夹中,如图8-66所示。

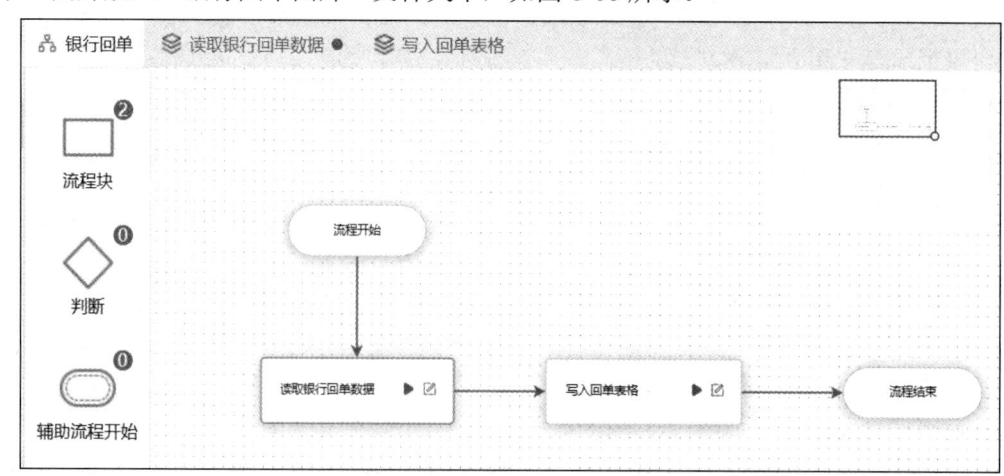

图8-65 打开应用程序UiBot Creator

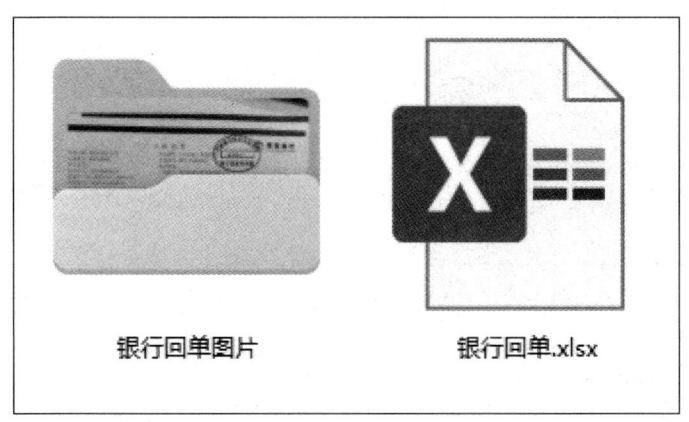

图 8-66　准备文件

步骤二：依次添加流程图变量"付款人""业务编号""交易金额""交易日期""ywbh""fkr""jyje""jyrq"八个变量，相关默认值如图 8-67 所示。

步骤三：点击流程块右侧按钮进入"读取银行回单数据"流程块，依次添加流程块变量"地址""sRet""arrayRet"三个变量，相关默认值如图 8-68 所示。

图 8-67　添加变量　　　　　　　　图 8-68　添加变量

步骤四：添加"获取文件或文件夹列表"，属性栏"路径"设置为"@res"准备文件\\银行回单图片""，将"输出到"设置为"地址"，如图 8-69 所示。

步骤五：添加"依次读取数组中每个元素"，将属性栏的"值"设置为"value"，"数组"设置为"地址"，如图 8-70 所示。

步骤六：随后点击界面正上方的"智能文档处理"，如图 8-71 所示。依次点击"自定义模板识别""前往　智能文档处理平台　配置"，如图 8-72 所示。

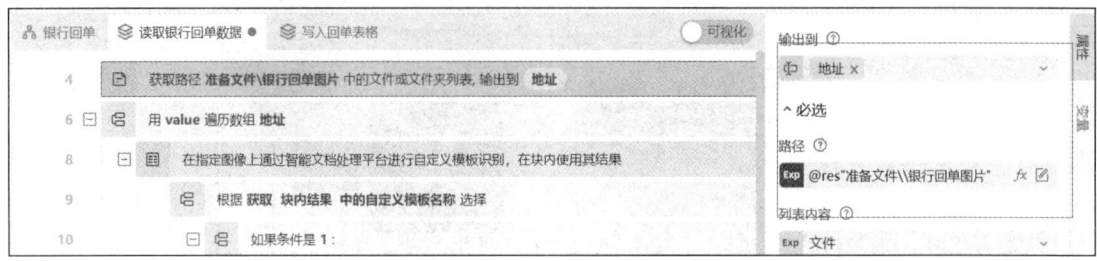

图 8-69 添加"获取文件或文件夹列表"

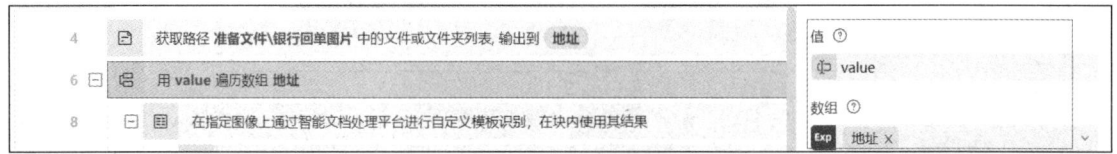

图 8-70 添加"依次读取数组中每个元素"

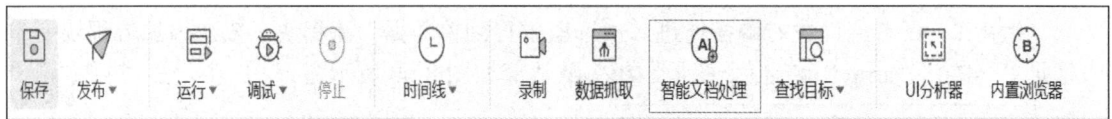

图 8-71 点击"智能文档处理"

图 8-72 点击"自定义模板识别"

步骤七：配置完毕，将块内结果中的交易日期输出到变量"交易日期"，将块内结果中的付款人输出到变量"付款人"，将块内结果中的业务编号输出到变量"业务编号"，将块内结果中的交易金额输出到变量"交易金额"，如图 8-73 所示。

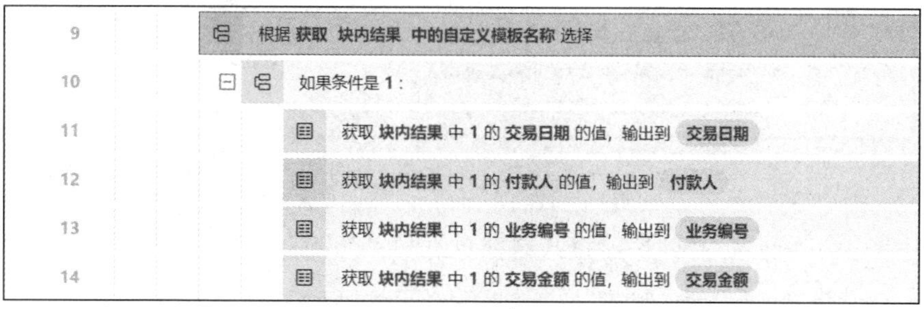

第 8 章 UiBot IDP 智能自动化

图 8-73 写入变量

步骤八：在左侧搜索框添加 4 个"在数组尾部添加元素"，第一个活动块输出到选择"jyje"，目标数组为"jyje"，添加元素为"交易金额"。第二个活动块输出到选择"jyjq"，目标数组为"jyrq"，添加元素为"交易日期[0]"。第三个活动块输出到选择"fkr"，目标数组为"fkr"，添加元素为"付款人[0]"。第四个活动块输出到选择"ywbh"，目标数组为"ywbh"，添加元素为"业务编号[0]"，如图 8-74 所示。

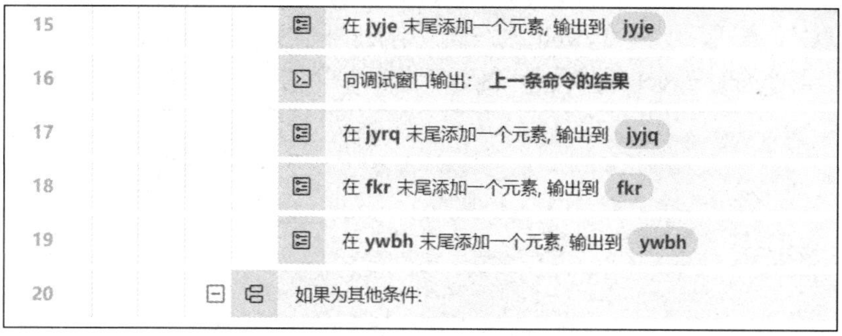

图 8-74 添加"在数组尾部添加元素"

步骤九：返回进入"银行回单"主工作流，点击进入"写入回单表格"流程块。在左侧命令框中搜索"复制文件"，将其拖入工作区。路径设置为"@res"准备文件\银行回单.xlsx""，如图 8-75 所示。

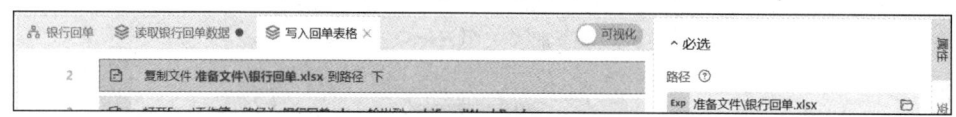

图 8-75 添加"复制文件"

步骤十：在左侧命令框中搜索"打开 Excel 文件"，将"文件路径"设置为"银行回单.xlsx"，如图 8-76 所示。随后继续搜索"更改窗口显示状态"，将其拖入"打开 Excel 工作簿"的下方，目标设置为"@ui"窗口_银行回单.xlsx-Excel""，显示状态为最大化，如图 8-77 所示。

图 8-76 添加"打开 Excel 文件"

图 8-77 添加"更改窗口显示状态"

步骤十一：继续搜索"延时"，将其属性设置为"3000"，如图 8-78 所示。

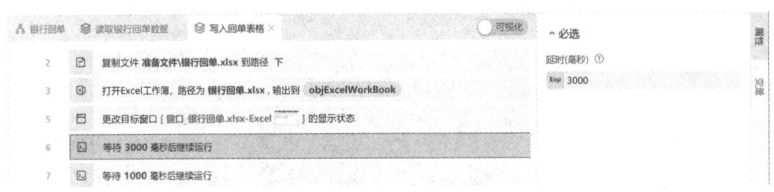

图 8-78 添加"延时"

步骤十二：随后在左侧命令框中搜索"写入列"，将 4 个"写入列"拖入"延时"的下方，目标设置为"@ui"窗口_银行回单.xlsx-Excel""，显示状态为最大化，依次设置"单元格""数据"为"D3""fkr"、"C3""ywbh"、"E3""jyje"和"B3""jyrq"，如图 8-79 所示。在左侧命令框中搜索"关闭 Excel 工作簿"，拖入工作区最下方，如图 8-80 所示。

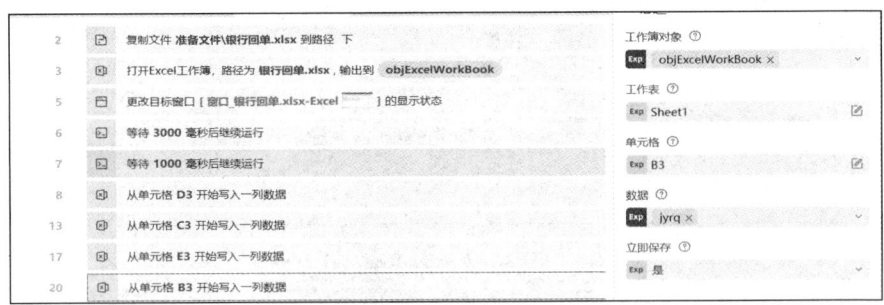

图 8-79 添加"写入列"

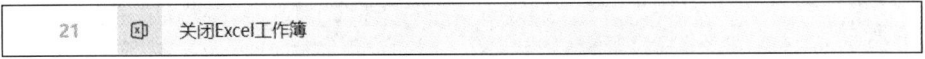

图 8-80 添加"关闭 Excel 工作簿"

8.8 文本分类

8.8.1 功能描述

文本分类功能是一种自然语言处理技术，它用于将文本数据划分为不同的预定义类别或标签。这个过程可以帮助计算机系统自动识别和组织大量文本数据，以便更容易地进行搜索、分析和管理。UiBot 当中提供了文本分类功能，通过 IDP 实现对设定的规则文本进行分类。其中，IDP 具有两种版本，一种是基础版，另一种是智能版。基础版根据用户自定义的关键词进行分类，而智能版相较于基础版加入了机器学习，使用预训练模型从用户提供的示例中学习并进行分类。

1．基础版

基础版模型利用用户事先设定的关键词来精确匹配测试文本，以实现文本分类。这个版本适用于文本中包含明显关键词用于分类的情况，并具有以下特点：

(1) 开发者需要预先设定所有需要辨别的分类；

(2) 每个分类可以有多个特征，特征之间是或的关系；

(3) 每个特征可以由若干个关键词组成的关键词组来定义，关键词之间是且的关系；

(4) 模型用每个分类下的所有关键词组进行严格匹配，一旦匹配成功，后续的关键词组将会被跳过，即一个分类下最多只会返回一组关键词组。

举例来说，用户创建了 2 个分类 A 和 B，并添加了 4 个关键词组，如表 8-7 所示。

表 8-7　特征一览表

分类	特征	关键词组
A	特征 x	O1，O2，O3
A	特效 y	O1，O2，O4
B	特征 i	O2，O3，O4
B	特征 j	O2，O3，O5

当分类文本为"O1O2O3"时，匹配上了特征 x 的所有关键词，所以分类文本的类别为 A。当分类文本为"O1O2O3O4"时，匹配上了特征 x、i 的所有关键词，特征 y 因为在特征 x 后面会被跳过，所以分类文本的类别为 A、B。

2．智能版

因为语言表达是多样的，所以很多时候在表达一个意思的时候，不同人会使用不同的表达方式。人工归纳总结所有特征显而易见是不可行的，所以就需要 AI 模型来学习样本中的特征，当用户再用类似的表达时，就能够识别其含义然后归入到正确的分类中。

智能版提供预训练模型，模型从用户上传的样本中学习规律，进行分类。智能版适用于分类需求比较复杂、不好归纳的场景，有如下特点：

(1) 开发者需要预先设定所有需要辨别的分类，至少创建两个类别才可进行训练。

(2) 需要开发者提供一些训练数据来训练一个语义理解模型。

(3) 模型的分类结果，会为测试文本和每个类别的匹配度打一个与之对应的分数，这个分数称为置信度。

可以将分类错误的测试文本加入训练集，持续优化模型的效果。

8.8.2　使用方法

1．场景描述与痛点分析

办公室内，范洵和彭兰雅坐在办公桌前，手头摆着一大堆费用报销单。

范洵皱着眉头对彭兰雅说道："这次的费用报销明细表真的太复杂了。有太多不同的类别需要分类，我担心手动分类会花费太多时间。"

彭兰雅也苦笑着，"是的，的确是个大问题。每一份报销单上的文本信息量都太大了，而且有些类别很难辨识。"

突然,彭兰雅拿起手机,查看消息,范洵好奇地看着她发生什么事了。

彭兰雅说道:"我刚刚接到 UiBot IDP 的邮件,他们提供了一个定制化文本理解能力,可以用来自动分类文本。也就是说,我们可以利用这个工具来解决我们的问题。"

范洵兴奋了起来:"太好了!这真的可以帮助我们节省大量时间。我们可以马上试一试吗?"

一旁的兰雅胸有成竹地说道:"当然可以,我已经联系了他们,他们会提供培训和支持。我们可以开始上传这些报销单,让 UiBot IDP 帮我们分类。"

于是,范洵和彭兰雅开始上传报销单,UiBot IDP 开始自动分类文本。

眼看手中的费用报销单被自动地进行了分类,范洵算是体会到了智能技术带来的便捷,说道:"这太神奇了!看着这些文本被自动分类,我们节省了大量时间和精力。"

彭兰雅点了点头,说:"是的,而且这个工具还可以不断学习,提高准确性。我们以后再也不用担心费用报销明细表的分类问题了。"

范洵和彭兰雅满意地继续工作,心里非常感谢 UiBot IDP 的帮助。

2. 机器人开发技术实现

(1)基础版。

步骤一:登录"智能文档处理"平台,随后依次点击"定制化 AI 能力""文本理解""文本分类",进入文本分类模型列表,如图 8-81 所示。

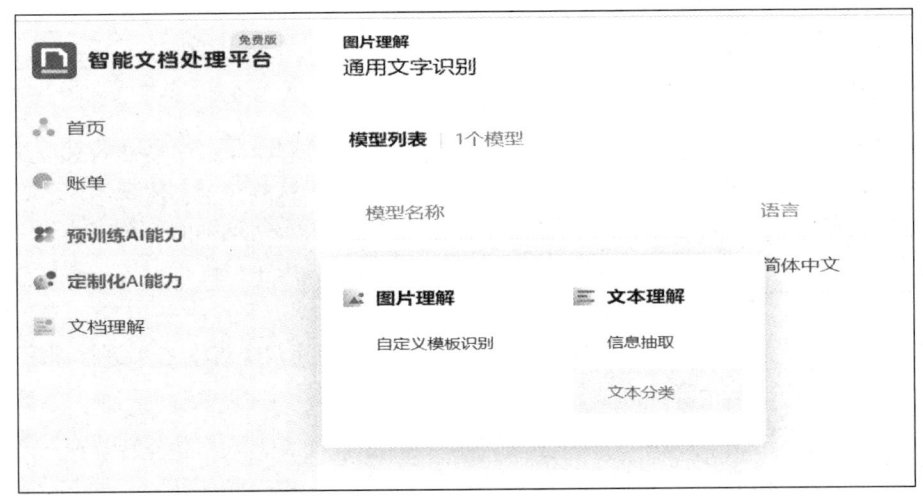

图 8-81 点击"文本分类"

步骤二:点击"新建文本分类模型",创建一个基础版文本分类模型,如图 8-82 所示。

步骤三:点击"模型的设置",可以查看到该分类器的 pubkey 和 secret。需要使用者保存密钥。在 UiBot Creator 中使用该抽取器的服务时,需要输入这两个 key。点击"模型的打开",进入模型配置页面。点击"添加分类",设置分类名、备注、关键词组等信息。可以设置多个关键词组,关键词组之间是或的关系。一组关键词组包含的关键词是且的关系。支持通过快捷键回车快速添加关键词组,如图 8-83 所示。

第 8 章　UiBot IDP 智能自动化

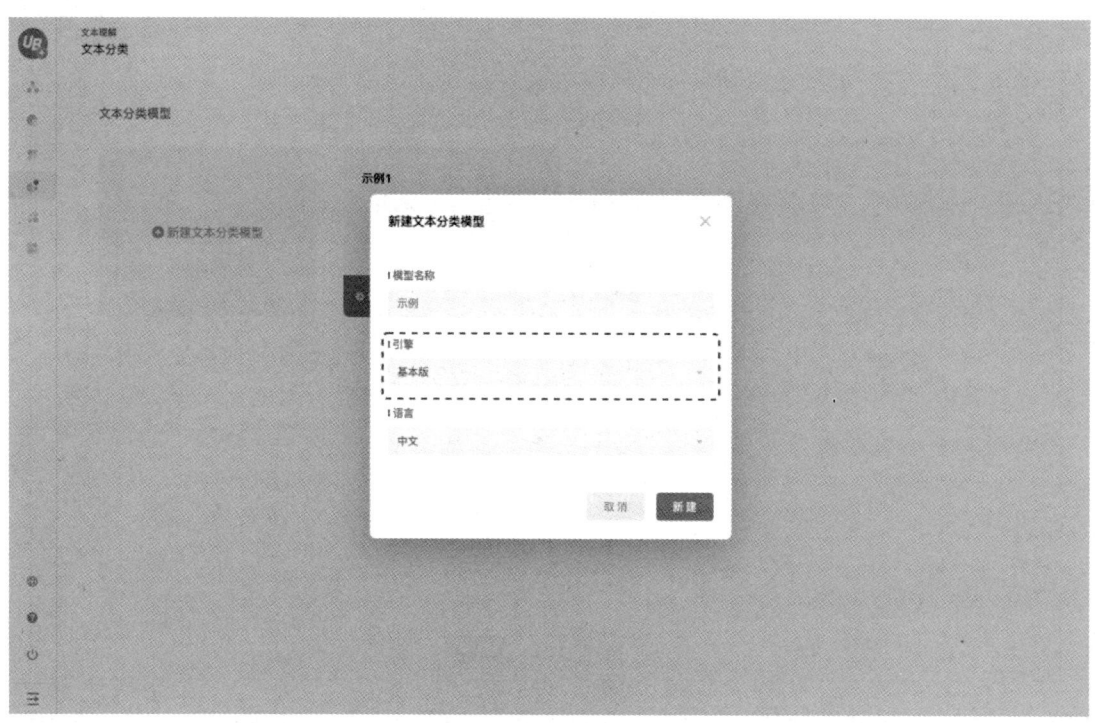

图 8-82　新建文本分类模型

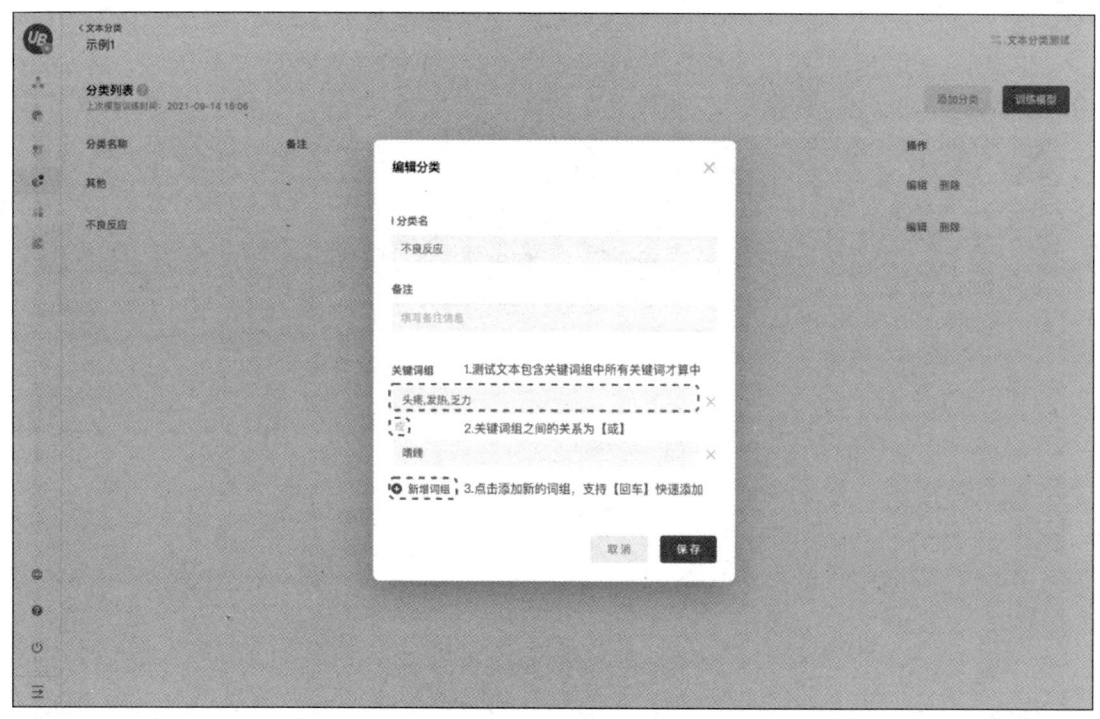

图 8-83　添加分类

步骤四：点击"训练模型"，模型训练完毕会自动生效，再点击"文本分类测试"，输入测试文本，测试效果是否满足预期，如图 8-84 所示。

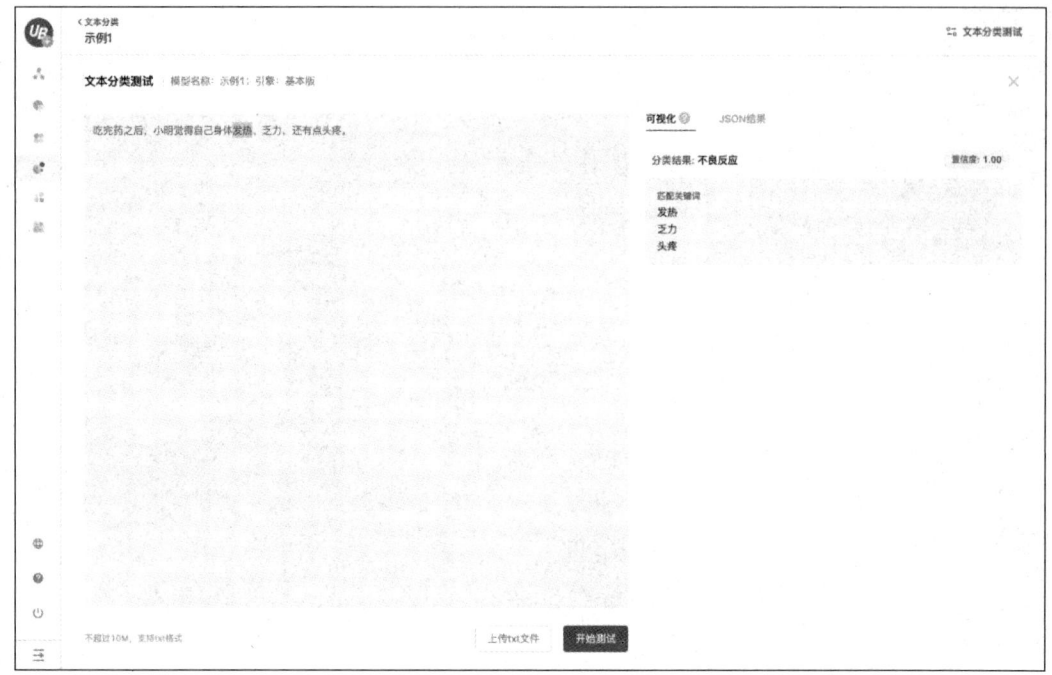

图 8-84　进行测试

（2）智能版。

步骤一：同样地，登录平台后点击"定制化 AI 能力""文本理解""文本分类"，进入文本分类模型列表，并点击"新建文本分类模型"，创建一个智能版的文本分类模型，如图 8-85 所示。

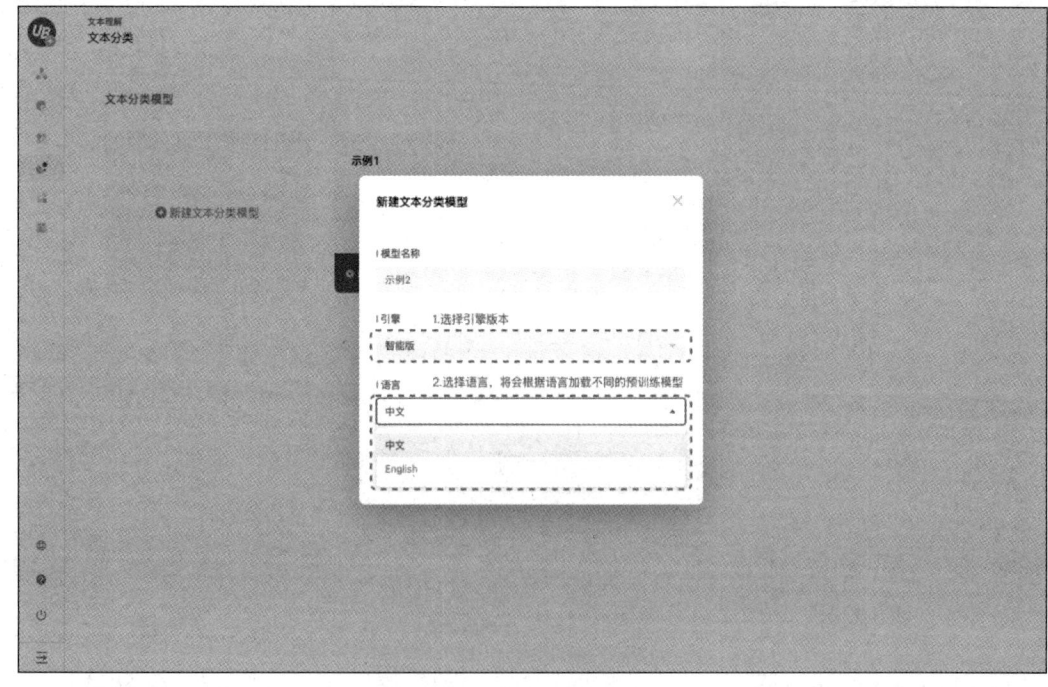

图 8-85　新建文本分类模型

步骤二：点击"模型的设置"，可以查看到该分类器的 pubkey 和 secret。在 UiBot Creator 中使用该抽取器的服务时，需要输入这两个 key。点击"模型的打开"，进入模型配置页面。可以通过页面提供的示例文件先熟悉分类功能。后续操作将基于示例文件中的长文本分类示例进行引导，如图 8-86 所示。

图 8-86　进行模型配置

步骤三：点击"添加分类"，创建所有需要辨别的分类（支持通过快捷键回车快速添加），如图 8-87 所示。

图 8-87　进行分类创建

步骤四：点击每个分类操作下的上传样本，为每个分类添加训练样本，如图8-88所示。

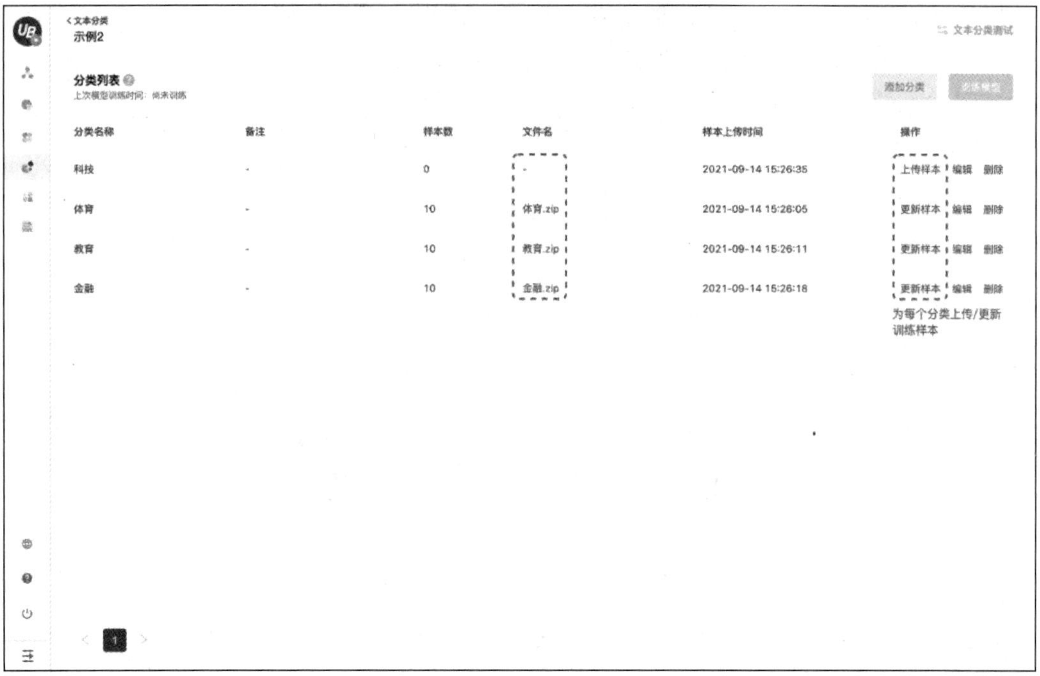

图8-88 添加训练样本

步骤五：点击"训练模型"，模型训练完毕会自动生效。至少要创建两个类别才可进行训练。点击"文本分类测试"，输入测试文本，测试效果是否满足预期，如图8-89所示。

图8-89 进行文本分类测试

8.9 印章识别

● 8.9.1 功能描述

印章识别功能可以辨识各类文档，如合同、票据、卡证、表格文档等，检测其是否加盖了印章，并返回印章的文字内容、位置以及颜色信息。该技术可广泛应用于合同审批、财务报销、资质审核等场景，主要支持公司使用的椭圆章、圆章和长方形章。

印章识别具有以下特点：

(1) **兼容一图多章**：该功能能够识别一张图片上的多个印章，即使在印章相互遮挡的情况下，也能够准确地检测和识别印章。

(2) **精准识别印章颜色**：在审批流程中，往往需要确认印章是复印出来的还是新加盖的，这就涉及到印章颜色的辨识。该功能能够准确地返回印章的颜色信息，从而满足这一需求。

● 8.9.2 使用方法

1. 场景描述与痛点分析

范洵与彭兰雅在财务部的工作，如游走在纷繁复杂的数字海洋，这两位报销稽核人员面对的，不仅是海量的单据，还有识别印章的挑战。印章虽小却大，是公司身份的象征，也是报销过程中的痛点。每当大量的纸质单据需要处理，印章识别的问题就如同山一般压在他们的肩上。

这天，范洵看着手中的一叠发票和单据，叹了口气："这个月的报销单又堆成山了，兰雅，你那边的印章识别怎么样了？"

兰雅头也不抬地说道："老样子，慢得像蜗牛。这些印章的细节太难分辨了，我担心出错。"

范洵理解地点点头："是的，这也是我们财务部一直以来的痛点。印章识别不仅耗时，而且因为字迹模糊等问题，很容易出现误判，这也间接增加了我们的工作压力。"

兰雅停下手中的工作，看着范洵："我倒有个主意，听说 UiBot IDP 的印章识别功能能够识别文档上是否加盖过印章，并识别出印章的内容、颜色和位置，这样不仅能提高工作效率，而且准确度也有保障！"

范洵眼睛一亮："这个主意不错，对机器人的需求就是能够快速、准确地识别印章，减轻我们的工作压力，提高工作效率，我们待会就去联系 UiBot IDP 的技术人员，让他们帮助我们解决印章识别的难题！"一想到有帮手了，两人也开心了不少，又投入了工作中。

2. 机器人开发技术实现

步骤一：登录 IDP 平台，点击左侧菜单栏中的"预训练 AI 能力"，可以看到有图片理解和文本理解，点击"图片理解"中的"印章识别"，如图 8-90 所示。

步骤二：点击右上方或者页面中间的"新建模型"，填写"模型名称"，选择"引擎"，新建一个印章识别模型，如图 8-91 所示。

步骤三：点击刚刚创建的印章识别模型右侧的"测试"，进入测试页面，如图 8-92 所示。

图 8-90　登录 IDP 平台

图 8-91　新建印章识别模型

第 8 章　UiBot IDP 智能自动化

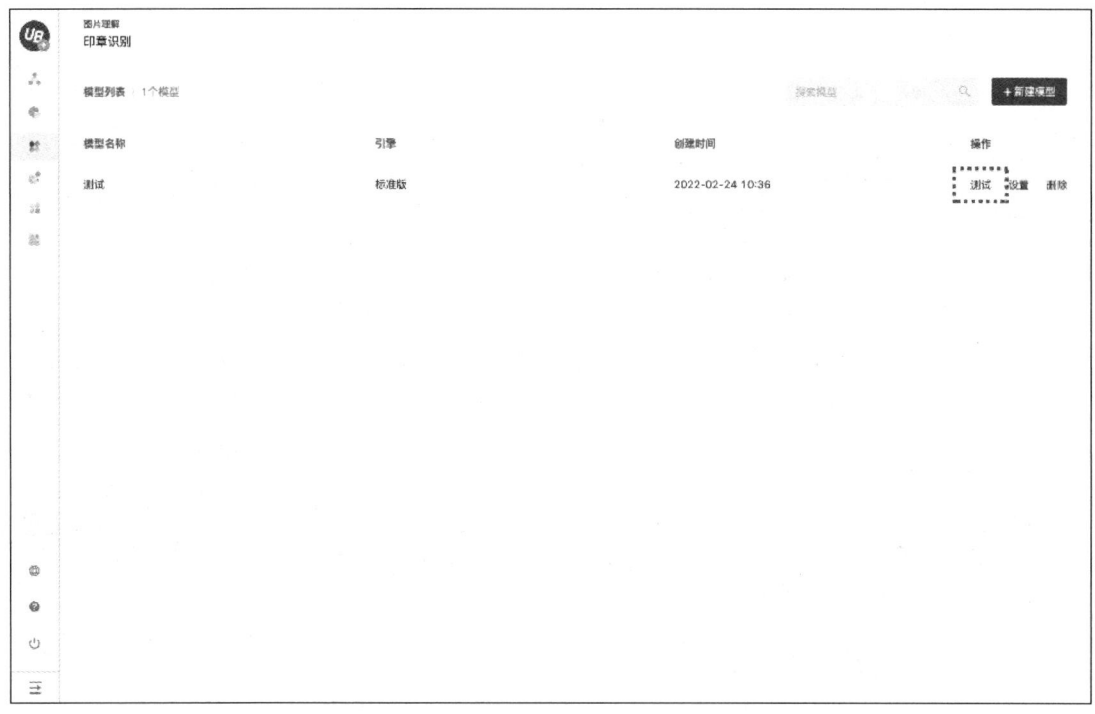

图 8-92　进行测试

步骤四：在印章识别测试中上传一张加盖印章的图片，点击图片下方的"开始测试"，页面右侧会显示"可视化"和"JSON 结果"两种识别结果。在可视化结果中，会给出印章识别的颜色、形状和文字内容，右侧还会显示置信度，如图 8-93 所示。

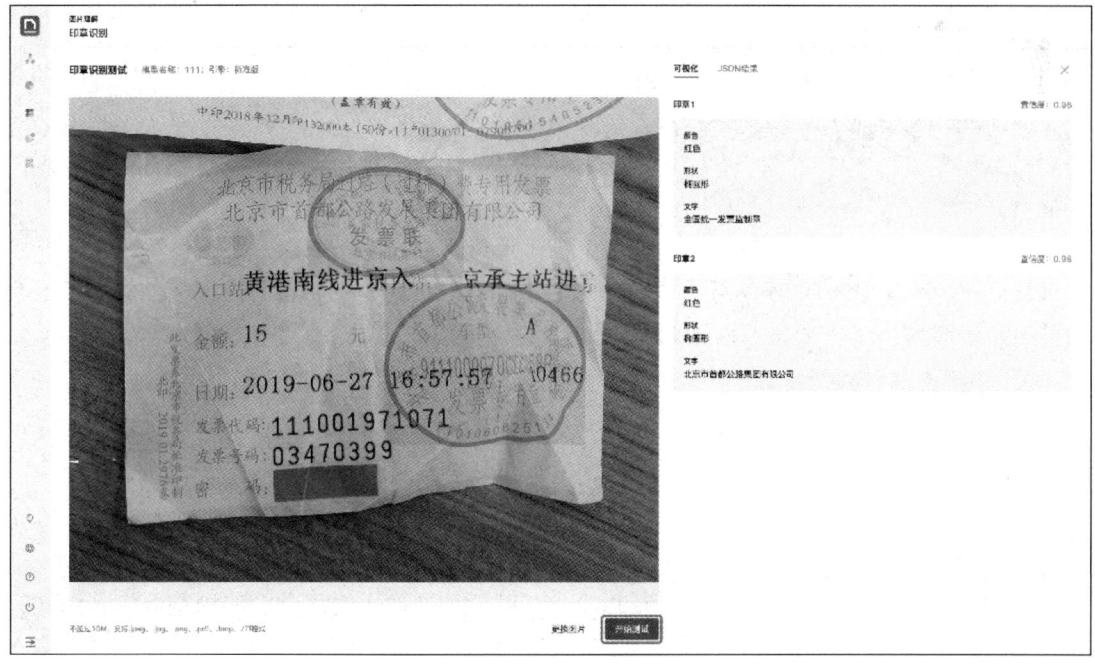

图 8-93　获取识别结果

8.10 验证码识别

8.10.1 功能描述

验证码是 RPA+AI 场景中使用最高频的 AI 应用。RPA 能够模拟人工进行鼠标键盘的操作，将办公流程自动化。通常在 RPA 操作业务系统的过程中，会遇到需要输入验证码的情况。比如：登录银行网银下载流水、进入增值税发票查验平台验证发票的真实性，都需要填写验证码信息。

验证码识别能力可以识别纯英文、纯数字、英文数字组合、四则运算、滑块等验证码图片，让流程全自动化，不再需要人工介入。

验证码识别具有以下几个特点：

(1)支持多位数字与英文：一般验证码包括纯英文、纯数字、英文数字组合、四则运算、滑块验证码等，验证码识别功能可以对各种形式的验证码准确识别。

(2)识别速度快：验证码识别功能响应速度快，识别结果秒回。

8.10.2 使用方法

1. 场景描述与痛点分析

在茶水间里，彭兰雅与范洵偶遇。

范洵低头看见彭兰雅手里一大杯黑咖啡，抬头看见彭兰雅一脸疲惫地揉着太阳穴，忍不住关心地问道："兰雅呀，你怎么今天看起来那么憔悴呢？"

彭兰雅叹了一口气，缓缓开口道："哎！最近手里的活实在是太多了，而且老要频繁登录网银。每次登录银行的官方网站可麻烦了，要一个个地输入验证码才能进行后续工作。你也知道验证码界面特别花哨，一不注意就会看错、录错，验证不通过，可麻烦了。"

范洵拍拍彭兰雅的肩膀表示理解，同情地说道："确实，我能理解你的情况，和我之前遇到的工作类似，可麻烦了，不过当时我记得 UiBot IDP 对我提供了很大的帮助，你可以问问他们。"

彭兰雅的眼睛立刻有光了，立刻拿起手机开始询问。过了一会儿，彭兰雅举起手机开心地说道："太好了，他们说可以解决这个问题，让机器人自动识别验证码，这样不仅节约了我的时间，识别的出错率也会大大降低。"

2. 机器人开发技术实现

步骤一：点击左侧的"工具"，安装对应的浏览器扩展程序，并确认浏览器中已经开启扩展程序。本案例使用 New Microsoft Edge 浏览器，如图 8-94 和图 8-95 所示。

步骤二：打开 UiBot，新建流程，命名为"验证码识别"，点击"创建"，如图 8-96 所示。

步骤三：双击流程块，进入流程界面。在左侧活动栏搜索"启动新的浏览器"并添加。在右侧编辑属性栏，将浏览器类型下拉选择"Microsoft Edge（Chromium）"，打开链接处输入"https://ebank.95559.com.cn/CEBS/cebs/logon.do#"，如图 8-97 所示。

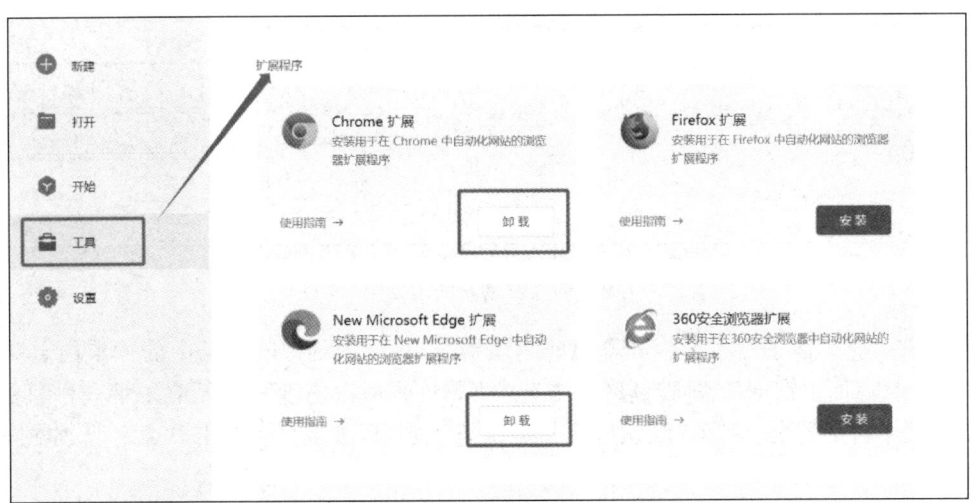

图 8-94 安装扩展程序

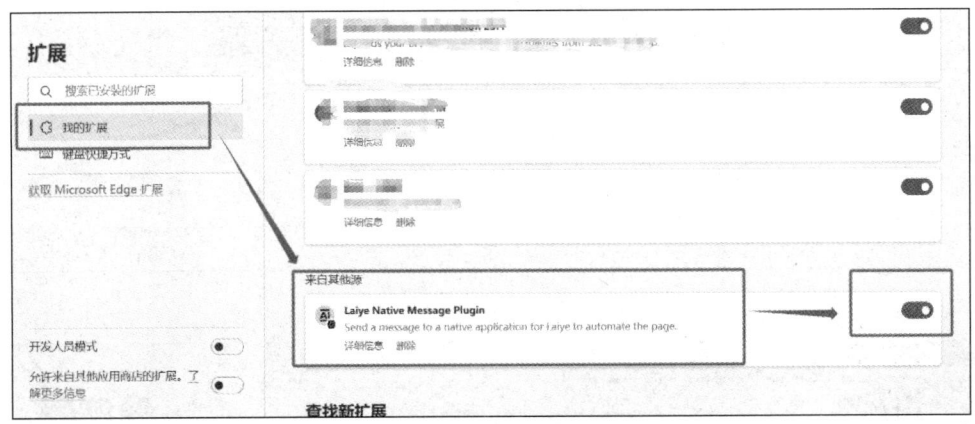

图 8-95 确认已开启扩展程序

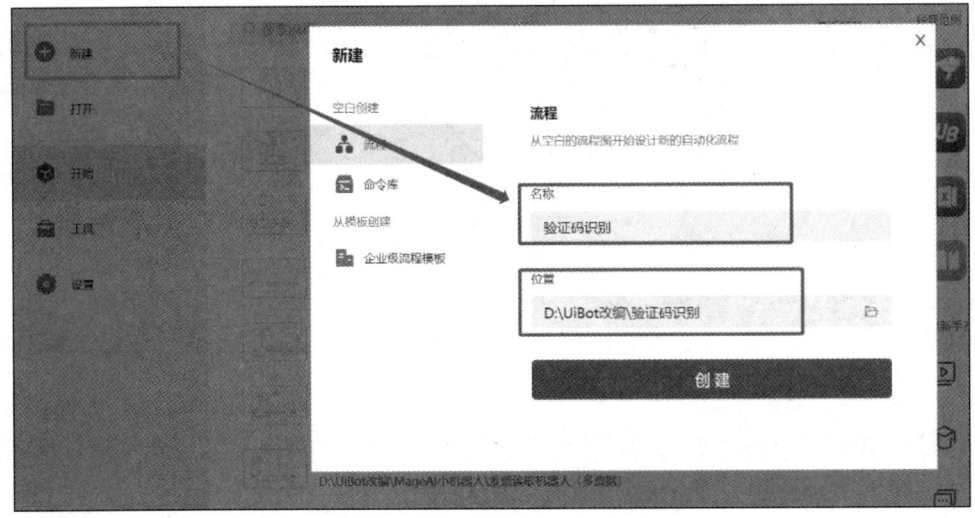

图 8-96 新建流程

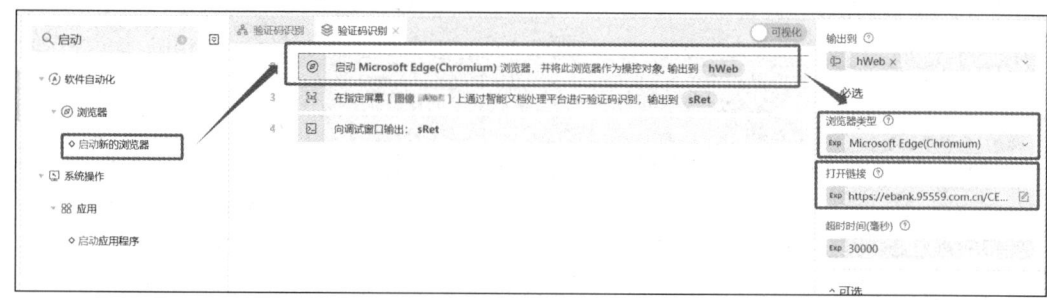

图 8-97 启动新的浏览器

步骤四：继续在下方添加"屏幕验证码识别"。鼠标放到中间活动中的"未指定"处，随后点击"从界面上选取"，跳转到网页中选中"验证码所在位置"。然后在右侧属性栏的"智能文档处理平台配置"，选择"默认应用 1-验证码识别(标准版)"，点击"确定"，如图 8-98、图 8-99 和图 8-100 所示。

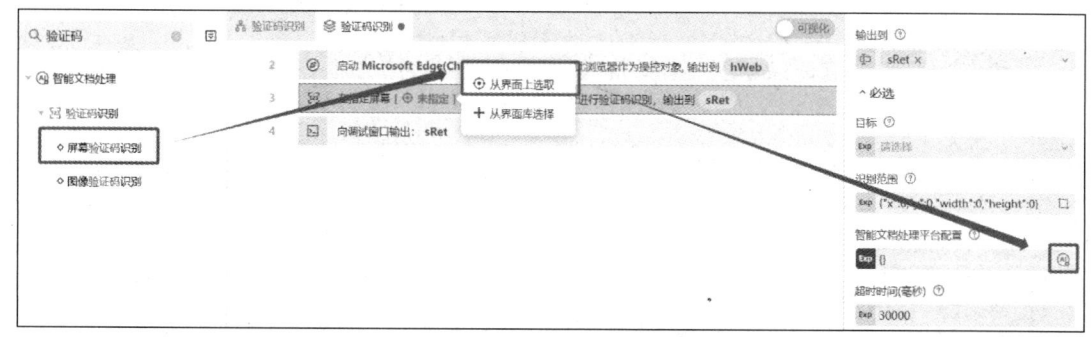

图 8-98 屏幕验证码识别

图 8-99 选中验证码位置

步骤五：继续在下方添加"输出调试信息"。输出内容为"sRet"。点击"运行"就能得到运行结果，如图 8-101 和图 8-102 所示。

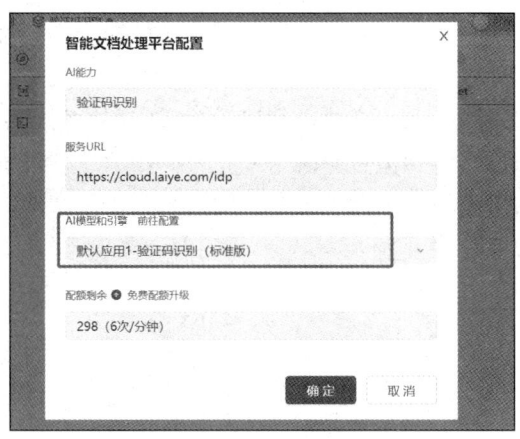

图 8-100 选择"AI 模型和引擎"

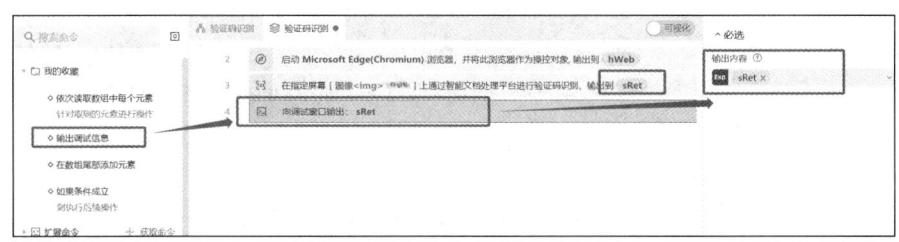

图 8-101 输出调试信息

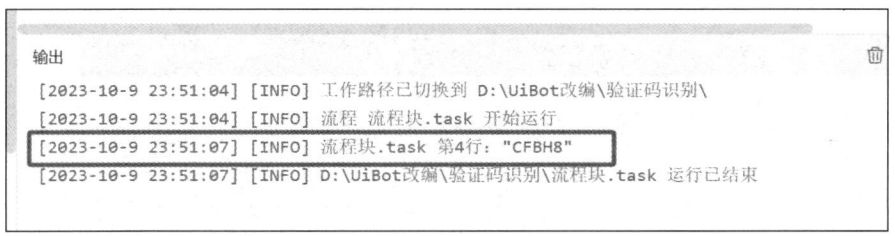

图 8-102 运行结果

8.11 标 准 地 址

● 8.11.1 功能描述

标准地址的主要组成要素包括：行政区划、街道名称、住宅区名称、自然村名称、地标名称、门牌号码、建筑物单元房间七种。通常，按照不同的要素组成规则，常用结构是："行政区划"+"街道名称"+"门牌号码"+"建筑物、单元、房间"。如：重庆市巴南区马王坪大街 21 号 2 号楼 2 单元 401 室。

标准地址是来也智能文档处理平台的一项强大的预训练文本理解能力。它不仅支持对地址的基本识别，还具备出色的纠错、解析和结构化能力，即使文本中存在拼写错误或格式混乱，标准地址都能够轻松应对，确保地址信息的准确性。这一技术不仅可以帮助使用者快速提取地址中的省、市、区、街道等重要信息，还能自动标准化地址格式，使其符合国际或地区特定的规范，提高数据的一致性和可用性。这对于各种应用场景都非常有用，包括物流管理、客户信息管理、市场分析等。

标准地址的应用还远不止于此。它可以在电子商务中用于自动填写配送地址，减少用户输入错误，提高购物体验。在地理信息系统中，它可以用于地理位置标记和导航。此外，标准地址还有助于政府部门更好地管理人口普查、选民登记等方面的工作。

8.11.2 使用方法

1. 场景描述与痛点分析

临近周末，按理来说办公室应该是欢快的，可范洵还是满脸疲惫。

彭兰雅见状前去询问缘由。范洵说道："报销单上的地址问题真是让人头疼。我们要花好多时间手动整理和校正地址，而且还无法确保准确性。"彭兰雅点点头，说道："是的，这工作耗时且烦琐。而且有时候，我们对某些地址的确切位置也不太确定，这让工作更难做。"突然，彭兰雅想到了最近在学习的 UiBot 机器人，她灵机一动，打开了 UiBot IDP 的标准地址功能。一边打开还一边念叨："我想试试 UiBot IDP 的标准地址功能。它可以自动提取和规范化地址信息，应该能帮我们解决这个问题。"

"wow～真的吗？那就赶紧试试看吧！"一旁的范洵半信半疑。

范洵和彭兰雅开始使用 UiBot IDP 的标准地址功能，看它能否导入报销单并自动处理地址信息。彭兰雅尝试着启动 UiBot IDP，把报销单文件导入。不一会儿，她惊讶地看着电脑屏幕："哇，这太神奇了！UiBot IDP 不仅自动提取了地址，还把它们规范化了，而且看起来准确性也不错。"

2. 机器人开发技术实现

步骤一：登录平台，点击左侧导航栏的"预训练 AI 能力"进入标准地址，如图 8-103 所示。

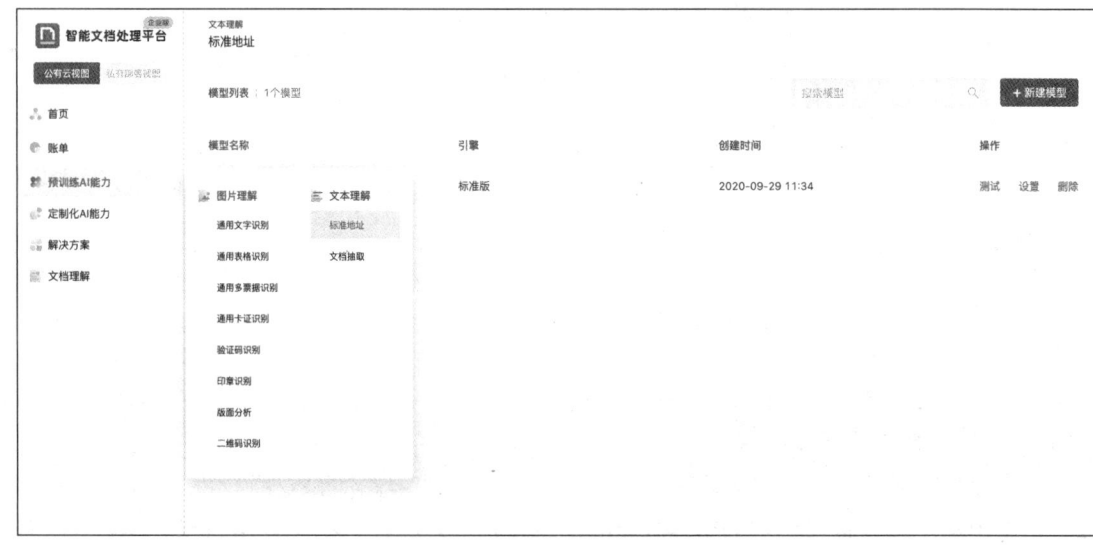

图 8-103　进行标准地址配置

步骤二：点击"新建模型"，创建一个标准地址模型，打开模型测试页面，如图8-104所示。

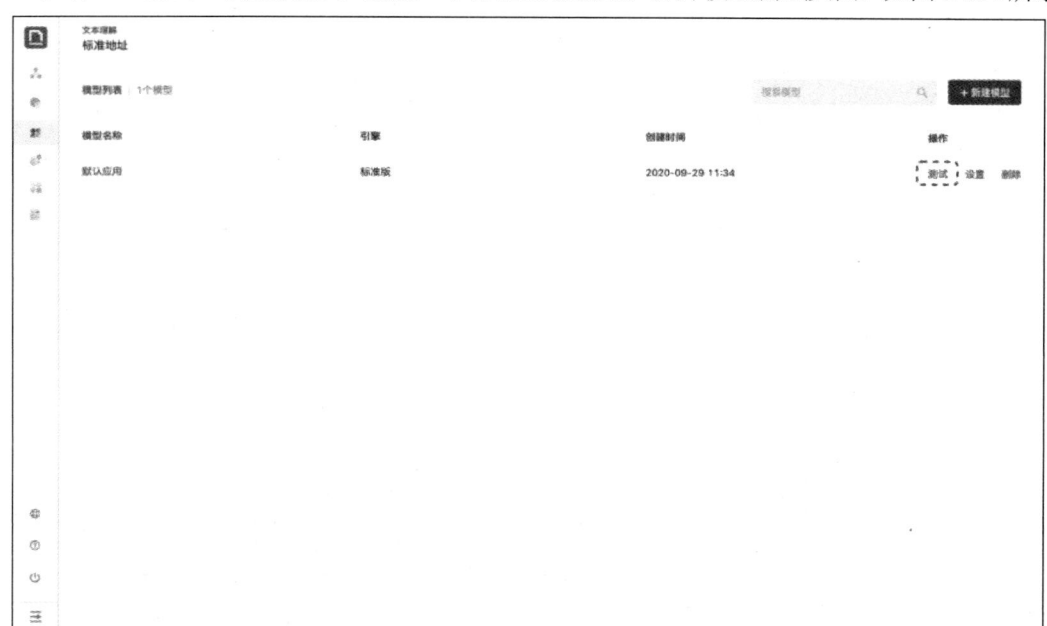

图 8-104　新建模型

步骤三：输入测试文本，测试效果是否满足预期。模型默认测试文本是一个地址，不支持对句子中的地址做抽取，如图8-105所示。

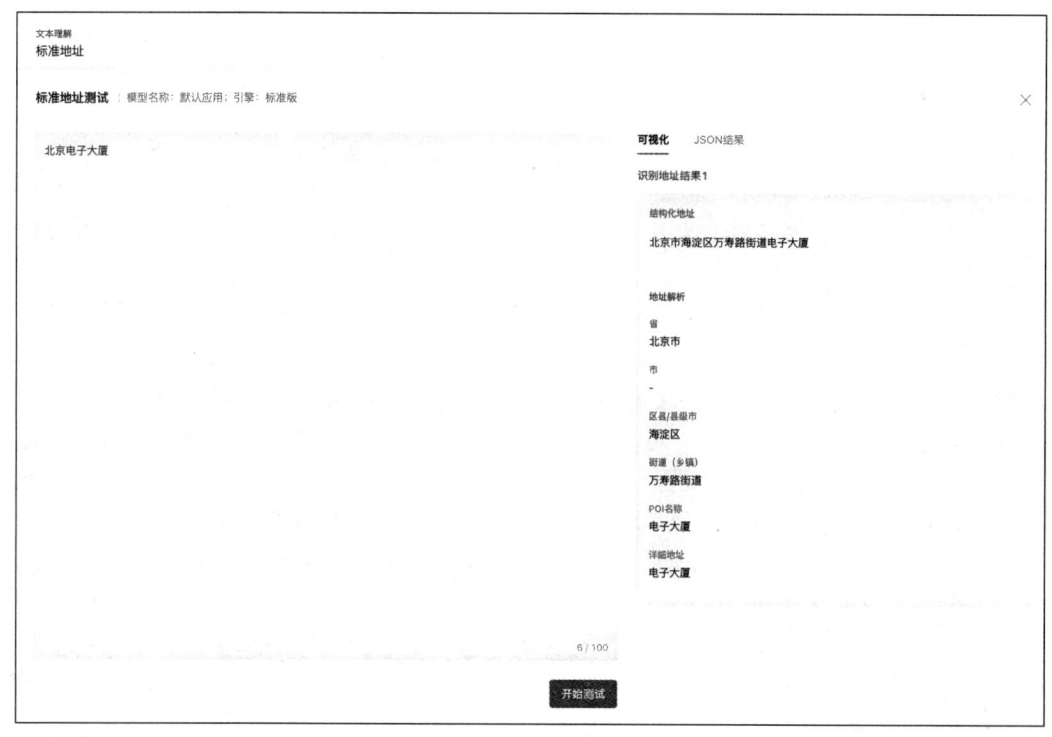

图 8-105　测试文本

8.12 财务报销编制机器人模拟实训

8.12.1 场景描述与业务流程

站在楼下,一抬头就能看见公司的大 LOGO——HD 信息技术股份有限公司(简称"HD 公司"),彭兰雅深吸一口气,发出"唉"的一声长叹,迈着沉重的步伐走向公司大门……

彭兰雅是半年前通过春季校招进入 HD 公司财务部的应届毕业大学生,目前负责报销稽核工作。

"彭兰雅,怎么看着无精打采的?难道是昨晚又背着我偷偷熬夜打排位赛了?"与彭兰雅一同进公司的稽核岗同事范洵与她开着玩笑。

"哪来的精力打排位赛啊,每天都要处理大量的费用报销业务,不停地审核。例如,检查发票是真是假?检查发票是否在公司规定的 1 个月有效期之内报销?计算报销单上的金额是否和粘贴发票的累计金额相等……太多太多,就连晚上做梦都是"蛮好用"计算机屏幕上的报销明细表及成堆的报销发票,压得人喘不过气。"彭兰雅说完叹了口气。

"是啊,这待处理的报销单真是没完没了,好不容易搞定了今天的,结果等到明天上班又是一大堆,永远做不完。"范洵感同身受。

"这日复一日、年复一年的机械式工作我简直是受够了,什么时候才能结束这种简单、重复、乏味的工作模式啊?!"彭兰雅一脸生无可恋。

"不知道啊,咱也不敢问,再坚持坚持吧……"范洵同样一脸生无可恋。随后两人齐齐转头,又开始了日常的费用报销处理工作。

HD 公司通信费报销明细表编制业务流程如图 8-106 所示。

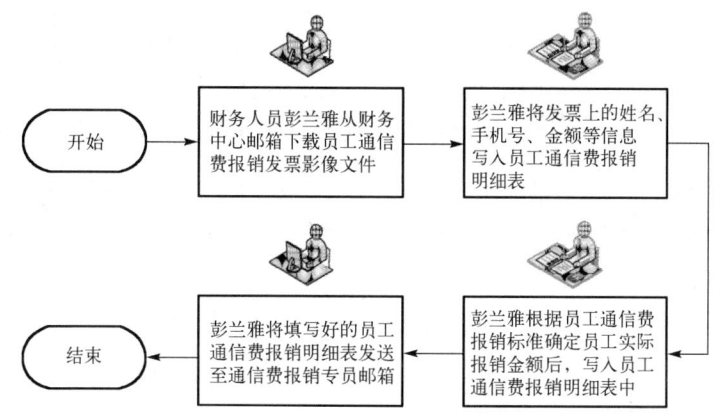

图 8-106　HD 公司通信费报销明细表编制业务流程

【沙盘模拟推演】

阅读业务场景描述之后，分析案例中涉及的企业情况、人员与岗位，以及业务描述等要点，梳理出编制报销明细表工作的业务流程，进行关键环节的业务痛点分析。

以小组为单位，在 RPA 财务机器人开发模拟物理沙盘上推演"机器人分析"。

⊃ 8.12.2　自动化流程设计

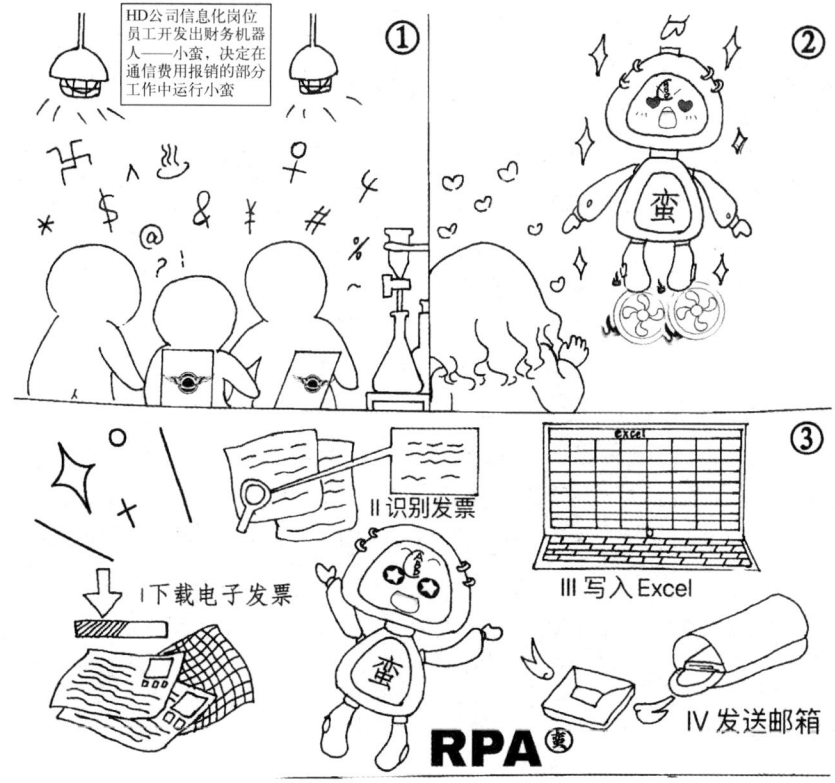

由于越来越多的业务人员向 HD 公司上层反映目前财务工作效率低，对业务工作的顺利开展带来了很大影响，因此财务部组织信息化岗位几名"大神"于年初开始了财务机器人开发工作，目前已取得初步进展，成功开发出财务机器人——小蛮。公司决定先在通信费用报销的部分工作流程试运行小蛮。就这样，彭兰雅成了第一批幸运儿。

试运行小蛮后，彭兰雅每天上班都非常开心，到单位后启动小蛮，自己就可以去喝杯咖啡。小蛮首先登录费用报销专用邮箱下载通信费报销发票影像文件；然后自动识别发票上的报销人、金额、手机号等信息，接着与公司员工的姓名、通信费报销标准匹配，确定实际的报销金额；最后，将生成的 HD 公司通信费报销明细表发送至通信费报销专员邮箱……

彭兰雅得意扬扬地对同事范洵感叹道："这工作真幸福呀！原本要我们两个人加班一周的工作量，有了小蛮，一天就完成了。""是呀！"范洵认同地点点头，"之前我们每人每天要处理 30 笔业务，平均每笔业务耗时 20 分钟，坐得腰酸背疼一刻也不敢停歇，才能勉强按时交差，小蛮一来直接省了一个人的工作量，这样算来有你一个人就够了，哈哈哈……""哎，你别拿我开玩笑了，我还想和你多当两年同事呢！"说着彭兰雅拍了拍范洵圆圆的脑袋，"不过仔细一算，小蛮确实为公司节省了不少成本，不仅每个月降低了 5000 元人力成本，还只需 2 分钟便能完成一笔业务，直接提升了 9 倍效率，太给力了！"说罢，彭兰雅和范洵为了庆祝提前完成工作，兴冲冲地朝"蛮好吃"重庆火锅店走去……

HD 公司基于图像自动化的报销明细表编制自动化流程设计如图 8-107 所示。

【沙盘模拟推演】

基于以上自动化流程描述进行详细的自动化流程设计；结合报销明细表编制案例的业务流程，规范机器人开发过程中所使用的数据，其中所需数据主要来源于邮件和图像；确定所需发票信息，如手机号、姓名、金额等；思考如何进行数据处理，如对通信费报销影像文件的数据抓取，对发票金额与报销金额的判断，以及不同类型数据间的转换等，最后将报销明细表发送至相关负责人邮箱。

以小组为单位，在 RPA 财务机器人开发模拟物理沙盘上推演"机器人设计"和"数据标准与规范化设计"。

第 8 章　UiBot IDP 智能自动化

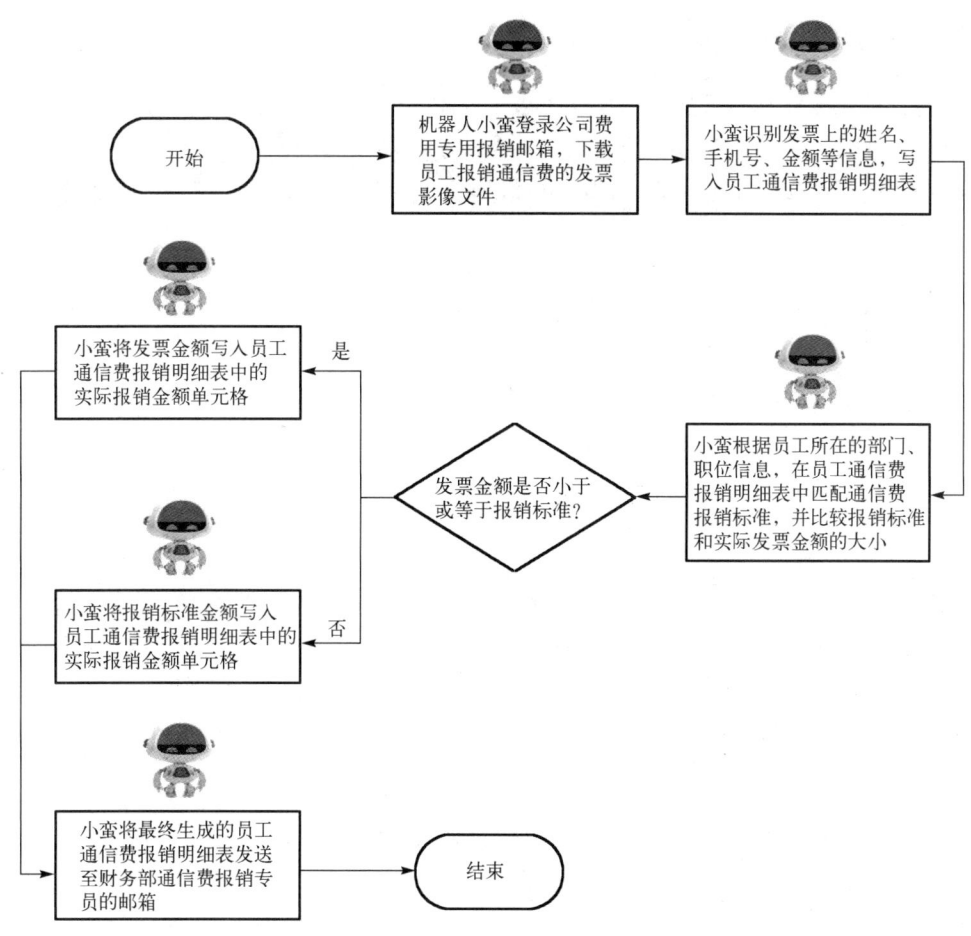

图 8-107　HD 公司基于图像自动化的报销明细表编制自动化流程

8.12.3　技术路线与开发步骤

基于图像自动化的报销明细表编制流程开发总体技术路线如下：

(1) 使用"连接邮箱""查找邮件""依次读取数组中每个元素""下载附件"，下载通信费报销附件。

(2) 添加"获取文件或文件夹""依次读取数组中每个元素""智能文档处理"，打开通信费报销的发票文件，并获取发票中的姓名、金额等信息。

(3) 添加"打开 Excel 工作簿""写入列""激活工作表"，读取员工通信费报销标准表中的数据。

(4) 使用"依次读取数组中每个元素""读取单元格"等，对员工通信费报销标准中的数据进行循环，获取需要的数据。

(5) 添加"如果条件成立"，判断员工实际可报销金额。

(6) 添加"写入区域"，填写员工通信费报销明细表。

(7) 使用"发送邮件"，将员工通信费报销明细表发送至财务部通信费报销专员的邮箱。

【沙盘模拟推演】

根据自动化流程总体设计，结合以上技术思路，以小组为单位，在 RPA 财务机器人开发模拟物理沙盘上推演"机器人开发"。

机器人程序的完整视图如图 8-108 所示。

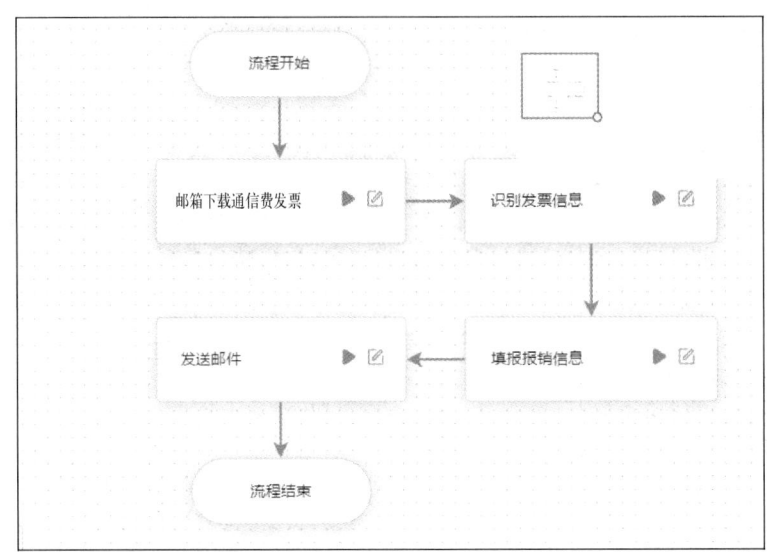

图 8-108　机器人程序的完整视图

下面讲解财务机器人小蛮的具体开发步骤。

1. 邮箱下载通信费发票

步骤一：在"流程开始"后依次添加四个"流程块"和一个"流程结束"，并将其依次命名为"邮箱下载通信费发票""识别发票信息""填报报销信息""发送邮件"，如图 8-109 所示。

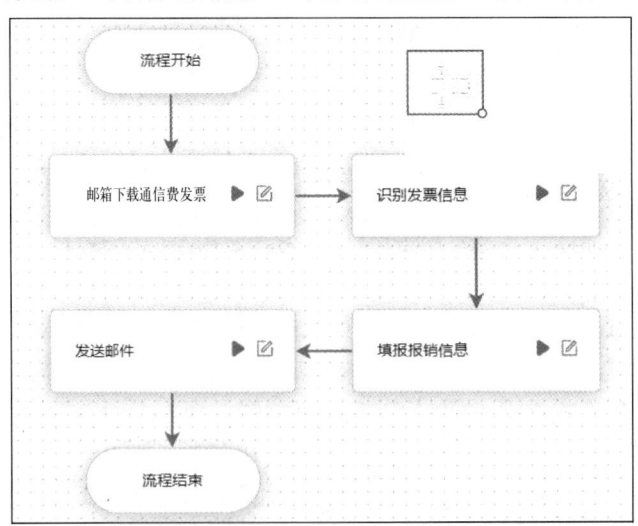

图 8-109　重命名流程块

步骤二：点击进入"邮箱下载通信费发票"活动块。在左侧命令框内搜索"连接邮箱"，并拖入中间工作区，如图 8-110 所示。将"输出到"设置为"objIMAP"，"服务器地址"设置为"imap.qq.com"，"服务器端口"设置为"143"，并输入对应的登录账号、登录密码、邮箱地址，如图 8-111 所示。

图 8-110 添加"连接邮箱"

步骤三：添加"查找邮件"。在左侧命令框内搜索"查找邮件"，并拖入"连接邮箱"下方。将"输出到"设置为"objMail"，"邮箱对象"设置为"objIMAP"，"字符集"设置为""gb2312""，"邮箱文件夹"设置为""收件箱""，"查找关键字"设置为""通信费用发票""，如图 8-112 所示。

 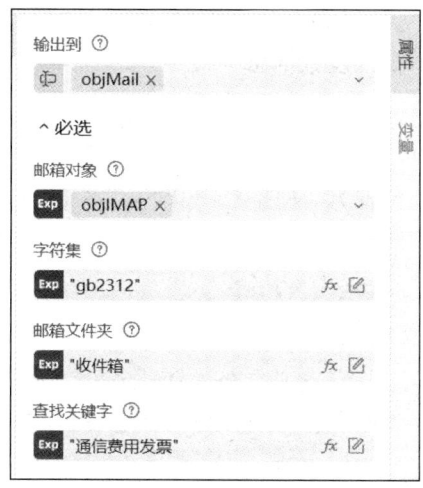

图 8-111 修改属性　　　　　　　　图 8-112 修改属性

步骤四：添加"依次读取数组中每个元素"。在左侧命令框内搜索"依次读取数组中每个元素"，并拖入"查找邮件"下方。将"值"设置为"value"，"数组"设置为"objMail"，如图 8-113 所示。

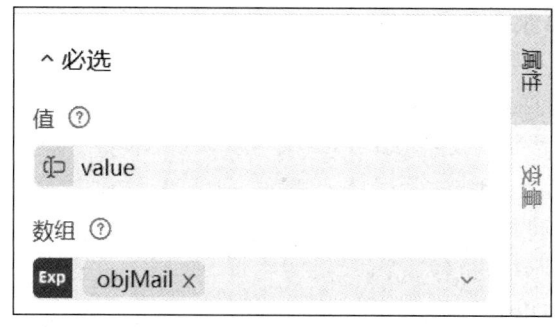

图 8-113 修改属性

步骤五：添加"下载附件"。在左侧命令框内搜索"下载附件"，并拖入"依次读取数组中每个元素"内。将"输出到"设置为"arrayRet"，"邮箱对象"设置为"objIMAP"，"邮件对象"设置为"value"，"储存路径"设置为"@res"发票""，如图 8-114 所示。

图 8-114　添加"下载附件"

2．识别发票信息

步骤六：点击进入"识别发票信息"活动块，添加"依次读取数组中每个元素"。在左侧命令框内搜索"依次读取数组中每个元素"，并拖入中间工作区。将"值"设置为"value"，"数组"设置为"地址"，如图 8-115 和图 8-116 所示。

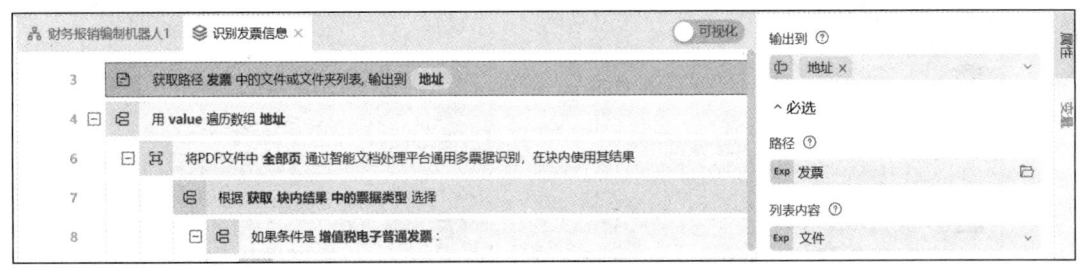

图 8-115　添加"依次读取数组中每个元素"

步骤七：点击软件上方的"智能文档处理"，如图 8-117 所示。在智能文档处理平台的"选择 AI 能力"界面选择"通用多票据识别"，如图 8-118 所示。在"选择来源"界面选择"选择 PDF"，上传员工通信费报销发票.pdf 文件，如图 8-119 所示。在"提取字段"中勾选"购买方名称""价税合计小写""备注"，如图 8-120 所示（若执行完后不在循环内，需手动把 IDP 识别程序拖入循环内，并将 PDF 文件路径改为"value"）。

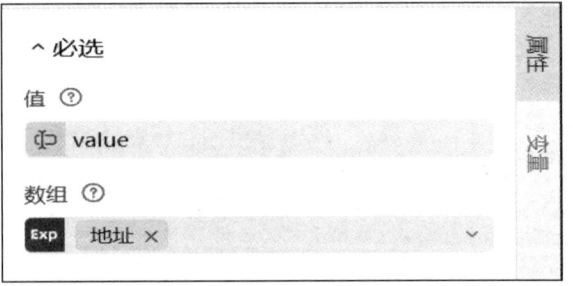

图 8-116　修改属性

第 8 章　UiBot IDP 智能自动化

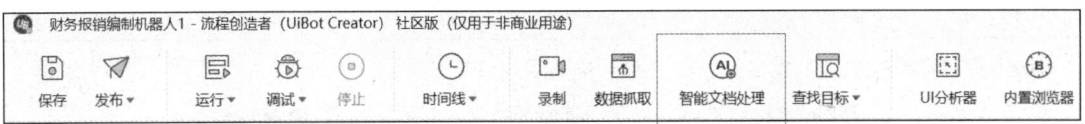

图 8-117　智能文档处理

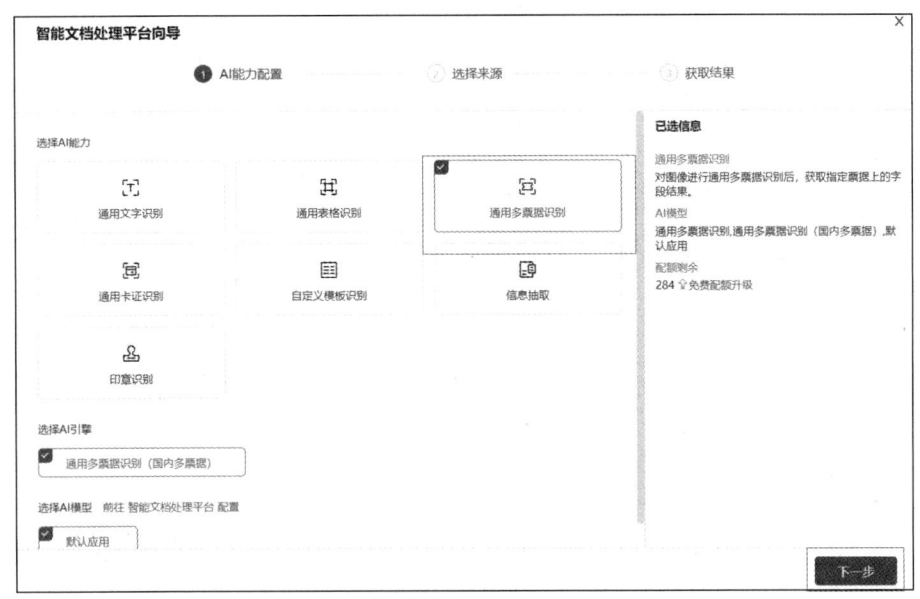

图 8-118　选择智能文档处理通用多票据识别

图 8-119　上传 PDF 文件

步骤八：将属性栏的"输出到"依次改为"姓名""金额""备注"，如图 8-121 所示。

步骤九：在点击"完成"以后，在"获取　块内结果"下方添加 3 个"在数组尾部添加元素"，"目标数组"和"添加元素"依次为"xm"和"姓名"、"bxje"和"金额"、"bzhm"和"备注"，属性设置如图 8-122 所示。

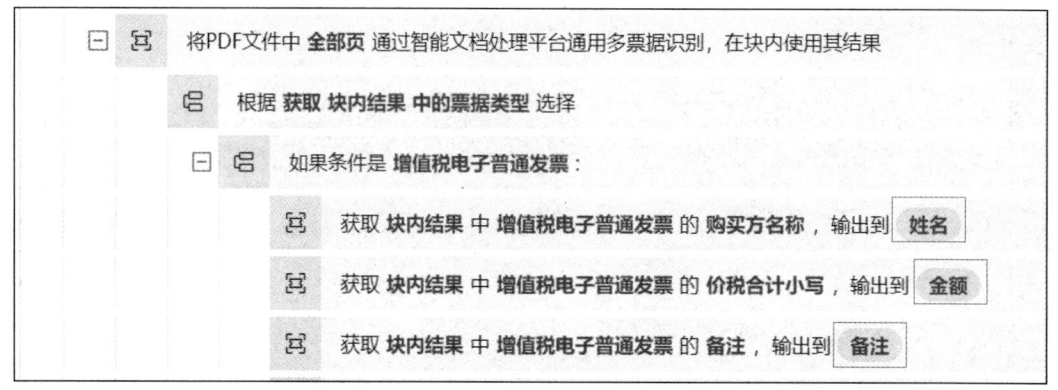

图 8-120 勾选提取字段类型

图 8-121 修改属性

3. 填报报销信息

步骤十：点击进入"填报报销信息"活动。添加"打开 Excel 工作簿"，选择工作簿路径为"@res"员工通信费报销明细表.xlsx""，如图 8-123 所示。紧接着在"打开 Excel 工作簿"下方添加两个"写入列"。将第一个"写入列"属性栏的"工作表"设置为"员工通信费报销明细表"，"单元格"设置为""G4""，"数据"设置为"bzhm"；将第二个"写入列"属性栏的"工作表"设置为"员工通信费报销明细表"，"单元格"设置为""E4""，"数据"设置为"bxje"，如图 8-124 所示。

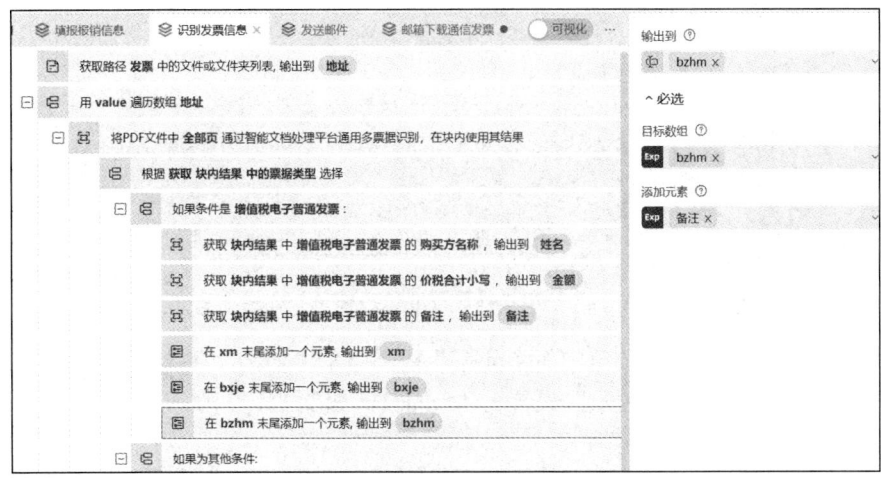

图 8-122　修改属性

图 8-123　添加"打开 Excel 工作簿"

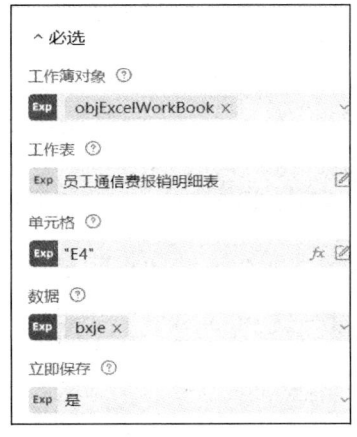

图 8-124　修改属性

步骤十一：添加"激活工作表"，将属性栏的"工作表"设置为""员工通信费报销标准""，如图 8-125 所示。

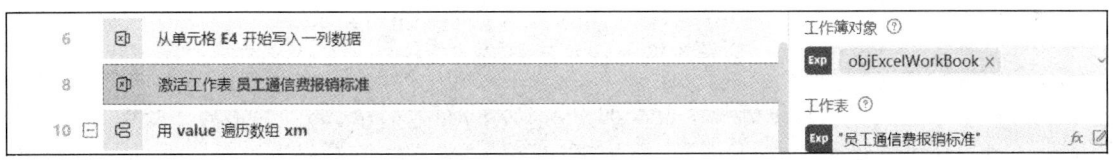

图 8-125　添加"激活工作表"

步骤十二：添加"依次读取数组中每个元素"，将属性栏的"值"设置为"value"，"数组"设置为"xm"，如图 8-126 所示。

图 8-126 添加"依次读取数组中每个元素"

步骤十三：在"依次读取数组中每个元素"内部添加"转为文字数据"，将属性栏的"输出到"设置为"itme"，"转换对象"设置为"value"，如图 8-127 所示。

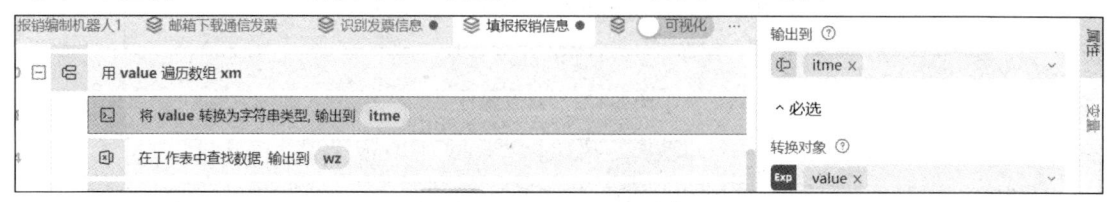

图 8-127 添加"转为文字数据"

步骤十四：在"转为文字数据"下方添加"查找数据"，将属性栏的"输出到"设置为"wz"，"工作表"设置为""员工通信费报销标准""，"区域"设置为""A4:D7""，"查找数据"设置为"item"，如图 8-128 所示。

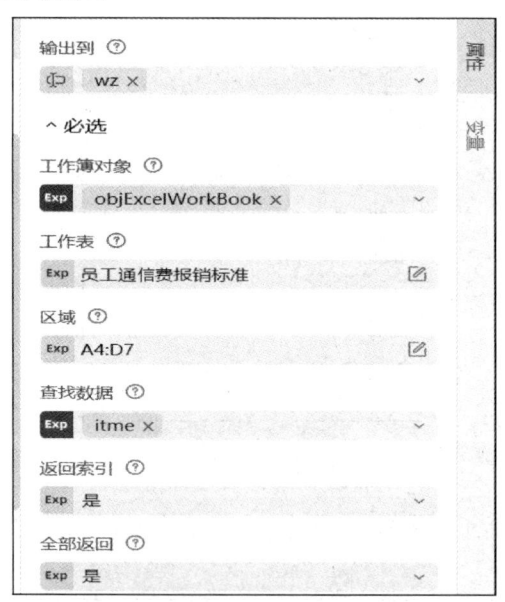

图 8-128 设置"查找数据"属性

步骤十五：在"查找数据"下方添加"读取行"，将属性栏的"输出到"设置为"员工信息"，"工作表"设置为"员工通信费报销标准"，"单元格"设置为"wz[0]"，如图 8-129 所示。

步骤十六：在"读取行"下方添加"在数组尾部添加元素"，将属性栏的"输出到"设置为"ygxx"，"目标数组"设置为"ygxx"，"添加元素"设置为"员工信息"，如图 8-130 所示。

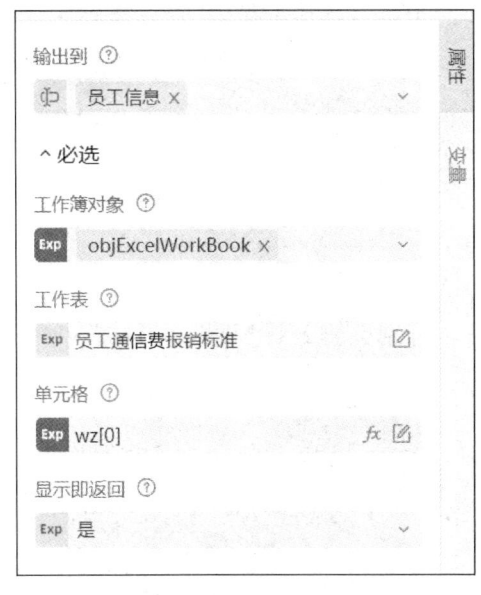

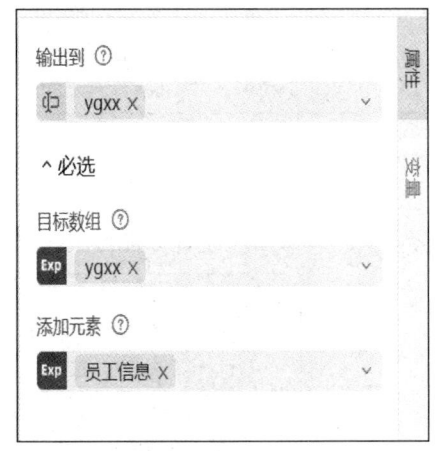

图 8-129　设置"读取行"属性　　　　图 8-130　设置"在数组尾部添加元素"属性

步骤十七：在"在数组尾部添加元素"下方依次添加"激活工作表""写入区域"。将"激活工作表"属性栏的"工作表"设置为""员工通信费报销明细表""。将"写入区域"属性栏的"工作表"设置为""员工通信费报销明细表""，"开始单元格"设置为"A4"，"数据"设置为"ygxx"，如图 8-131 所示。

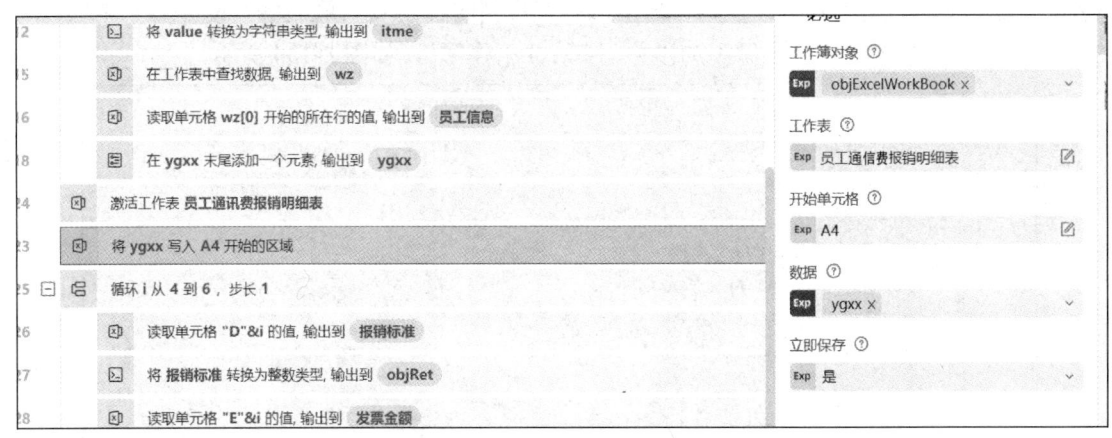

图 8-131　设置"写入区域"属性

步骤十八：在"依次读取数组中每个元素"下方依次添加"从初始值开始按步长计数"，如图 8-132 所示。将属性栏的"初始值"设置为"4"，"结束值"设置为"6"，"步长"设置为"1"。

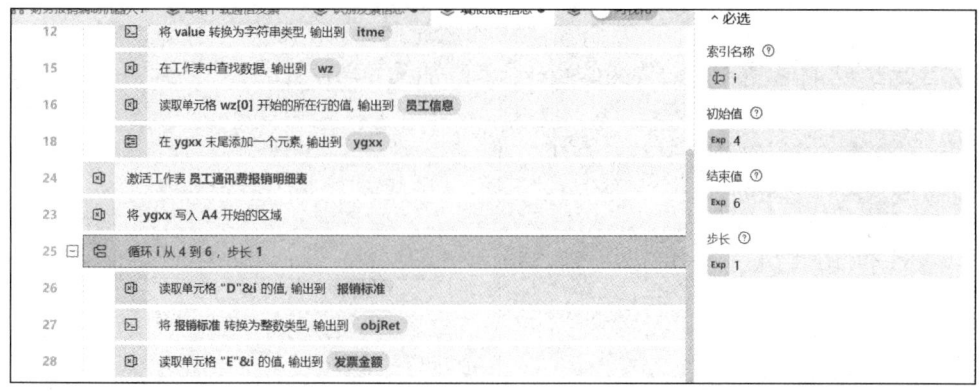

图 8-132 添加"从初始值开始按步长计数"

步骤十九：在"从初始值开始按步长计数"内分别添加 2 个"读取单元格"、2 个"转换为整数类型"，具体属性设置如图 8-133 所示。

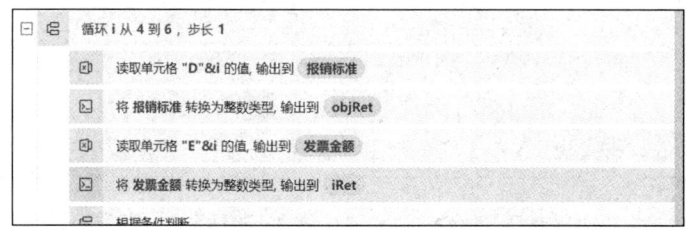

图 8-133 添加"读取单元格""转换为整数类型"

步骤二十：在"转换为整数类型"下方添加"如果条件成立"，判断表达式为"objRet>iRet"。继续添加 2 个"写入单元格"。将第一个"写入单元格"属性栏的"工作表"设置为"员工通信费报销明细表"，"单元格"设置为"'F'&i"，"数据"设置为"iRet"。将第二个"写入单元格"属性栏的"工作表"设置为"员工通信费报销明细表"，"单元格"设置为"'F'&i"，"数据"设置为"objRet"。最后添加"关闭 Excel 工作簿"，如图 8-134 所示。

图 8-134 添加"如果条件成立""写入单元格""关闭 Excel 工作簿"

4．发送邮件

步骤二十一：点击进入"发送邮件"活动，添加"发送邮件"，属性栏的设置如图 8-135 和图 8-136 所示。

图 8-135　设置"发送邮件"1

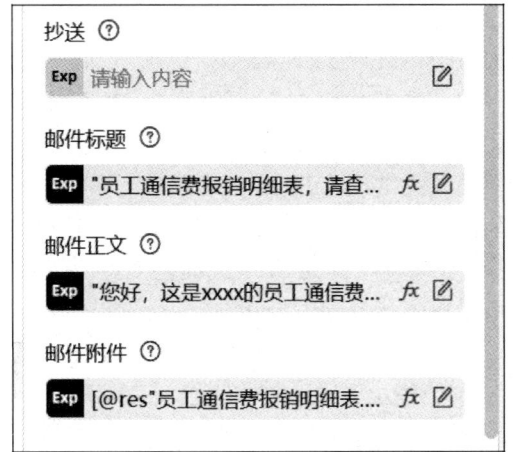

图 8-136　设置"发送邮件"2

【课后思考】

做完本章模拟实训，请大家思考一下，如果存在无法识别或者识别有问题的报销文件，应该如何设计 Excel 表格进行管理？如何形成问题描述并进行邮件反馈？针对以上问题，应该如何修改机器人程序？

【延伸学习】

我们已经学完 UiBot 自带的 IDP 活动，但有时候存在 IDP 不能识别或者识别准确度不高的情况，这个时候可以使用外部的专业接口解决。"云会计数智化前沿"微信公众号上给大家介绍了如何使用 UiBot IDP 进行印章识别，有兴趣的同学可以进行更深入的学习。

第 9 章 Web 应用自动化

9.1 功能简介

9.1.1 关于 Web

Web（World Wide Web）即全球广域网，也称为万维网，它是一种基于超文本和 HTTP 的、全球性的、动态交互的、跨平台的分布式图形信息系统。它是建立在 Internet 上的一种网络服务，为浏览者在 Internet 上查找和浏览信息提供了图形化的、易于访问的直观界面，其中的文档及超级链接将 Internet 上的信息节点组织成一个互为关联的网状结构。

随着 Internet 的快速增长，Web 已经对商业、工业、教育、政府和我们的工作、生活产生了极大的影响。因为 Web 能提供支持所有类型的内容链接的信息发布，容易为最终用户存取，所以更多传统的信息和数据库系统正在被移植到互联网上；电子商务正在迅速增长，范围广泛的、复杂的分布式应用也正在 Web 环境中出现。

Web 应用程序是一种可以通过 Web 访问的应用程序，程序的最大好处是用户很容易访问，用户只需要有浏览器即可，不需要再安装其他软件。一个 Web 应用程序是由完成特定任务的各种 Web 组件构成的，并通过 Web 将服务展示给外界。在实际应用中，Web 应用程序是由多个 Servlet、JSP 页面、HTML 文件及图像文件等组成的。所有这些组件相互协调，为用户提供一组完整的服务。

Web 应用程序的真正核心主要是对数据库进行处理，管理信息系统（Management Information System，MIS）就是这种架构最典型的应用。MIS 可以应用于局域网，也可以应用于广域网。基于 Internet 的 MIS 系统以其成本低廉、维护简便、覆盖范围广、功能易实现等诸多特性，得到越来越多的应用。

随着信息化、互联网、移动化、云计算的不断发展，企业的业务需求越来越多。对 Web 应用来说，扩展能力很重要。随着用户群和工作量的增加，处理器也在增加，它应该能够进行扩展。按需而用的云计算本质使得可扩展的 Web 应用程序融入各种规模的业务中。

【思维拓展】

在未来，网络不仅仅是网络，它能对数据进行分析、有思考能力，就像存储了海量数据的超级大脑，为用户提供更贴心的网络服务和更个性化的用户需求。那么大家思考一下，如果能将 Web 应用与自动化、人工智能相结合，企业的业务模式和人类的工作模式会发生什么样的改变呢？

9.1.2 Web 应用自动化基本介绍

在 UiBot 中，Web 应用自动化主要通过浏览器自动化来实现，而浏览器自动化又是软件自动化的一个重要组成部分。从特定的网站上抓取数据、自动化操作 Web 形态的业务系统都需要基于浏览器进行自动化操作。UiBot 目前支持 IE 览器、Google Chrome 浏览器、火狐浏览器、UiBot 自带浏览器四种浏览器，其中，前三种浏览器需要提前安装到计算机中，并且安装相应浏览器扩展，UiBot 自带的浏览器 UiBot Brower 可以直接操作。本小节我们以谷歌浏览器为例，先对浏览器自动化的用途和功能进行梳理，再讲解查找网页信息、获取并导出网页信息和运行程序的流程。

很多公司都在广泛结构化的基于 Web 的系统上设置应用程序。这些基于网络的系统中存在的信息非常复杂，需要处理后才能阅读、理解和分析。这时，我们就需要机器人过程自动化。在 UiBot Web Automation 的帮助下，我们可以自动执行各种任务，如表单填写、报告生成、数据提取、网站测试等。Web 自动化的用途包括：

（1）网页数据提取。可以从网页上提取所需的信息，如文本、图像、表格数据等，用于数据收集、分析和处理。

（2）记录。可以记录在网站上执行的操作，以便将来进一步实施。

（3）网站测试。自动执行网站功能测试，验证网站是否按预期方式运行，并捕获问题和错误。

（4）报告生成。可以通过提取所有数据，然后在各种参数上对其进行分析来生成报告。

（5）数据上传和下载。自动上传文件到 Web 应用程序，也可以从 Web 页面上下载文件。

（6）网页导航和操作。可以在网页上进行导航，模拟用户在浏览器中的操作。它可以点击链接、按钮，选择选项，执行搜索等操作。

⊃ 9.1.3　Web 应用自动化具体活动

UiBot 浏览器自动化中的活动是对选定浏览器进行一系列相关操作，部分活动如图 9-1 所示，包括启动新的浏览器、绑定浏览器、切换标签页、关闭标签页，以及前进、后退、刷新等，其具体功能如表 9-1 所示。

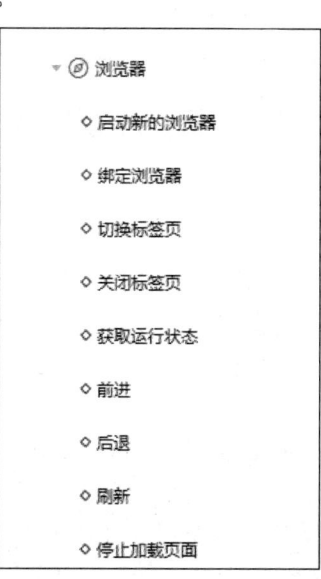

图 9-1　浏览器自动化中的部分活动

表 9-1 浏览器自动化功能描述

自动化	活动名称	功能
浏览器自动化	启动新的浏览器	打开指定网址，可设置延时功能
	绑定浏览器	将已打开的网址设置为操控对象，可设置延时功能
	切换标签页	在某一浏览器中，切换到指定标题栏和地址栏的页面
	关闭标签页	关闭指定浏览器对象
	获取运行状态	判断指定浏览器是否在运行
	前进	执行指定浏览器的前进操作
	后退	执行指定浏览器的后退操作
	刷新	执行指定浏览器的刷新操作
	停止加载页面	停止加载当前页面
	打开网页	使浏览器加载指定链接，可设置延时功能
	等待网页加载	等待当前浏览器页面加载完成，并将此页面作为操控对象进行赋值
	下载文件	利用浏览器下载指定链接的文件
	读取网页源码	读取当前页面的网页源码，如果网页是 JS 构建的，则读取的代码包含了渲染后的完整 HTML 结构树
	获取网页 URL	获取当前页面的链接地址（URL）
	获取网页标题	获取当前页面的网页标题
	读取网页 Cookies	读取网页的 Cookies 数据
	设置网页 Cookies	设置网页的 Cookies 数据
	浏览器截图	进行网页截图
	获取滚动条位置	获取当前页面滚动条的位置
	设置滚动条位置	设置当前页面滚动条的位置
	执行 JS	执行 JS，返回 JS 执行结果（字符串格式）

9.2 主 要 功 能

9.2.1 启动和绑定新的浏览器

UiBot 浏览器自动化中"启动新的浏览器"和"绑定浏览器"命令扮演着关键角色。前者负责在自动化过程中启动新的浏览器实例，为后续网页操作和数据提取提供基础支持。该命令允许指定浏览器类型、初始大小和位置等参数，以满足不同自动化需求。后者则用于将浏览器实例与 UiBot 执行环境绑定，使得后续命令能够在指定的浏览器上执行。通过这两个命令的结合，UiBot 能够灵活地在浏览器中执行自动化任务，比如打开网页、数据提取和页面交互等。在实际应用中，这两个命令可以协同使用，帮助企业高效地完成基础性工作。

步骤一：在"搜索命令"处输入"浏览器"并双击"启动新的浏览器"，在组件属性面板中，设置浏览器的名称（如 Chrome、Firefox 等），并配置其他相关参数（如网址链接、输出字段等）。属性设置如表 9-2 和图 9-2 所示，运行结果如图 9-3 所示。

表 9-2 启动新的浏览器属性设置

活动名称	属性	值
启动新的浏览器	输出到	hWeb
	浏览器类型	"chrome"
	打开链接	" https://www.10jqka.com.cn/ "

图 9-2 属性设置

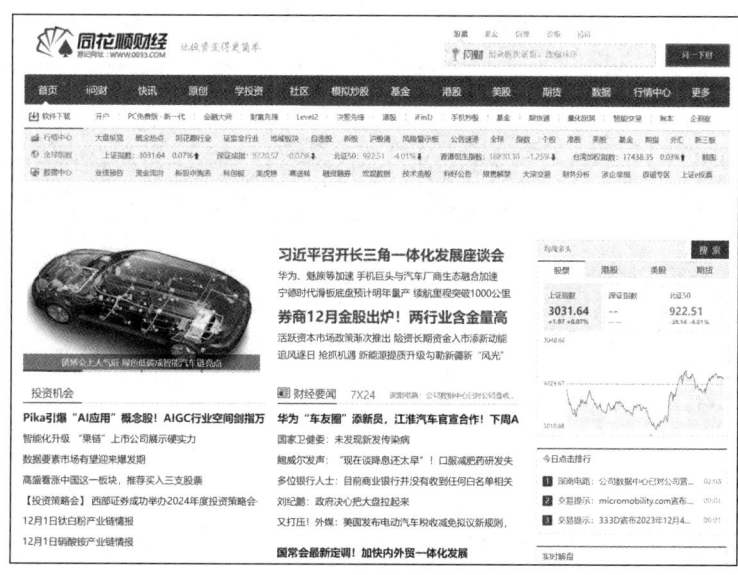

图 9-3 启动谷歌浏览器

步骤二，点击"绑定浏览器"，将浏览器类型设为"Google Chrome"并输出到 hWeb，从而达到将已打开的浏览器设置为操控对象的目的。属性设置如表 9-3 和图 9-4 所示。

表 9-3 绑定浏览器属性设置

活动名称	属性	值
绑定浏览器	输出到	hWeb
	浏览器类型	"chrome"

9.2.2 获取运行状态

在 UiBot 浏览器自动化中，"获取运行状态"是一项关键功能，其主要作用在于提供实时的任务执行信息和状态反馈。通过获取运行状态，用户能够监控自动化任务的进度，实时了解任务在执行过程中的各个阶段情况，包括可能出现的错误或异常。这为用户提供了重要的调试和故障排除工具，使其能够

图 9-4 属性设置

更快速地定位并解决问题。同时，该功能也为用户提供了灵活的任务控制能力，使其能够在任务执行过程中进行中断、暂停或终止等操作，从而更好地应对各种情况。

步骤：添加 1 个"获取运行状态"，浏览器对象为 hWeb，输出到 bRet。属性设置如表 9-4 所示。添加 1 个"输出调试信息"，输出内容为"上一条命令的结果"，运行结果如图 9-5 所示。

表 9-4 获取运行状态属性设置

活动名称	属性	值
绑定浏览器	输出到	bRet
	浏览器对象	hWeb

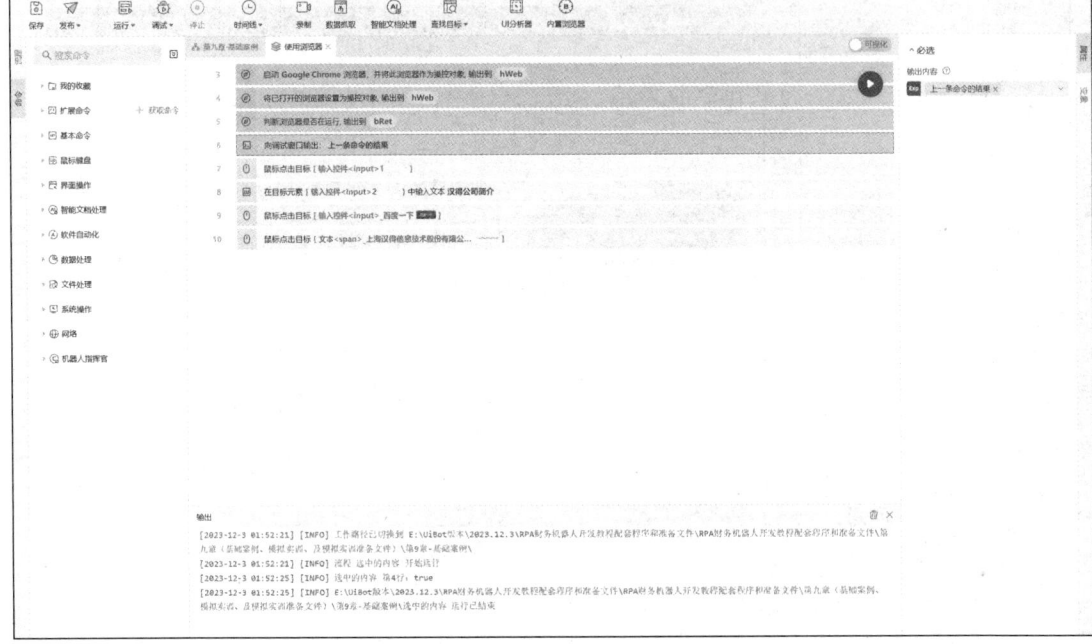

图 9-5 输出调试信息

9.2.3 录制网页

UiBot 中录制网页功能是一项强大的工具，主要用于捕捉和记录用户在浏览器中的操作，以便创建自动化脚本。其主要作用在于简化自动化流程的创建，使用户能够通过模拟人类在浏览器中的实际操作，如点击、输入文本等，快速生成自动化任务。录制网页的优势在于无须用户编写代码，为不具备编程经验的用户提供了一种直观且无障碍的自动化方式。通过图形界面交互，用户可以直观地操作浏览器，对生成的脚本进行灵活的编辑和优化，以适应更复杂的自动化需求。

步骤一：添加流程块，点击"录制"，如图 9-6 所示。

图 9-6 点击"录制"

步骤二：点击"控件"，移动鼠标并点击元素"证监会行业"。在弹出的对话框中确认选中的元素是"证监会行业"，然后点击"确定"。再次点击网页中的"证监会行业"，将自动跳转到"证监会行业一览表"界面，如图9-7、图9-8和图9-9所示。类似上述操作，再次使用点击"控件"，点击"信息传输、软件和信息技术服务业"，如图 9-10 所示。最后进入"信息传输、软件和信息技术服务业板块成分股涨跌排行榜"界面。

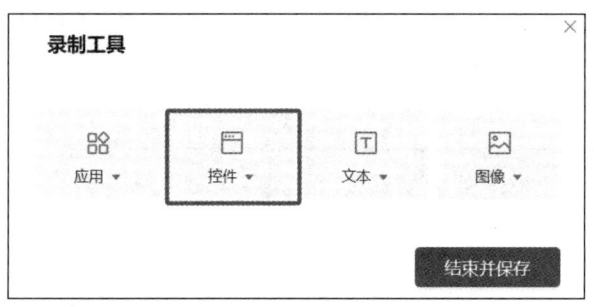

图 9-7　点击"控件"

图 9-8　点击"证监会行业"

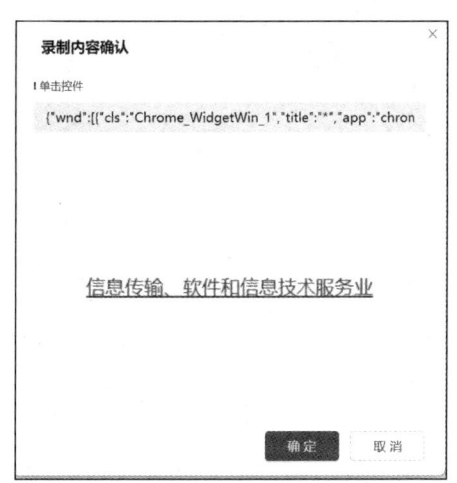

图 9-9　录制界面——证监会行业　　图 9-10　录制界面——信息传输、软件和信息技术服务业

步骤三：点击"结束并保存"，录制结果如图 9-11 和图 9-12 所示。

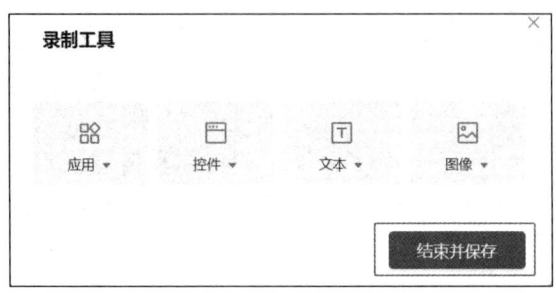

图 9-11　点击"结束并保存"

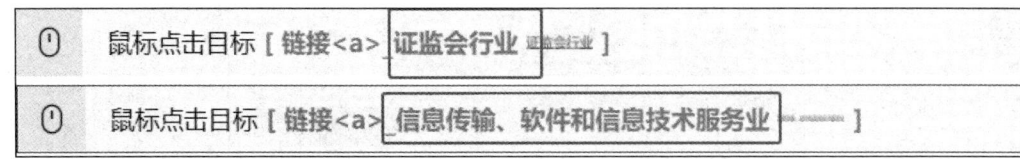

图 9-12　录制结果

● 9.2.4　数据抓取

数据抓取功能可以帮助用户从网页上获取所需的数据，实现自动化的信息提取过程。这项功能对于从网页中收集大量数据、更新数据库、进行市场研究或监测竞争对手等任务非常有价值。通过数据抓取，用户可以定义规则和模式，以自动化的方式从目标网站上抽取数据，而无须手动浏览和复制粘贴。这不仅提高了数据采集的效率，还降低了出错的风险，确保了数据的准确性和一致性。数据抓取还为用户提供了灵活的配置选项，使其能够适应不同网站结构和数据格式的变化。

步骤一：新建流程块并重命名为"抓取数据"，点击"编辑流程"图标，结果如图 9-13 所示。

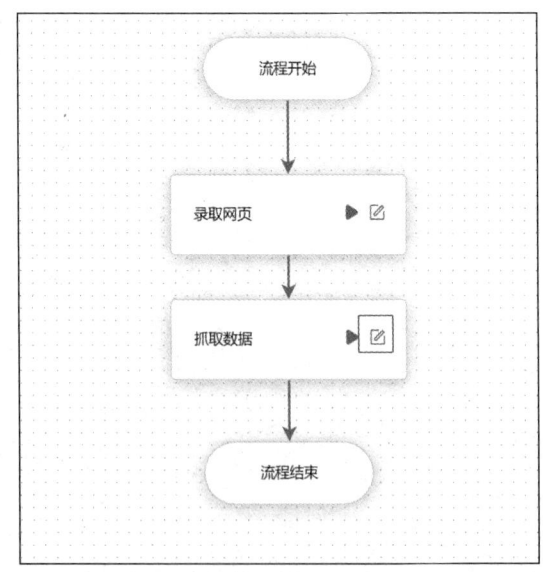

图 9-13　新建流程块

步骤二：选择"数据抓取"，点击"选择目标"，再点击网页的"序号"，如图 9-14、图 9-15 和图 9-16 所示。

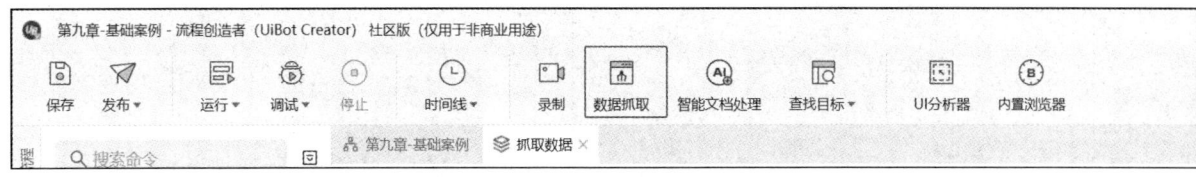

图 9-14 选择"数据抓取"

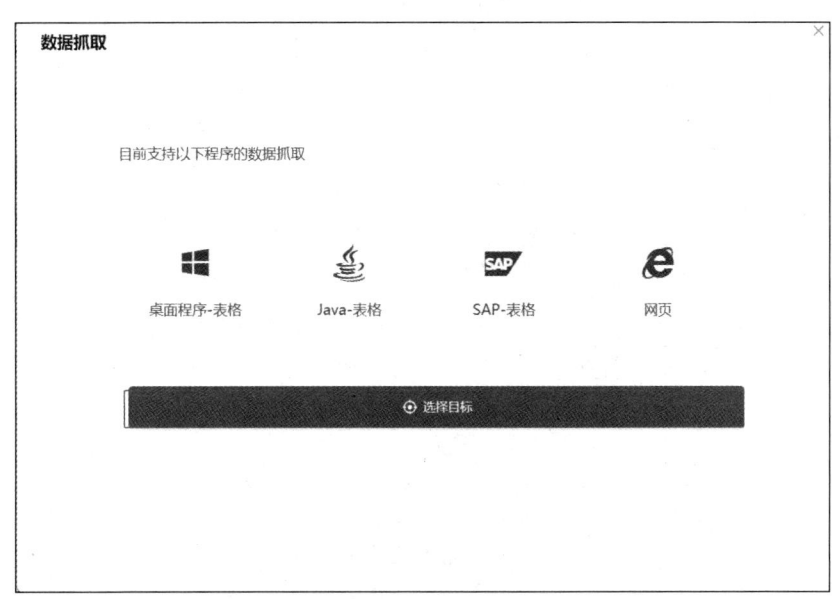

图 9-15 点击"选择目标"

序号	代码	名称	现价	涨跌幅(%)	涨跌	涨速(%)	换手(%)	量比	振幅(%)	成交额	流通股	流通市值	市盈率	加自选
1	838227	美登科技	29.84	29.96	6.88	0.00	42.83	2.83	28.31	1.32亿	0.11亿	3.14亿	26.93	+
2	300494	盛天网络	17.26	20.03	2.88	0.00	26.26	2.40	21.42	16.57亿	4.00亿	68.98亿	35.43	+
3	300418	昆仑万维	38.82	20.00	6.47	0.00	12.54	4.24	19.54	49.90亿	11.06亿	429.49亿	107.73	+
4	300624	万兴科技	94.45	20.00	15.74	0.00	20.38	5.01	15.63	21.51亿	1.20亿	113.67亿	149.91	+
5	300459	汤姆猫	5.56	14.64	0.71	0.00	15.96	5.76	17.53	26.10亿	30.61亿	170.21亿	73.15	+
6	301171	易点天下	22.20	13.67	2.67	0.05	19.65	3.42	13.67	13.00亿	3.09亿	68.55亿	43.46	+
7	688228	开普云	59.91	13.25	7.01	0.02	11.58	1.95	12.61	4.44亿	0.68亿	40.45亿	--	+
8	300002	神州泰岳	9.43	12.13	1.02	0.00	9.81	4.05	14.03	16.22亿	18.19亿	171.55亿	24.64	+

图 9-16 点击"序号"

步骤三：点击"是""下一步""抓取翻页"，如图 9-17、图 9-18 和图 9-19 所示。

步骤四：往下滑动网页，点击"下一页"；点击左上角的"批量抓取数据……"，在"抓取页数"中输入"20"，并输出到"arrayData"，如图 9-20 和图 9-21 所示。最终运行结果如图 9-22 所示。

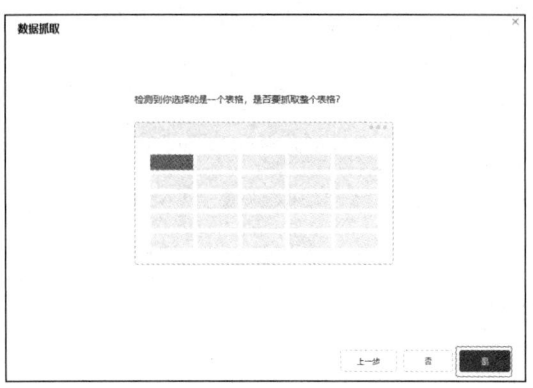

图 9-17　点击"是"

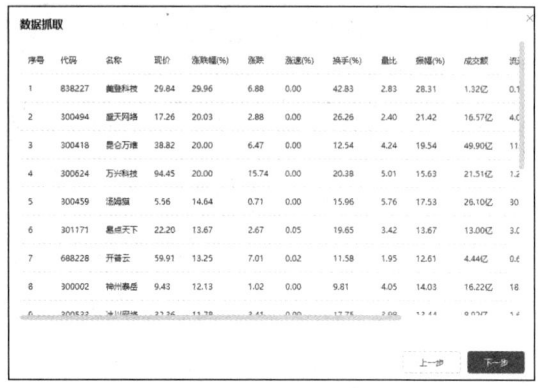

图 9-18　点击"下一步"

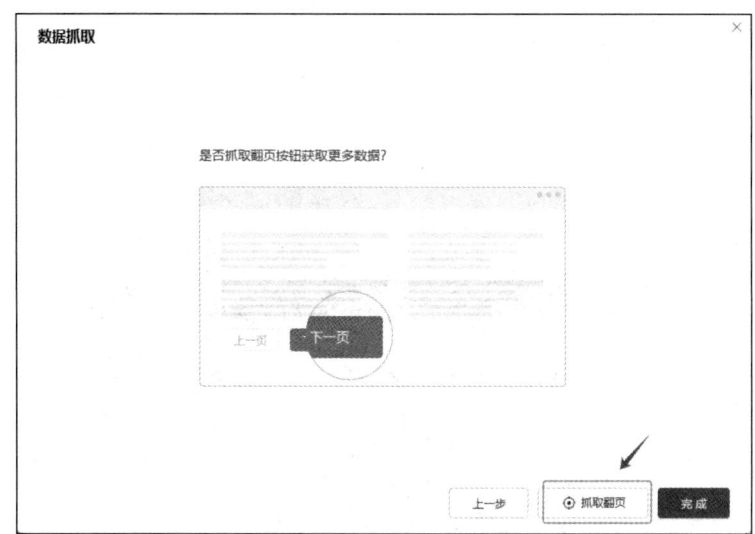

图 9-19　点击"抓取翻页"

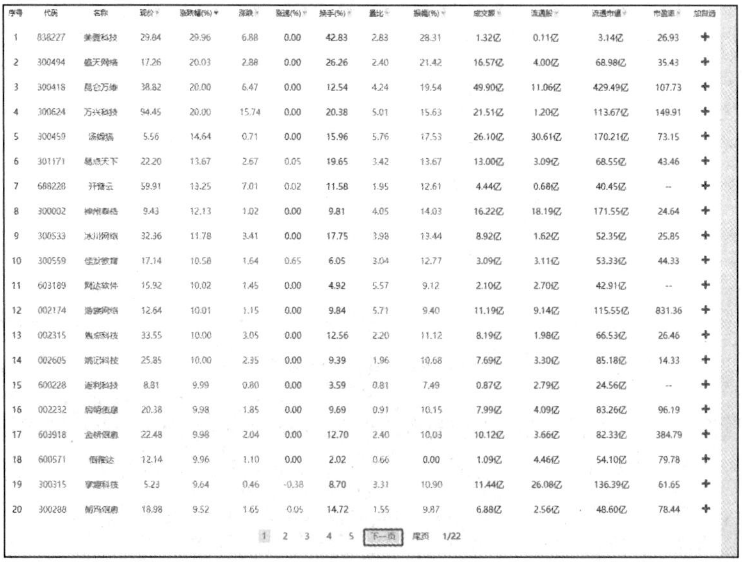

图 9-20　点击"下一页"

第 9 章 Web 应用自动化

图 9-21　设置页数为"20"

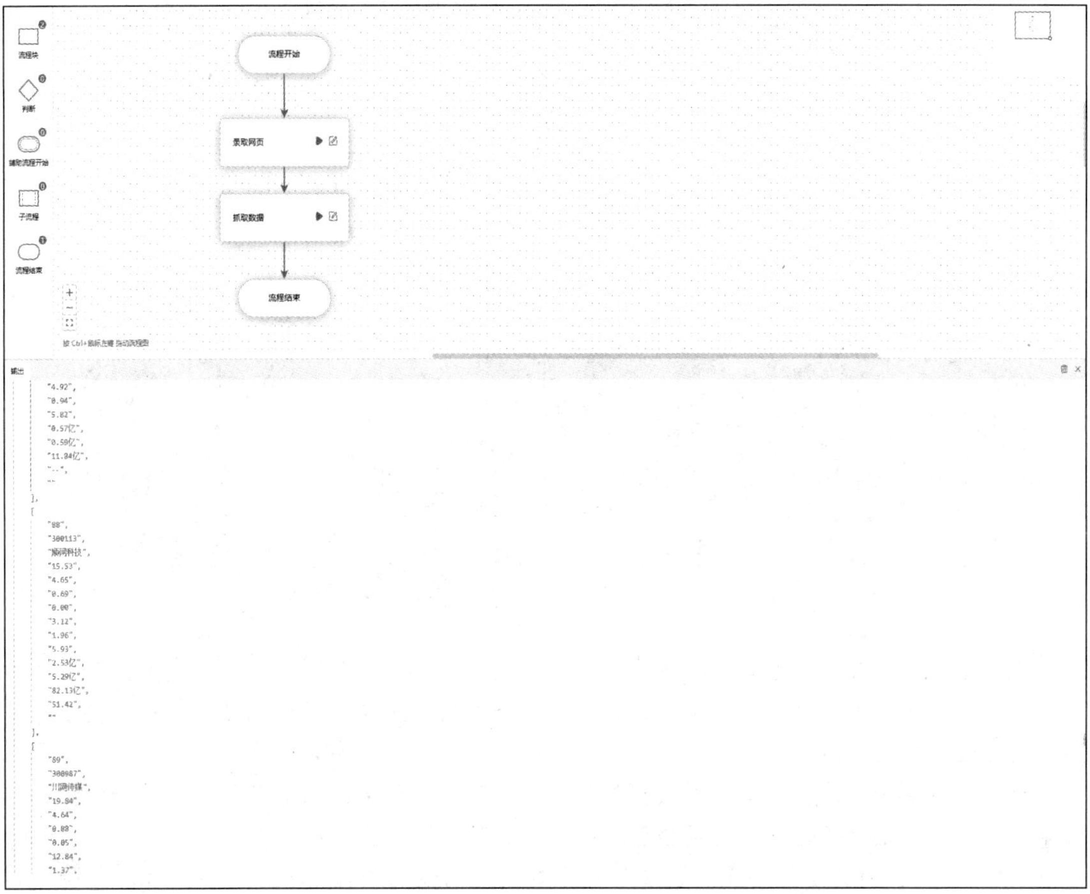

图 9-22　最终运行结果

9.3 财务预算审核机器人模拟实训

⬤ 9.3.1 场景描述与业务流程

袁瑞繁是 HD 公司财务部内控主管,工作勤勤恳恳,刚刚获得了公司"蛮优秀"员工评选活动的最高等级——"优秀员工"的称号,财务总监程平亲自为她颁发了奖状和奖金,并鼓励大家向袁瑞繁学习。

这天,袁瑞繁刚准备下班,邮箱突然弹出一封邮件,原来是业务部门发来的一封采购预算申请单,随即电话响起,一看是程总打来的。

"瑞繁啊,公司新员工马上要上岗了,得尽快采购他们工作用的计算机,你抓紧时间审核一下采购预算申请,最好明天早上把符合预算要求的商品采购建议明细表发我邮箱。"

袁瑞繁陷入了纠结,加班?还是下班?看着桌上的"HD 公司 2023 年度优秀员工"奖状,袁瑞繁燃起了工作激情,"不行,我不能对不起'优秀员工'的称号,现在马上做!"

袁瑞繁一边吃着外卖,一边开启工作狂模式。不知不觉天都黑了,眼前的"蛮好用"计算机显示已经晚上 10 点了,袁瑞繁还在大海捞针般地筛选、比对网上的计算机商品信息,好不容易遇到一台符合要求的计算机时又会犹豫,或许还有更好的呢?重度强迫症患者不找到最好的不罢休,看来今天得通宵了,袁瑞繁泡了一杯高能"蛮好喝"咖啡继续搜索……

HD 公司采购预算审核业务流程如图 9-23 所示。

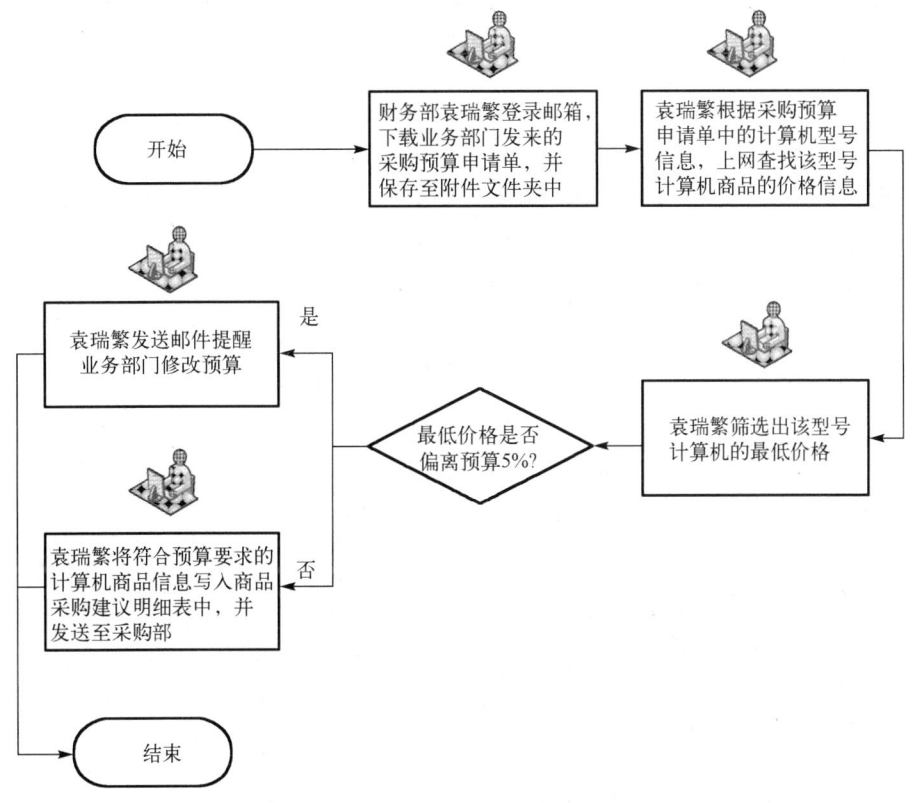

图 9-23 HD 公司采购预算审核业务流程

【沙盘模拟推演】

阅读业务场景描述之后,请结合采购预算审核案例,分析案例中涉及的企业情况、人员与岗位,以及业务描述等要点,梳理出采购预算审核工作的业务流程,进行业务痛点分析。

以小组为单位,在 RPA 财务机器人开发模拟物理沙盘上推演"机器人分析"。

9.3.2 自动化流程设计

发完邮件后本来只想小憩一下，可袁瑞繁趴在桌上迷迷糊糊地睡着了。梦里她看到了一个身形迷你却十分帅气的财务机器人温柔地对她说："有什么难题就交给我吧，很快帮你搞定。"只见那个机器人几分钟便完成了袁瑞繁的工作，她刚想询问它的名字，却感觉身体一阵摇晃。

"瑞繁，瑞繁……上班啦！"袁瑞繁睁开惺忪睡眼，看见公司财务部信息化岗的同事陶思颖笑眯眯地站在旁边，"昨晚又睡办公室了，你可真是如假包换的'优秀员工'啊。"

"哎呀，我的美梦刚到关键时刻就被你给打断了。对了，你这么早来干啥？"袁瑞繁一脸疑惑。

"我来宣布一个好消息,你听了肯定会很激动的。"陶思颖得意地挑了下眉,"咱们刚开发出的财务机器人叫小蛮,以后有什么重复、烦琐的工作都可以让他帮你们分担了。"

"啊!!!"袁瑞繁大叫一声,"美梦成真啦!小蛮真地来解救我了!咱们先来试试商品信息抓取业务吧,每次只要一有采购申请,我就强迫症发作,总想找到最符合要求的商品,所以总是不自觉地就加班了。"陶思颖点了点头,只见她飞快地设置好流程,轻点启动,小蛮便自动登录邮箱,读取并下载了昨日业务部门发来的预算申请单,并根据申请单中的计算机商品型号,自动登录天猫网站抓取该型号计算机的价格信息,然后筛选出该型号计算机的最低价,判断是否偏离预算5%:如果偏离,小蛮会发送邮件提醒业务部门"预算不合理,请修改预算";如果不偏离,小蛮便将符合预算要求的计算机信息写入商品采购建议明细表中,发送至采购部。不到两分钟,小蛮就完成了所有工作。"哇撒!小蛮也太厉害了,光是查找合适的商品我就要花一整天时间呢,它1分钟就做完了。"袁瑞繁被小蛮的工作效率惊呆了,情不自禁地赞叹起来。"我们的小蛮可真是财务部的救星啊!"陶思颖洋洋得意地说道,"财务部总是人手不够用,小蛮一个顶十个,工作效率成倍上升,本来打算今年再招两名新人,现在有了小蛮和咱俩,搞定这些工作足矣,光是每个月的人工成本就能节省一万余元呢!""何止人工成本,"袁瑞繁说着竖起大拇指,"小蛮1分钟就能填完我花费1小时才能完成的预算审定表,效率是我的60倍呢,财务部大功臣非他莫属,以后终于可以按时下班咯!"

HD 公司基于 Web 应用自动化的采购预算审核流程如图 9-24 所示。

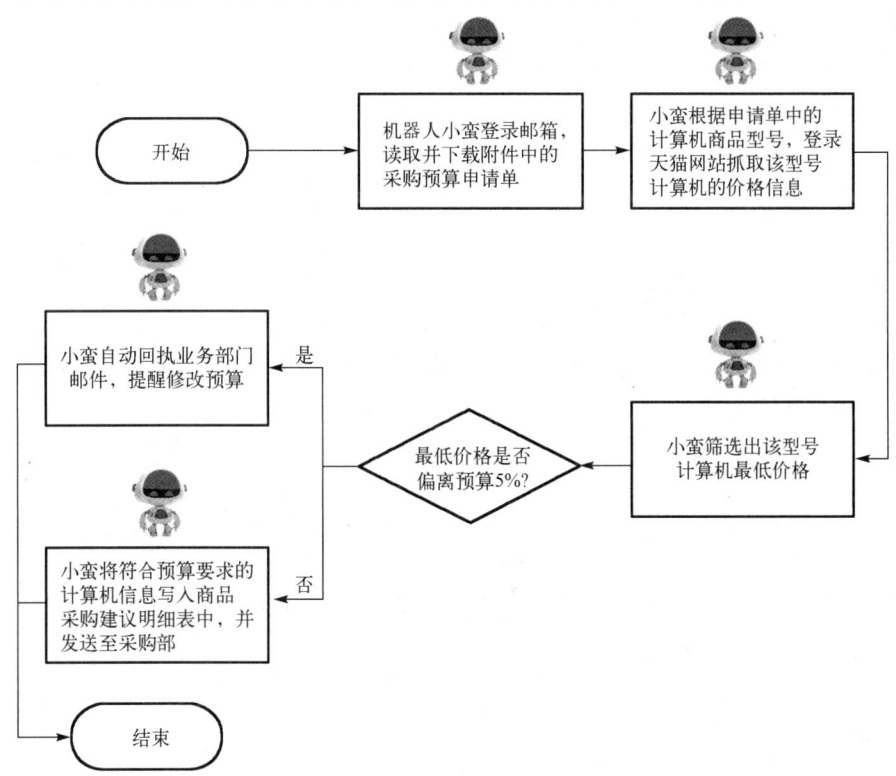

图 9-24　HD 公司基于 Web 应用自动化的采购预算审核流程

【沙盘模拟推演】

基于以上自动化流程描述进行详细的自动化流程设计；结合采购预算审核案例的业务流程，规范机器人开发过程中所使用的数据，其中所需数据主要来源于邮件；确定所需采购商品信息，如商品的价格、型号等；思考如何进行数据处理，例如：如何筛选出商品的最低价格；如何计算商品价格是否偏离预算 5%。最后发送商品采购建议明细表至采购部负责人邮箱。

以小组为单位，在 RPA 财务机器人开发模拟物理沙盘上推演"机器人设计"和"数据标准与规范化设计"。

9.3.3 技术路线与开发步骤

HD 公司基于 Web 应用自动化的采购预算审核机器人小蛮开发总体技术路线如下：
(1) 添加"获取邮件列表"并配置活动，获取关键字为"采购预算申请单"的邮件信息。
(2) 添加"下载附件"，把收到的"采购预算申请单"文件保存至"res"文件夹下。
(3) 添加"读取单元格"，输入"文件路径"和"读取范围"。
(4) 使用"录制"工具提取网站 URL，并录制搜索商品流程。
(5) 使用"数据抓取"工具并提取商品"型号"和"价格"数据。
(6) 添加"打开 Excel 工作簿"，打开指定的 Excel 工作簿表。
(7) 添加"写入行"，将数据表中的信息写入"商品信息表.xlsx"指定范围中。
(8) 添加"获取行数"，获取指定的 Excel 工作簿表中数据的总行数。
(9) 添加"读取区域"，获取指定的 Excel 工作簿中的数据。
(10) 添加"构建数据表"。
(11) 添加"数据表排序"，对"价格"列进行升序排序。
(12) 添加"转换为数组"。
(13) 添加"写入行"，把读取到的范围写入新的数据表。
(14) 添加"如果条件成立"，判断商品价格是否在预算标准下。
(15) 添加工作簿下的"写入区域"，把新的数据表写入"商品采购建议明细表.xlsx"中。
(16) 使用"发送邮件"，按照判断要求发送电子邮件。
注：以上"读取单元格""打开 Excel 工作簿""写入行""读取区域""写入区域"都需使用 Excel 下的活动。

【沙盘模拟推演】

根据自动化流程总体设计，结合以上技术思路，以小组为单位，在 RPA 财务机器人开发模拟物理沙盘上推演"机器人开发"。

下面讲解机器人小蛮的具体开发步骤。

1. 收取邮件

步骤一：打开 UiBot Creator，然后添加一个"流程块"，命名为"收取邮件"，连接在"流程开始"下。双击打开流程块"收取邮件"，添加"获取邮件列表"，在邮件地址中填上邮箱账号，然后在"邮箱文件夹"中选择"收件箱"，这意味着自动获取收件箱的邮件。将"筛选条件"设置为"采购预算申请单"，"输出到"设置为"arrayRet"，如图 9-25 所示。最后，添加"下载附件"，将选择的"采购预算申请单"从 Outlook 中下载到本地，将"输出到"设置为"arrRet"，如图 9-26 所示。（若计算机上未安装 Outlook 邮箱，可使用"获取 IMAP 邮件消息"，步骤可参照第 6 章中的内容）。

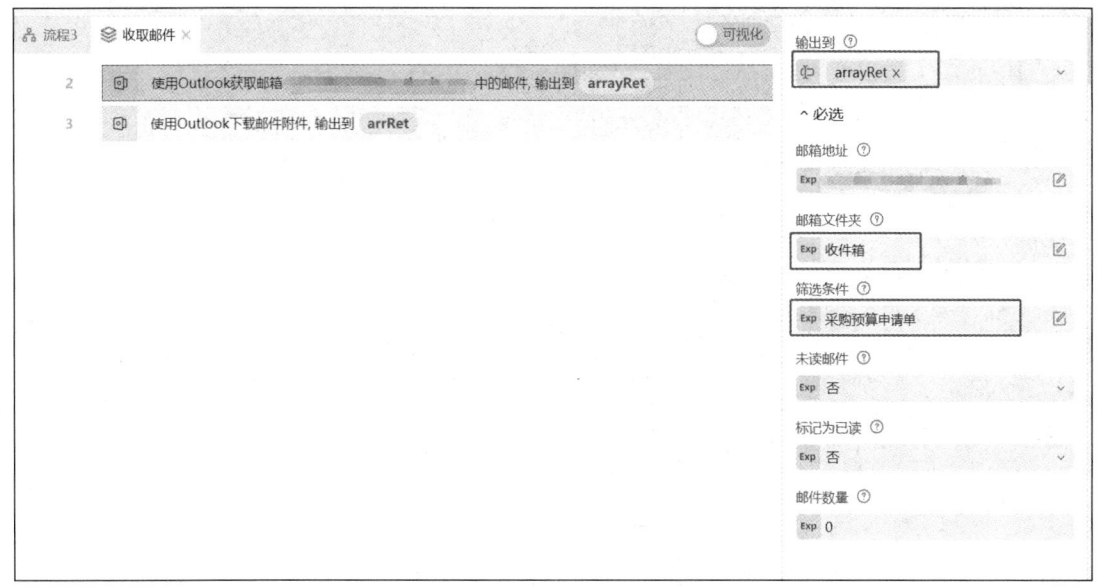

图 9-25 添加"获取邮件列表"

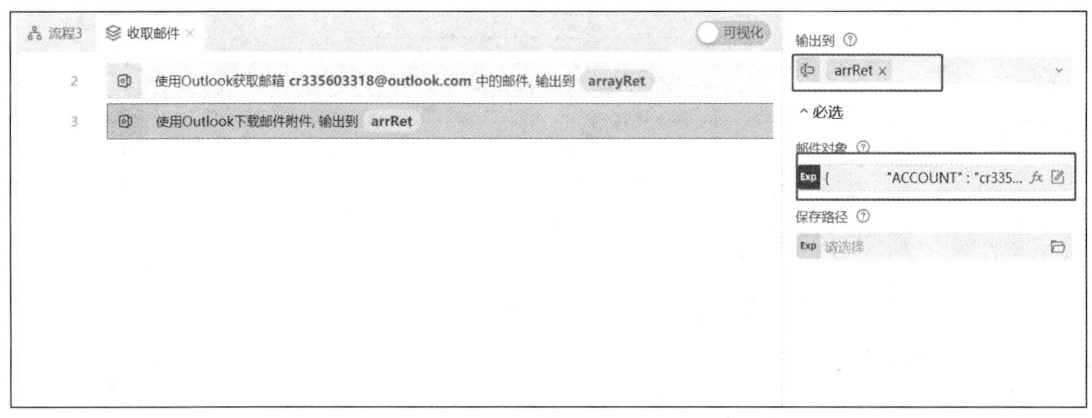

图 9-26 添加"下载附件"

2．上网抓取数据

步骤二：在"收取邮件"后添加流程块，命名为"上网抓取数据"。添加"打开 Excel 工作簿"，文件路径为"@res"采购预算申请单.xlsx""。再添加两个"读取单元格"，读取"Sheet1"表单中"B2"和"E2"的值，并输出到变量"iRet"和"budgeRet"中，读取采购预算申请表中的商品型号和预算金额，如图 9-27 和图 9-28 所示。将 budgeRet 的类型修改为"int"。接着，在左侧菜单栏点击"工具"，安装 Chrome 扩展，示意图如图 9-29 所示。

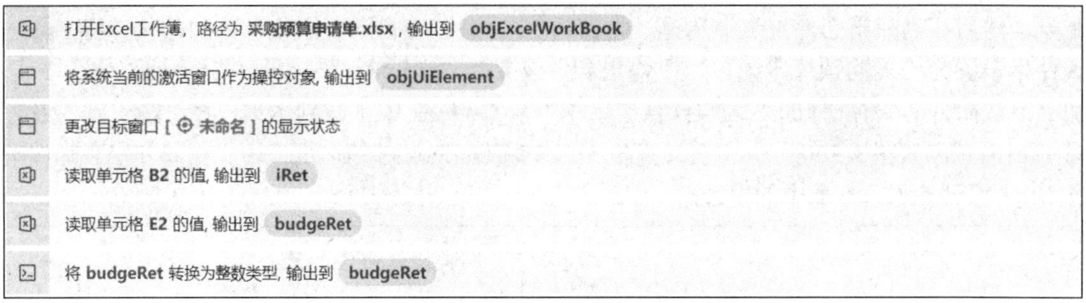

图 9-27 读取单元格

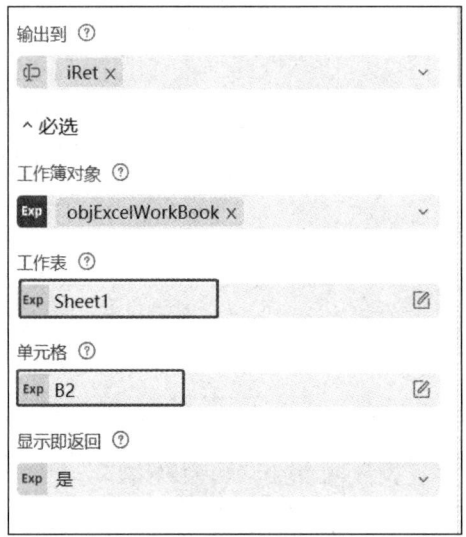

图 9-28 读取预算和类型

图 9-29 安装 Chrome 扩展

步骤三：用谷歌浏览器打开"天猫商城（https://www.tmall.com/）"，再回到 UiBot Creator 主界面，点击"录制"，开始录制操作流程，如图 9-30 所示。然后点击搜索框，弹出文字输入窗口，输入关键字"联想 ThinkPad"，如图 9-31 所示，点击"确定"，完成关键字的输入，点击搜索图标，开始检索关键字，点击"结束并保存"，如图 9-32 所示，保存录制流程并回到 UiBot Creator 主界面。

图 9-30　点击"录制"

图 9-31　输入关键字"联想 ThinkPad"　　　　图 9-32　点击"结束并保存"

步骤四：回到 UiBot Creator 主界面，再次点击"录制"，进入录制页面后，点击"搜索""确定"，点击"结束并保存"，如图 9-33、图 9-34 所示。

图 9-33　点击"搜索"

步骤五：点击"数据抓取"，如图 9-35 所示。数据抓取界面出现后，点击"选择目标"，如图 9-36 所示。

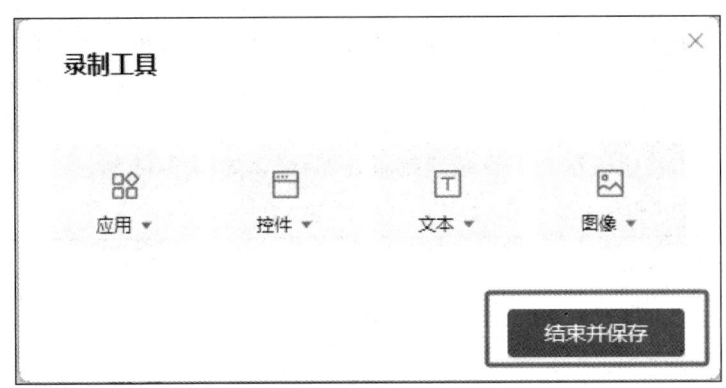

图 9-34 点击"结束并保存"

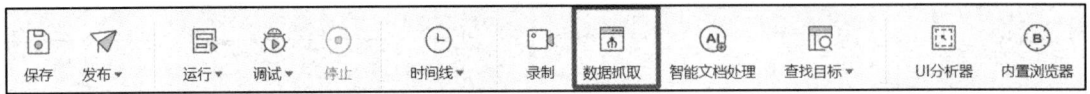

图 9-35 点击"数据抓取"

图 9-36 点击"选择目标"

步骤六：点击商品信息列表中的商品"型号"区域，如图 9-37 所示。

步骤七：再次点击"抓取更多数据"，如图 9-38 所示。选择商品价格区域后，点击"完成选择"，将列名更改为"价格"，如图 9-39 所示。将页面滑动至可以看见"下一页"后，选择"从多个页面提取数据"，选取"下一页"，最后点击"抓取翻页"，如图 9-40 所示。

第 9 章 Web 应用自动化

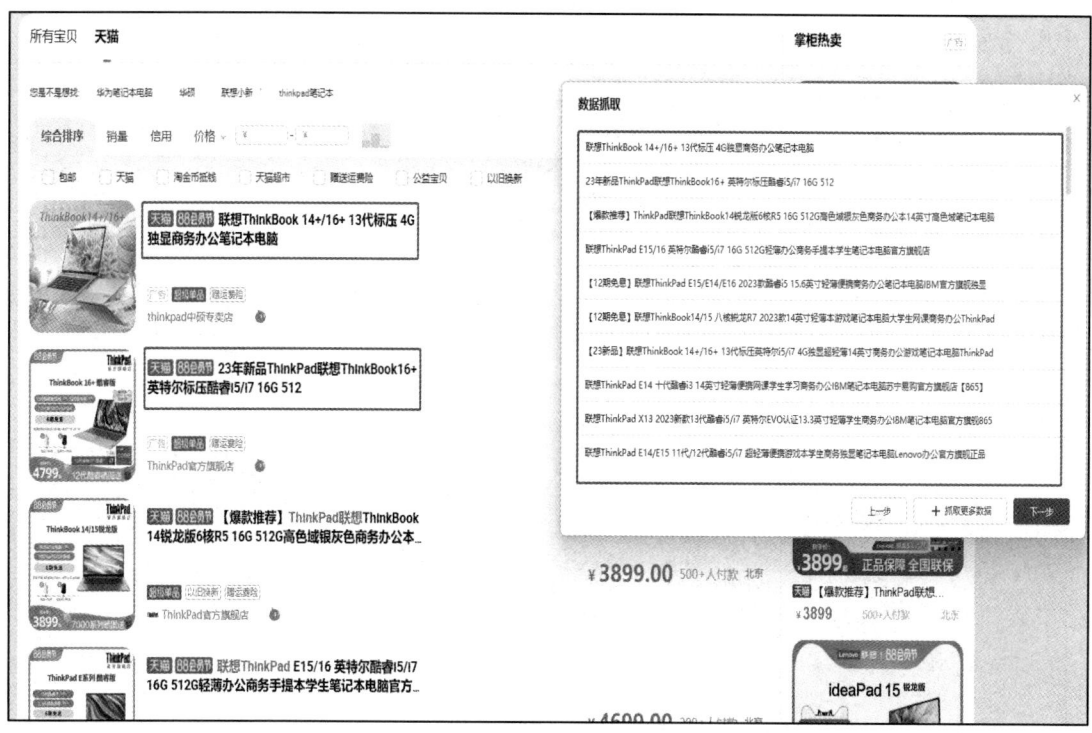

图 9-37 选取数据

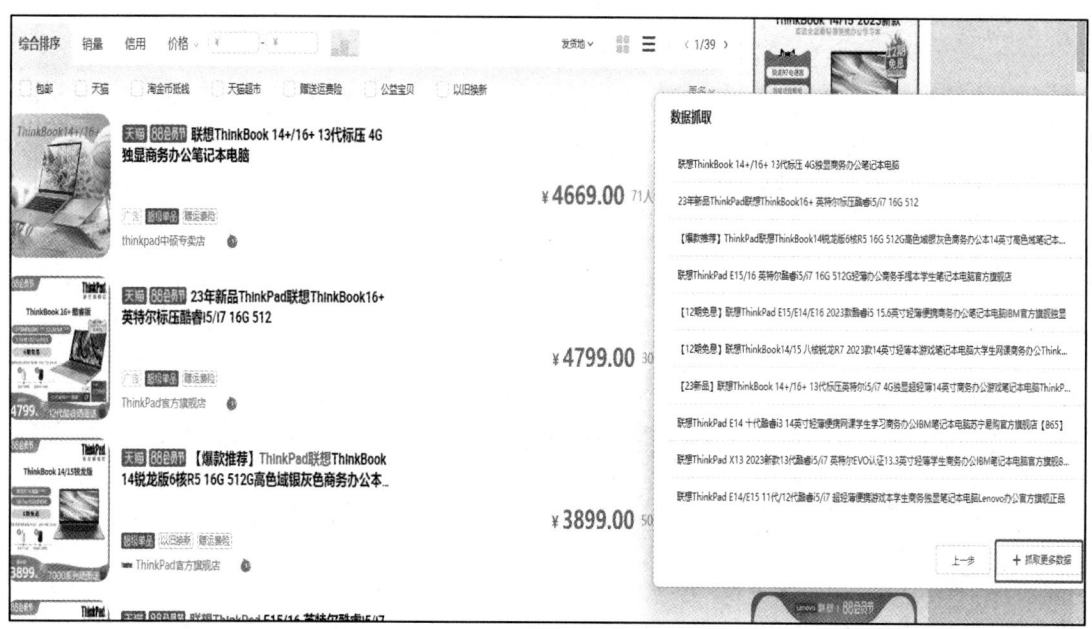

图 9-38 抓取更多数据

图 9-39 添加价格列

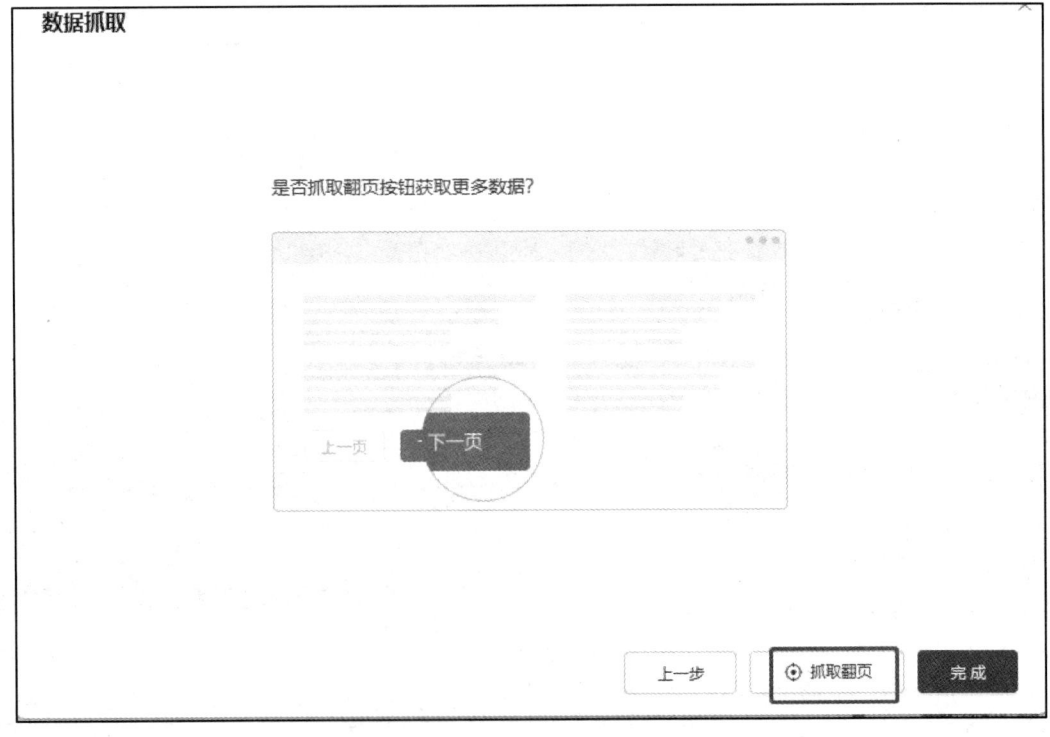

图 9-40 从多个页面提取数据

步骤八：将抓取到的数据输出到"arrayData"，"抓取页数"设置为2，如图9-41所示。

3．处理抓取数据

步骤九：在"上网抓取数据"流程块后添加一个新流程块，更名为"处理抓取数据"，打开该流程块，点击"打开 Excel 工作簿"，文件路径选择"商品信息表"，输入工作簿路径"商品信息表.xlsx"，添加"写入行"，将"工作表"设为"抓取数据"，"单元格"设为"A2"，"数据"设为变量"arrayData"，如图9-42所示。

图 9-41　属性设置　　　　　　图 9-42　添加"写入行"

步骤十：添加"获取行数"，将"工作簿对象"设为"objExcelWorkBook"，"工作表"设为"抓取数据"，"输出到"设置为"iRet"。在其后面添加读取区域，将"区域"修改为""A2:B"&iRet"，"工作表"设置为"抓取数据"，将"输出到"设置为"arrayRet"。如图9-43和图9-44所示。

步骤十一：在左侧的命令框中搜索添加元素，添加1个构建数据表，将"构建数据"设为"arrayRet"，"表格列头"设置为"["类型","价格"]"，"输出到"设置为"objDatatable"，如图9-45所示。并把"价格"列的数据类型修改为"整数"，如图9-46所示。

步骤十二：点击"数据表排序"，在"排序列"中输入"价格"，将"升序排序"选择"是"，如图9-47所示。添加"转换为数组"，将数据表"objDatatable"转换为数据，并输出到"arrayRet"，如图9-48所示。再选择"写入行"，将其数组"arrayRet"写入"商品信息表"中，将"工作表"设置为"按价格升序排列"，"单元格"设置为"A2"，如图9-49所示，最后关闭 Excel 工作簿，自动保存即可。

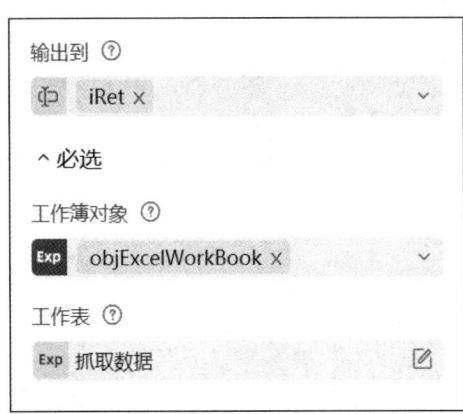

图 9-43 添加"获取行数"

图 9-44 添加"读取区域"

图 9-45 添加"构建数据表"

图 9-46 修改数据类型

图 9-47 添加"数据表排序"

图 9-48 添加"转换为数组"

第 9 章　Web 应用自动化

图 9-49　添加"写入行"

4．发送预算审核邮件

步骤十三：在"处理抓取数据"后添加流程块，命名为"发送审核邮件"。双击打开流程块"发送审核邮件"，添加"如果条件成立"，在"判断表达式"的输入框中输入""arrayRet*0.95<budgetRet <arrayRet*1.05""，判断最低价是否偏离预算 5%，如图 9-50 所示。

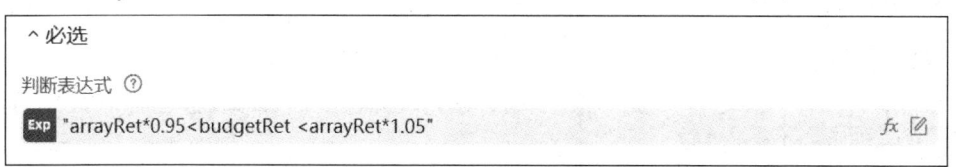

图 9-50　添加并使用"如果条件成立"

步骤十四：在"如果条件成立"之后，添加"写入区域"，将写入的表格命名为"商品采购建议明细表.xlsx"，"工作表"设置为""Sheet1""，"开始单元格"设置为""A1""，然后在"数据"处输入变量"objRet"，如图 9-51 所示。接下来分别在"Then"和"Else"下添加一个"发送邮件"，在"发件人邮箱"和"收信邮箱"处输入邮箱地址，主题和正文按照自己的需求输入文字，如图 9-52 所示。再点击"邮件附加"，在输入框中输入"商品采购建议明细表.xlsx"，如图 9-53 所示。

注：使用"发送 Outlook 邮件消息"时，需要计算机安装 Outlook 邮件客户端，具体操作可参照第 6 章内容。

【沙盘模拟推演】

机器人开发完成后，思考机器人的部署方式和运行模式；分析预算审核机器人带来的价值，同时要考虑机器人运行过程中可能存在的风险与应对措施，如抓取的数据格式与需求的不符时，我们该如何解决，又该如何防范呢？

以小组为单位，在 RPA 财务机器人开发模拟物理沙盘上推演"机器人运用"，包括机器人的部署与运行、价值与风险及人机如何协作共生。

图 9-51　添加"写入区域"

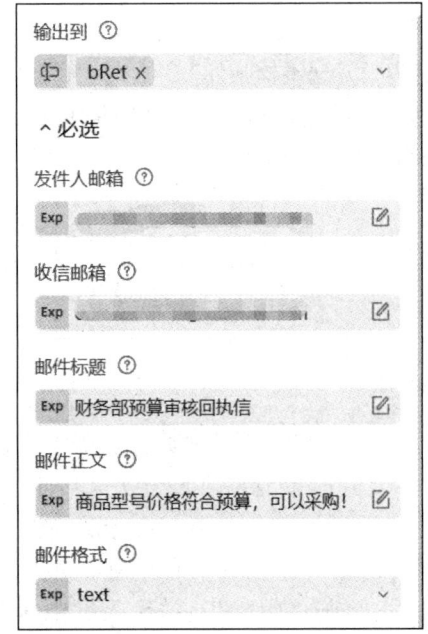

图 9-52　添加"发送邮件"

图 9-53　添加附加文件

【课后思考】

请大家思考,如果申请单上有多个商品,那么如何循环抓取多种商品信息,机器人程序又该如何修改呢?

【延伸学习】

我们已经学完用 UiBot 抓取网页数据,有兴趣的同学可以到"云会计数智化前沿"微信公众号上看我们给大家介绍的一个实操小案例。

第 10 章　应用程序交互自动化

10.1　功 能 简 介

● 10.1.1　关于应用程序交互

应用程序交互自动化是指通过软件编程实现不同应用程序之间指令与数据的自动传输与交换，从而允许一个应用程序能够操作另一个应用程序中的对象，这可以极大地减少操作人员的工作量，提高操作人员的工作效率。

现有应用程序交互模型：

（1）客户—服务器模型。在分布式计算中，一个应用程序被动等待，而另一个应用程序通过请求启动通信。客户向服务器发出服务请求，服务器对客户的请求做出回应。

（2）对等计算模型。交互双方为达到一定目的而进行的直接的、双向的信息或服务交换，是一种点对点的对等计算模型。对等计算机中每个节点的地位平等，既充当服务器，为其他节点提供服务，又是客户机，享受其他节点提供的服务。

● 10.1.2　应用程序交互自动化基本介绍

UiBot 使用机器人作为虚拟劳动力，依据预先设定的程序与现有用户系统进行交互，以实现对应用程序的控制，完成预期的任务，适用于重复性高、逻辑确定并且稳定性要求相对较低的流程。我们可以借助这个软件，打开应用程序，通过屏幕录制和键入键盘动作的方式，代替人工进行应用程序操作。

【思维拓展】

介绍了应用程序交互之后，请大家思考一下，集团企业和中小企业的财务工作会涉及哪些软件应用程序？财务人员在日常工作中与应用程序有哪些操作交互呢？

10.2　主 要 功 能

● 10.2.1　启动应用程序

步骤一：添加 1 个"启动应用程序"，打开谷歌浏览器，属性设置如表 10-1 所示，运行结果如图 10-1 和图 10-2 所示。

表 10-1　启动应用程序属性设置

活动名称	属性	值
启动应用程序	输出到	iPID
	文件路径	'"C:\Program Files\Google\Chrome\Application\chrome.exe"'

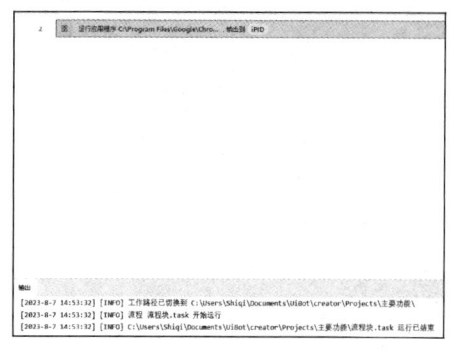
图 10-1　流程设置

图 10-2　启动谷歌浏览器

10.2.2　获取应用运行状态

步骤二：添加 1 个"获取应用运行状态"，输出到 bRet，进程名或 PID 设置为 iPID。添加 1 个"输出调试信息"，输出内容为 bRet，运行结果如图 10-3 所示。

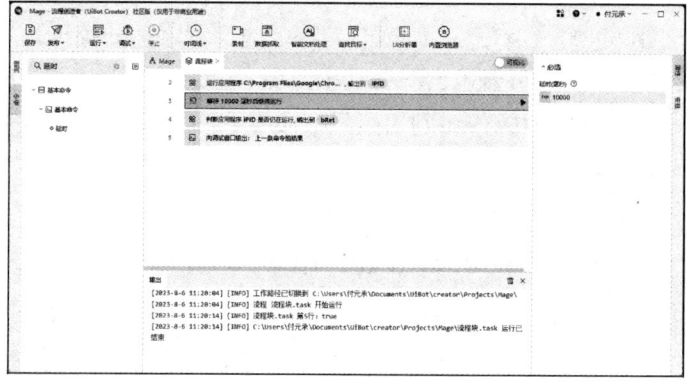

图 10-3　输出调试信息

10.2.3　打开文件或网址

步骤三：添加 1 个"打开文件或网址"，输出到 iPID1，路径设置为"https://www.jdy.com/login/"，如图 10-4 和图 10-5 所示。

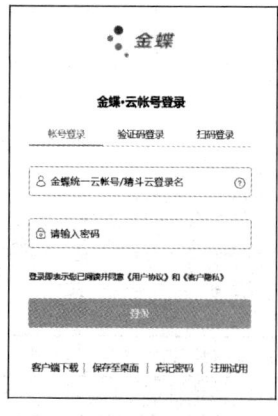

图 10-4　打开文件或网址

图 10-5　流程设置

10.2.4 关闭应用

步骤四：添加 1 个"终止应用程序"，进程名或 PID 设置为 iPID1，运行结果如图 10-6 所示。

图 10-6 关闭应用

10.3 资产卡片录入机器人模拟实训

10.3.1 场景描述与业务流程

"何昱衡，今天你又是第一个到公司啊！"信息化岗同事詹凯棋刚到公司就看见何昱衡目不转睛地盯着"蛮好用"计算机。

何昱衡愁眉苦脸道："可不是嘛，7 点半就来了。"

"真是敬业啊，先别忙活了，我给你介绍一下我们信息化岗新来的潜力股——杜姗。杜姗，说起来这个何昱衡可是你亲学长啊，他也毕业于本市会计专业最具特色的某理工大学，比你早一年进入公司。"

"何学长好，我叫杜姗，来自重庆璧山，是信息化岗新进员工，以后请多多指教。"

"这么巧，我也是重庆璧山人，你好啊老乡，我叫何昱衡，现在负责公司的资产管理工作。"说着，何昱衡便起身同杜姗握手。

"学长你刚刚说 7 点半就到公司了，你这么早来干吗啊？"杜姗好奇地问道。

"别提了，最近公司遵循'工欲善其事，必先利其器'的宗旨，集体更新换代了一批激光打印机和笔记本电脑等办公设备，我忙着在金蝶精斗云财务系统上做资产录入呢。这些资产所属组织、使用部门和费用项目都不同，我已经马不停蹄地录了两天了，却只完成了一半都不到，唉……"短暂交流之后，何昱衡又投入了紧张的工作中。

怀着满腔热情、兢兢业业工作的何昱衡，日复一日地做着这些重复性工作，渐渐地开始觉得工作"乏味"。他本期待着能够在 HD 这家大型上市公司学到很多东西，不断提升自己的专业技能，以后能有一个更好的发展。但是，他感觉自己并没有学到多少。何昱衡对工作开始有些懈怠，上班经常无精打采，交代的任务也能拖则拖，每天都在想：我天天做这种靠人工录入资产卡片信息的工作能产生多大价值呢？我是不是应该考虑换一个工作？

HD 公司资产卡片录入业务流程如图 10-7 所示。

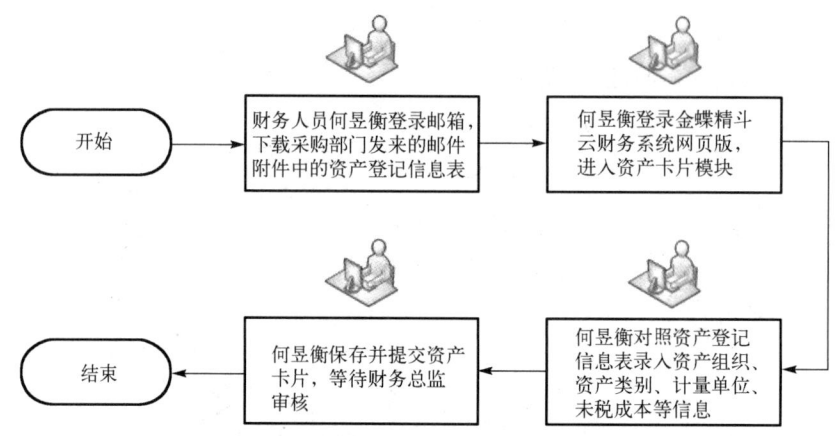

图 10-7　HD 公司资产卡片录入业务流程

【沙盘模拟推演】

阅读业务场景描述之后，请结合资产卡片录入案例，思考案例中涉及的资产信息、人员与岗位，以及业务描述等要点，并梳理出资产卡片录入的业务流程，进行业务痛点分析。以小组为单位，在 RPA 财务机器人开发模拟物理沙盘上推演"机器人分析"。

10.3.2　自动化流程设计

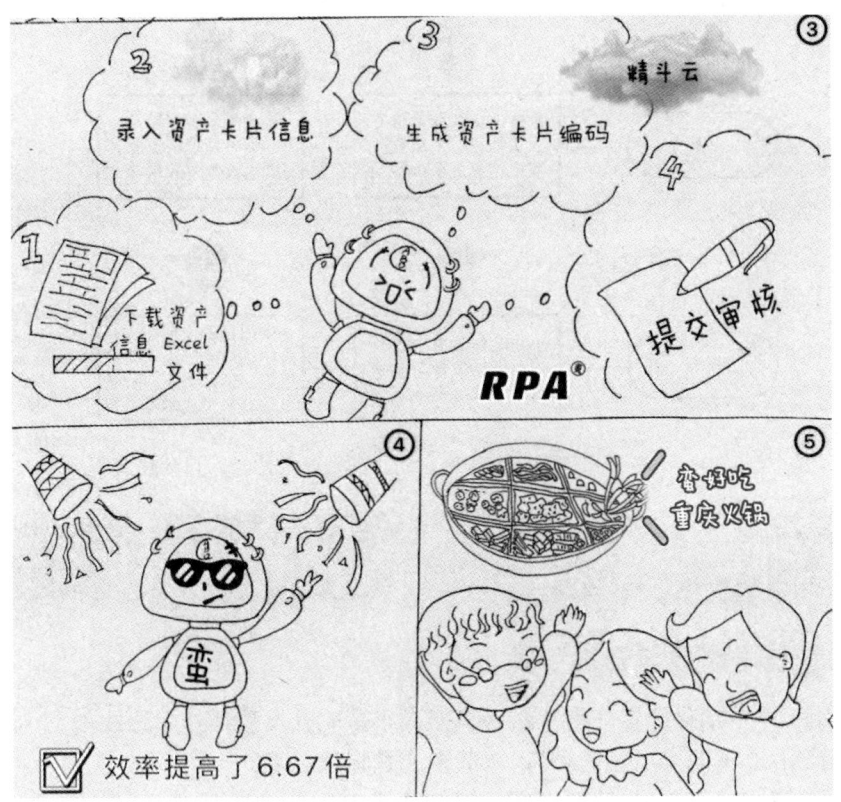

两个月后，又是一个新的工作日，何昱衡边打着哈欠边打开办公桌上的计算机。

"詹凯棋呀，多亏你让我见识了机器人小蛮，给我节省太多时间了，我们部门一个星期的工作量一天就搞定了，这个小蛮，真厉害！"财务总监程平笑容满面地说道。

何昱衡听着程总和詹凯棋的对话，心里纳闷这个小蛮是何方神圣。不一会儿，詹凯棋走进办公室，"何昱衡，我们信息化办公室研发出了一个财务机器人小蛮，上次听你抱怨工作重复枯燥，我第一个就想到了你，来，我给你展示一下。"

只见詹凯棋点击启动，小蛮自动登录金蝶精斗云财务系统，同时打开资产登记信息表，将表中的资产信息录入系统后，系统就自动保存了资产卡片并生成资产卡片编码。

"这个小蛮，果然厉害啊！我明天就用起来。"何昱衡乐呵起来，但是又疑惑道，"这样的话，我们办公室就可以减少1个人了。"他向杜姗打趣道："那是你走还是我走呢？"接着，何昱衡又说道："咱俩平均月收入5000元，原来每天大约需要录入80张卡片，每张耗时5分钟，现在只需40分钟即可完成全部录入工作，效率提升太多了，开心开心！"

新生活新希望，从一顿"蛮好吃"重庆火锅开始，吃完火锅，再去看一场"蛮不讲力"情景剧，晚上再打一把"蛮好玩"游戏，人生岂不是美哉妙哉！

HD公司基于应用程序自动化的资产卡片录入自动化流程设计如图10-8所示。

【沙盘模拟推演】

　　基于以上自动化流程描述进行详细的自动化流程设计；结合资产卡片录入案例的业务流程，规范机器人开发过程中所使用的数据，其中所需数据主要来源于资产信息登记表；确定所要登记的信息，如资产类别、资产组织、计量单位等。

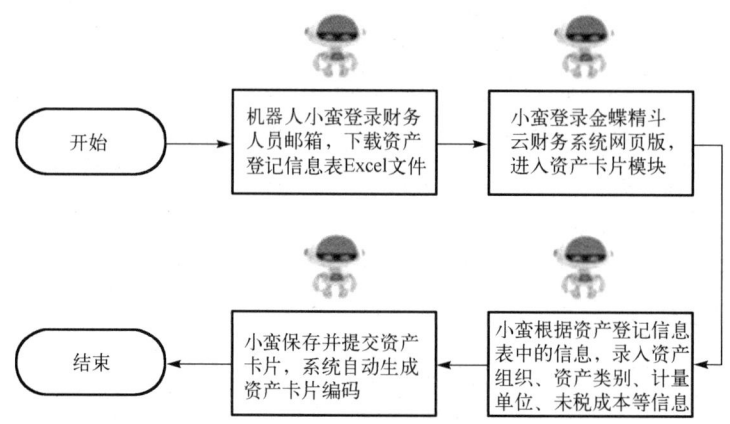

图 10-8 HD 公司基于应用程序自动化的资产卡片录入自动化流程

以小组为单位,在 RPA 财务机器人开发模拟物理沙盘上推演"机器人设计"和"数据标准与规范化设计"。

○ 10.3.3 技术路线与开发步骤

基于应用程序自动化的资产卡片录入机器人小蛮的开发总体技术路线如下:
(1)添加 IMAP 下的"下载附件",下载资产登记信息表。
(2)添加"读取单元格",读取资产登记信息。
(3)添加"录制",录制登录金蝶精斗云财务系统网页与账套的过程。
(4)添加"输入信息",抓取界面元素并填入数据。
(5)添加"点击目标",用于点击指定的界面元素。
注:使用金蝶精斗云财务系统之前需要先进行注册并建立账套。
该实训所用资产登记信息表格式如表 10-2 所示。

表 10-2 资产登记信息表

固定资产编码	固定资产名称	固定资产类别	使用部门	开始使用日期	折旧方法	预计使用期限	预计残值率	固定资产科目	累计折旧科目	费用分摊	税金科目	产购入对方科	资产清理科目	资产原值	税额	值准	旧期初累计折
ZCLB	惠普激光打印机	电子设备	营销部	2020-04-27	平均年限法	36	0.05	1601 固定资产	1602 累计折旧	560212 应交税费	应交增值税	1002	1606 固定资产清理	4399	0	0	0

【沙盘模拟推演】

根据自动化流程总体设计,结合以上技术思路,以小组为单位,在 RPA 财务机器人开发模拟物理沙盘上推演"机器人开发"。

下面讲解财务机器人小蛮的具体开发步骤。

1. 搭建流程整体框架

步骤一:打开 UiBot Creator 软件,新建流程,并将其命名为"资产卡片录入机器人"。
步骤二:拖入 4 个"流程块"和 1 个"流程结束"至流程图设计主界面,并连接起来。流程块描述修改为:登录邮箱并下载资产登记信息表;读取新增资产卡片信息;登录金蝶精斗云财务系统网页与账套、填入资产卡片信息,保存并新增。如图 10-9 所示。

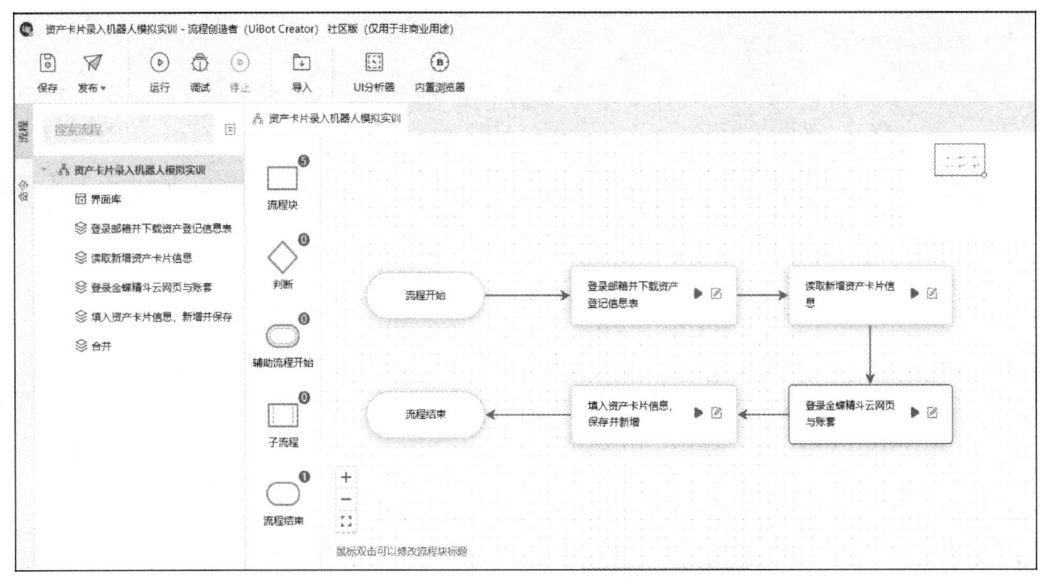

图 10-9　资产卡片录入机器人流程图设计主界面

2．登录邮箱并下载资产登记信息表

步骤三：添加 1 个 IMAP 下的"连接邮箱"、1 个"查找邮件"、1 个"下载附件"，具体如图 10-10、表 10-3 所示。

图 10-10　登录邮箱并下载附件

表 10-3　"连接邮箱"属性设置

活动名称	属性	值
连接邮箱	输出到	objIMAP
	服务器地址	imap.qq.com
	端口号	143
查找邮件	输出到	arrayRet
	邮箱对象	objIMAP
	邮箱文件夹	收件箱
	查找关键字	资产登记信息表
下载附件	输出到	arrayRet
	邮箱对象	objIMAP
	邮件对象	arrayRet[0]
	存储路径	@res"附件"

3. 读取新增资产卡片信息

步骤四：添加 1 个"打开 Excel 工作簿"，路径设置为"@res"附件\资产登记信息表-新增卡片.xls""，如图 10-11 所示。

步骤五：添加 13 个"读取单元格"，工作簿对象设置为"objExcelWorkBook"，工作表为"固定资产卡片模板"，如图 10-12 所示，属性设置如表 10-4 所示。

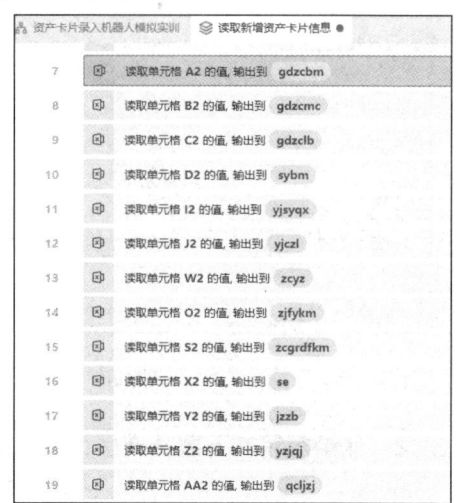

图 10-11　打开资产登记信息表 Excel 工作簿　　图 10-12　读取单元格设置变量

表 10-4　"读取单元格"属性设置

活动名称	属性	值
读取单元格	输出到	gdzcbm
	单元格	A2
读取单元格	输出到	gdzcmc
	单元格	B2
读取单元格	输出到	gdzclb
	单元格	C2
读取单元格	输出到	sybm
	单元格	D2
读取单元格	输出到	yjsyqx
	单元格	I2
读取单元格	输出到	yjczl
	单元格	J2
读取单元格	输出到	zcyz
	单元格	W2
读取单元格	输出到	zjfykm
	单元格	O2
读取单元格	输出到	zcgrdfkm
	单元格	S2

续表

活动名称	属性	值
读取单元格	输出到	se
	单元格	X2
读取单元格	输出到	jzzb
	单元格	Y2
读取单元格	输出到	yzjqj
	单元格	Z2
读取单元格	输出到	qcljzj
	单元格	AA2

步骤六：添加1个"关闭Excel工作簿"，工作簿对象设置为"objExcelWorkBook"，立即保存选择"是"。

4．登录金蝶精斗云财务系统网页与账套

步骤七：添加1个"启动新的浏览器"，其属性设置如表10-5所示。

表10-5 "启动新的浏览器"属性设置

活动名称	属性	值
启动新的浏览器	输出到	hWeb
	浏览器类型	"chrome"
	打开链接	"https://www.jdy.com/login/"

步骤八：在"录制工具"的"控件"类工具中选择"输入文本"，如图10-13所示。接着选择登录名输入框作为输入控件，如图10-14所示。在弹出的文本框中输入登录账号并点击"确定"，如图10-15所示。同理选择密码输入框作为输入控件并进行密码输入，如图10-16、图10-17所示，接着选择"控件"中的"点击"，点击"登录"，最后点击"结束并保存"按键，结束录制。

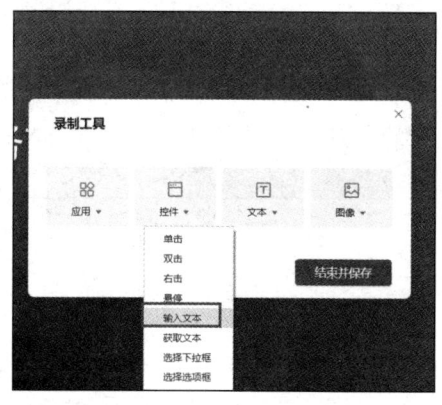

图10-13 选择"输入文本"

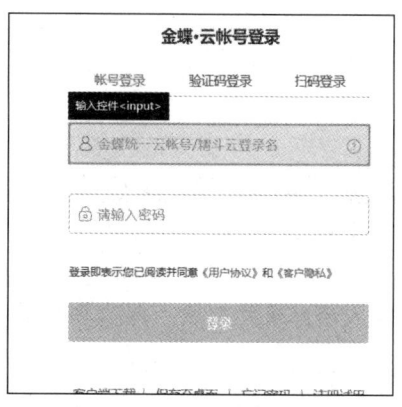

图10-14 选择"输入控件"

步骤九：添加1个"点击目标"，点击"进入使用"，如图10-18所示。添加1个"延时"，设置延时3000毫秒，如图10-19所示。

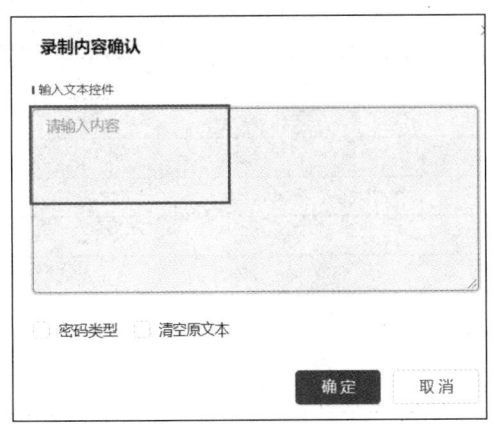

图 10-15　输入登录账号

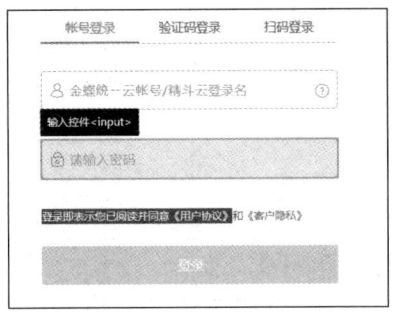

图 10-16　选择"输入控件"

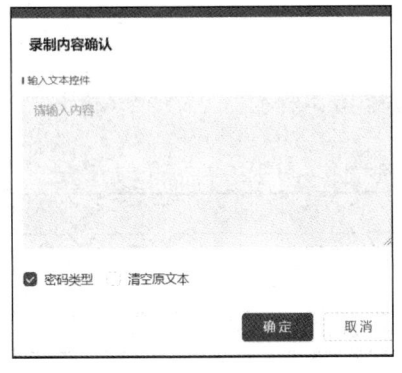

图 10-17　录制登录密码

图 10-18　点击"进入使用"

步骤十：添加 1 个"移动到目标上"，选择并点击"块级元素"。添加 1 个"点击目标"，点击"记账"，如图 10-20 所示。添加 1 个"延时"，设置延时 3000 毫秒，如图 10-21 所示。

图 10-19　设置延时

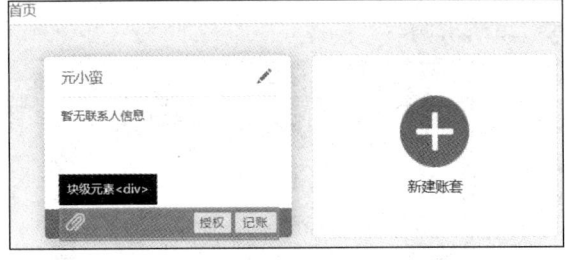

图 10-20　点击"记账"

5. 填入资产卡片信息，保存并新增

步骤十一：添加 2 个"移动到目标上"，选择左边列的"资产"，接着选择"卡片"，如图 10-22 所示。添加 1 个"点击目标"，点击"卡片"。添加 1 个"延时"，设置延时 2000 毫秒，如图 10-23 所示。添加 1 个"点击目标"，点击"新增"，如图 10-24 所示。

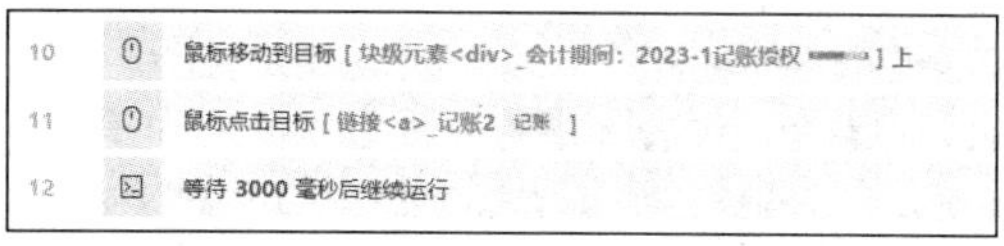

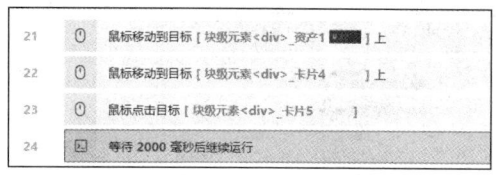

图 10-21　设置延时

图 10-22　选择"卡片"

图 10-23　设置延时

图 10-24　点击"新增"

步骤十二：添加 10 个"在目标元素中输入"，分别将表 10-6 中设置的变量写入文本，具体如图 10-25 所示。

表 10-6　"在目标中输入"属性设置

活动名称	属性	值
在目标元素中输入	写入文本	gdzcbm
		gdzcmc
		gdzclb
		yjsyqx
		zcyz
		zcgrdfkm
		yjczl
		zjfykm
		se
		qcljzj

步骤十三：添加 1 个"点击目标"，点击右下角的"保存并新增"，最终生成的资产卡片如图 10-26 所示。

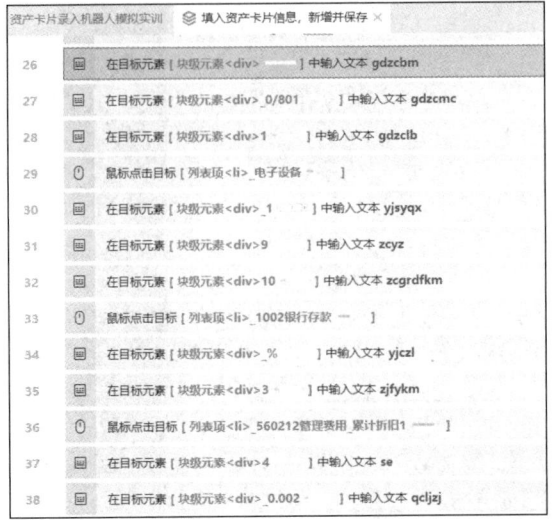

图 10-25　在目标中写入文本

图 10-26　新增资产卡片

【沙盘模拟推演】

　　机器人开发完成后，思考机器人的部署方式和运行模式；分析资产卡片录入机器人带来的价值，同时考虑机器人运行过程中可能存在的风险与应对措施。

　　以小组为单位，在 RPA 财务机器人开发模拟物理沙盘上推演"机器人运用"，包括机器人的部署与运行、价值与风险及人机如何协作共生。

【课后思考】

　　为什么有时候机器人运行时会提示界面元素找不到的错误？可以采取哪些措施最大限度地减少此类情况的发生呢？应该如何修改程序？

【延伸学习】

　　学完使用 UiBot 进行网页端的资产卡片录入后，如果需要对某个资产卡片信息进行修改，应该如何完善数据文件和机器人程序呢？

第三部分　UiBot 财务机器人开发

第 11 章　会计记账处理机器人

11.1　场景描述与业务流程

周五晚七点，穿着黄色马甲的外卖小哥拎着外卖盒赶到了 HD 公司财务部办公区，"彭兰

雅,你的外卖到了,麻烦来取一下。"没有人回答。外卖小哥一眼望去,数颗脑袋被计算机屏幕照得发亮,认真敲打键盘发出的清脆声音响彻着整个办公区。"谁是彭兰雅,你的外卖到了!"外卖小哥又扯着嗓子喊道。这时,只见一堆凭证后幽幽地升起了一颗脑袋,"我的!我的!你先放在那里吧,我现在手头忙。"说完,头又低了下去。外卖小哥也不再说什么,放下外卖盒转身走了……

办公室墙上时钟的时针指向了"8",彭兰雅才伸直了腰,抬头看了看时间,"怎么这么快就八点了,哎呀,我的外卖快餐都忘记吃了!"

这时,只见计算机后又缓缓露出了几个脑袋,"居然都八点了,你们看看这堆报销单,即使是有'蛮好用'计算机的帮助,可这什么时候能结束还是个未知数!"罗梦晴指着面前堆积如山的单据说道。

"是啊,工作日加班、周末加班,我妈天天念叨我很久都没有回家陪她吃晚饭了。"聂琦叹了叹气。

"哎,你这算什么,程总上个月组织了一次'大数据智能化时代的财务转型'会议,300多人参会,他垫付的好多费用我都还没给他报下来。还有公司的首席科学家,同时总经理上周带领十几名技术骨干去国外考察,昨天刚回公司就让秘书送过来这么厚一叠报销单。"彭兰雅边比画边说道,"堆积的事情真的太多了。你说说,一张差旅费报销单后面有时候附了十几张发票,多的就不说了,最少也有好几张吧,公司规定每张发票都要查验是否重复报销,输代码、号码、金额、日期都要好一会儿,更何况这么几千人的大公司呢!查验完了还要登录金蝶精斗云财务系统做账、录入凭证,唉,不提了!目前也没有办法能够有效地提高这些会计基础工作的效率,每一件都需要人来做,只能希望公司赶紧再招几个财务人员吧。"彭兰雅摇摇头说道,"吐槽完了还是快点工作吧,不然今晚又不知道得多晚才能回家了。"说完大家都埋下头接着工作……

HD 公司会计记账处理业务流程如图 11-1 所示。

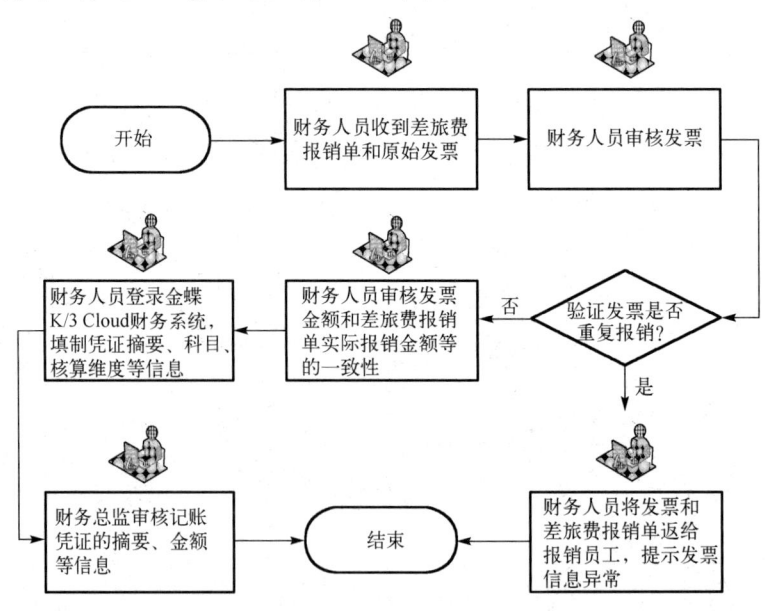

图 11-1 HD 公司会计记账处理业务流程

11.2 自动化流程设计

罗梦晴出差半个月回来，惊讶地发现大家在公司都变得"游手好闲"起来。平时午休时间也依旧忙碌的财务部办公区现在竟然是这番景象：彭兰雅戴着耳机正在玩火爆的新款游戏"蛮好玩"，徐涵璐翻着食谱研究养生十全大补汤，聂琦跟着计算机上的舞蹈视频在那比比划划。"你们怎么了？是老板布置的任务太少了吗？为什么不忙了呢？"罗梦晴诧异道。

彭兰雅："这你就不知道了吧。程总现在非常重视财务工作的 RPA 数字化转型，已经与×××公司签订合作协议。合作公司安排了经验丰富的 RPA 技术团队，正在全力研发用于会计记账处理的财务机器人小蛮，目前研发工作已经取得了突破性进展，正在我们部门试运行呢。你别说，这个小蛮还真高效，凭一己之力，短短两天就解决了我们几个人大半个月的工作量。"

罗梦晴："真的吗？这个小蛮听起来很厉害的样子，赶紧给我介绍一下吧。"

彭兰雅："那我先给你讲讲我们公司现在基于财务机器人的自动化流程设计吧。首先要在服务器上部署财务机器人小蛮，设定好他的运行模式后，小蛮会登录公司财务中心费用报销专属邮箱，自动下载交通运输与餐饮服务增值税电子发票，将其保存到电子发票档案管理文件夹。然后小蛮将下载的发票代码和已报销的发票代码进行比对，看发票是否已经报销。若发票查验已经报销，小蛮则将已报销发票信息写入发票登记信息表，同时将其查验结果登记为"该发票重复报销"，并发送邮件至报销员工邮箱提示该发票重复报销；若发票查验未报销，小蛮则将识别、抓取的发票号码、代码、纳税人识别号、类型、单价、税率等信息，写入增值税发票登记信息表，同时记录工作状态。随后，小蛮根据增值税发票登记信息表、公司员工信息表，将摘要、金额、报销人等信息写入记账凭证信息表，并根据科目转换表中的关键词搜索记账凭证信息表中的摘要信息，若搜索失败，小蛮会提示财务人员更新科目转换表，记录工作状态；若搜索成功，小蛮会将每笔业务对应的借贷方科目写入记账凭证信息表，同时记录工作状态。接下来，小蛮登录金蝶 K/3 Cloud 财务系统，打开凭证录入窗口，逐条录入记账凭证信息表中的凭证信息，同时记录凭证号和对应的工作状态。最后，小蛮在完成所有的凭证录入工作后，将工作完成情况状态表发送至财务部报销小组负责人邮箱。"

罗梦晴激动地拍拍小手，说道："咦？那我们部门原本有 4 个人从事会计记账处理工作，现在恐怕得'裁员' 2 个人去财务经理岗位一直空缺的子公司哟，话说这到底是坏事还是好事呢？"

HD 公司会计记账处理机器人的自动化流程设计如图 11-2 所示。

小蛮上线后，它的价值在哪里呢？

我们来算一下。有了它，每个月至少可以节约 16 000 余元的人工成本！原来每张凭证从收到发票、验证发票到登记入账的平均时间大约为 8 分钟，每天至少需要处理 150 余张凭证，现在每张凭证的处理时间缩短为 1 分钟左右，据程总透露，咱们这个小蛮每个月投入成本也不过 1000 余元，收益真是棒棒哒！"

【思维拓展】

本章节案例中的发票是指电子发票，其信息的获取采取的是 PDF 文本识别方法，现在我们思考一下，如果遇到了影像格式的发票怎么处理呢？另外，本案例中没有进行电子发票的真伪查验，有哪些途径和方法可以实现这个功能？应该如何修改程序来实现呢？

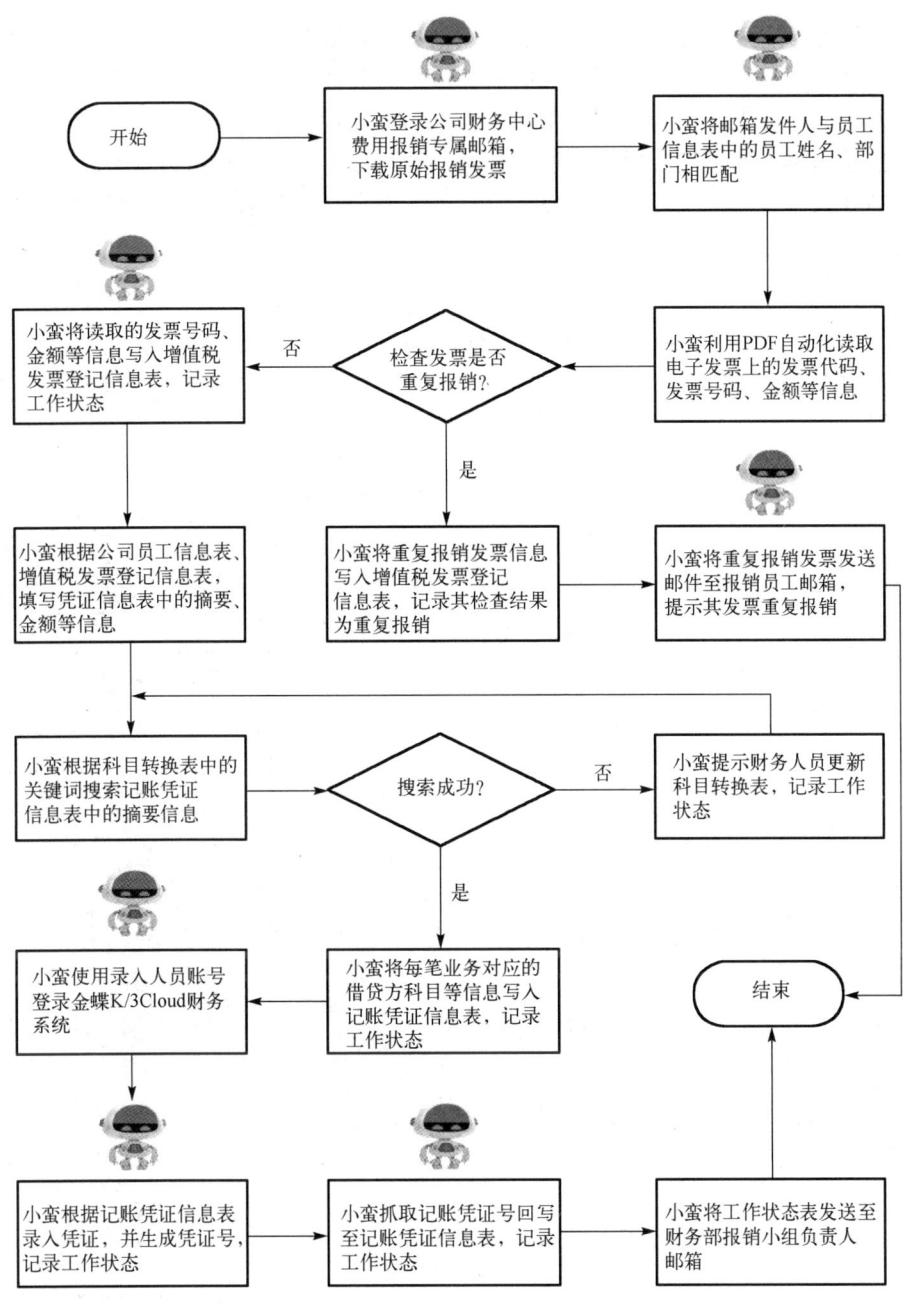

图 11-2　HD 公司会计记账处理机器人自动化流程

11.3　机器人开发

11.3.1　技术路线

会计记账处理机器人包含了邮箱下载报销发票、识别发票信息、发票查验、填写发票信息表、填写凭证信息表、凭证录入、发送会计记账信息表等至财务部报销小组负责模块。首先，会计记账处理机器人先进入邮箱根据关键词下载其他部门发来的报销发票；其次，将发票下载至本地后进行发票信息的智能识别工作；再次，对识别好的发票信息进行发票信息查验工作；接着，机器人将进行发票信息表和凭证信息表的填写工作；紧接着，机器人将自动登录金蝶精斗云财务系统录入凭证；最后，机器人将会计记账信息表等文件发送至财务部报销小组处。

会计记账处理机器人基于 UiBot Creator 软件进行开发，其总体技术路线如表 11-1 所示。

表 11-1　会计记账处理机器人开发技术路线

模块	功能描述	使用的活动
邮箱下载报销发票	进入邮箱并下载报销发票	打开 Excel 工作簿
		连接邮箱
		获取邮件列表
		变量赋值
		查找字符串
		依次读取数组中每个元素
		如果条件成立
		下载附件
		写入单元格
		关闭 Excel 工作簿
		延时
识别发票信息	发票获取	获取文件或文件夹列表
		依次读取数组中每个元素
	发票信息的智能识别	PDF 多票据识别
		根据条件判断
		获取票据内容
		在数组尾部添加元素
		输出调试信息
发票查验	进行发票信息的查验工作	打开 Excel 工作簿
		读取区域
		依次读取数组中每个元素
		如果条件成立
		变量赋值
		关闭 Excel 工作簿
填写发票信息表	进行发票信息的读取和发票信息表的写入工作	打开 Excel 工作簿
		如果条件成立
		写入单元格
		替换字符串
		注释
		发送邮件
		写入区域

续表

模块	功能描述	使用的活动
填写发票信息表	进行发票信息的读取和发票信息表的写入工作	关闭 Excel 工作簿
填写凭证信息表	进行凭证信息的读取和凭证信息表的写入工作	尝试执行操作
		打开 Excel 工作簿
		读取单元格
		写入单元格
		查找字符串
		如果条件成立
		获取时间
		格式化时间
		退出流程
凭证录入	自动登录金蝶精斗云财务系统录入凭证	打开 Excel 工作簿
		读取单元格
		启动新的浏览器
		更改窗口显示状态
		在目标中输入
		点击目标
		模拟按键
		延时
		关闭窗口
		关闭 Excel 工作簿
发送会计记账信息表等至财务部报销小组负责	发送会计记账信息表等至财务部报销小组负责人邮箱	发送 SMTP 邮件消息

11.3.2 开发步骤

1. 邮箱下载报销发票

步骤一：打开 UiBot Creator，新建流程，将其命名为"会计记账处理机器人"。

步骤二：拖入 7 个"流程块"和 1 个"流程结束"至流程图设计主界面，并连接起来。流程块的名字分别修改为：邮箱下载报销发票、识别发票信息、发票查验、填写发票信息表、填写凭证信息表、凭证录入、发送会计记账信息表等至财务部报销小组负责，如图 11-3 所示。

步骤三：在主界面右侧"流程图"处创建 13 个流程图变量，命名与默认值如图 11-4 所示。

步骤四：点击"编辑"进入"邮箱下载报销发票"模块。添加"打开 Excel 工作簿"，输出到"objExcelWorkBook"，文件路径为"@res"会计记账信息表.xlsx""。在下方添加 1 个"IMAP"下的"连接邮箱"，属性设置如图 11-5 所示。在下方继续添加 1 个"IMAP"下的"获取邮件列表"，属性设置如图 11-6 所示。

步骤五：在下方继续添加 1 个"变量赋值"、1 个"依次读取数组中每个元素"，在"依次读取数组中每个元素"命令中添加 2 个"变量赋值"、1 个"查找字符串"、1 个"如果条件成立"，流程界面如图 11-7 所示。

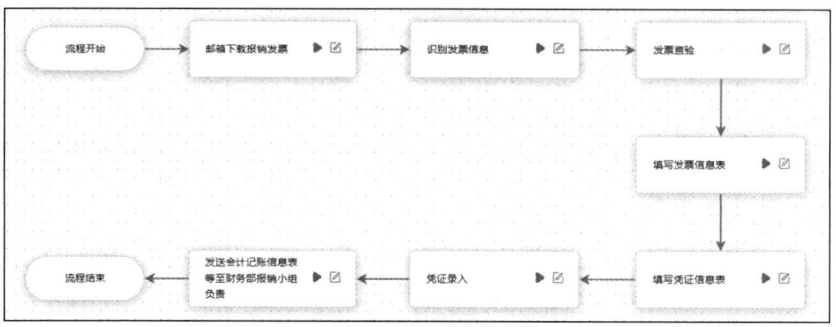

图 11-3 UiBot Creator 流程图界面

图 11-4 变量定义

图 11-5 设置"连接邮箱"属性

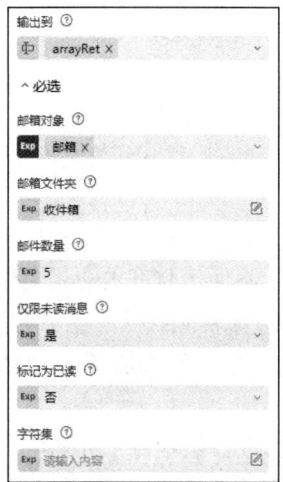

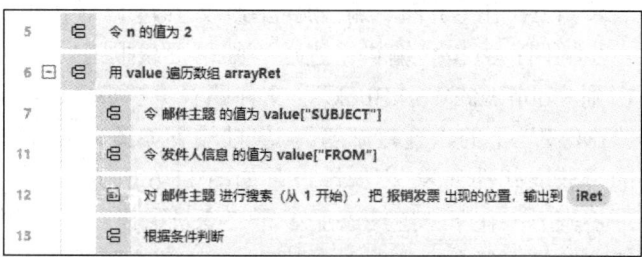

图 11-6 设置"获取邮件列表"属性

图 11-7 流程界面

步骤六：设置上述步骤中的"如果条件成立"的判断表达式为"iRet<>0"，并在"如果条件成立"下方添加"下载附件""写入单元格""变量赋值"，其流程界面如图 11-8 所示。相关属性设置参照图 11-9 所示。

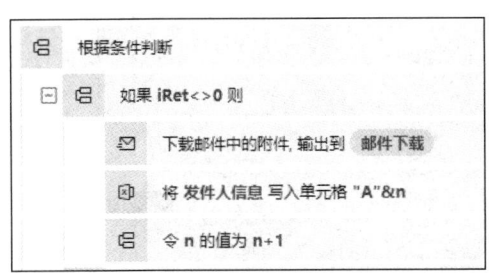

图 11-8　流程界面

图 11-9　设置"下载附件"属性

步骤七：跳出以上循环，在下方继续添加 1 个"关闭 Excel 工作簿"和"延时"，其可视化界面如图 11-10 所示。其中设置延时为"8000"。

2. 识别发票信息

步骤八：点击"编辑"进入"识别发票信息"模块。添加"获取文件或文件夹列表"，路径（专业模式下）为"@res"电子发票夹""，列表内容为"文件和文件夹"，返回全路径选择"是"，输出到"arrayRet"。在下方添加"依次读取数组中每个元素"，用 value 遍历数组 arrayRet，如图 11-11 所示。识别发票信息阶段剩余步骤均需要在此循环内处理，因此活动块都应该放在循环里面。

步骤九：点击上方的"智能文档处理"，如图 11-12 所示。AI 能力选择"通用多票据识别"，AI 引擎选择"通用多票据识别（国内多票据）"，点击"下一步"，如图 11-13 所示。

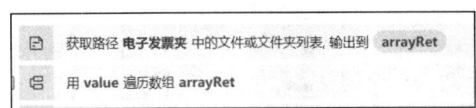

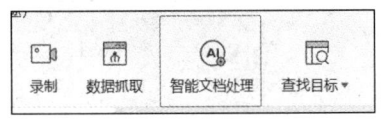

图 11-11　流程界面

图 11-12　点击"智能文档处理"

步骤十：在选择来源界面，选中"选择 PDF"，选择名为"电子发票夹"的文件夹中的 PDF 格式发票文件，密码保持默认状态，具体设置如图 11-14 所示，点击"下一步"。

步骤十一：在获取结果界面，选择"增值税电子普通发票"，如图 11-15 所示。提取字段勾选"发票类型（是否为电子发票）""金额明细列表""销售方纳税人识别号""税额明细列表""发票代码""价税合计小写""销售方名称""发票号码""货物或服务名称列表"，点击"完成"，结果如图 11-16 所示。

步骤十二：点击第一个活动块，将 PDF 文件路径修改为变量"value"，如图 11-17 所示。

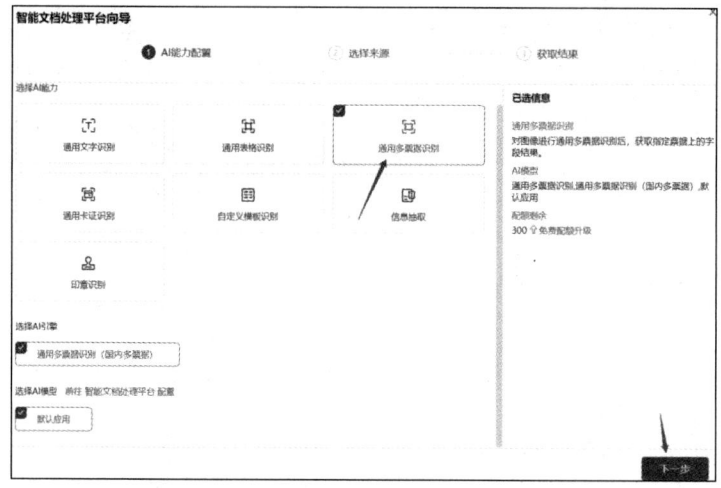

图 11-13　AI 能力配置选择

图 11-14　选择来源

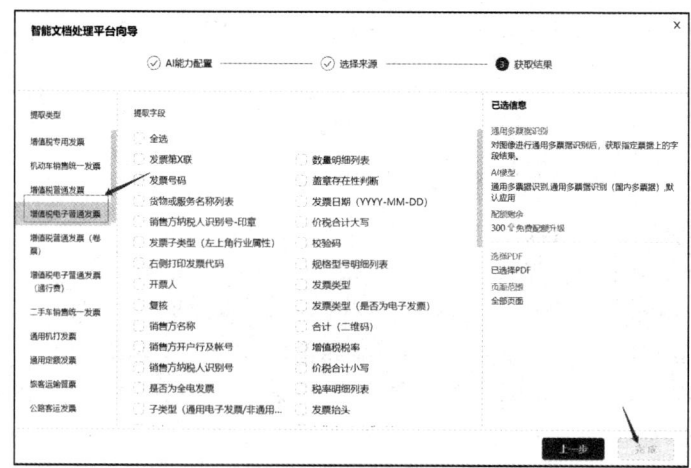

图 11-15　获取结果设置

图 11-16　流程界面

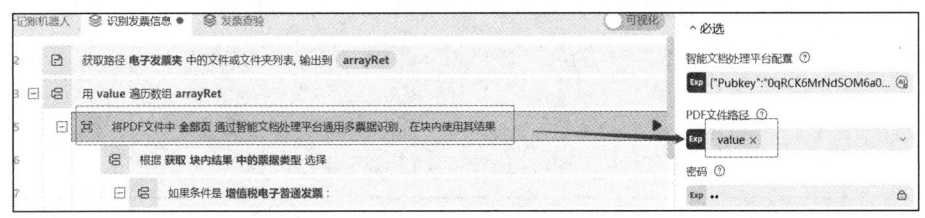

图 11-17　修改文件路径

步骤十三：将发票识别所获取的 9 个字段的结果默认输出到"Result"中，需要对其进行修改，将结果输出到对应变量中，如图 11-18 所示。

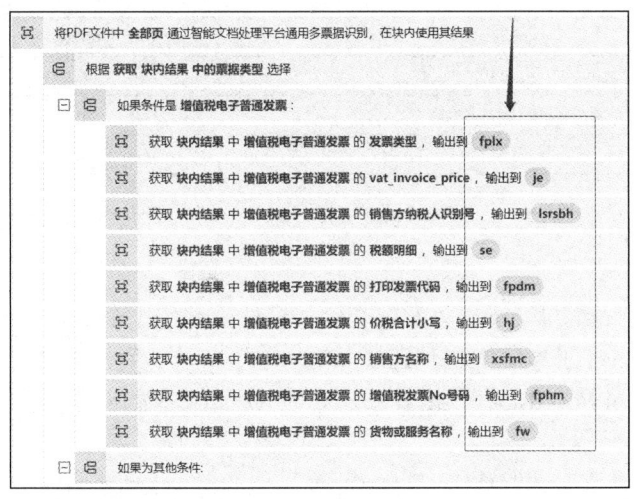

图 11-18　流程界面

步骤十四：拖入 9 个"在数组尾部添加元素"并调整顺序，如图 11-19 所示，具体属性设置如表 11-2 所示。

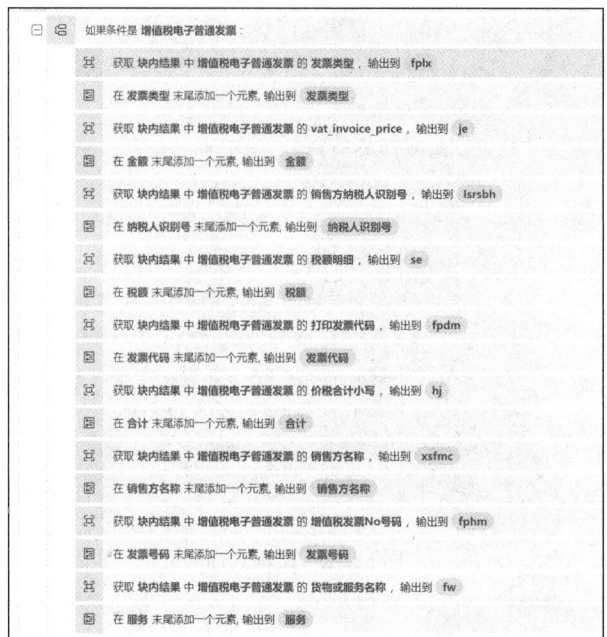

图 11-19 添加"在数组尾部添加元素"

表 11-2 "在数组尾部添加元素"属性设置

输出到	目标数组	添加元素
发票类型	发票类型	fplx
金额	金额	je
纳税人识别号	纳税人识别号	lsrsbh
税额	税额	se
发票代码	发票代码	fpdm
合计	合计	hj
销售方名称	销售方名称	xsfmc
发票号码	发票号码	fphm
服务	服务	fw

3. 发票查验

步骤十五：点击"编辑"进入"发票查验"模块。创建 1 个变量，名称为"已报销发票代码"。添加"打开 Excel 工作簿"，文件路径（专业模式下）为"@res"已报销的发票代码.xlsx""，输出到变量"objExcelWorkBook"。接着添加"读取区域"，输出到变量"已报销发票代码"，具体设置如图 11-20 所示。

步骤十六：添加"依次读取数组中每个元素"，用变量 value 遍历数组"已报销发票代码"。在循环中添加 1 个"如果条件成立"，判断表达式设置为"value=发票代码[0]"；接着在下方添加 1 个"变量赋值"，令变量 cyjg 的值为""已报销""，如图 11-21 所示。

步骤十七：点击"依次读取数组中每个元素"左侧将循环收起，在下方添加"关闭 Excel 工作簿"，工作簿对象为变量"objExcelWorkBook"，立即保存，如图 11-22 所示。

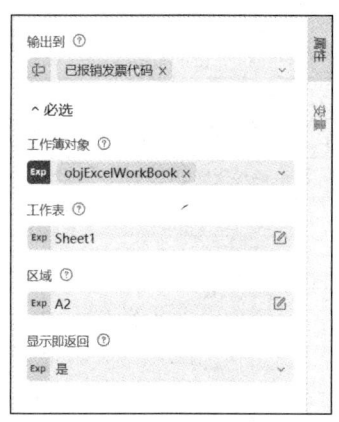

图 11-20　设置"读取区域"属性

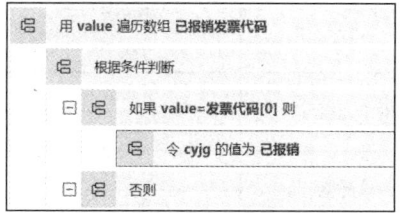

图 11-21　流程界面

4．填写发票信息表

步骤十八：添加 1 个"打开 Excel 工作簿"，路径设置为"@res"会计记账信息表.xlsx""，如图 11-23 所示。

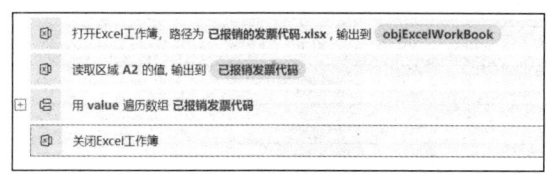

图 11-22　流程界面

图 11-23　打开会计记账信息表 Excel 工作簿

步骤十九：添加 1 个"如果条件成立"，判断表达式为"cyjg="已报销""，如图 11-24 所示。

步骤二十：在"如果条件成立"下添加 6 个"写入单元格"、2 个"写入区域"、1 个"替换字符串"，如图 11-25 所示，其属性设置如表 11-3 所示。

图 11-24　流程界面

图 11-25　流程界面

表 11-3 属性设置

活动名称	属性	值
写入单元格	工作簿对象	objExcelWorkBook
	工作表	增值税发票登记信息表
	单元格	A4
	数据	发票号码[0]
写入单元格	单元格	B4
	数据	Cstr(发票代码[0])
写入单元格	单元格	C4
	数据	发票类型[0]
写入单元格	单元格	D4
	数据	销售方名称[0]
写入单元格	单元格	E4
	数据	纳税人识别号[0]
写入区域	开始单元格	F4
	数据	金额[0]
替换字符串	输出到	sRet
	目标字符串	税额[0]
	查找内容	*
	替换内容	0
	区分大小写	否
写入区域	开始单元格	G4
	数据	sRet
写入单元格	单元格	J4
	数据	该发票重复报销

步骤二十一：添加 1 个"注释"，注释内容为"测试用的是自己的邮箱，正式使用时需要更换邮箱号，包括发送邮箱和接收邮箱。"

步骤二十二：添加 1 个 SMTP/POP 下的"发送邮件"，属性设置如表 11-4 所示。

表 11-4 属性设置

活动名称	属性	值
发送邮件	输出到	bRet
	SMTP 服务器	"smtp.qq.com"
	服务器端口	465
	邮件标题	发票号码[0]&"发票查验异常"
	邮件正文	"该发票已经报销，请勿重复报销"

步骤二十三：添加 1 个"否则如果条件成立"，在下面添加 6 个"写入单元格"、2 个"写入区域"、1 个"替换字符串"，如图 11-26 所示，其属性设置如表 11-5 所示。

表 11-5 属性设置

活动名称	属性	值
写入单元格	工作簿对象	objExcelWorkBook
	工作表	增值税发票登记信息表
	单元格	A4
	数据	发票号码[0]
写入单元格	单元格	B4
	数据	Cstr(发票代码[0])
写入单元格	单元格	C4
	数据	发票类型[0]
写入单元格	单元格	D4
	数据	销售方名称[0]
写入单元格	单元格	E4
	数据	纳税人识别号[0]
写入区域	开始单元格	F4
	数据	金额[0]
替换字符串	输出到	sRet
	目标字符串	税额[0]
	查找内容	*
	替换内容	0
	区分大小写	否
写入区域	开始单元格	G4
	数据	sRet
写入单元格	单元格	J4
	数据	该发票首次报销

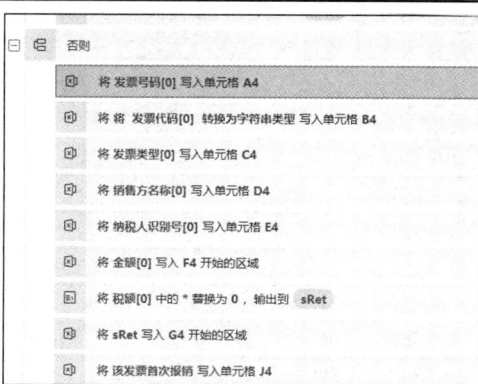

图 11-26 流程界面

5. 填写凭证信息表

步骤二十四：添加 1 个"尝试执行"，如图 11-27 所示。

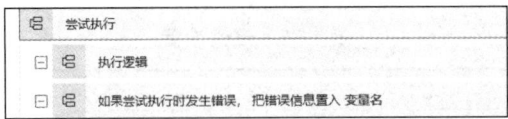

图 11-27　流程界面

步骤二十五：在"执行逻辑"下添加 1 个"打开 Excel 工作簿"，输出到"objExcelWorkBook"，文件路径为"@res"会计记账信息表.xlsx""。

步骤二十六：添加 3 个"读取单元格"、1 个"写入单元格"、2 个"查找字符串"，如图 11-28 所示，属性设置如表 11-6 所示。

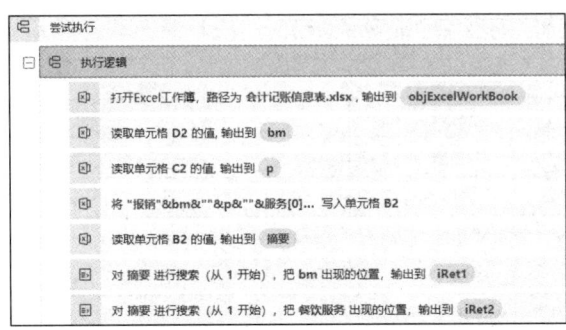

图 11-28　流程界面

表 11-6　属性设置

活动名称	属性	值
读取单元格	输出到	bm
	工作簿对象	objExcelWorkBook
	工作表	邮件信息表
	单元格	D2
读取单元格	输出到	p
	工作簿对象	objExcelWorkBook
	工作表	邮件信息表
	单元格	C2
写入单元格	工作表	凭证信息表
	单元格	B2
	数据	"报销"&bm&"""&p&""&服务[0]&"费"
读取单元格	输出到	摘要
	工作簿对象	objExcelWorkBook
	工作表	凭证信息表
	单元格	B2
查找字符串	输出到	iRet1
	目标字符串	摘要
	查找内容	bm
	开始查找位置	1
	是否区分大小写	否

续表

活动名称	属性	值
查找字符串	输出到	iRet2
	目标字符串	摘要
	查找内容	餐饮服务
查找字符串	开始查找位置	1
	是否区分大小写	否

步骤二十七：添加 1 个 "如果条件成立"，判断表达式为 "iRet1<>0"，如图 11-29 所示。

步骤二十八：添加 4 个 "读取单元格"、4 个 "写入单元格"，如图 11-30 所示，属性设置如表 11-7 所示。

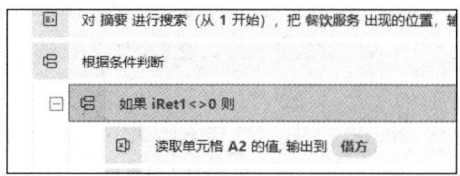

图 11-29　流程界面

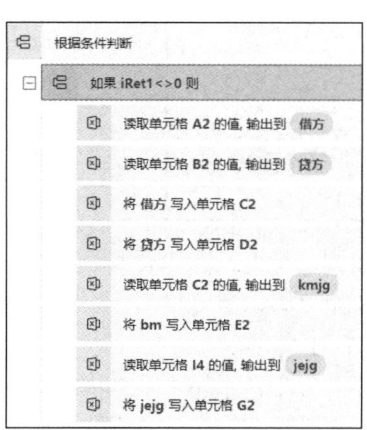

图 11-30　设置条件

表 11-7　属性设置

活动名称	属性	值
读取单元格	输出到	借方
	工作簿对象	objExcelWorkBook
	工作表	科目转换表
	单元格	A2
读取单元格	输出到	贷方
	工作簿对象	objExcelWorkBook
	工作表	科目转换表
	单元格	B2
写入单元格	工作表	凭证信息表
	单元格	C2
	数据	借方
写入单元格	工作表	凭证信息表
	单元格	D2
	数据	贷方

续表

活动名称	属性	值
读取单元格	输出到	kmjg
	工作簿对象	objExcelWorkBook
	工作表	凭证信息表
	单元格	C2
写入单元格	工作表	凭证信息表
	单元格	E2
	数据	bm
读取单元格	输出到	jejg
	工作簿对象	objExcelWorkBook
	工作表	增值税发票登记信息表
	单元格	I4
写入单元格	工作表	凭证信息表
	单元格	G2
	数据	jejg

步骤二十九：在"否则"下面添加 1 个"如果条件成立"，判断表达式为"iRet2<>0"。添加 1 个"写入单元格"，工作表为""凭证信息表""，单元格"F2"，数据为"服务[0][0]"，如图 11-31 所示。

步骤三十：添加 1 个"获取时间"、1 个"格式化时间"、1 个"写入单元格"，如图 11-32 所示，属性设置如表 11-8 所示。

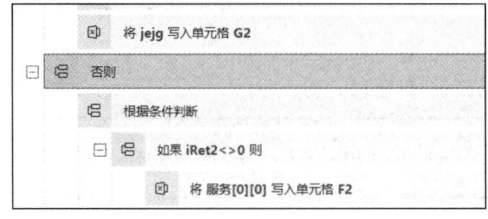

图 11-31　流程界面

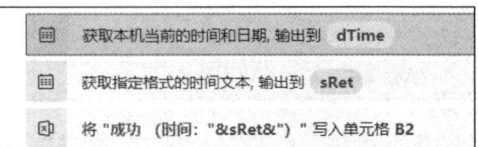

图 11-32　流程界面

表 11-8　属性设置

活动名称	属性	值
获取时间	输出到	dTime
格式化时间	输出到	sRet
	时间	dTime
	格式	yyyy-mm-dd hh:mm:ss
写入单元格	工作簿对象	objExcelWorkBook
	工作表	机器人工作状态表
	单元格	B2
	数据	成功（时间："&sRet&")
	立即保存	false

步骤三十一：添加 1 个"关闭 Excel 工作簿"，"工作簿对象"为"objExcelWorkBook"，"是否立即保存"选择"是"。

步骤三十二：在"如果尝试执行时发生错误"下，异常信息设置为"错误信息"。添加 1 个"获取时间"，1 个"格式化时间"，1 个"写入单元格"，如图 11-33 所示，属性设置如表 11-9 所示。添加 1 个"关闭 Excel 工作簿"，"工作簿对象"为"objExcelWorkBook"，"是否立即保存"选择"是"。

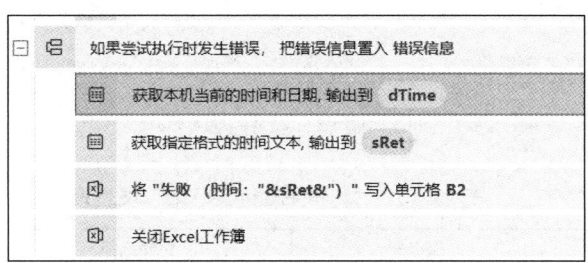

图 11-33　流程界面

表 11-9　属性设置

活动名称	属性	值
获取时间	输出到	dTime
格式化时间	输出到	sRet
	时间	dTime
	格式	yyyy-mm-dd hh:mm:ss
写入单元格	工作簿对象	objExcelWorkBook
	工作表	机器人工作状态表
	单元格	"B2"
	数据	失败（时间："&sRet&")
	立即保存	false

步骤三十三：添加 1 个"退出流程"、1 个"尝试执行"，如图 11-34 所示。

图 11-34　流程界面

6．凭证录入

步骤三十四：进入"凭证录入"流程块编辑界面，在左侧的命令框中搜索添加活动，添加 1 个"打开 Excel 工作簿"，打开"精斗云账户.xlsx"；然后添加 2 个"读取单元格"，分别读取精斗云账号和密码，如图 11-35 所示，属性设置分别如表 11-10 和表 11-11 所示。

图 11-35　流程界面

表 11-10　"打开 Excel 工作簿"属性设置

活动名	输出到	文件路径	是否可见
打开 Excel 工作簿	objExcelWorkBook	@res"精斗云账户.xlsx"	true

表 11-11　"读取单元格"属性设置

活动名	输出到	工作簿对象	单元格	显示即返回
读取单元格	zh	objExcelWorkBook	B2	true
	mm	objExcelWorkBook	B3	true

注意：表格中的属性值都是在专业模式（EXP）中显示。

步骤三十五：添加"启动新的浏览器"，将"浏览器类型"设置为"Google Chrome"，打开链接后输入金蝶精斗云登录网址；然后添加一个"更改窗口显示状态"，点击"未指定"，选择打开金蝶精斗云登录网页，将"显示状态"设置为"最大化"，如图 11-36、图 11-37 和图 11-38 所示。

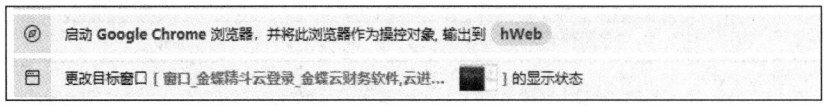

图 11-36　流程界面

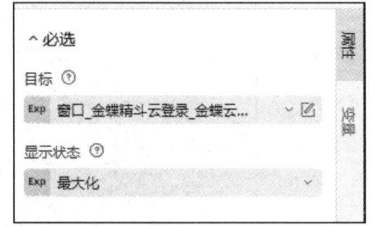

图 11-37　"启动新的浏览器"属性设置　　图 11-38　"更改窗口显示状态"属性设置

步骤三十六：在左侧的命令框中搜索添加元素，添加 2 个"在目标中输入"，分别在金蝶·云账号登录界面输入账号和密码，如图 11-39 和图 11-40 所示。然后添加 2 个"点击目标"，点击"登录"进入账套选择界面，点击"进入使用"选择账套，如图 11-41 和图 11-42 所示。最后添加 1 个"移动到目标上"，将鼠标移动到目标账套框上，如图 11-43 所示。添加完成后流程顺序如图 11-44 所示，属性设置如表 11-12 所示。

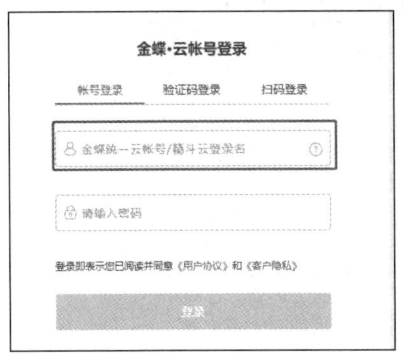

图 11-39　输入账号　　　　　　　　　　图 11-40　输入密码

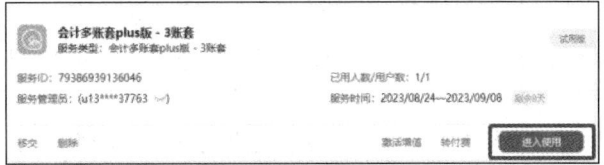

图 11-41　点击"登录"　　　　　　　　　图 11-42　点击"进入使用"

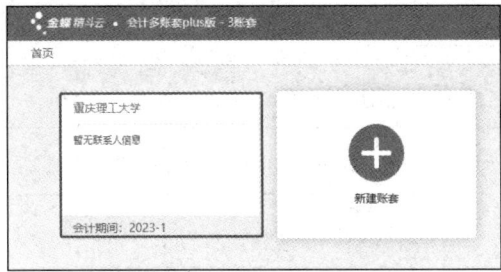

图 11-43　移动到目标上

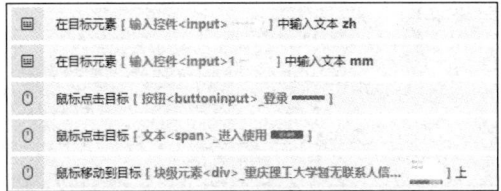

图 11-44　流程界面

表 11-12 属性设置

活动名称	属性	值
在目标中输入	目标	图 11-39
	写入文本	zh
	是否清空原内容	true
在目标中输入	目标	图 11-40
	写入文本	mm
	是否清空原内容	true
点击目标	目标	图 11-41
	鼠标点击	left
点击目标	目标	图 11-42
	鼠标点击	left
移动到目标上	目标	图 11-43

步骤三十七：继续添加 2 个"点击目标"，在账套选择框点击"记账"进入记账界面，如图 11-45 所示。在记账页面点击"新增凭证"进入记账凭证填写界面，如图 11-46 所示。然后添加 1 个"在目标中输入"，在记账凭证界面的"摘要"框中填写摘要内容，如图 11-47 所示。最后添加 2 个"点击目标"和 1 个"在目标中输入"，先点击会计科目输入框，如图 11-48 所示，然后在输入框中输入会计科目信息，如图 11-49 所示，最后在弹出的下拉列表选项中点击第一个选项，如图 11-50 所示，完成会计科目的输入。添加完成后的流程顺序如图 11-51 所示，属性设置如表 11-13 所示。

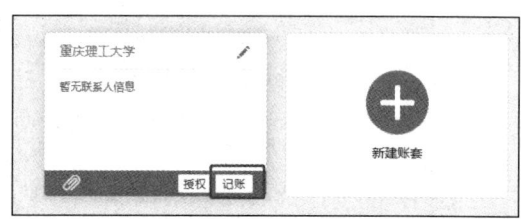

图 11-45 点击"记账"

图 11-46 点击"新增凭证"

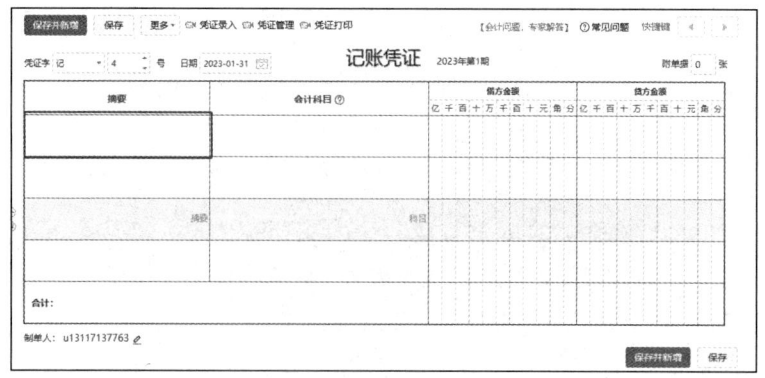

图 11-47 在目标中输入

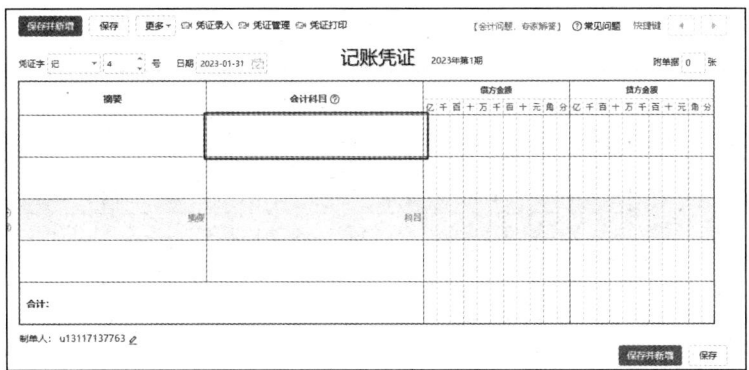

图 11-48　点击会计科目输入框

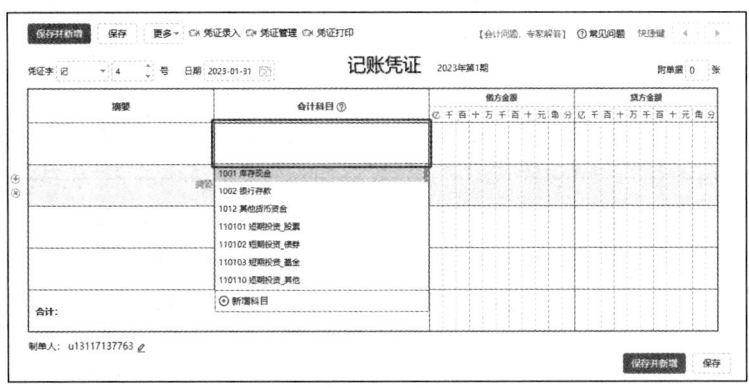

图 11-49　在目标中输入

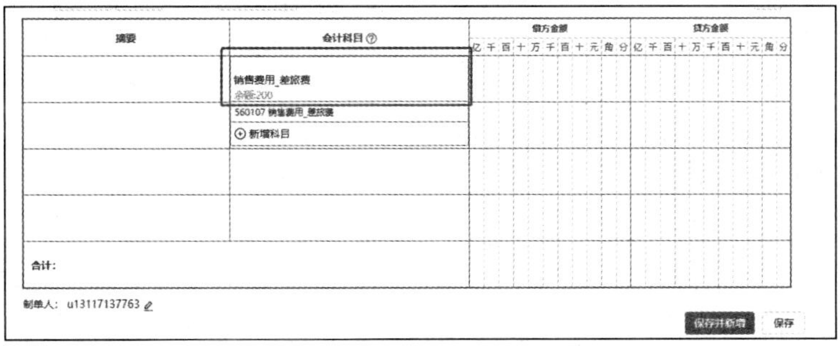

图 11-50　点击目标

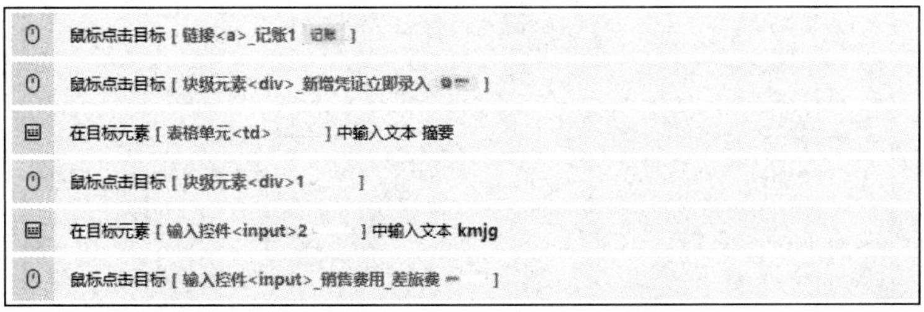

图 11-51　流程界面

表 11-13 属性设置

活动名称	属性	值
点击目标	目标	图 11-45
	鼠标点击	left
点击目标	目标	图 11-46
	鼠标点击	left
在目标中输入	目标	图 11-47
	写入文本	摘要
	是否清空原内容	true
点击目标	目标	图 11-48
	鼠标点击	left
在目标中输入	目标	图 11-49
	写入文本	kmjg
	是否清空原内容	true
点击目标	目标	图 11-50
	鼠标点击	left

步骤三十八：继续添加 8 个"模拟按键"、1 个"延时"、2 个"输入文本"和 1 个"在目标中输入"。在"在目标中输入"中，在第二个会计科目输入框中输入会计科目，如图 11-52 所示，完成凭证剩余内容的填写，添加完成后的流程顺序如图 11-53 所示，属性设置如表 11-14 所示。

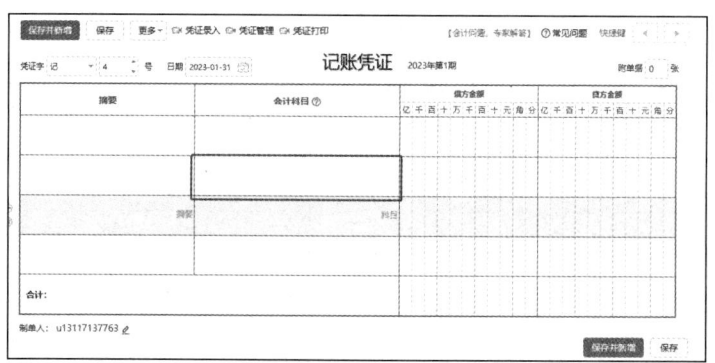

图 11-52 在目标中输入

图 11-53 流程界面

表 11-14 属性设置

活动名称	属性	值
模拟按键	模拟按键	Space
	按键类型	press
延时	延时(毫秒)	1000
模拟按键	模拟按键	Enter
	按键类型	press
输入文本	输入内容	kmjg
模拟按键	模拟按键	Enter
	按键类型	press
模拟按键	模拟按键	Enter
	按键类型	press
在目标中输入	目标	图 11-52
	写入文本	银行存款
	清空原内容	true
模拟按键	模拟按键	Space
	按键类型	press
模拟按键	模拟按键	Enter
	按键类型	press
模拟按键	模拟按键	Enter
	按键类型	press
输入文本	输入内容	jejg
模拟按键	模拟按键	Enter
	按键类型	press

步骤三十九：继续添加 1 个"点击目标"，点击"保存并新增"完成凭证的新增，如图 11-54 所示。然后添加 1 个"关闭窗口"，关闭当前打开的网页窗口，如图 11-55 所示。最后添加 1 个"关闭 Excel 工作簿"，保存并关闭 Excel，添加完成后的流程顺序如图 11-56 所示，属性设置如表 11-15 所示。

图 11-54 点击"保存并新增"

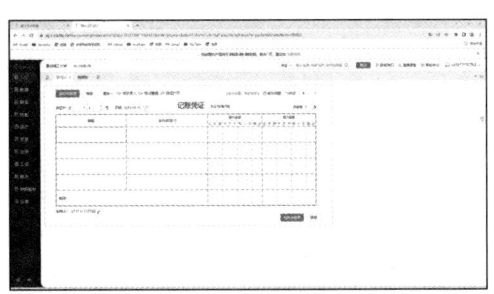

图 11-55 关闭目标窗口

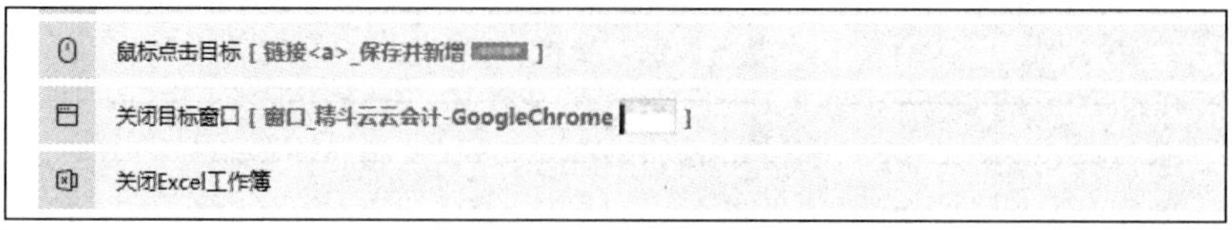

图 11-56 流程界面

表 11-15 属性设置

活动名称	属性	值
点击目标	目标	图 11-54
	鼠标点击	left
关闭窗口	目标	图 11-55
关闭 Excel 工作簿	工作簿对象	objExcelWorkBook
	立即保存	true

7. 发送会计记账信息表等至财务部报销小组负责人邮箱

步骤四十：进入"发送会计记账信息表等至财务部报销小组负责"流程块编辑界面，在左侧的命令框中搜索添加活动，添加一个"发送邮件"配置服务器和端口，输入相应的邮箱和通信码，在附加文件中，在值中输入"会计记账信息表.xlsx"，将生成的更新的信息表发送给财务部报销小组负责人邮箱，如图 11-57 所示。

图 11-57 发送邮件

【课后思考】

　　模拟实训结束，请大家思考一下，全国各地的不同类型的电子发票可能在发票模板和内容上存在差异，如何解决发票识别的准确性问题？

【延伸学习】

　　我们已经学完机器人会计记账，当发票要进行真伪查验时，需要在税务局网站输入验证码。在"会计数智化前沿"微信公众号上，我们提供了识别验证码的相关学习材料，有兴趣的同学可以学习一下，思考如何改进机器人功能。

第 12 章　杜邦财务分析机器人

12.1　场景描述与业务流程

第 12 章 杜邦财务分析机器人

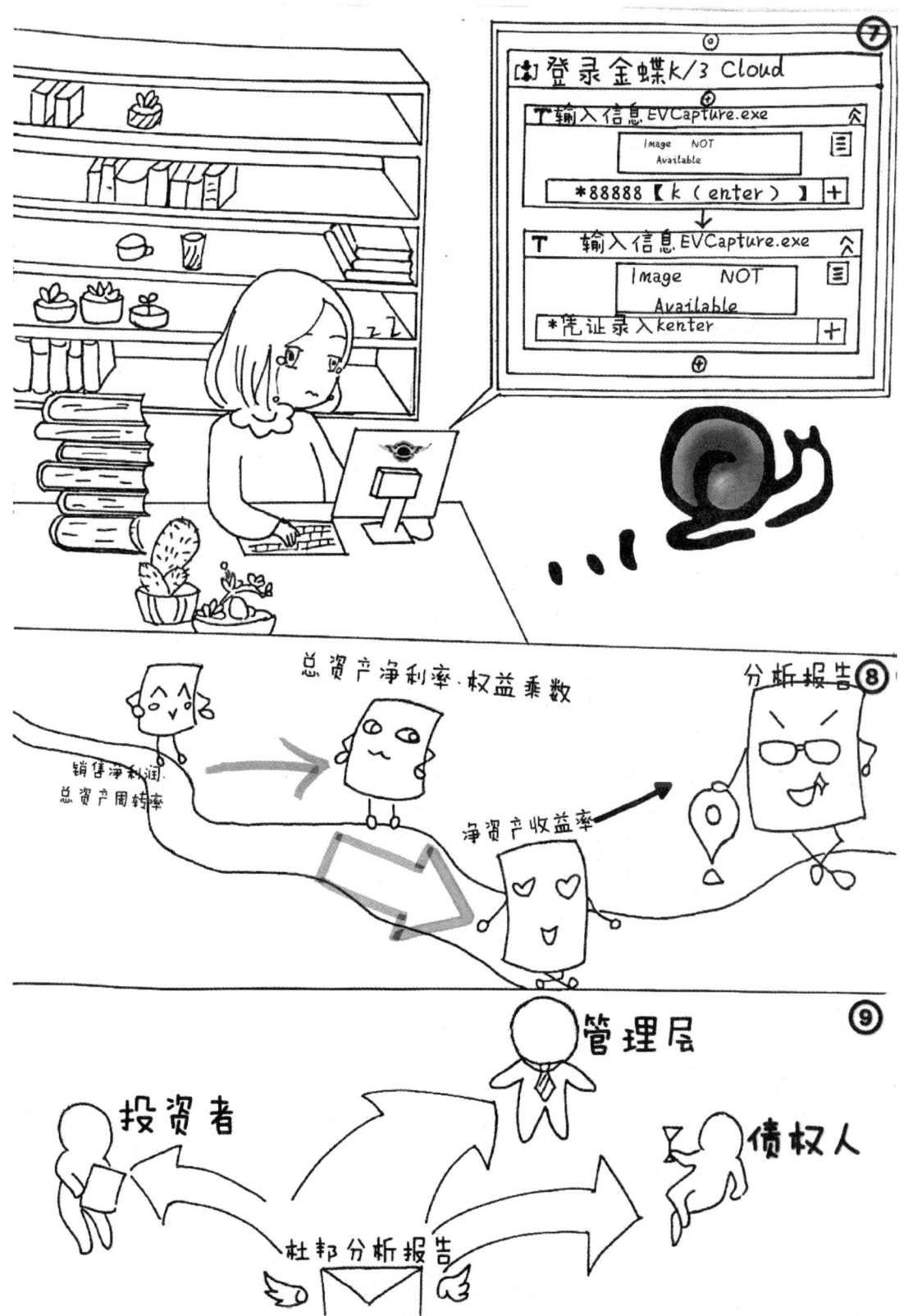

财务分析岗的钱涂一大早就在喃喃自语:"来 HD 公司 4 年了,每天都是重复一些琐碎的工作,从早到晚都在做这些越来越觉得没有意义的事情,加班更是家常便饭。现在啥都涨了,就工资没涨,刚进公司的雄心壮志都被这些琐事一天天消磨光了,也不知何时是个头,唉……"这时,刚好路过的财务部信息化岗同事徐涵璐看到钱涂情绪很低落,连忙走过去安慰她。

突然,从会议室那边传来很大的喧哗声,两人探头一看,原来是在开总经理办公会,都不约而同地止声聆听会议室的动静。

只听会议室传来公司实际控制人、董事长兼总经理王宏波的发言声:"这两年来,受中美贸易摩擦及其宏观环境政策变化的影响,公司经营业绩不太好,股价下跌严重,而财务部门对公司财务状况、经营成果和现金流量的反映既不及时,也不充分。另外,对公司的产品研发、市场开拓和战略政策制定的支持力度也不够,现在公司股东中的几个财务投资者和管理咨询公司机构投资者对此特别有怨言。下面请各位高管针对公司的财务工作发表意见。"

会议室里的高管们立刻开始七嘴八舌地讨论,语气中似乎带着一丝指责和埋怨,但是,由于王董事长在公司有着至高无上的权威,大家在发言的"度"上都把握得惊人的一致。

看到高管们畅所欲言的场景,作为战斗在一线的财务人,今天专门列席总经理办公会的内控主管袁瑞繁也积极发言:"首先非常感谢各位高管对公司财务工作的重视。财务部人手虽不少,但是天天都忙于会计核算。公司把我们部门作为成本中心,对人员编制做出了严格限制,所以,我们很难抽出多余的人手去做一些业务财务和战略财务方面的工作。不过,最近程总已经多次召集财务部同事讨论公司的财务转型问题,我相信以后我们财务部门的工作一定会越来越让大家满意的。"袁主管话音刚落,财务总监程平立即接着说道:"是呀,目前财务部正在思考如何通过建设财务共享服务中心和财务机器人应用来提高财务工作的效率和质量,同时调整财务人员结构。这样就能够在满足公司对财务人员总体成本的控制下,解放出一些财务人员来专门从事服务于市场、研发、采购、销售等部门的业务财务工作。我想这些措施应该能够很好地解决公司目前发展过程中的财务转型问题。另外,上个月我们已经和重庆迪数享腾科技公司签订合作协议,准备开发一些财务机器人。比如,我们正在探索能不能开发一个财务机器人,定期形成业务财务一体化的分析报告,每个月定时发给各位管理层、投资人和债权人看,让相关干系人及时掌握公司的经营发展情况,以更好地服务于公司的经营管理决策。"

听到这里,王董事长发言了:"公司的战略发展和经营管理与财务部门的工作是息息相关的,财务部门应该发挥更重要的作用,只有当财务融入业务,财务部门和其他部门协同起来,公司才能实现可持续的、长远的、健康的发展。在平时的工作过程中,管理层要全面、及时地了解公司的运营情况,财务部在做好会计核算合规性、防范财务风险的同时,要开展管理会计应用,这也是财政部的要求。刚才,程总发言说到关于定期形成并共享业务财务一体化的分析报告,这是个很不错的想法,我希望能尽快实施起来。对此,程总能不能先谈一下对业务财务一体化分析的思路?"

程平思考了一下说道:"业务财务一体化分析涉及面广,需要业务系统和财务系统有很好的数据积累基础,对资源的投入和人员的数据分析思维要求也很高。如果要尽快开展这项工作,我想第一阶段以杜邦分析为主,因为杜邦模型能将若干个用以评价企业经营效率和财务状况的比率按其内在联系有机地结合起来，形成一个完整的指标体系，并最终通过权益收益率来综合反映企业效益。采用杜邦分析这种财务分析方法，可使财务比率分析的层次更清晰、条理更突出，能够比较直观、全面、详细地了解企业的经营和盈利状况，有助于向公司管理层呈现更清晰的权益资本收益率相关决定因素。此外，杜邦分析还能够反映销售净利润率与总资产周转率、债务比率相互之间的关联关系，给管理层提供一张明晰的路线图，以考察公司资产管理效率和是否最大化股东投资回报。"

听完程总的发言，大家都纷纷点头，董事长露出赞许的目光："嗯，只要管理层有了这张路线图，公司的很多问题都能迎刃而解，你们财务部也不会再是矛盾的焦点了，程平你要认真负责这项工作的具体落实。"

会议结束后，程总立马找到钱涂，给她布置了一项工作：每个月做杜邦分析，编制分析报告后发给管理层、投资人和债权人。

接到工作后，钱涂泪流满面："天啊！本来手上就堆了一大堆工作，现在每个月还要做杜邦分析，需要收集一大堆数据不说，还得计算、分析，真是要了命了。你们不是说要开发财务机器人吗？怎么又是我来做啊……"

虽然整个人处在崩溃的边缘，但是，作为HD公司2022年度的"优秀财务工作者"，钱涂的基本思想觉悟还是有的。她一边打开公司给优秀员工新配置的"蛮好用"计算机，一边思考如何具体开展杜邦分析："首先我需要知道净利润、销售收入、资产总额、股东权益总额这些数据；其次是用净利润/销售收入计算出销售净利率，用销售收入/资产总额计算出总资产周转率；接着用销售净利率×总资产周转率计算出总资产净利率，用资产总额/股东权益总额计算出权益乘数；再用总资产净利率×权益乘数计算出净资产收益率；最后将计算出来的财务指标和行业平均指标进行对比，深入分析公司的盈利能力、营运能力、偿还能力。"

看着钱涂自言自语的样子，徐涵璐冲她眨眨眼："其实你也不用这么崩溃，听你说半天杜邦分析，我已经有点眉目了，咱公司不是和RPA公司在合作吗？我们财务部信息化小组也在配合开发财务机器人，虽然只是初具雏形，但解决杜邦分析绰绰有余，这项任务包在我身上。现在，你先给我详细讲一下你做杜邦分析工作的流程吧。"

钱涂黯淡的眼神一下明亮起来，她激动地抓住徐涵璐："救人一命胜造七级浮屠，及时雨宋江都没你及时，你是公司最帅的，没有之一！听我讲，这个流程就是报表岗位负责人首先登录金蝶K/3 Cloud财务系统，导出报表并生成Excel文件后通过邮件发给我，我收到之后，计算杜邦分析涉及的一些财务指标，然后根据计算结果编制分析报告，再通过邮件发送给公司管理层、投资人和债权人。大致流程就这样，我再给你详细讲一讲各部分……"

HD公司杜邦财务分析业务流程如图12-1所示。

【沙盘模拟推演】

阅读业务场景描述之后，请结合杜邦分析思考案例中涉及的企业情况、所需人物与岗位以及业务描述等要点，梳理出编制杜邦分析表的业务流程，进行业务痛点分析。

以小组为单位，在RPA财务机器人开发模拟物理沙盘上推演"机器人分析"。

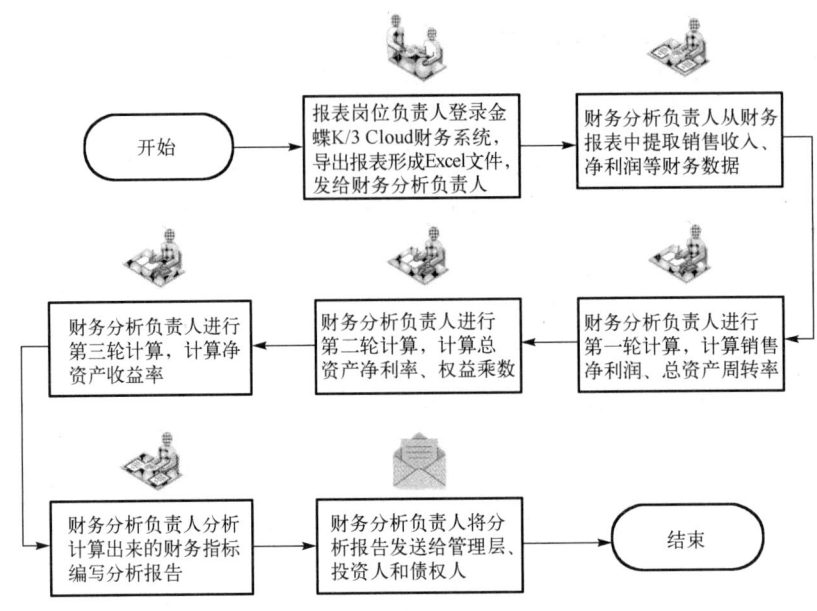

图 12-1 HD 公司杜邦财务分析业务流程

12.2 自动化流程设计

钱涂滔滔不绝地讲了十分钟后,终于讲完了整个杜邦分析工作流程。"得嘞,你就等着我的好消息吧!"说完,徐涵璐就回去研究如何开发杜邦财务分析机器人了。

两个小时后,杜邦财务分析机器人小蛮闪亮登场,看着钱涂小小的眼睛里表现出的大大的疑惑,徐涵璐缓缓道出小蛮的流程设计:"我给小蛮设计了两种财务报表获取方式,一种是由报表岗位负责人将财务报表发送到财务分析中心指定邮箱,然后小蛮登录邮箱下载财务报表;另一种是小蛮直接登录金蝶 K/3 Cloud 财务系统,导出报表并形成 Excel 文件后,保存到本地文件夹中。小蛮获取财务报表之后,就开始进行杜邦分析并生成分析报告,最后小蛮将分析报告通过邮箱发给管理层、投资人和债权人,整个自动化流程就完成啦!这里的杜邦财务分析报告只是我的初步设计,接下来可以针对高管做个问卷调查,根据反馈的分析需求和目标对机器人做进一步的修改及完善,小蛮可是会越来越聪明哟。"

神奇小蛮的出现,给钱涂节省了大量的时间和精力,钱涂终于可以从杜邦分析工作的传统模式中解脱出来。钱涂由衷地感慨道:之前每个月都要从财务报表中提取数据,计算杜邦分析指标,然后逐个分析指标,一次少说也得做 5 个小时,现在小蛮只要两分钟就能完成,这效率至少提升了 90 倍。我们部门不用扩招人员就能完成工作了,这每个月可省了 5000 多元的人力成本呢,而且小蛮运行稳定,一次投入,持续收益,摊销下来一次的投入成本不过几毛钱,相较于人工,简直可以忽略不计。看来财务人员还是要懂得一些信息技术的运用的,现在大数据、人工智能和 RPA 对财务工作的影响太大了,我相信机器逐渐代替人工的趋势是不可阻挡的,所以我们财务人员也必须要及时转型。对了,听说重庆理工大学的会计专业是专门培养"互联网+会计"人才的,为这个专业的硕士研究生开设了很多大数据、人工智能、RPA 技术与财务结合的课程,好像有一门"RPA、NPL 与会审模式识别"课程包含了财务机器人的开发,内容似乎很高大上。看来我得抓紧时间备考,争取能有机会攻读他们的在职研究生,要不然未来不但会让自己深陷重复单调的工作沼泽中,而且可能会面临越来越大的职业风险。

HD 公司杜邦财务分析机器人自动化流程设计如图 12-2 所示。

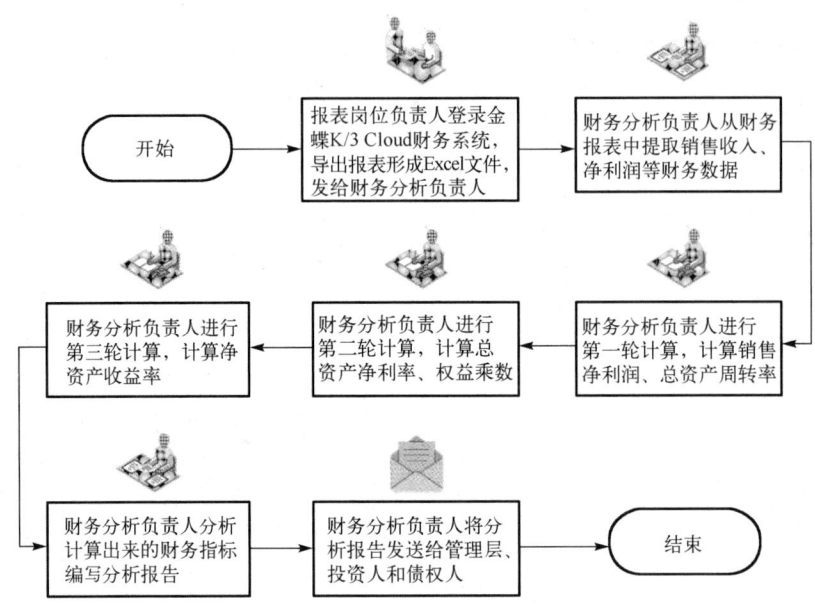

图 12-2 HD 公司杜邦财务分析机器人自动化流程

【沙盘模拟推演】

基于以上自动化流程描述进行详细的自动化流程设计；结合杜邦分析案例的业务流程，规范机器人开发过程中所使用的数据，其中所需数据主要来源于邮件和 Excel 文件；确定所需信息，如收入、净利润等；思考如何进行数据处理，如读取收入和净利润后计算销售净利率，最后将计算结果写入杜邦分析表中。

以小组为单位，在 RPA 财务机器人开发模拟物理沙盘上推演"机器人设计"和"数据标准与规范化设计"。

12.3 机器人开发

12.3.1 技术路线

杜邦财务分析机器人包含了读取上市公司、下载财务报表、数据处理、文件读取、杜邦分析法、生成数据分析表格、生成报告时间和生成报告等模块，如表 12-1 所示。首先，财务报表数据采集与处理机器人读取对标上市公司信息。其次，打开同花顺财经网页，搜索对标上市公司信息后下载资产负债表、利润表。再次，读取下载的财务报表数据，并按照相应的格式写入数据；接着，读取对比公司的财务报表数据，将表中的资产负债表项目、利润表项目数据从表中提取出来；紧接着，通过杜邦分析法进行指标计算列示；然后，将计算后的指标填写到"财务数据分析.xlsx"文件中，并与蛮先进公司的财务指标数据进行对比。最后，生成杜邦分析相关的报告内容，自动对比相关数据指标，形成相关结论和建议，并将相关文字和图表放到报告模板中，生成财务报表分析报告。

表 12-1 杜邦分析开发技术路线

模块	功能描述	使用的活动
读取上市公司	读取对标上市公司信息	打开 Excel 工作簿
		读取区域
		关闭 Excel 工作簿
下载财务报表	创建数据文件夹	判断文件夹是否存在
		如果条件成立
		删除文件夹
		创建文件夹
	打开浏览器界面	依次读取数组中每个元素
		转为文字数据
		启动新的浏览器
	下载资产负债表、利润表、现金流量表	等待网页加载
		点击目标
		延时
数据处理	读取财务报表数据	依次读取数组中每个元素
		转为文字数据
		打开 Excel 工作簿
		读取区域
		关闭 Excel 工作簿
	创建生成文件	判断文件夹是否存在
		如果条件成立
		删除文件夹
		创建文件夹
		复制文件
	写入财务报表数据	打开 Excel 工作簿
		写入区域
		关闭 Excel 工作簿
文件读取	读取"三一重工财务报表数据.xlsx",将表中的资产负债表项目、利润表项目数据从表中提取出来	打开 Excel 工作簿
		读取区域
		关闭 Excel 工作簿
杜邦分析法	计算杜邦分析法指标	依次读取数组中每个元素
		如果条件成立
		变量赋值
		否则如果条件成立
		写入单元格
生成数据分析表格	将计算后的指标填写到"财务数据分析.xlsx"文件中	判断文件夹是否存在
		如果条件成立
		删除文件夹
		创建文件夹

续表

模块	功能描述	使用的活动
生成数据分析表格	将计算后的指标填写到"财务数据分析.xlsx"文件中	复制文件
		打开Excel工作簿
		写入列
		写入单元格
生成报告时间	读取本地的"财务报表分析报告.docx"文件,自动生成报告时间	复制文件
		打开文档
		获取年份
		获取月份
		获取第几天
		转为文字数据
		文字批量替换
生成报告	对比蛮先进和三一重工的杜邦分析指标,形成结论与建议;执行宏,将"财务报表分析.xlsm"中的图表复制到报告模板中,关闭Excel工作簿和文档	读取列
		执行宏
		查找文本后设置光标位置
		粘贴
		延时
		如果条件成立
		文字批量替换
		关闭Excel工作簿
		关闭文档

【沙盘模拟推演】

根据自动化流程总体设计,结合以上技术思路,以小组为单位,在RPA财务机器人开发模拟物理沙盘上推演"机器人开发"。

12.3.2 开发步骤

1. 搭建整体流程框架

步骤一:新建流程。打开UiBot Creator软件,新建流程,并将其命名为"杜邦财务分析机器人"。

步骤二:绘制流程图。拖入8个"流程块"和1个"流程结束"至流程图设计主界面,并连接起来。流程块分别命名为"读取上市公司""下载财务报表""数据处理""文件读取""杜邦分析法""生成数据分析表格""生成报告时间""生成报告",如图12-3所示。

步骤三:添加流程图(全局)变量。在流程图界面右侧添加变量,并设置其属性值,如表12-2所示。

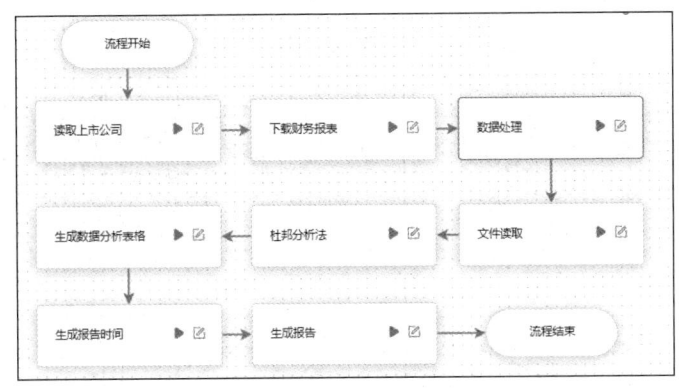

图 12-3　UiBot Creator 流程图界面

表 12-2　流程图变量属性设置

序号	变量名	值
1	arrayRet	[]
2	zcfzb	[]
3	lrb	[]
4	zcze	""
5	gdqyze	""
6	jlr	""
7	yysr	""

注意：此处添加的是流程图变量。

步骤四：准备数据。首先，打开"杜邦机器人"流程文件夹，在"res"文件夹中创建一个文件夹，命名为"模板文件"；然后，在"模板文件"中放入"财务报表分析.xlsm""财务报表分析报告.docx""财务报表分析模板.xlsm""三一重工财务报表数据.xlsm""上市公司.xlsm"，如图 12-4 所示。

2. 读取上市公司

步骤五：读取对标上市公司信息。编辑流程块"读取上市公司"，添加 1 个"打开 Excel 工作簿"、1 个"获取活动窗口"、1 个"更改窗口显示状态"、1 个"读取区域"、1 个"关闭 Excel 工作簿"，添加完成后的流程排列顺序如图 12-5 所示，属性设置如表 12-3 所示。

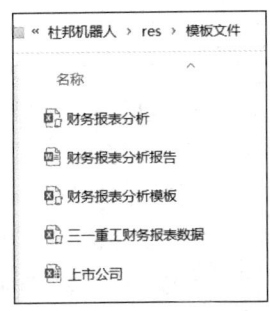

图 12-4　放置模板文件

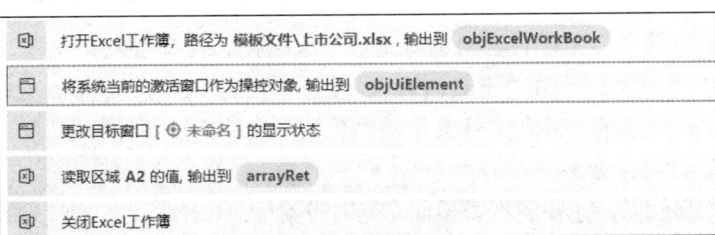

图 12-5　流程界面

表 12-3 属性设置

活动名称	属性	值
打开 Excel 工作簿	输出到	objExcelWorkBook
	文件路径	@res"模板文件\\上市公司.xlsx"
读取区域	输出到	arrayRet
	工作簿对象	objExcelWorkBook
	工作表	对标公司
	区域	A2
	显示即返回	true
关闭 Excel 工作簿	文档对象	objExcelWorkBook

3. 下载财务报表

步骤六：创建数据文件夹。编辑流程块"下载财务报表"，添加"判断文件夹是否存在"，判断"@res"数据""是否存在，输出到"bRet"；添加"如果条件成立"，判断表达式为"bRet"；添加"删除文件夹"，删除文件夹"@res"数据""；添加"创建文件夹"，创建文件夹"@res"数据""，添加完成后的流程排列顺序如图 12-6 所示，属性设置如表 12-4 所示。

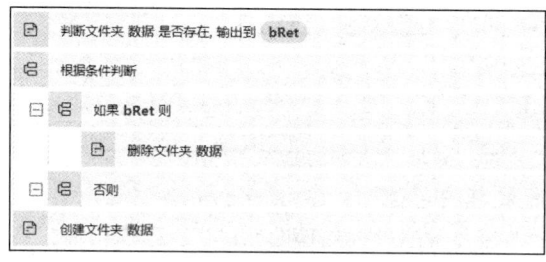

图 12-6 流程界面

表 12-4 属性设置

活动名称	属性	值
判断文件夹是否存在	输出到	bRet
	路径	@res"数据"
如果条件成立	判断表达式	bRet
删除文件夹	路径	@res"数据"
创建文件夹	路径	@res"数据"

步骤七：设置谷歌浏览器文件下载路径。打开谷歌浏览器，依次点击"自定义及控制"、"设置"、"高级"和"下载内容"，设置位置为"D:\杜邦机器人\res\数据"（"杜邦机器人"流程文件夹下的"res"文件夹下的"数据"文件夹），取消"下载询问每个文件夹的保存位置"，如图 12-7 所示。

步骤八：打开浏览器界面，查询股票信息。添加"依次读取数组中每个元素"，用"value"遍历数组"arrayRet"；在"依次读取数组中每个元素"下添加"转为文字数据"，将"value[0]"转换为字符串类型，输出到"sCode"，获取股票代码；添加"启动新的浏览器"，设置浏览器类型为""chrome""，打开链接""http://stockpage.10jqka.com.cn/"&sCode&"/""，添加完成后的流程排列顺序如图 12-8 所示，属性设置如表 12-5 所示。

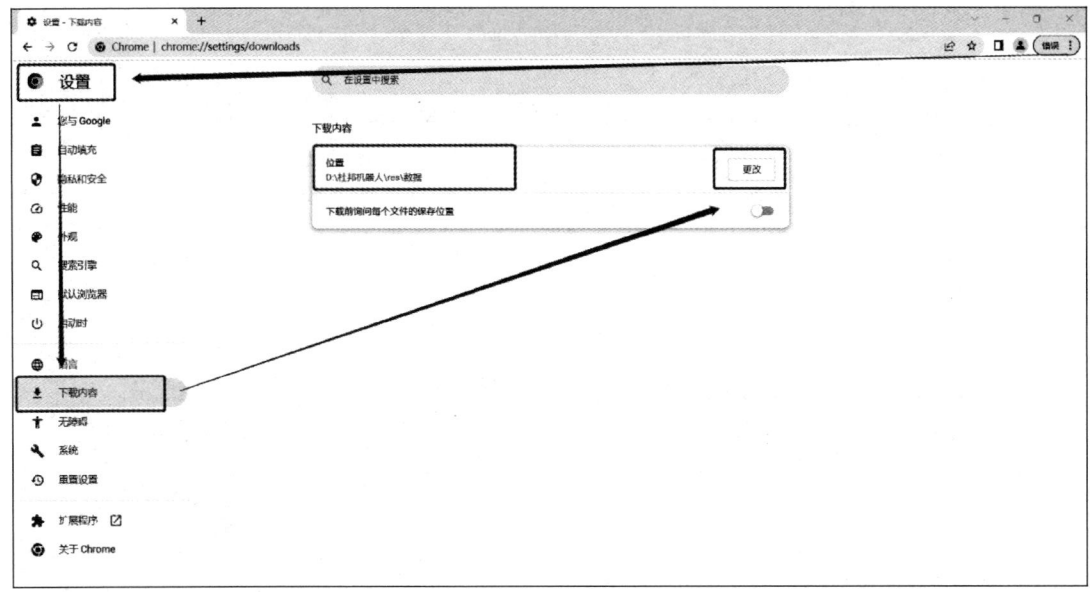

图 12-7　设置谷歌浏览器文件下载位置

图 12-8　流程界面

表 12-5　属性设置

活动名称	属性	值
依次读取数组中每个元素	值	value
	数组	arrayRet
转为文字数据	输出到	sCode
	转换对象	value[0]
启动新的浏览器	浏览器类型	"chrome"
	打开链接	http://stockpage.10jqka.com.cn/"&sCode&"/

步骤九：下载资产负债表。依次添加 4 个"等待网页加载"、4 个"点击目标"、1 个"模拟滚轮"、1 个"延时"，依次点击"财务分析"、"资产负债表"、"按年度"和"导出数据"，最后延时"5000"毫秒，如图 12-9、图 12-10 所示。

步骤十：下载利润表。依次添加 3 个"点击目标"、2 个"等待网页加载"、1 个"延时"、1 个"关闭标签页"，依次点击"利润表"、"按年度"和"导出数据"，最后延时"10000"毫秒，关闭标签页，如图 12-11、图 12-12 所示。

图 12-9　流程界面

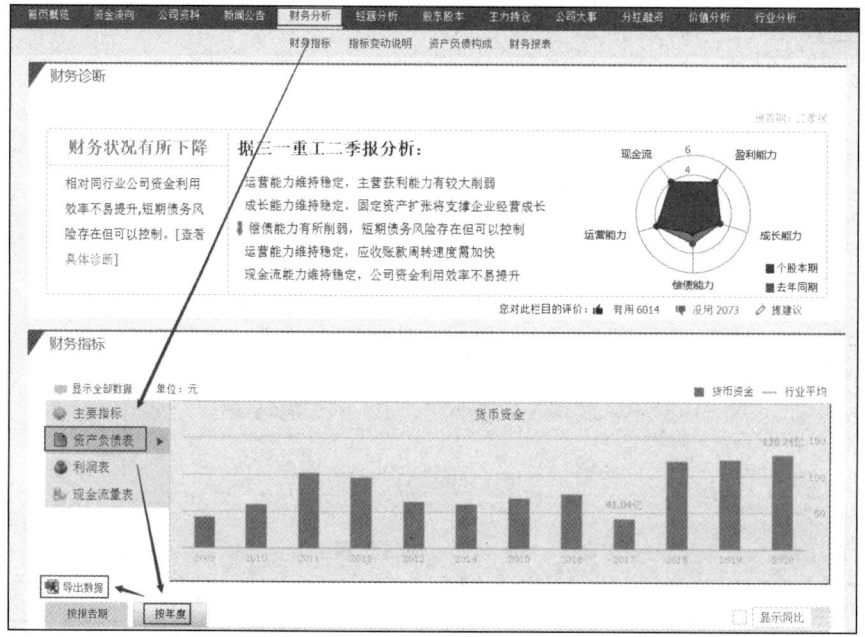

图 12-10　资产负债表网页元素

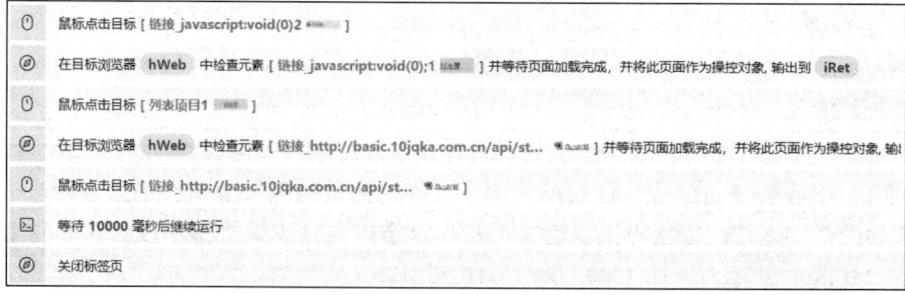

图 12-11　流程界面

步骤十一：复制文件。添加 2 个"复制文件"，如图 12-13 所示，属性设置如表 12-6 所示。

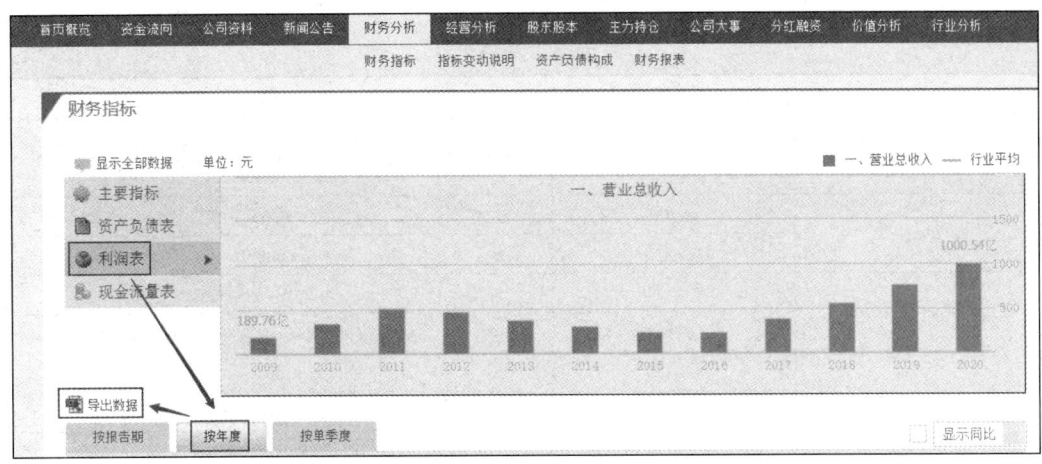

图 12-12　利润表网页元素

图 12-13　流程界面

表 12-6　属性设置

活动名称	属性	值
复制文件	路径	C:\Users\98416\Downloads\600031_benefit_year.xls
	复制到的路径	@res"数据"
复制文件	路径	C:\Users\98416\Downloads\600031_debt_year.xls
	复制到的路径	@res"数据"

4．数据处理

步骤十二：读取财务报表数据。编辑流程块"数据处理"，添加 1 个"依次读取数组中每个元素"、1 个"转为文字数据"、2 个"打开 Excel 工作簿"、2 个"读取区域"、2 个"关闭 Excel 工作簿"，添加完成后的流程排列顺序如图 12-14 所示，属性设置如表 12-7 所示。

图 12-14　流程界面

表 12-7 属性设置

活动名称	属性	值
依次读取数组中每个元素	值	value
	数组	arrayRet
转为文字数据	输出到	sCode
	转换对象	value[0]
打开 Excel 工作簿	输出到	objExcelWorkBook
	文件路径	@res"数据\\"&sCode&"_debt_year.xls"
读取区域	输出到	debt
	工作簿对象	objExcelWorkBook
	工作表	Worksheet
	区域	A9:C85
	显示即返回	true
关闭 Excel 工作簿	文档对象	objExcelWorkBook
打开 Excel 工作簿	输出到	objExcelWorkBook
	文件路径	@res"数据\\"&sCode&"_benefit_year.xls"
读取区域	输出到	benefit
	工作簿对象	objExcelWorkBook
	工作表	Worksheet
	区域	A10:C47
	显示即返回	true
关闭 Excel 工作簿	文档对象	objExcelWorkBook

步骤十三：创建生成文件。各添加 1 个"判断文件夹是否存在""如果条件成立""删除文件夹""创建文件夹""复制文件"。添加完成后的流程顺序如图 12-15 所示，属性设置如表 12-8 所示。

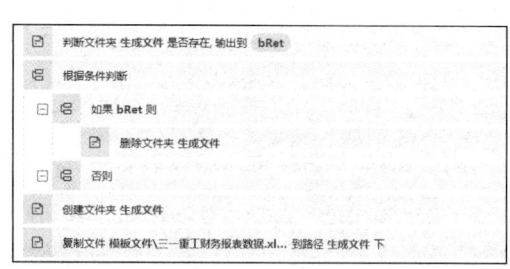

图 12-15 流程界面

表 12-8 属性设置

活动名称	属性	值
判断文件夹是否存在	输出到	bRet
	路径	@res"生成文件"
如果条件成立	判断表达式	bRet
删除文件夹	路径	@res"生成文件"
创建文件夹	路径	@res"生成文件"
复制文件	路径	@res"模板文件\\三一重工财务报表数据.xlsx"
	复制到的路径	@res"生成文件"

步骤十四：写入财务报表数据。添加 1 个"打开 Excel 工作簿"、1 个"获取活动窗口"、1 个"更改窗口显示状态"、2 个"写入区域"、1 个"关闭 Excel 工作簿"。添加完成后流程顺序如图 12-16 所示，属性设置如表 12-9 所示。

表 12-9　属性设置

活动名称	属性	值
打开 Excel 工作簿	输出到	objExcelWorkBook
	文件路径	@res"生成文件\三一重工财务报表数据.xlsx"
写入区域	工作簿对象	objExcelWorkBook
	工作表	资产负债表
	开始单元格	A3
	数据	debt
获取活动窗口	输出到	objUiElement
更改窗口显示状态	目标	objUiElement
	显示状态	最大化
写入区域	工作簿对象	objExcelWorkBook
	工作表	利润表
	开始单元格	A3
	数据	benefit
关闭 Excel 工作簿	文档对象	objExcelWorkBook

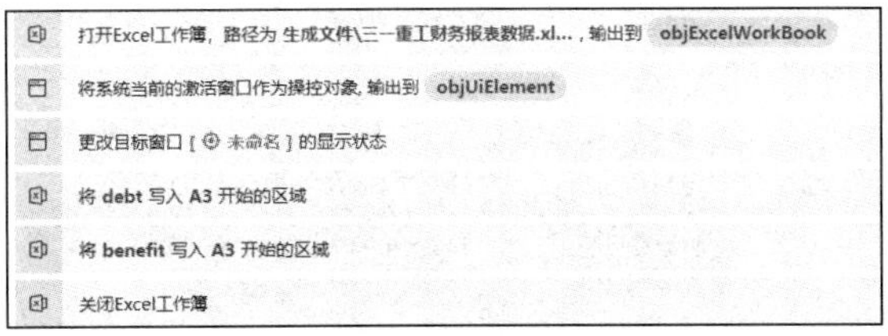

图 12-16　流程界面

生成结果如图 12-17、图 12-18 所示。

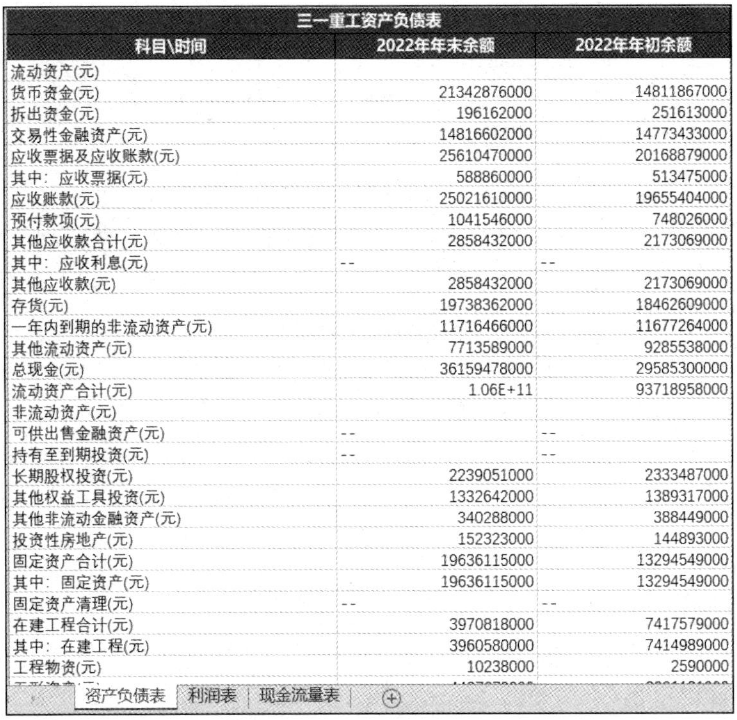

三一重工资产负债表		
科目\时间	2022年年末余额	2022年年初余额
流动资产(元)		
货币资金(元)	21342876000	14811867000
拆出资金(元)	196162000	251613000
交易性金融资产(元)	14816602000	14773433000
应收票据及应收账款(元)	25610470000	20168879000
其中：应收票据(元)	588860000	513475000
应收账款(元)	25021610000	19655404000
预付款项(元)	1041546000	748026000
其他应收款合计(元)	2858432000	2173069000
其中：应收利息(元)	--	--
其他应收款(元)	2858432000	2173069000
存货(元)	19738362000	18462609000
一年内到期的非流动资产(元)	11716466000	11677264000
其他流动资产(元)	7713589000	9285538000
总现金(元)	36159478000	29585300000
流动资产合计(元)	1.06E+11	93718958000
非流动资产(元)		
可供出售金融资产(元)	--	--
持有至到期投资(元)	--	--
长期股权投资(元)	2239051000	2333487000
其他权益工具投资(元)	1332642000	1389317000
其他非流动金融资产(元)	340288000	388449000
投资性房地产(元)	152323000	144893000
固定资产合计(元)	19636115000	13294549000
其中：固定资产(元)	19636115000	13294549000
固定资产清理(元)	--	--
在建工程合计(元)	3970818000	7417579000
其中：在建工程(元)	3960580000	7414989000
工程物资(元)	10238000	2590000

图 12-17　生成结果示例图 01

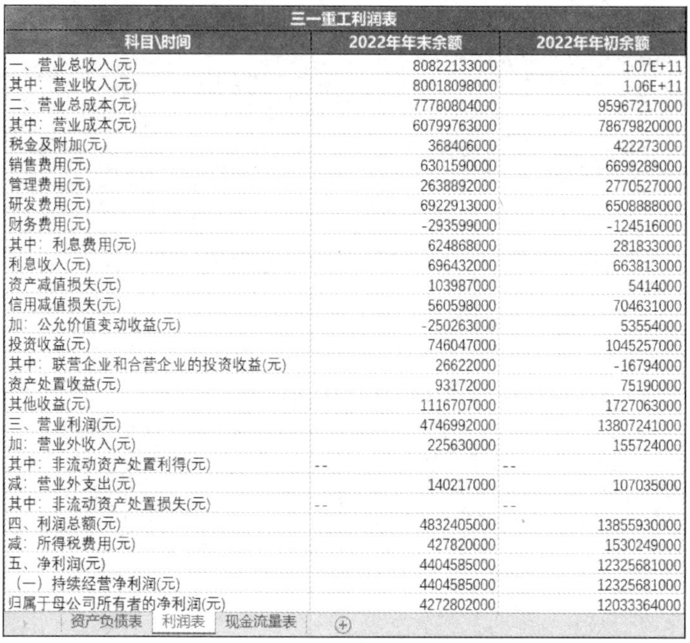

三一重工利润表		
科目\时间	2022年年末余额	2022年年初余额
一、营业总收入(元)	80822133000	1.07E+11
其中：营业收入(元)	80018098000	1.06E+11
二、营业总成本(元)	77780804000	95967217000
其中：营业成本(元)	60799763000	78679820000
税金及附加(元)	368406000	422273000
销售费用(元)	6301590000	6699289000
管理费用(元)	2638892000	2770527000
研发费用(元)	6922913000	6508888000
财务费用(元)	-293599000	-124516000
其中：利息费用(元)	624868000	281833000
利息收入(元)	696432000	663813000
资产减值损失(元)	103987000	5414000
信用减值损失(元)	560598000	704631000
加：公允价值变动收益(元)	-250263000	53554000
投资收益(元)	746047000	1045257000
其中：联营企业和合营企业的投资收益(元)	26622000	-16794000
资产处置收益(元)	93172000	75190000
其他收益(元)	1116707000	1727063000
三、营业利润(元)	4746992000	13807241000
加：营业外收入(元)	225630000	155724000
其中：非流动资产处置利得(元)	--	--
减：营业外支出(元)	140217000	107035000
其中：非流动资产处置损失(元)	--	--
四、利润总额(元)	4832405000	13855930000
减：所得税费用(元)	427820000	1530249000
五、净利润(元)	4404585000	12325681000
（一）持续经营净利润(元)	4404585000	12325681000
归属于母公司所有者的净利润(元)	4272802000	12033364000

图 12-18　生成结果示例图 02

5. 文件读取

步骤十五：编辑流程块“文件准备与数据读取”，添加 1 个“打开 Excel 工作簿”、1 个“获取活动窗口”、1 个“更改窗口显示状态”、3 个“读取区域”、1 个“关闭 Excel 工作簿”，打开文件路径为“@res"模板文件\三一重工财务报表数据.xlsx"”的工作簿，添加完成后的流程排列顺序如图 12-19 所示，属性设置如表 12-10 所示。

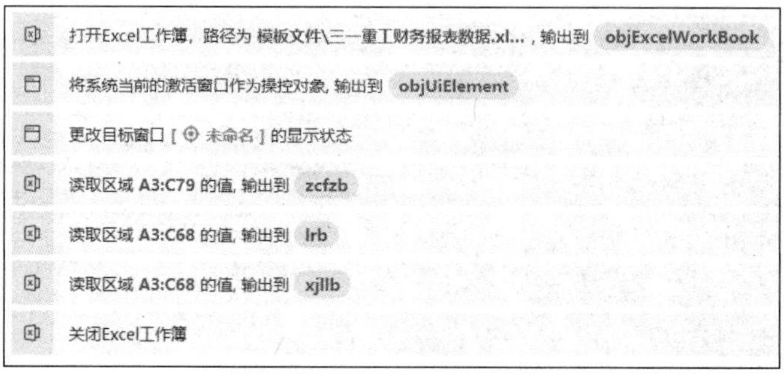

图 12-19　流程界面

表 12-10　属性设置

活动名称	属性	值
打开 Excel 工作簿	输出到	objExcelWorkBook
	文件路径	@res"模板文件\三一重工财务报表数据.xlsx"
读取区域	输出到	zcfzb
	工作簿对象	objExcelWorkBook

续表

活动名称	属性	值
读取区域	工作表	资产负债表
	区域	A3:C79
	显示即返回	false
读取区域	输出到	lrb
	工作簿对象	objExcelWorkBook
	工作表	利润表
	区域	A3:C68
	显示即返回	false
读取区域	输出到	xjllb
	工作簿对象	objExcelWorkBook
	工作表	现金流量表
	区域	A3:C68
	显示即返回	false
关闭 Excel 工作簿	文档对象	objExcelWorkBook

注意：表格中的属性值都是在专业模式（EXP）中显示。

6．杜邦分析法

步骤十六：编辑流程块"杜邦分析法"，添加 1 个"依次读取数组中每个元素"、1 个"如果条件成立"、1 个"否则如果条件成立"和 2 个"变量赋值"，添加完成后的流程排列顺序如图 12-20 所示，属性设置如表 12-11 所示。

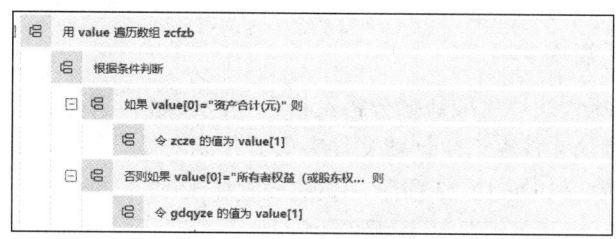

图 12-20　流程界面

表 12-11　属性设置

活动名称	属性	值
依次读取数组中每个元素	值	value
	数组	zcfzb
如果条件成立	判断表达式	value[0]="资产合计(元)"
变量赋值	变量名	zcze
	变量值	value[1]
否则如果条件成立	判断表达式	value[0]="所有者权益(或股东权益)合计(元)"
变量赋值	输出到	gdqyze
	转换对象	value[1]

步骤十七：添加 1 个"依次读取数组中每个元素"、1 个"如果条件成立"、1 个"否则如果条件成立"和 2 个"变量赋值"，添加完成后的流程排列顺序如图 12-21 所示，属性设置如表 12-12 所示。

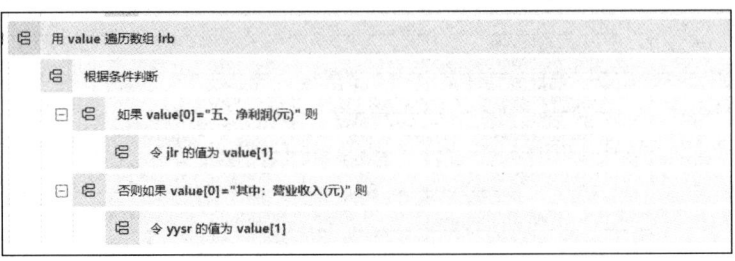

图 12-21　流程界面

表 12-12　属性设置

活动名称	属性	值
依次读取数组中每个元素	值	value
	数组	lrb
如果条件成立	判断表达式	value[0]="五、净利润(元)"
变量赋值	变量名	jlr
	变量值	value[1]
否则如果条件成立	判断表达式	value[0]="其中：营业收入(元)"
变量赋值	输出到	yysr
	转换对象	value[1]

7．生成数据分析表格

步骤十八：编辑流程块"生成数据分析表格"，分别添加 1 个"判断文件夹是否存在"、"如果条件成立"、"删除文件夹"、"创建文件夹"、"复制文件"和"打开 Excel 工作簿"。添加完成后的流程排列顺序如图 12-22 所示，属性设置如表 12-13 所示。

图 12-22　流程界面

表 12-13　属性设置

活动名称	属性	值
判断文件夹是否存在	输出到	bRet
	路径	@res"生成文件"

续表

活动名称	属性	值
如果条件成立	判断表达式	bRet
删除文件夹	路径	@res"生成文件"
创建文件夹	路径	@res"生成文件"
复制文件	路径	@res"模板文件\\财务报表分析.xlsm"
	复制到的路径	@res"生成文件"
打开 Excel 工作簿	输出到	f_workbook
	文件路径	@res"生成文件\\财务报表分析.xlsm"

步骤十九：添加 1 个"获取活动窗口"、1 个"更改窗口显示状态"、5 个"写入单元格"、1 个"关闭 Excel 工作簿"和 1 个"重命名"，将生成的结果填入 Excel，添加完成后的流程排列顺序如图 12-23 所示，属性设置如表 12-14 所示。

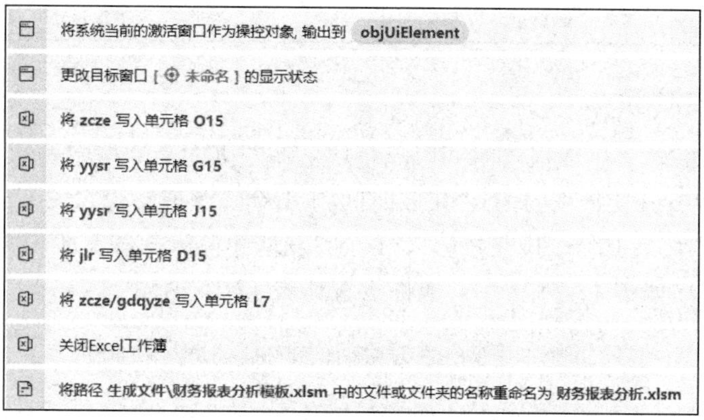

图 12-23 流程界面

表 12-14 属性设置

活动名称	属性	值
写入单元格	工作簿对象	f_workbook
	工作表	杜邦分析法
	单元格	O15
	数据	zcze
写入单元格	工作簿对象	f_workbook
	工作表	杜邦分析法
	单元格	G15
	数据	yysr
写入单元格	工作簿对象	f_workbook
	工作表	杜邦分析法
	单元格	J15
	数据	yysr

续表

活动名称	属性	值
写入单元格	工作簿对象	f_workbook
	工作表	杜邦分析法
	单元格	D15
	数据	jlr
写入单元格	工作簿对象	f_workbook
	工作表	杜邦分析法
	单元格	L7
	数据	zcze/gdqyze
关闭 Excel 工作簿	工作簿对象	f_workbook
重命名	路径	@res"生成文件\财务报表分析模板.xlsm"
	名称重命名为	财务报表分析.xlsm

8. 生成报告时间

步骤二十：编辑"生成报告时间"流程块，在左侧的命令框中搜索元素，添加 1 个"复制文件"、1 个"打开文档"、1 个"获取时间"、1 个"获取年份"、3 个"转为文字数据"、3 个"文字批量替换"、1 个"获取月份"、1 个"获取第几天"和 1 个"关闭文档"。添加完成后的流程排列顺序如图 12-24 所示，属性设置如表 12-15 所示。

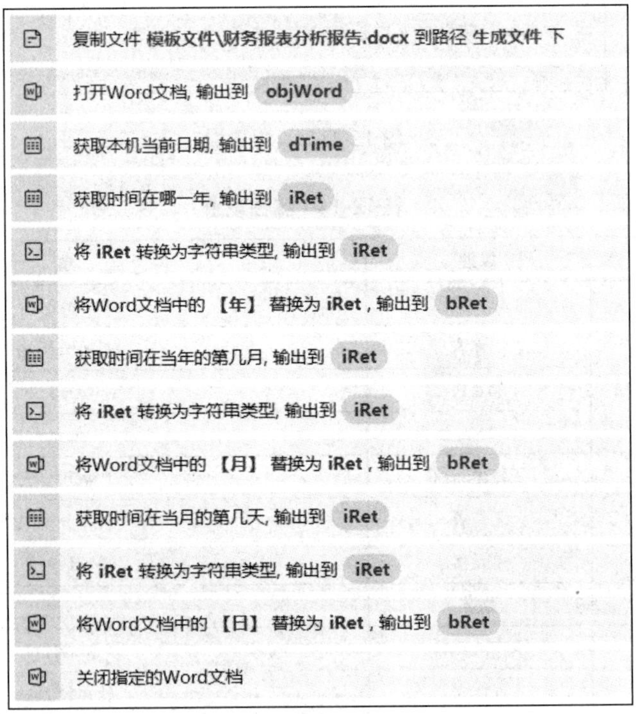

图 12-24 流程界面

表 12-15 属性设置

活动名称	属性	值
复制文件	路径	@res"模板文件\财务报表分析报告.docx"
	复制到的路径	@res"生成文件"
打开文档	输出到	objWord
	文件路径	@res"生成文件\财务报表分析报告.docx"
获取时间	输出到	dTime
获取年份	输出到	iRet
	时间	dTime
转为文字数据	输出到	iRet
	转换对象	iRet
文字批量替换	输出到	bRet
	文档对象	objWord
	匹配字符串	"年"
	替换字符串	iRet
获取月份	输出到	iRet
	时间	dTime
转为文字数据	输出到	iRet
	转换对象	iRet
文字批量替换	输出到	bRet
	文档对象	objWord
	匹配字符串	"月"
	替换字符串	iRet
获取第几天	输出到	iRet
	时间	dTime
转为文字数据	输出到	iRet
	转换对象	iRet
文字批量替换	输出到	bRet
	文档对象	objWord
	匹配字符串	"日"
	替换字符串	iRet
关闭文档	文档对象	objWord
	关闭进程	true

注意：表格中的属性值都是在专业模式(EXP)中显示。

9. 生成报告

步骤二十一：编辑"生成报告"流程块，添加 1 个"打开 Excel 工作簿"、1 个"获取活动窗口"、1 个"更改窗口显示状态"，添加完成后的流程排列顺序如图 12-25 所示，属性设置如表 12-16 所示。

表 12-16 属性设置

活动名称	属性	值
打开 Excel 工作簿	输出到	objExcelWorkBook
	文件路径	@res"模板文件\财务报表分析.xlsm"

步骤二十二：编辑"生成报告"流程块。流程排列后的顺序如图 12-26 至图 12-32 所示，属性设置如表 12-17 至表 12-23 所示。

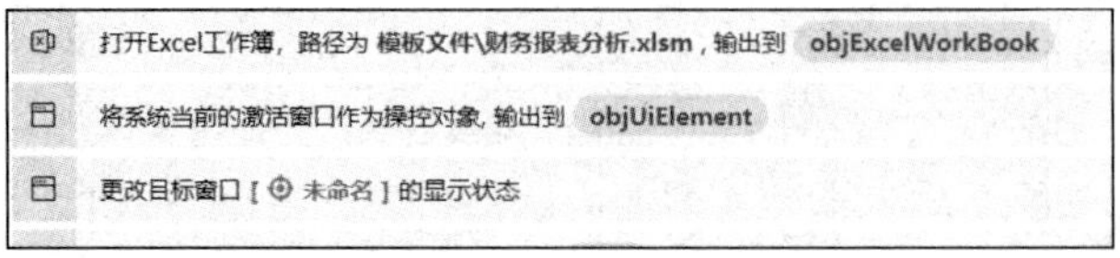

```
打开Excel工作簿，路径为 模板文件\财务报表分析.xlsm，输出到 objExcelWorkBook
将系统当前的激活窗口作为操控对象，输出到 objUiElement
更改目标窗口 [ ⊕ 未命名 ] 的显示状态
```

图 12-25 流程界面

表 12-17 属性设置 01

活动名称	属性	值
读取列	输出到	dbfx
	工作簿对象	objExcelWorkBook
	工作表	财务指标分析
	单元格	B27
读取列	输出到	thyzb
	工作簿对象	objExcelWorkBook
	工作表	财务指标分析
	单元格	C4
变量赋值	变量名	thyzb_sz
	变量值	[]
依次读取数组中每个元素	值	value
	数组	thyzb
转为小数类型	输出到	value
	转换对象	value
在数组尾部添加元素	输出到	thyzb_sz
	目标数组	thyzb_sz
	添加元素	value
变量赋值	变量名	dbfx_sz
	变量值	[]
依次读取数组中每个元素	值	value
	数组	dbfx
转为小数类型	输出到	value
	转换对象	value
在数组尾部添加元素	输出到	dbfx_sz
	目标数组	dbfx_sz
	添加元素	value

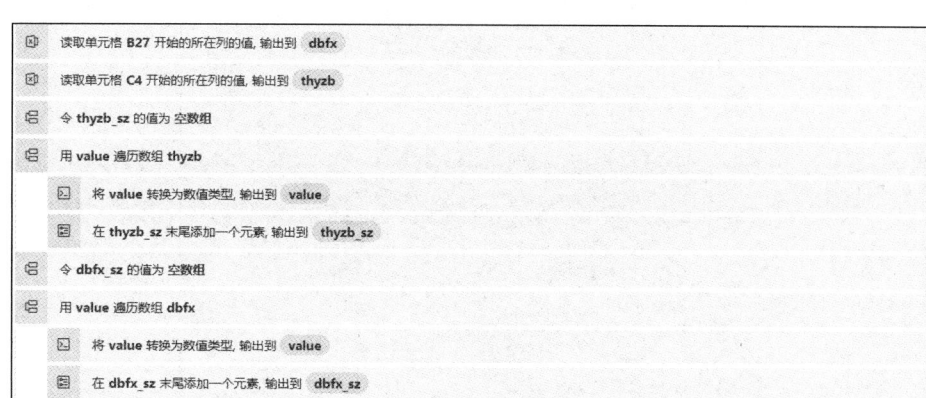

图 12-26　流程界面 01

表 12-18　属性设置 02

活动名称	属性	值
执行宏	输出到	objRet
	工作簿对象	objExcelWorkBook
执行宏	宏定义	分析 5
	宏参数	[]
延时	延时	1000
打开 Word 文档	objWord	objWord
	文件路径	@res"生成文件\财务报表分析报告.docx"
查找文本后设置光标位置	文档对象	objWord
	文本内容	图 1　三一重工公司杜邦分析
	相对位置	1（光标在文本之前）
延时	延时	1000
移动光标位置	文档对象	objWord
	移动次数	1
	移动方式	"section"（段落）
	移动方向	"up"（上）
	是否按住 Shift	false（否）
粘贴	文档对象	objWord
执行宏	输出到	objRet
	工作簿对象	objExcelWorkBook
	宏定义	分析 6
	宏参数	[]
查找文本后设置光标位置	文档对象	objWord
	文本内容	图 2　蛮先进公司杜邦分析
	相对位置	1（光标在文本之前）
延时	延时	1000

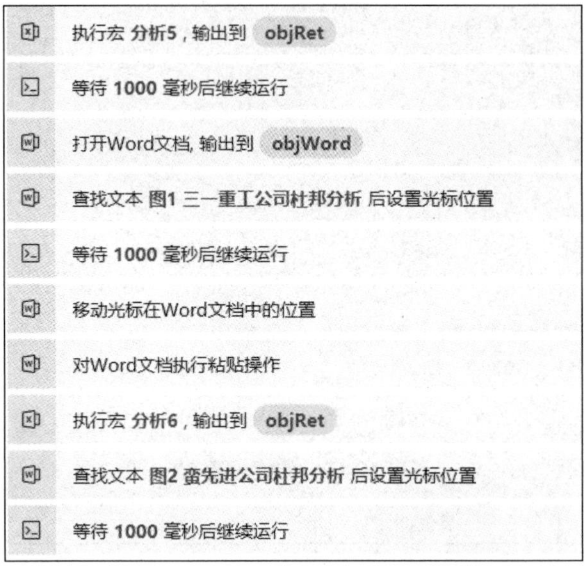

```
执行宏 分析5，输出到 objRet

等待 1000 毫秒后继续运行

打开Word文档，输出到 objWord

查找文本 图1 三一重工公司杜邦分析 后设置光标位置

等待 1000 毫秒后继续运行

移动光标在Word文档中的位置

对Word文档执行粘贴操作

执行宏 分析6，输出到 objRet

查找文本 图2 蛮先进公司杜邦分析 后设置光标位置

等待 1000 毫秒后继续运行
```

图 12-27　流程界面 02

表 12-19　属性设置 03

活动名称	属性	值
移动光标位置	文档对象	objWord
	移动次数	1
	移动方式	"section"（段落）
	移动方向	"up"（上）
	是否按住 Shift	false（否）
延时	延时	1000
粘贴	文档对象	objWord
执行宏	输出到	objRet
	工作簿对象	objExcelWorkBook
	宏定义	分析 3
	宏参数	[]
查找文本后设置光标位置	文档对象	objWord
	文本内容	图 3　净资产收益率对比分析
	相对位置	1（光标在文本之前）
延时	延时	2000
移动光标位置	文档对象	objWord
	移动次数	1
	移动方式	"section"（段落）
	移动方向	"up"（上）
延时	延时	1000
粘贴	文档对象	objWord
执行宏	输出到	objRet

续表

活动名称	属性	值
执行宏	工作簿对象	objExcelWorkBook
	宏定义	分析 4
	宏参数	[]
查找文本后设置光标位置	文档对象	objWord
	文本内容	图 4 总资产净利率对比分析
	相对位置	1（光标在文本之前）
延时	延时	2000
移动光标位置	文档对象	objWord
	移动次数	1
	移动方式	"section"（段落）
	移动方向	"up"（上）
延时	延时	1000

图 12-28 流程界面 03

表 12-20 属性设置 04

活动名称	属性	值
粘贴	文档对象	objWord
执行宏	输出到	objRet
	工作簿对象	objExcelWorkBook
	宏定义	分析 1
	宏参数	[]
查找文本后设置光标位置	文档对象	objWord
	文本内容	图 5 权益乘数对比分析
	相对位置	1（光标在文本之前）
延时	延时	2000

续表

活动名称	属性	值
移动光标位置	文档对象	objWord
	移动次数	1
	移动方式	"section"（段落）
	移动方向	"up"（上）
延时	延时	1000
粘贴	文档对象	objWord
执行宏	输出到	objRet
	工作簿对象	objExcelWorkBook
	宏定义	分析2
	宏参数	[]
查找文本后设置光标位置	文档对象	objWord
	文本内容	图6 总资产周转率对比分析
	相对位置	1（光标在文本之前）
延时	延时	2000
移动光标位置	文档对象	objWord
	移动次数	1
	移动方式	"section"（段落）
	移动方向	"up"（上）
延时	延时	1000
粘贴	文档对象	objWord

图 12-29　流程界面 04

表 12-21 属性设置 05

活动名称	属性	值
文字批量替换	输出到	bRet
	文档对象	objWord
	匹配字符串	"杜邦—净资产收益率"
	替换字符串	dbfx[0]
	循环方式	1
	替换方式	2
如果条件成立	判断表达式	dbfx_sz[0]>thyzb_sz[23]
文字批量替换	输出到	bRet
文字批量替换	文档对象	objWord
	匹配字符串	"杜邦—净资产收益率建议"
	替换字符串	"三一重工指标是"&thyzb[23]&",蛮先进智能制造公司净资产收益率高于三一重工,公司运用自有资本的效率较高,盈利能力强,经营能力强,所有者投资的收益水平高"
	循环方式	1
	替换方式	2

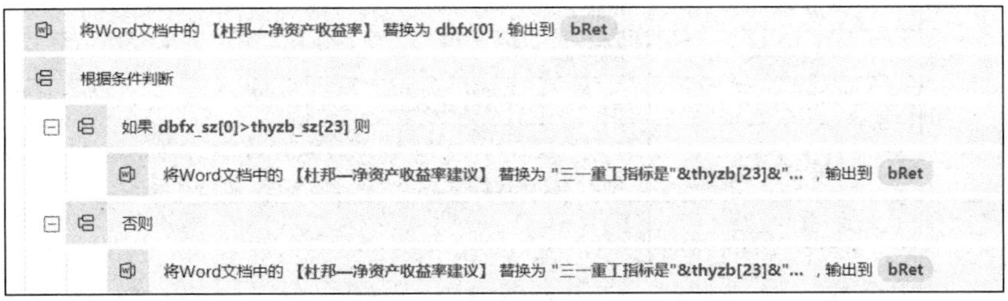

图 12-30 流程界面 05

表 12-22 属性设置 06

活动名称	属性	值
文字批量替换	输出到	bRet
	文档对象	objWord
	匹配字符串	"杜邦—总资产净利率"
	替换字符串	dbfx[1]
	循环方式	1
	替换方式	2
如果条件成立	判断表达式	dbfx_sz[1]>thyzb_sz[24]
文字批量替换	输出到	bRet
	文档对象	objWord
	匹配字符串	"杜邦—总资产净利率建议"
	替换字符串	"三一重工指标是"&thyzb[24]&",蛮先进智能制造公司总资产净利率高于三一重工,公司全部资产的管理水平和获利能力好"
	循环方式	1
	替换方式	2

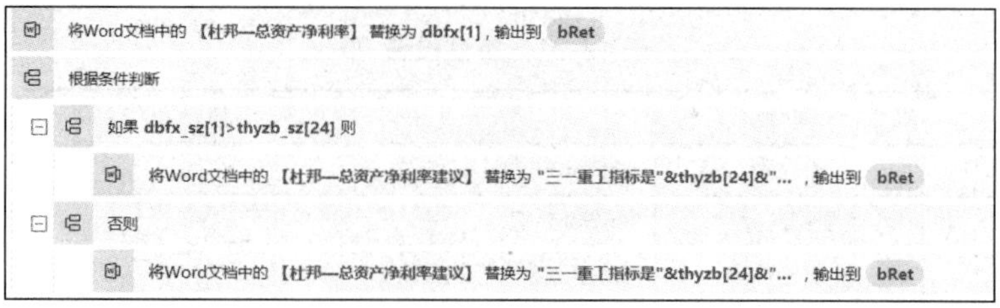

```
将Word文档中的 【杜邦—总资产净利率】 替换为 dbfx[1]，输出到 bRet
根据条件判断
    如果 dbfx_sz[1]>thyzb_sz[24] 则
        将Word文档中的 【杜邦—总资产净利率建议】 替换为 "三一重工指标是"&thyzb[24]&"... ，输出到 bRet
    否则
        将Word文档中的 【杜邦—总资产净利率建议】 替换为 "三一重工指标是"&thyzb[24]&"... ，输出到 bRet
```

图 12-31　流程界面 06

表 12-23　属性设置 07

活动名称	属性	值
文字批量替换	输出到	bRet
	文档对象	objWord
	匹配字符串	"杜邦—权益乘数"
	替换字符串	dbfx[2]
	循环方式	1
文字批量替换	替换方式	2
如果条件成立	判断表达式	dbfx_sz[2]>thyzb_sz[25]
文字批量替换	输出到	bRet
	文档对象	objWord
	匹配字符串	"杜邦—权益乘数建议"
	替换字符串	"三一重工指标是"&thyzb[25]&"，蛮先进智能制造公司权益乘数高于三一重工，权益乘数偏大，企业负债偏多，财务风险大"
	循环方式	1
	替换方式	2
文字批量替换	输出到	bRet
	文档对象	objWord
	匹配字符串	"杜邦—总资产周转率"
	替换字符串	dbfx[3]
	循环方式	1
	替换方式	2
如果条件成立	判断表达式	dbfx_sz[3]>thyzb_sz[26]
文字批量替换	输出到	bRet
	文档对象	objWord
	匹配字符串	"杜邦—总资产周转率建议"
	替换字符串	"三一重工指标是"&thyzb[26]&"，蛮先进智能制造公司总资产周转率高于三一重工，企业资金周转快，资产运营效率高"
	循环方式	1
	替换方式	2
关闭 Excel 工作簿	工作簿对象	objExcelWorkBook
	立即保存	否
关闭文档	文档对象	objWord
	关闭进程	是

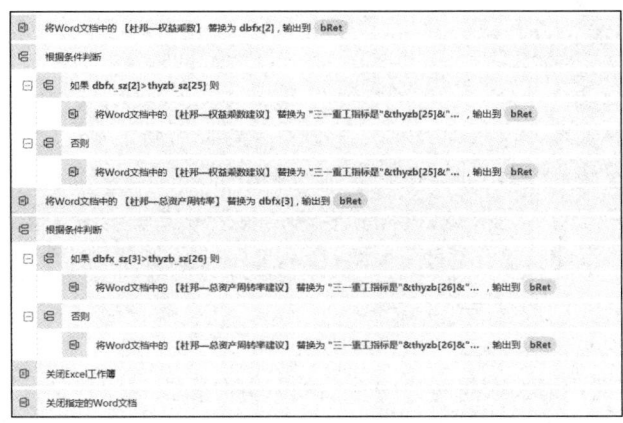

图 12-32　流程界面 07

步骤二十三：点击 UiBot Creator 主界面上方快捷栏上的"运行"，经过自动化流程成功进行杜邦分析，结果如图 12-33 和图 12-34 所示。

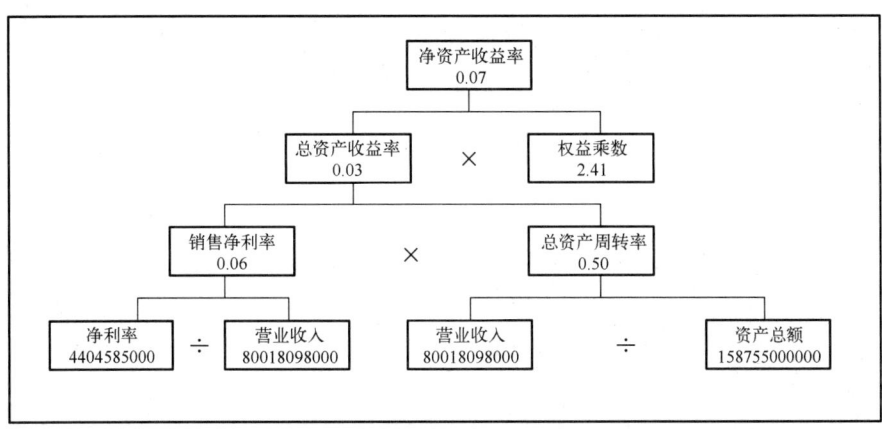

图 12-33　成果展示 01

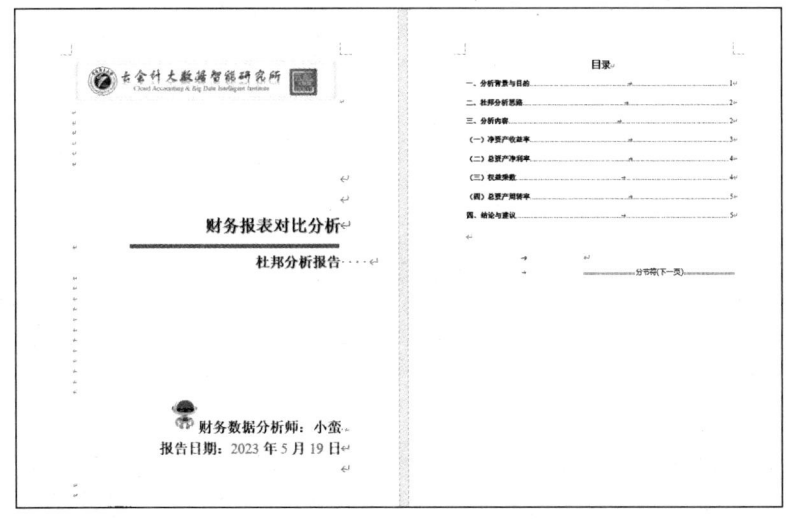

图 12-34　成果展示 02

【沙盘模拟推演】

　　结合自动化流程设计，分析与梳理机器人开发的技术路线；分析机器人的部署规划方式和运行模式；分析机器人运用在效率、质量等方面带来的价值，但同时也要考虑机器人运行过程中可能存在的风险与应对措施。

　　以小组为单位，在RPA财务机器人开发模拟物理沙盘上推演"机器人运用"，包括机器人的部署与运行、价值与风险及人机如何协作共生。

【课后思考】

　　做完本章模拟实训，请大家思考一份专业的财务分析报告应包括什么内容、财务分析的方法和可视化图形展示。程序如何实现面向不同的对象生成不同的分析报告？

第 13 章　股票投资分析机器人

13.1　场景描述与业务流程

HD 公司销售部"蛮轻松"茶歇间。

"鑫姐，本月的业绩突出奖又被您拿走了，我们再怎么努力也追不上您啊，您可得请我们好好撮一顿哦！"在 HD 公司已经工作 3 年的销售经理嘉桐笑嘻嘻地说道。

"今年业绩好，主要还是受中美贸易战影响，产品出口额严重下降，我跟踪多年的那些客户现在面临业务转型的数字化需求，刚好我们公司研发的产品能够助他们一臂之力，所以纯属是我的运气好，只要运气来了，相信你的业绩也会好起来的！对了，说到请吃饭，择日不如撞日，就今天吧，待会我微信部门的兄弟姐妹们，下班就去，地点随你们定！"高级客户经理黄鑫爽快地答应道。

"耶！鑫姐万岁！鑫姐，您看看您，长得漂亮就罢了，业务能力还强，短短几年时间的打拼，在上海就已经有车有房了，简直就是人生赢家！"

"去去去，少来拍马屁。问你个正经事，这不我刚领了一笔奖金嘛，存银行利息太低了，楼市目前又不被看好，想跟你打听打听有没有什么好的投资渠道啊？"黄鑫压低了声音问道。

"鑫姐，您看，我平时的工资除了交房租也只够养活自己了，哪来的钱投资啊！真不好意思，这我可帮不了您。"嘉桐耸了耸肩。

"没事，走吧，继续工作去。"

……

这周五上午，黄鑫正好不用到外地出差，在拜访完南京路一个客户后准备回公司，路过一家证券营业厅时，突然听到一阵闹哄哄的声音："涨停了！涨停了……"黄鑫心想：炒股有这么大的吸引力吗？闹得这么厉害，我也瞧瞧去。于是快步走过去，进入大厅后，和一大群人一样，抬头仔细地看着股市行情大屏幕，目不转睛地观察半个小时后，黄鑫宣告放弃，看着满屏花花绿绿的各种证券指标数据，真是一个头两个大。

黄鑫很沮丧，转身正准备离开，结果不小心撞上了一位中年男子。

"真不好意思，撞到您了！"

"没事的，小姑娘，来看大盘行情啊！"

"嗯……是的。"

"一看你就是新手，我可是有双火眼金睛！"

……

原来，这个中年男子叫黎明，是一位资深的专业股民，具体工作不详，听说是这一带股民心中的传奇人物，大家都亲切地尊称他为"黎叔"。一番交谈下来，黄鑫真是受益匪浅。

"要炒股，第一点，就是要关注国内外时事新闻、国家的一举一动，尤其是新出台的政策变化要密切关注。像这次中美贸易战初期，对股市的影响比对经济的影响来得更快、更猛。但俗话说，'一而再，再而三，三而竭'，打了将近一年半的贸易战，其目前对股市的影响，已经到了三而竭的程度，所以未来股市的波动很大程度上和中美贸易战关系不大了。"

"是吗？原来还有这样的学问。"

"那当然了，我可是20年的老股民了，这点股市大势行情把握度还是有的。这第二点呢，就是要选好行业、产业。你看，今年中国的通信方案入选世界 5G 标准，打破了欧美一直以来的垄断局面，这将有助于中国企业在 5G 发展中获得更强的竞争能力和更大的市场份额，对股市的影响是正面的，你可以逢低关注 5G 相关产业链个股。但是……"黎叔停了停，卖了个关子。

"但是什么？"黄鑫正听得津津有味，忍不住追问道。

"但也要擦亮眼睛，5G 产业的爆发会出现很多陷阱和骗子，比如打着 5G 的幌子建设基站或招代理商圈钱、骗钱的传销公司，一定要谨慎、谨慎、再谨慎呐。这第三点嘛，就是要从技术层面来选择优质个股了，要学会看 K 线图之类的。"

"黎叔，K 线图我知道，不过我听说对新手很不友好，有没有简单一点的方法啊？"

"简单点的？那我给你推荐一套股票投资筛选模型吧，比较适合初学者，容易上手。这套模型只包含了5个简单指标：股价、总市值、市净率、市盈率、换手率。"

"黎叔，快给我仔细讲解一下吧！"黄鑫听到这套模型简单易上手，兴趣更浓了。

"不着急，我一一来给你介绍：首先说股价，它是指股票的交易价格。纵观现在的沪深股市行情，模型中设定股价可以在10元以下，因为新手的承受能力有限，前期投入的资金量一般不大，所以选择价格低的个股较佳。第二个指标是总市值，它是指某只股票在某特定时间内总股本数乘以当时股价得出的股票总价值。对新手来说，可以选择总市值为10亿元～30亿元的股票，这样既为未来市值的增长预留空间，又能够覆盖比较广的选股面。第三个指标是市净率，它是指每股股价与每股净资产的比率，市净率代表的是市值与股东权益的溢价关系，这个指标限定股东权益的溢价程度。选股模型中认定，市净率一般在1～3比较合适，这样能够保证给出的长期溢价区间在具有长期投资的价值内。第四个指标是市盈率，它代表的是市值与年度净利润的倍数，市盈率是最常用来评估股价水平是否合理的指标之一，是具有很大参考价值的股市指针。在模型中，市净率一般设置在10～30比较合适，这是个较为有效的经验值。最后一个指标是换手率，也称为周转率，指在一定时间内市场中股票转手买卖的频率，是反映股票流通性强弱的指标之一。目前，我们一般选择换手率在3%～7%的股票，这种股票一般进入了相对活跃状态，流通性较好，具有较强的变现能力。"

黎叔顿了顿，喝了口茶，接着讲道："一般来说，只要满足上述3个及其以上指标数据的股票，就可以关注并考虑择机买入了。"

"黎叔，您讲了这么多，那这几个指标是怎么算出来的啊？"黄鑫又提出了疑问。

"至于这几个指标的计算呢，比较简单，你先听我讲：总市值=股本数*股价，市净率=总市值/上年度净资产，市盈率=总市值/上年度净利润，换手率=成交量/总股本数。"

"别慌，我会告诉你的。"黎叔看出黄鑫又准备提问，接着说道，"股价、股本数、成交量，你在很多财经网站都可以查到，上年度净资产和净利润你也可以去深交所网站下载年报，年报中会有。其实，这些指标在很多App上也有，比如同花顺、大智慧……"

黎叔讲得头头是道，黄鑫听得似懂非懂。

……

最后，黄鑫在黎叔的指导下开了户，并依照股票投资模型选出了一只满意的股票。

谢别黎叔时，黎叔语重心长地拉着黄鑫的手说道："股市有风险，投资须谨慎。你一定要记住，量力而行，切莫贪婪，股市的'坑'太多了。咱们后会有期！"

怀揣着激动的心情，黄鑫晚上回到家又尝试着选了几只股票，花了将近两个小时。说实话，只选一只股票确实不是很复杂，但不停地看不同的股票还是有点无聊。

周末过后，黄鑫又开始了忙碌的工作，基本抽不出时间来关心国家大事、关注行业企业发展变化，就更别说选股了。渐渐地，她就将股票的事情放在了一边。偶尔有点闲暇的时候，想起最近德勤推出了财务机器人，忍不住感叹：宏观政策和产业政策我没有时间关注，但是如果有个股票投资分析机器人就好了，我觉得哪只股票比较"帅"，我就告诉机器人让他帮我分析能不能买入，这样我就省心了，也能够随时随地炒股了。

黄鑫的股票投资分析业务流程如图13-1所示。

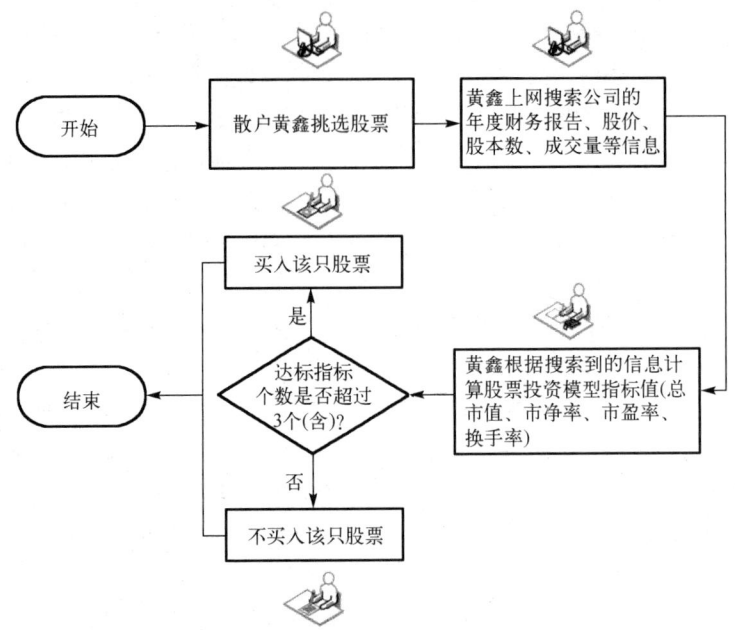

图 13-1　股票投资分析业务流程

13.2　自动化流程设计

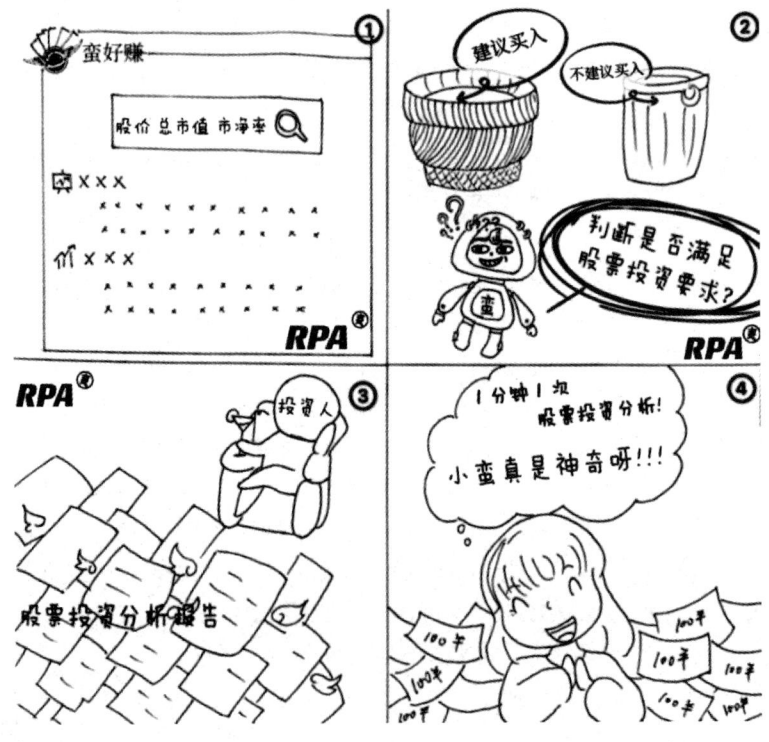

这天，黄鑫趁出去拜访客户的间隙，忍不住又跑去南京路的证券营业厅继续取经。刚走

进营业大厅，就看见穿着工作服的大堂经理在给一群人讲着什么，走近一听，原来是这个证券公司最近新推出了一款"蛮好赚"产品，主要是通过股票投资机器人小蛮进行股票分析与推荐。黄鑫心想：众里寻他千百度，小蛮却在分理处。这不正合我意吗？赶紧凑上去，竖起耳朵认真听起来。

只听大堂经理继续说道："小蛮主要是为新手散户提供服务，将整个股票投资中的个股选择分析过程自动化。股民朋友们首先在我们这里注册登记，然后只需要将看中的股票代码，以邮件主题的形式发送到我们证券公司股票投资咨询中心的专用邮箱。机器人小蛮会不定期地自动登录该邮箱读取邮件，获取邮件主题、发件人等邮件信息。随后再打开同花顺个股网站搜索股票相关信息，将搜索到的股价、总市值、市净率、市盈率、换手率指标数据值抓取下来。接下来，小蛮会根据预设的股票投资模型自动判断这五个指标值是否达标：若三个及以上的指标同时达标时，小蛮就会给出'建议买入'的投资意见；反之，则会给出'不建议买入'的投资意见。最后小蛮会根据上述信息生成股票投资分析报告，并将该报告通过邮件发送给投资者……"

没等大堂经理讲完，黄鑫就迫不及待地按照旁边易拉宝上的广告说明进行了注册登记，然后发送了一只股票代码到证券公司股票投资咨询中心的专用邮箱，果然，不到一分钟就收到了小蛮反馈的投资意见及股票投资决策报告。黄鑫看着小蛮如此高效率地给出了精准结果，不禁感叹：股民自己像这样选1只股票怎么也得用上20多分钟吧，有了小蛮，1分钟就能轻松给出股票投资参考意见，股民可以迅速锁定优质股，节约出来的时间还可以去干其他工作，每个月多赚几千元不在话下。RPA机器人流程自动化真是神奇啊，只需要动动手指头开发一个小程序，就能满足股票投资需求，投入一点点，收益那么大！

股票投资机器人自动化流程设计如图13-2所示。

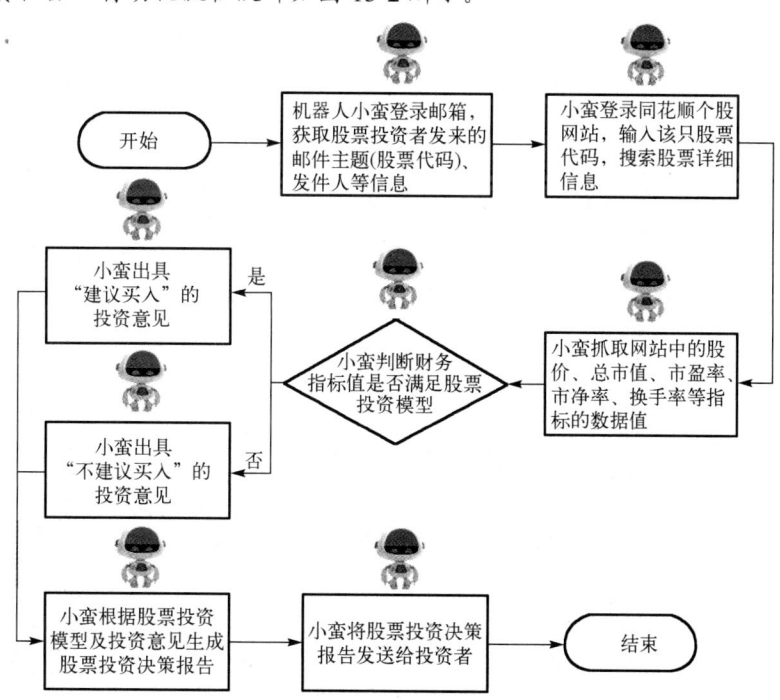

图13-2　股票投资机器人自动化流程

13.3 机器人开发

13.3.1 技术路线

股票投资分析机器人包含了获取股票序列号、抓取股票信息、读取股票指标参考范围、给出投资意见、生成投资决策报告和发送投资决策报告等模块(见表13-1)。首先,连接邮箱并下载"股票投资情况表.xlsx"来获取目标股票代码,其次打开同花顺财经网页,搜索目标股票并对其数值进行抓取。接着,读取"股票指标参考范围表.xlsx",获取股票指标的参考范围。随后对目标股票的指标值进行判断,看其是否在参考范围内,并根据结果生成投资意见。紧接着,将投资意见、股票基本情况等信息填入投资决策报告模板中,生成正式的股票投资决策报告并将其转为 PDF 格式。最后,将"股票投资决策报告.pdf"发送给财务人员。

表 13-1 股票投资分析机器人开发技术路线

模块	功能描述	使用的活动
获取股票序列号	连接邮箱,并下载文件,获取目标股票代码	连接邮箱
		变量赋值
		查找字符串
		依次读取数组中每个元素
		如果条件成立
		IMAP 下载附件
抓取股票信息	循环抓取股票信息	从初始值开始按步长计数
		读取单元格值
	打开浏览器界面	启动新的浏览器
		延时
		更改窗口显示状态
读取股票指标参考范围	抓取股价、市盈率等指标数值	获取元素文本
		转为小数数据
		关闭窗口
		写入行
		关闭 Excel 工作簿
给出投资意见	读取股票指标参考范围	打开 Excel 工作簿
		延时
		读取单元格值
		读取列
		关闭 Excel 工作簿
	生成投资意见	否则如果条件成立
		变量赋值
生成投资决策报告	打开投资决策报告模板并填写投资意见、报告时间等内容	打开文档
		更改窗口显示状态
		查找文本后设置光标位置
		写入文字
		获取时间
		格式化时间

续表

模块	功能描述	使用的活动
生成投资决策报告	填入股票具体情况，生成正式的投资决策报告	移动光标位置
	填入股票具体情况，生成正式的投资决策报告	转为文字数据
		写入文字
		文档另存为
发送投资决策报告	发送投资报告给投资者	SMTP/POP 发送邮件

13.3.2 开发步骤

1. 搭建整体流程框架

步骤一：打开 UiBot Creator 软件，新建流程，并将其命名为"股票投资分析机器人"，从左侧拖放"流程块"，添加6个"流程块"，1个"结束"，并将"流程块"分别改名为"获取股票序列号""抓取股票信息""读取股票指标参考范围""给出投资意见""生成投资决策报告""发送投资决策报告"。流程图界面如图13-3所示，并添加流程图变量如表13-2所示。

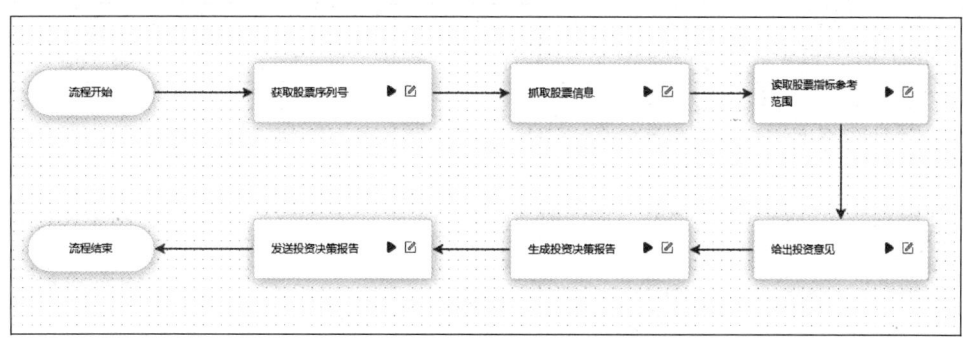

图 13-3　UiBot Creator 流程图界面

表 13-2　流程图变量属性设置

序号	变量名	值
1	arrayRet	[]
2	arrayRet1	[]
3	price_min	""
4	price_max	""
5	MC_min	""
6	MC_max	""
7	PB_min	""
8	PB_max	""
9	PE_min	""
10	PE_max	""
11	rate_min	""
12	rate_max	""
13	Price	""
14	MC	""
15	PB	""

续表

序号	变量名	值
16	PE	""
17	rate	""
18	suggestion	""
19	Mark_price	""
20	Mark_MC	""
21	Mark_PB	""
22	Mark_PE	""
23	Mark_rate	""

2. 获取股票序列号

步骤二：点击"编辑"进入"获取股票序列号"流程块，在左侧的命令框中搜索添加元素，添加1个"IMAP"下的"连接邮箱"，属性设置如图13-4所示。添加1个"IMAP"下的"获取邮件列表"、1个"变量赋值"、1个"依次读取数组中每个元素"，在"依次读取数组中每个元素"命令中添加1个"变量赋值"、1个"查找字符串"、1个"如果条件成立"，在"如果条件成立"下方添加1个"IMAP"下的"下载附件"、1个"变量赋值"，属性设置如表13-3所示。

表13-3 属性设置

活动名称	属性	值
获取邮件列表	输出到	aarrayRet
	邮箱对象	objMail
	邮箱文件夹	"inbox"
	邮件数量	5
变量赋值	变量名	n
	变量值	2
依次读取数组中每个元素	值	value
	数组	arrayRet
变量赋值	变量名	邮件主题
	变量值	value["SUBJECT"]
查找字符串	输出到	iRet
	目标字符串	邮件主题
	查找内容	股票投资情况表
如果条件成立	判断表达式	iRet<>0
下载附件	输出到	附件
	邮箱对象	objIMail
	邮件对象	value
	路径	@res"准备文件"
变量赋值	变量名	n
	变量值	n+1

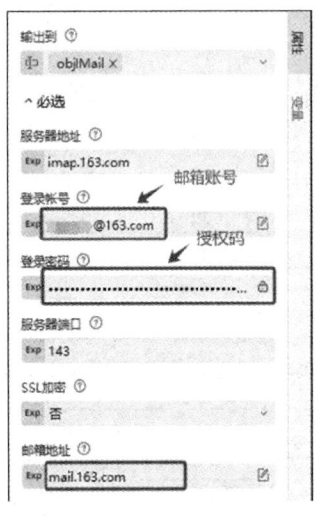

图13-4 "连接邮箱"属性设置

注意：表格中的属性值都是在专业模式(EXP)中显示。

3. 抓取股票信息

步骤三：点击"编辑"进入"抓取股票信息"流程块，在左侧的命令框中搜索添加元素，添加1个"打开Excel工作簿"，其属性设置如表13-4所示。

表 13-4 属性设置

活动名称	属性	值
打开 Excel 工作簿	输出到	objExcelWorkBook
	文件路径	@res"准备文件\\股票投资情况表.xlsx"

步骤四：进入循环。添加 1 个"从初始值开始按步长计数"，并在其下方添加 1 个"读取单元格值"、1 个"启动新的浏览器"、1 个"更改窗口显示状态"和 1 个"延时"。其中，在更改窗口显示状态时，需先打开目标网站，点击"未指定"，待屏幕变绿后，点击网页的任意位置，如图 13-5 所示，将显示状态更改为"最大化"。添加完成后的流程顺序如图 13-6 所示，属性设置如表 13-5 所示。

图 13-5 更改窗口显示状态

图 13-6 流程顺序界面

表 13-5 属性设置

活动名称	属性	值
从初始值开始按步长计数	索引名称	row
	初始值	2
	结束值	2
	步长	1

续表

活动名称	属性	值
读取单元格值	输出到	arrayRet
	工作簿对象	objExcelWorkBook
	工作表	Sheet1
读取单元格值	单元格	[row, 1]
启动新的浏览器	输出到	hWeb
	浏览器类型	edge
	打开链接	http://stockpage.10jqka.com.cn/"+arrayRet[0]+"/
更改窗口显示状态	目标	@ui"窗口_平安银行(000001)个股资金流向查询_个股行情_同花顺财经-个人-MicrosoftEdg3"
	显示状态	最大化
延时	延时(毫秒)	1000

4. 读取股票指标参考范围

步骤五：读取股票指标参考范围。添加5个"获取元素文本"、5个"转为小数数据"，添加完成后的流程顺序如图 13-7 所示。点击各"获取元素文本"中的"未指定"区域，依次读取股票的股价、总市值、市净率、市盈率、换手率五个指标数值，分别输出到变量 price_1、MC_1、PB_1、PE_1、rate_1 中，随后分别将各指标值转为小数数据，输出到 price、MC、PB、PE、rate 中。在抓取时注意要刚好框选住目标元素，不要过大或过小。抓取完毕，修改各目标元素的网页"title"。鼠标依次在已抓取目标上悬空，出现编辑框后点击"编辑"，如图 13-8 所示。进入目标编辑页面后，修改"title"选项，将原文删除，输入"*"，如图 13-9 所示。

图 13-7 流程顺序界面

图 13-8 编辑目标元素

图 13-9 修改"title"

步骤六：保存并关闭"股票投资情况表.xlsx"与浏览器。添加 1 个"写入行"、1 个"关闭窗口"、1 个"关闭 Excel 工作簿"。"写入行"活动需要将单元格属性改为"[row,3]"，数据属性在专业模式下填入"[price, MC, PB, PE, rate]"。同时，关闭浏览器窗口时，先点击"未指定"，再点击浏览器窗口。之后修改元素"title"，具体操作同步骤五。

5．给出投资意见

步骤七：点击"编辑"进入"读取股票指标参考范围"流程块，在左侧的命令框中搜索添加元素，添加 1 个"打开 Excel 工作簿"、1 个"延时"、10 个"读取单元格值"、1 个"读取列"和 1 个"关闭 Excel 工作簿"，添加完成后的流程顺序如图 13-10 所示，"读取单元格值"的属性设置如表 13-6 所示，其余活动的属性设置如表 13-7 所示。

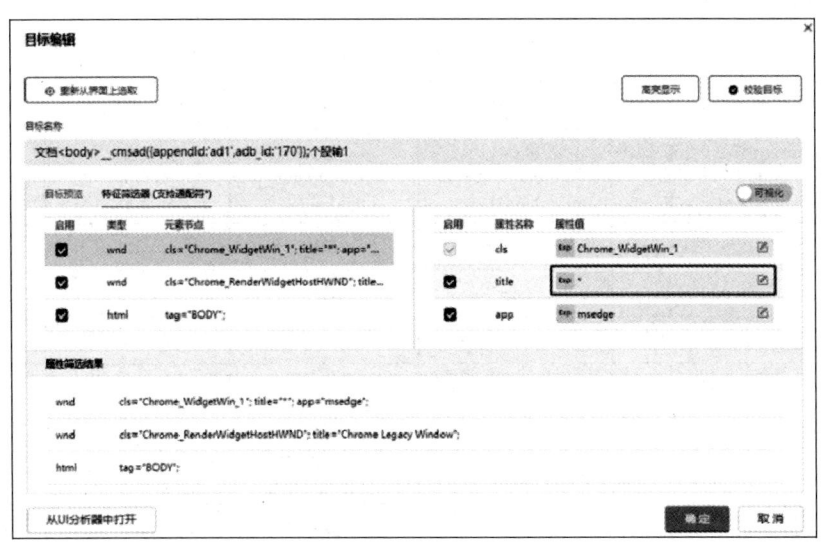

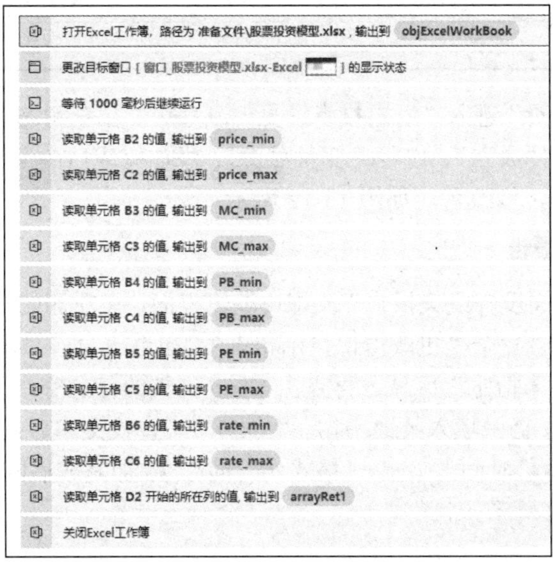

图 13-10 流程顺序界面

表 13-6 "读取单元格值"属性设置

序号	工作簿对象	工作表	单元格	显示即返回	输出到
1	objExcelWorkBook	Sheet1	B2	false	price_min
2	objExcelWorkBook	Sheet1	C2	false	price_max
3	objExcelWorkBook	Sheet1	B3	false	MC_min
4	objExcelWorkBook	Sheet1	C3	false	MC_max
5	objExcelWorkBook	Sheet1	B4	false	PB_min
6	objExcelWorkBook	Sheet1	C4	false	PB_max
7	objExcelWorkBook	Sheet1	B5	false	PE_min
8	objExcelWorkBook	Sheet1	C5	false	PE_max
9	objExcelWorkBook	Sheet1	B6	false	rate_min
10	objExcelWorkBook	Sheet1	C6	false	rate_max

表 13-7 属性设置

活动名称	属性	值
打开 Excel 工作簿	输出到	objExcelWorkBook
	文件路径	@res"股票投资模型.xlsx"
读取列	输出到	arrayRet1
	工作簿对象	objExcelWorkBook
	工作表	Sheet1
	单元格	D2
关闭 Excel 工作簿	工作簿对象	objExcelWorkBook
	是否立即保存	是

步骤八：点击"编辑"进入"给出投资意见"流程块，在左侧的命令框中搜索添加元素，添加 6 个"否则如果条件成立"、17 个"变量赋值"，添加完成后的流程顺序如图 13-11 所示，随后切换到源代码视图，修改代码如图 13-12 所示。

6. 生成投资决策报告

步骤九：打开"生成投资决策报告"流程块编辑界面，在左侧的命令框中搜索添加元素，添加 1 个"打开文档"、1 个"更改窗口显示状态"，在更改窗口显示状态时，先打开 Word 文档，点击活动中的"未指定"区域，再点击 Word 文档的任意空白处。

步骤十：在 Word 文档中填入关键字句。添加 4 个"查找文本后设置光标位置"，4 个"写入文字"，1 个"获取本机时间"，1 个"格式化时间"。添加完成后的流程顺序如图 13-13 所示，属性设置如表 13-8 所示。

图 13-11　流程顺序界面

```
Dim temp,objExcelWorkBook,objRet
i = 0
If price_min<price And price<price_max
  i = i+1
Mark_price = "是"
Else
Mark_price = "否"
End If
If MC_min<MC And MC<MC_max
  i = i+1
Mark_MC = "是"
Else
Mark_MC = "否"
End If
If PB_min<PB And PB<PB_max
  i = i+1
Mark_PB = "是"
Else
Mark_PB = "否"
End If
If PE_min<PE And PE<PE_max
  i = i+1
Mark_PE = "是"
Else
Mark_PE = "否"
End If
If  rate_min<rate And rate<rate_max
  i = i+1
Mark_rate = "是"
Else
Mark_rate = "否"
End If
If i>3 Or i=3
  suggestion = "建议买入"
Else
suggestion = "风险较大，请谨慎购买"
End If
```

图 13-12　修改源代码

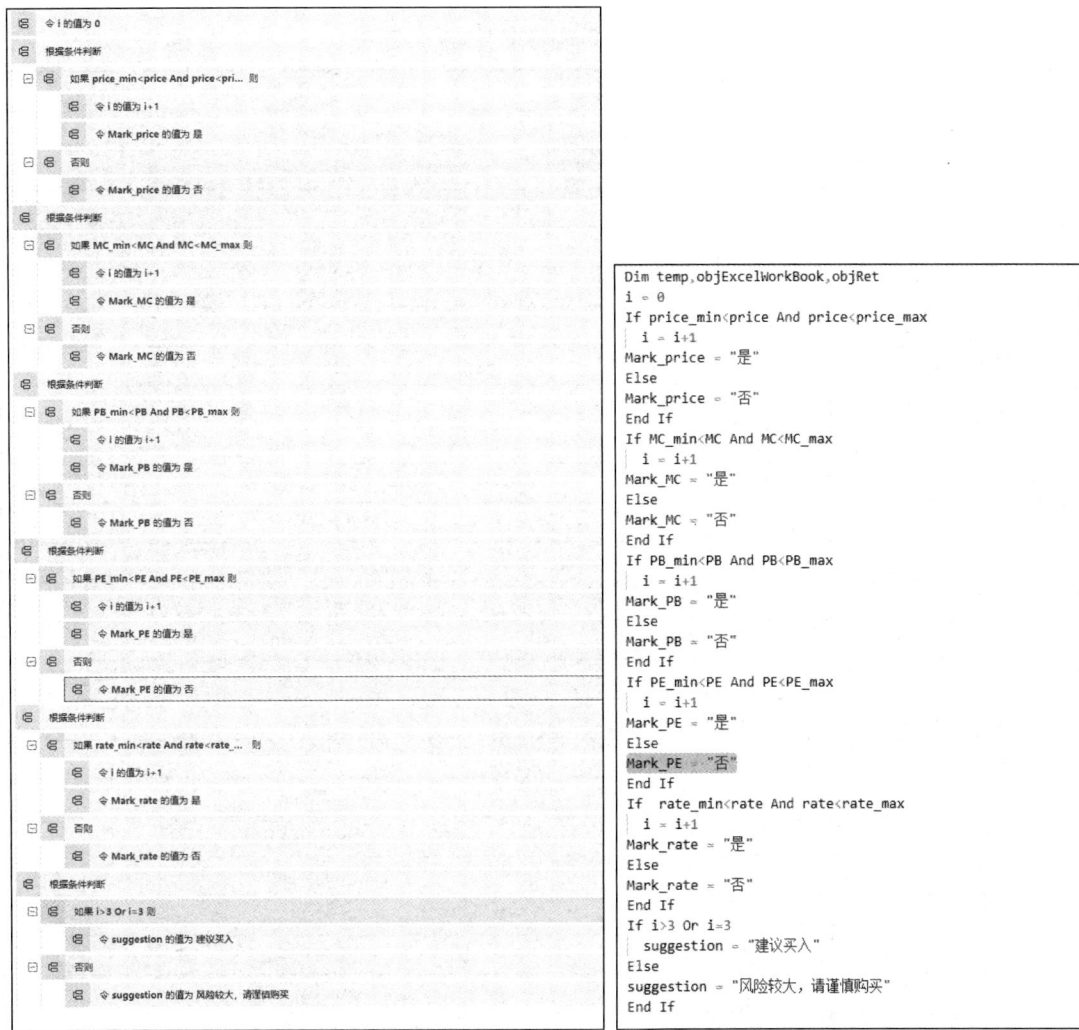

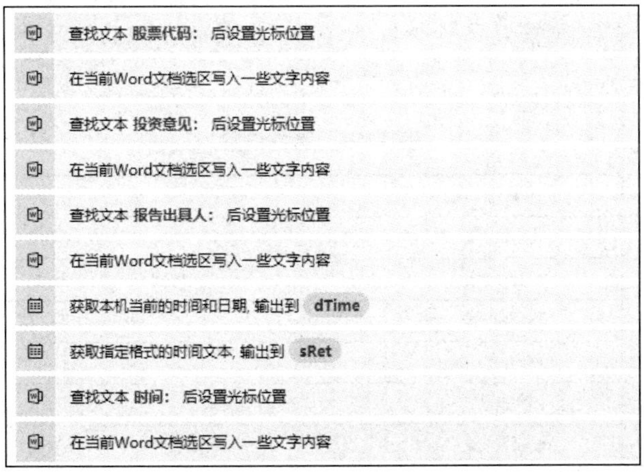

图 13-13　流程顺序界面

表 13-8 属性设置

活动名称	属性	值
查找文本后设置光标位置	文档对象	objWord
	文本内容	股票代码：
	相对位置	光标在文本之后
写入文字	文档对象	objWord
	写入内容	arrayRet[0]
查找文本后设置光标位置	文档对象	objWord
	文本内容	投资意见：
	相对位置	光标在文本之后
写入文字	文档对象	objWord
	写入内容	suggestion
查找文本后设置光标位置	文档对象	objWord
	文本内容	报告出具人
	相对位置	光标在文本之后
写入文字	文档对象	objWord
	写入内容	元小蛮
获取本机时间	输出到	dTime
格式化时间	输出到	sRet
	时间	dTime
	格式	yyyy-mm-dd
查找文本后设置光标位置	文档对象	objWord
	文本内容	时间：
	相对位置	光标在文本之后
写入文字	文档对象	objWord
	写入内容	sRet

步骤十一：将股票指标值填入文档表格中生成正式的投资决策报告。添加 5 个"移动光标位置"、5 个"转为文字数据"、5 个"写入文字"，添加完成后的流程顺序如图 13-14 所示，属性设置如表 13-9 所示。

表 13-9 属性设置

活动名称	属性	值
移动光标位置	文档对象	objWord
	移动次数	3
	移动方式	行
	移动方向	下
转为文字数据	输出到	price
	转换对象	price
写入文字	文档对象	objWord
	写入内容	price

续表

活动名称	属性	值
移动光标位置	文档对象	objWord
	移动次数	1
	移动方式	行
	移动方向	下
转为文字数据	输出到	MC
	转换对象	MC
写入文字	文档对象	objWord
	写入内容	MC
移动光标位置	文档对象	objWord
	移动次数	1
	移动方式	行
	移动方向	下
转为文字数据	输出到	PB
	转换对象	PB
写入文字	文档对象	objWord
	写入内容	PB
移动光标位置	文档对象	objWord
	移动次数	1
	移动方式	行
	移动方向	下
转为文字数据	输出到	PE
	转换对象	PE
写入文字	文档对象	objWord
	写入内容	PE
移动光标位置	文档对象	objWord
	移动次数	1
	移动方式	行
	移动方向	下
转为文字数据	输出到	rate
	转换对象	rate
写入文字	文档对象	objWord
	写入内容	rate

步骤十二：将股票指标值是否满足条件与指标说明填入文档表格中生成正式的投资决策报告。添加 10 个"移动光标位置"、10 个"写入文字"、1 个"文档另存为"，添加完成后的流程顺序如图 13-15 所示，属性设置如表 13-10 所示。

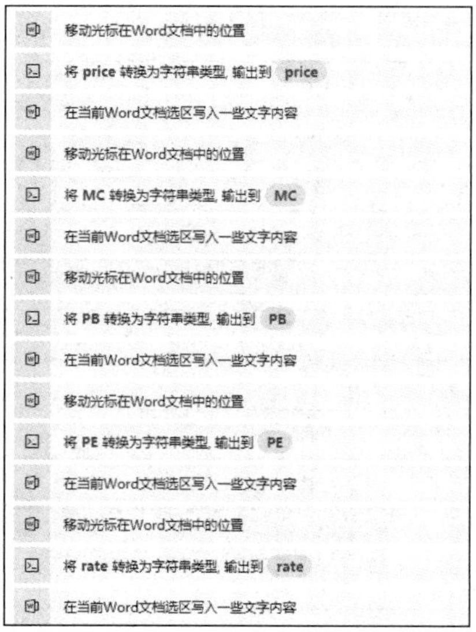

图 13-14　流程顺序界面 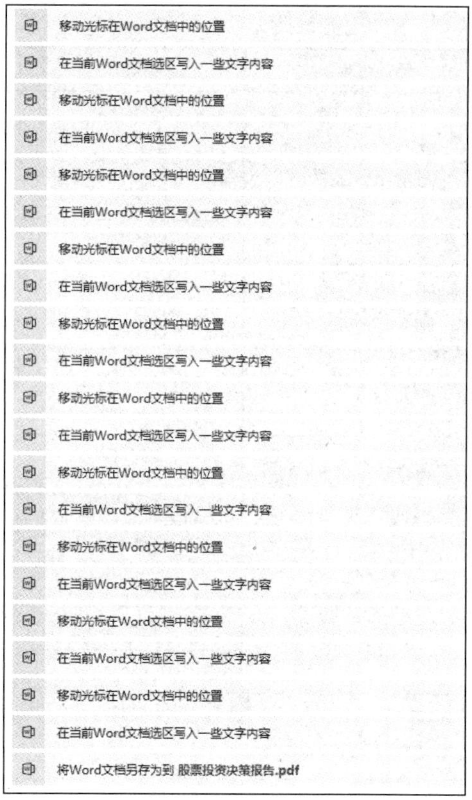　　　　　　　　　图 13-15　流程顺序界面

表 13-10　属性设置

活动名称	属性	值
移动光标位置	文档对象	objWord
	移动次数	1
	移动方式	字符
	移动方向	右
写入文字	文档对象	objWord
	写入内容	Mark_rate
移动光标位置	文档对象	objWord
	移动次数	1
	移动方式	行
	移动方向	上
写入文字	文档对象	objWord
	写入内容	Mark_PE
移动光标位置	文档对象	**objWord**
	移动次数	1
	移动方式	行
	移动方向	上

续表

活动名称	属性	值
写入文字	文档对象	objWord
	写入内容	Mark_PB
移动光标位置	文档对象	objWord
	移动次数	1
	移动方式	行
	移动方向	上
写入文字	文档对象	objWord
	写入内容	Mark_MC
移动光标位置	文档对象	objWord
	移动次数	1
	移动方式	行
	移动方向	上
写入文字	文档对象	objWord
	写入内容	Mark_price
移动光标位置	文档对象	objWord
	移动次数	1
	移动方式	字符
	移动方向	右
写入文字	文档对象	objWord
	写入内容	arrayRet1[0]
移动光标位置	文档对象	objWord
	移动次数	1
	移动方式	行
	移动方向	下
写入文字	文档对象	objWord
	写入内容	arrayRet1[1]
移动光标位置	文档对象	objWord
	移动次数	1
	移动方式	行
	移动方向	下
写入文字	文档对象	objWord
	写入内容	arrayRet1[2]
移动光标位置	文档对象	objWord
	移动次数	1
	移动方式	行
	移动方向	下
写入文字	文档对象	objWord
	写入内容	arrayRet1[3]
移动光标位置	文档对象	objWord

续表

活动名称	属性	值
移动光标位置	移动次数	1
	移动方式	行
	移动方向	下
写入文字	文档对象	objWord
	写入内容	arrayRet1[4]
文档另存为	文档对象	objWord
	文件路径	@res"股票投资决策报告.pdf"
	文档格式	17

7．发送投资决策报告

步骤十三：打开"发送投资决策报告"流程块编辑界面，在左侧的命令框中搜索添加元素，添加 1 个"SMTP/POP 发送邮件"，添加完成后的属性设置如图 13-16 所示。

图 13-16　"SMTP/POP 发送邮件"属性设置

8．运行结果

步骤十四：点击 UiBot Creator 主界面上方快捷栏上的"运行"，运行文件（流程运行前，需手动发送以股票代码为主题的邮件至相应邮箱内），投资者将收到反馈邮件，如图 13-17、图 13-18 所示。

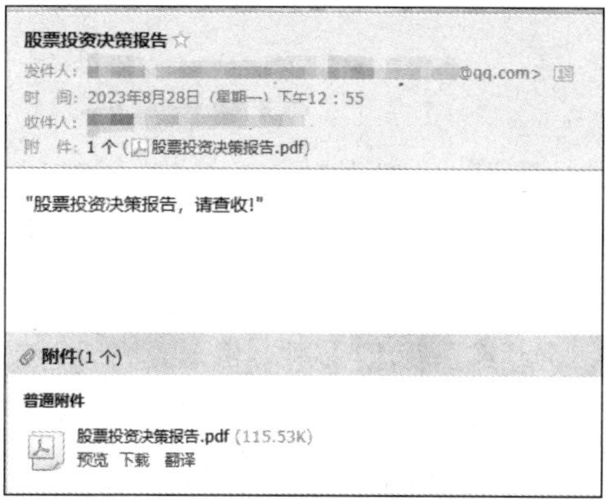

图 13-17　投资者收到的邮件信息

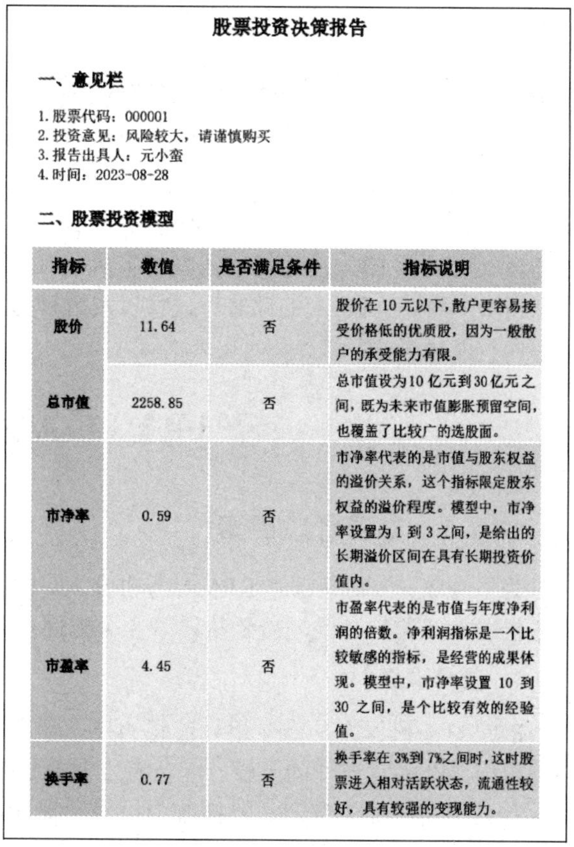

图 13-18　附件内容

股票投资决策报告

一、意见栏

1. 股票代码：000001
2. 投资意见：风险较大，请谨慎购买
3. 报告出具人：元小蛮
4. 时间：2023-08-28

二、股票投资模型

指标	数值	是否满足条件	指标说明
股价	11.64	否	股价在 10 元以下，散户更容易接受价格低的优质股，因为一般散户的承受能力有限。
总市值	2258.85	否	总市值设为 10 亿元到 30 亿元之间，既为未来市值膨胀预留空间，也覆盖了比较广的选股面。
市净率	0.59	否	市净率代表的是市值与股东权益的溢价关系，这个指标限定股东权益的溢价程度。模型中，市净率设置为 1 到 3 之间，是给出的长期溢价区间并具有长期投资价值内。
市盈率	4.45	否	市盈率代表的是市值与年度净利润的倍数。净利润指标是一个比较敏感的指标，是经营的成果体现。模型中，市盈率设置 10 到 30 之间，是个比较有效的经验值。
换手率	0.77	否	换手率在 3%到 7%之间时，此时股票进入相对活跃状态，流通性较好，具有较强的变现能力。

【课后思考】

经过本章的学习，是否觉得股票投资模型涉及指标不多，条件太简单，那么请你结合证券投资和财务管理相关专业知识设计一个股票投资模型，并用程序实现。

第四部分　财务机器人的运用

第 14 章　RPA 财务机器人的部署与运行

RPA 财务机器人的部署与运行是企业实现智能自动化转型的关键环节。正确的部署与高效的运行可以使 RPA 财务机器人发挥最大的作用，提升企业的工作效率和竞争力。本章将深入探讨 RPA 财务机器人的部署、运行以及管理方法，为企业提供全方位的解决方案，助力企业迈向智能化未来。

14.1　机器人的部署

14.1.1　部署考虑因素

为了高效、成功地部署 RPA 财务机器人，同时最大限度地发挥其功效，企业在规划 RPA 财务机器人部署的时候，需要从以下 8 个方面重点予以考虑。

1. 充分调查

RPA 财务机器人是一个相对较新的技术和市场，企业在进行 RPA 财务机器人部署之前，必须对候选产品有详细的了解。综合考量 RPA 软件厂商、供应商所提供的技术解决方案，为 RPA 创建坚实的业务案例，包括制定投资回报（ROI）指标等。

2. 明确部署流程

在部署 RPA 财务机器人之前，首先要评估企业现有财务流程的整体状况，找出最适合实施自动化的财务流程，确定最有可能看到积极业务影响的流程，以增加成功部署 RPA 财务机器人的可能性。

3. 确定自动化的操作模式

企业应该根据自身情况确定，是要建立一整套的流程自动化机制，还是只是单纯地想在工作中使用自动化，而不想花费太多资源建立一整套体系。不同的决定会影响自动化操作的模式及采购方案。

4. 员工培训

作为一项颠覆性技术，RPA 财务机器人的实施与应用可能会引起企业部分财务员工的焦虑与疑问。例如，为什么 RPA 财务机器人要部署在我们的公司或特定的财务流程？它会影响我的工作吗？因此，弄清这项技术对财务人员工作的影响非常重要。在开始自动化转型之前，企业必须确保财务相关部门及员工清晰了解 RPA 财务机器人的本质、工作方式等。同时，引入 RPA 财务机器人之后，需要对影响的相关岗位进行调整，更新各岗位的职责和工作内容。

5．建立 RPA 卓越中心

在 RPA 财务机器人部署的早期阶段，构建一个跨职能的 RPA 卓越中心(COE)对于支持 RPA 的实现和企业正在进行的部署极为重要。COE 的成员应该由企业中的多个部门成员组成，他们有使用 RPA 工具和技术经验，能识别和管理正在进行的 RPA 财务机器人部署工作。

6．数据安全保证

企业可能会因为匆忙地为实现财务流程自动化而投入精力，以至于对财务数据的安全缺乏重视。RPA 财务机器人的实施与运转通常会对企业内部各种信息进行访问，这不可避免地会涉及组织机构内部众多的商业数据与机密信息，因此必须保障数据安全。

7．定期测试

成功部署 RPA 财务机器人后，想让 RPA 财务机器人更好地运行，企业需要进行定期测试，以便及时发现并解决潜在的问题。

8．为未来的进步和挑战做好准备

RPA 技术还会继续发展，跟上变化非常重要。随着 RPA 财务机器人应用的增多及更多人力被数字化为组织资本，未来，RPA 技术将提供更高级的认知能力并与人工智能进一步整合。RPA 技术不是一种独立的技术，它只是企业数字化转型路线图中的第一步，它的成功部署与实施将有助于企业在近期或长期内做出更强大的技术更新。

14.1.2 RPA 实施机会评估

企业如何选择有影响力且易于 RPA 技术实施的财务流程呢？通常可从下面 9 个方面来详细考虑，确保在 RPA 技术实施过程中产生最大投资回报率。

1．影响成本和收入的流程

评估现有财务流程的成本，形成一套有关 RPA 应用的成本和收益分析模型，以帮助其在项目实施过程中能清醒地认识最具影响力的流程。例如，如果定价规则不明确，报价到收款的流程成本可能会很高。报价到现金流程的速度和有效性绝对可以成就或破坏销售。如果可以自动化，这些流程是 RPA 的良好候选者。

2．高频和高量的流程

应用 RPA 技术的一个主要好处是减少人力，企业应该首先开始自动化最高容量的流程。例如，某公司的应收账款对账的流程，由于收入组需要每天或每两天去核对几百个账户的应收账款情况，并且对账的规则除现金外可以固定，我们认为这样的情况完全满足实施 RPA 技术的需求。

3．容易出错的流程

流程中的手动错误越多，企业通过自动化流程获得的好处就越多。手动错误可能导致重大的客户体验或监管问题，尤其是在面向客户的流程中。

4．需及时响应的流程

任何可以延迟向客户提供服务的流程都是自动化的理想选择，因为自动化可以使流程瞬间完成。例如账户激活、密码重置等，都是比较好的候选流程。

5．非正规劳动力或可外包的流程

由于低效率的高峰需求，有部分流程可以外包或者找临时工来满足需求。RPA 财务机器人可以轻松扩展或缩小，管理高峰需求。

6．基于规则

理想的流程可以通过特定的规则来描述，可以对 RPA 财务机器人进行编程，如果无法对流程规则进行编程，那么该流程不是实施 RPA 技术的理想选择。

7．企业定制化

自动化流程是一个所有企业都能应用的流程，还是某个企业独有的流程？这可以根据实际需要决定。例如，在大多数类似规模的企业中，费用审计以类似的方式进行，构建用于费用审计的 RPA 机器人比仅使用为此过程构建的解决方案更昂贵且效率更低。

8．成熟、稳定的流程

自动化每天都在变化的流程是在浪费时间，因为开发人员要花费大量时间进行维护，稳定的流程是自动化的理想选择。

9．不在 IT 系统的路线图上

替换旧系统可以比 RPA 机器人更有效地实现自动化流程，RPA 机器人需要依赖屏幕抓取并可能引入错误。此外，为流程安装两个自动化方法没有意义。

总之，从 RPA 机器人的实施成功率和风险等其他影响因素，组织应优先考虑自动化的流程满足：稳定、高重复性、数据结构化等特点。对于不稳定的流程，如 UI 控件偶尔会发生变化，数据输入是非结构化的，并且依赖企业或者部门政策而变化的流程是不太适合自动化的。

此外，必须明白一个道理，业务实现 100% 的自动化是不可能的，因此，选择哪些流程以及不选择哪些流程实施 RPA 技术是 RPA 部署成功的决定性因素。

最后，即使一个端到端的流程不能全部被自动化，但它的一些子流程可以自动化，这些子流程自动化后也能帮助企业提升工作效率。

⊃ 14.1.3　RPA 机器人的部署形式

RPA 机器人的部署形式包括客户端部署和控制台部署。

1．客户端部署形式

部署在客户端的机器人分为无人值守机器人和有人值守机器人，主要负责执行流程。

（1）无人值守机器人。

"无人值守"，即无须人为干预，或者至少在给定场景或背景的情况下尽可能少的人为

干预。无人值守机器人，由自动化机器人自行触发，并且以批处理模式连续完成相关工作，机器人可以全天候地执行操作。可以通过多个接口或平台远程访问无人值守机器人，管理员可在集中式集线器中实时查看、分析和部署调度、报告、审计、监视和修改功能。这意味着员工在自动化平台中具有更强的协作和沟通能力，有助于以跨组织的方式打破功能和沟通孤岛。

无人值守机器人最常用于后台办公场景，包括大量数据被收集、分类、分析，并在组织中的关键参与者之间分配。例如，针对健康保险公司需要应对的大量索赔处理、发票和其他文档等任务，无人值守机器人解决方案可以为其提供良好的服务。自动化机器人通过参与到工作流程中的事件和操作，从而使得文档和数据管理流程更为简化。

(2) 有人值守机器人。

"有人值守"，即需要人工干预。有人值守机器人通常需要员工或管理员的命令或输入才能执行任务。这类软件机器人通常会在员工的工作站上工作，访问权限仅限于特定部门或工作站的员工。例如，可以帮助工作人员完成简单、重复任务的桌面自动化机器人。由于有人值守机器人通常涉及员工在任何给定的交易或环境中在多个界面或屏幕之间移动，因此此种自动化解决方案必须灵活且用户友好，以便员工能够在平台间来回移动切换。

例如，有人值守机器人可以帮助呼叫中心员工提供更高水平的客户服务。在处理客户服务问题时，呼叫中心技术人员通常必须在多个屏幕、界面等接口之间切换。这意味着呼叫中心的人员将给定的时间都耗费在了输入或检索来自不同来源的数据上面，而通过有人值守机器人(或桌面自动化)，呼叫中心员工可以实时访问数据、文档或账户信息，将更多时间用来关注客户，而不是关注召回或输入数据或信息的过程。

在实际应用中，二者并无谁更高级这一说；在企业具体的部署中，二者也并非是对立的。它们的关系更倾向于互利互用、相辅相成。在一个集成的 RPA 平台上，无人值守机器人和有人值守机器人可以实现协同工作，两套方案的组合部署，一方面可以帮助简化后台流程，另一方面又可优化面向客户的任务，从而提高整套流程的生产率和效率。

2. 控制台部署形式

控制台则是对客户端和设计器进行监控、调度、警告和安全等方面的管理。RPA 控制台的部署形式分为三种：公有云部署、私有云部署、混合云部署。

(1) 公有云部署。

公共云部署就是控制台部署在公共服务器上，其成本较低，不需单独部署。

(2) 私有云部署。

私有云部署是在企业自身服务器或计算机上部署机器人，其成本较高且部署时间较长。

(3) 混合云部署。

混合云部署则是在运用公共云技术的同时，在企业内部环境中单独部署，比私有云简单。

机器人开发完成后，需要部署机器人，这时需要考虑一些关键点，如解决方法是否满足需求、是否可以用 ROI 来评估、确认 RPA 的最佳候选(列出流程优化清单)、是否能保障数据的安全性。还应构建一个跨职能的 RPA 卓越中心，由企业中的多个部门成员组成，管理 RPA 实施，定期测试，不断更新技术，确保相关员工了解 RPA 的运行方式。

14.2 机器人的运行

14.2.1 机器人的运行模式

RPA 的运行模式是建立治理规范的关键所在。RPA 有三种基本运行模式：集中式、分散式和联合式。

1. 集中式运行模式

集中式运行模式通常设有机器人操作中心(或专业技术中心)，该中心负责并监督 RPA 管理与基础设施建设，将所有 RPA 的管理权集中在一起，统一更新、分配和运行。

2. 分散式运行模式

分散式运行模式包括一个主要专注于管理与基础设施建设的核心团队，同时在各个团队建立 RPA 管理中心，各自负责业务领域的机器人维护和实施。

3. 联合式运行模式

联合式运行模式以中央管理为中心，与各个应用部门协同管理。

三种运行模式之间的根本区别在于，是否由一个核心团队负责 RPA 管理和实施，或由一个核心枢纽专注管理组织内的不同团队，让它们领导各自业务领域的 RPA 实施，或是由各业务部门或团队自行管理和实施 RPA。

14.2.2 机器人的运行维护

RPA 机器人上线后，要保证 RPA 系统的运行良好，首先需要编写运维文档，这是运维阶段必须经历的环节。因为在运维阶段会出现各种情况，如业务流程发生了变化，之前的 RPA 流程该怎么修改；RPA 中止如何处理或者是如何继续上次的运行等。

RPA 机器人运行标准操作程序(Standard Operation Procedure，SOP)手册能够对运维阶段业务需求的变化、设计开发和测试部署等工作进行指导和规范。企业需要制订运营管理计划，定时查看 RPA 机器人的运行效率报告，为企业以后提高工作效率提供帮助。同时，在运维过程中需要对接各部门，包括业务部门、开发中心等，因此需要提前确认好各位员工的职责，避免出现问题时无法及时解决，需要制定分工及职责表。

除此之外，企业还需采用运维机制，如标准化桌面、模块化设计和异常报警机制。

1. 标准化桌面

将所有部署 RPA 的 PC 虚拟化，制作标准化的桌面环境和网络环境，即"云桌面"，这样使得各种参数一次配置即可全公司使用，同时也可避免个体差异。

2. 模块化设计

一个大流程可以分解为多个小流程，并且流程可以实现跨文件调用。比如，有多个流程都需要查询同一个网址，然后基于该网址的内容做不同的操作，所以不需要每个流程都查询该网址，只需要单独做一个模块，即可供其他流程调用。

3．异常报警机制

运维人员还应设立异常报警机制，使业务人员能够在业务中断之前对流程进行修复。

随着 RPA 机器人的上线，机器人将很大程度上消减人工操作失误，但管理者并不能因为机器人的部署而忽视对其行为的监督。程序本身的设计错误、人为恶意操控、各类不可预见的因素等均可能导致机器人行为不当。若对机器人所执行事务缺乏监督，将可能给企业运转带来问题。

虽然主流的 RPA 软件提供了自带的日志（Log）功能，以帮助开发者或使用者分析机器人的行为，识别开发或使用过程中的各类异常，但是该类日志多用于对已发现例外的原因分析，而且由于其对使用者专业性的要求及展现形式（如 Json 格式）的限制，管理者难以时时或定期地全面浏览日志，并从中提取有效信息，识别例外及负载情况，以达到对机器人的"持续监督"。

为了实现对机器人自身的例外情况的持续监督，乃至进一步实现对业务的深度分析及洞察，可协助构建适用于企业管理者的机器人管理及行为监控平台，整合日志获取、分析挖掘及展示等功能。

14.3 机器人的管理

14.3.1 实施管理

RPA 机器人的实施需要从框架设计、开发规范、机器人效率、通用代码、质量保障、信息安全 6 个方面来进行综合管理。

1．框架设计

整体设计框架需要考虑需求衔接、参数配置、风控与回滚机制、结构化开发、新需求承接、维护和纠错等因素，不仅要考虑业务流程的实现和稳定，还要考虑未来的可延展性和变更。根据流程涉及的系统、流程复杂情况、长度、规则和是否通用等因素将整个流程进行切分，确保不同功能模块的低耦合性、流程稳定性和在关键节点的容错性等。

2．开发规范

为了确保 RPA 项目的顺利落地和后期运维的便利性，RPA 项目的实施需要建立一套开发规范与标准，从注释、日志、版本、命名等多个维度出发，应用到整个项目过程中，同时编写功能模块介绍目录，以提高效率和质量。

3．机器人效率

机器人原则上是可以 24 小时不停工作的，但就目前来看，几乎没有企业能充分利用自己的 RPA 机器人。从机器人的设计、调度和通用性上，可以考虑跨流程甚至跨部门地去试用机器人，最大化利用 RPA 的能力。例如，结账的大多数流程集中发生在月初的 1~2 周，可以考虑结账后这些机器人是否可以用于其他流程。

4．通用代码

大多数公司的基本流程（如支付发票）在高层次上都是类似的，因此在类似流程中实施 RPA 可以用预编程流程软件，有助于简化开发并减少定制需求。

我们还可以对流程进行拆分和分类，把业务流程中常见的操作和动作封装成一个个组件，并建立企业的 RPA 代码库进行统一管理，从而允许企业内部团队基于代码库快速完成业务流程的开发，让熟悉业务流程的业务团队自行发挥，打造属于自己的机器人。例如，登录 ERP 系统、访问网站或业务系统、验证码的识别、发送邮件等，其实在很多流程中都会出现相同的步骤和操作。

5．质量保障

RPA 流程是一个自动化的过程，为了保证其完成的质量，必须设立自我检查的程序，看取得的数据是否正确。由于机器人在整个过程中会自动完成流程，如果没有及时发现错误，可能会出现严重问题。

在整个方案设计的过程中，可以通过两种方式来自查：

(1) 历史参照。通过对关键节点数据源的纵向分析，得出此数据的可能范围，并设阈值预警。

(2) 多数据源对比。通过对比不止一处的信息源，来确定取得的数据是否是正确的。

6．信息安全

在整个 RPA 机器人的分析、设计和开发环节中，还需要考虑参数配置安全、信息存储安全、信息传输安全、网络端口与访问安全、物理环境安全、日志安全、代码安全、账号密码试用和储存的安全等问题，来保证 RPA 实际运行过程中的安全性。

总之，通过以上六个方面的全面管理，RPA 财务机器人可以减少错误，提供跟踪记录，更好地满足复杂业务的合规控制要求，以提升组织的风险管理能力；同时，对机器人的绩效评价和管控将为 RPA 项目的高效运行带来保障。

● 14.3.2　安全管理

众所周知，财务数据是企业的商业秘密，数据一旦泄露将会被竞争对手利用，轻则丢失客户、丢失市场、影响正常的生产经营、引起股东等相关群体的不信任，重则造成企业利润下降，经营困难，甚至亏损破产。因此，为了提高财务数据的安全性和访问安全性，必须保证 RPA 机器人从内到外的每一个环节都免受威胁，确保万无一失。组织在使用 RPA 平台管理财务机器人时，应关注以下 6 个方面的安全管理措施。

1．保证 RPA 供应商的开发代码安全

目前，主流的 RPA 厂商的开发代码都会做定期的检测，以防止黑客利用代码漏洞来攻击窃取数据。用户也可以通过使用 Style checkers 这样的检测工具进行定期检查。

2．定期查看操作日志

RPA 机器人管理平台会提供完整的操作日志，以跟踪、记录机器人和用户在自动化系统中执行的每一步操作。平台可以按照用户的要求生成日、周、月形式的操作日志报告。这些

日志除了有助于提高自动化流程效率，还可以帮助用户直观地看到 RPA 有哪些异常操作。

3. 集成数据保护

在金融服务、能源、零售和医疗保健等行业，用于保护数据的技术已被整合到 RPA 技术中。例如，CyberArk 是一个多层安全解决方案，它为管理员账户提供了额外的保护措施，如特权密码管理、会话记录、低权限执行和特殊数据分析。

选择最新标准传输层安全性(TSL)1.2 协议的 RPA 产品也很重要，该协议旨在保护 Internet 传输的信息的隐私。将此类技术集成到 RPA 中，可使组织最好地保护自己免受高级内部和外部 IT 威胁的侵害。

4. 基于数据和角色的访问控制

基于角色的访问控制是一个内置的身份验证系统，该系统允许组织将 RPA 机器人访问权限设置为授权用户，并将员工与自动化相关的职责分开。

基于这种类型的控制，可以在查看、创建或修改模式下为 RPA 系统的各个员工提供不同级别的访问权限，通常基于员工在组织中的角色、职位和权限而定；基于数据的访问控制，可用于设置对受保护的数据资源访问，并允许对每个资源进行详细的访问控制，如时间段、文件夹等。

5. 配置相应的用户操作权限

不同的部门在使用 RPA 时都应该分配相应的操作权限。例如，部署和维护人员可以单独设置权限，实际运营和操作人员设置另外一种权限。这样做的好处是，可以使整个工作流程和团队分配更加明确，同时减少了数据误操作的风险。

6. 数据加密

为了提高数据的安全性，在 RPA 机器人操作数据之前可以对数据加密，目前比较流行的智能加密技术有"同态加密"。

第 15 章 RPA 财务机器人的价值与风险

RPA 财务机器人作为财务数字化转型的重要推动力，为企业带来了巨大的价值。它能够自动处理复杂的财务任务，提高工作效率，降低出错率，从而优化财务结构，提高企业的经济效益。然而，在 RPA 财务机器人的部署与运行过程中，企业也面临着一定的流程风险和使用风险，如流程设计不当、数据泄露等。本章将深入分析 RPA 财务机器人的价值与流程风险、使用风险，为企业提供全面的 RPA 财务机器人部署与运行指南，助力企业实现财务智能化转型。

15.1 财务机器人的价值

RPA 财务机器人的价值可以从效率、效益和质量方面来衡量。在效率上，主要体现为减少数据录入、数据计算和数据分析的时间及加快数据处理速度。在效益上，主要体现为能够节约人工成本，减少不必要的损失，释放更多的人力。在质量上，主要体现为能够降低工作的错误率，提高工作的准确度和满意度。

15.1.1 RPA 财务机器人的应用价值

毫无疑问，RPA 财务机器人的实施，能为企业的财务工作节约更多的时间和成本。但伴随 RPA 财务机器人的普及化，机器人取代会计核算工作的恐惧变得越来越真实。主要理由如下：

（1）RPA 无须复杂的编程知识，只要按步骤创建流程图，即使不懂编程的普通员工也能使用 RPA 自动执行业务，大大降低了非技术人员的学习门槛。

（2）RPA 可根据预先设定的程序，由 RPA 财务机器人模拟人与计算机交互的过程，实现发票识别、凭证录入、网银支付、纳税申报等财务工作流程的自动化，提高业务处理效率，减少人力成本和人为失误。

（3）RPA 有着灵活的扩展性和"无侵入性"，是推动企业数字化转型的中坚力量。企业无须改造现有系统，RPA 便可集成在原先的遗留系统上，跨系统、跨平台地自动处理业务数据，有效避免人为的遗漏和错误。

15.1.2 RPA 财务机器人的价值分析

RPA 财务机器人在财务领域的应用能够促进企业的人力资源优化，提供更好的客户服务，开启人机协作共生新时代。

1. 企业人力资源优化

为了实现企业业务运营的高效率，企业要确保工作效率的同时还要保证工作运行的正确性。然而，随着工作的烦琐程度，其错误率不断上升，因为人们在做重复行为时往往会不经意间犯下严重的错误。

在这些情况下，RPA 财务机器人可用于替代人类重复性工作，释放工作时间并使人类能够专注于更有意义的工作。另外，RPA 财务机器人还可以为企业省去大量人力成本。

2．提供更好的客户服务

优质的客户体验是每个成功企业的核心，因为它可以将满意度高的客户变成品牌的粉丝，以带来更多的购买。未来的客户服务将不由人类完成，支持人工智能的聊天机器人、流程自动化机器人可以大大提高客户对服务的满意度。

经过训练的 RPA 财务机器人可以改进交付服务，提高过程质量、合规性、安全性和连续性。RPA 财务机器人可以加速流程，通过尽量减少手动干预、错误和重复工作，快速缩短处理时间，提高产能，从而提高服务质量。除了立即响应，RPA 财务机器人还可以确保全天候不间断服务，大大节约运营费用。

3．RPA 财务机器人开启人机协作共生新时代

人机协作共生指人与 RPA 财务机器人的分工协作，共同完成相关工作。既然 RPA 机器人对海量数据的采集、计算、分析的质量高且速度快，那就利用机器人去开展工作中耗时、所需判断性低且具有重复性的工作及以往花费数周才能完成的信息提取和分析工作。而企业员工更多的工作是利用他们的创造力和经验，解释机器人生成的数据，向企业及主要利益相关者提供更深刻的见解，同时将新的见解反馈给机器人，使其分析能力愈发强大。

虽然 RPA 财务机器人可以实现流程的自动化，但是并非所有工作机器人都能胜任。RPA 财务机器人的出现，更多是起到工作方式转换器的作用，为的是让人们能够从事更有价值的工作。正如托马斯达文波特所言，不断进步的科技具有正面的潜力，那就是智能增强：人类和计算机结合彼此的优势，就会实现单独任何一方都不可能达到的结果。

放眼未来，人和 RPA 财务机器人的关系应当是人机协同。RPA 财务机器人帮助人们提高效率，从而解放人们去做更有意义的事，将效率、潜力最大化。而 RPA 财务机器人也需要更多相关人才，以确保机器人永远为人类服务。今后，RPA 数字员工与人类员工联手，实现人机协作，将是放大企业潜能的关键。

15.2 机器人的风险

RPA 的运用存在流程风险和使用风险，需要建立系统的风险识别、风险分析和风险应对机制。流程风险存在于部署阶段，开发 RPA 的方法是否合适、是否忽略了 IT 系统设施、是否对机器人的投资回报率期望过高等都是在部署阶段需要考虑的。而使用风险主要是在使用过程中，但不排除部署中也存在此类风险，包括操作风险、财务风险、监管风险、组织风险和技术风险等。

● 15.2.1 流程风险

流程选择与优化是实施 RPA 财务机器人实施的关键。企业在组织实施 RPA 财务机器人时，到底需要注意哪些问题，才能避免流程风险？

1. 是否针对不合适的流程规划 RPA 财务机器人

针对一个非常复杂的流程做 RPA 财务机器人规划是常见的失误。因为自动化一个复杂的流程，将会产生高额的费用，而这些费用如果用在完成其他多个流程的自动化上会更加合理。复杂程度中低等的流程或子流程是 RPA 项目初期的最佳目标，企业可以在 RPA 成熟之后再着眼于复杂的流程。从价值最高或构架简单的部分开始，逐步增加该流程的自动化程度。

为了对正确的流程进行自动化，组织首先必须确定如何寻找自动化机会。RPA 流程漏斗或待自动化流程列表可以自下而上（从组织中的员工开始）或自上而下（领导层引导）填充，并从流程问题或审计和分析结果中获得启发。

2. 是否针对一个流程过于自动化

看待 RPA 财务机器人的最佳视角是将其当作辅助工具，用来完成基础流程的操作，使人力有更多时间完成其他工作。RPA 财务机器人完全学会一个流程可能需要较长时间，项目应尝试通过一系列简易的变革，逐步增加流程自动化的比例。

3. 是否低估流程自动化所带来的影响

在 RPA 项目的启动、定位和交付中会遇到很多问题，其中有一类错误非常常见，就是忽视了如何使自动化流程上线和由谁来操作机器人，这两个问题会延迟 RPA 项目上线与利益实现。一个以业务为导向的 RPA 卓越中心是管理和提升虚拟劳动力的最佳方式。

4. 是否采取传统方法实施 RPA 财务机器人

通常，企业采取过于工程化的软件实施方法来使用 RPA 财务机器人，其中包括低价值的文档和阶段性划分，将使通常只需要几周的 RPA 财务机器人实施延长至几个月。企业应依据自身面临的挑战，简化传统实施方法，通过灵活的手段分阶段实施 RPA 机器人。

5. 是将 RPA 财务机器人作为业务主导，还是由 IT 作为主导

企业通常在初期认为 RPA 是系统自动化项目，从而忽视了 RPA 财务机器人最终将会应用到公司业务的各个层面。

成功的 RPA 财务机器人应该是以业务为主导，与 IT、网络、安全、风险、人力资源和其他职能部门有着紧密合作关系的项目。

6. 是否忽略 IT 系统设施

绝大多数的 RPA 财务机器人，最好是在一个虚拟的桌面环境里，通过适当的扩展和业务持续性设置，进行操作工作。RPA 财务机器人可以很快地实施，但是 IT 不能够在如此短暂的时间搭建完善的生产设施，并因此成为实施 RPA 财务机器人的主要绊脚石。

7. 是否对 RPA 财务机器人的投资回报率期望过高

RPA 财务机器人虽然能够自动化大部分流程，但是并不能自动化所有流程——通常是因为这些流程需要从打电话或纸质记录开始，或需要一定的客户沟通。因此公司经常会自动化了很多子流程，却忽略了刻意通过电子化或者 OCR 技术来增强 RPA 财务机器人功能以及自动化整体流程。

15.2.2 使用风险

根据 IMA 美国管理会计师协会发布的管理会计公告:《RPA 助力财务职能转型》,实施 RPA 财务机器人的五大主要风险区域,分别是操作风险、财务风险、监管风险、组织风险和技术风险,如表 15-1 所示。

表 15-1 RPA 财务机器人使用过程中存在的风险

操作风险	机器人程序资源管理不善,导致工作流中的异常处理不到位或运作效率低下(比如,给单个机器人程序分配过多高时效要求的流程)
财务风险	需求界定不明导致财务错报或付款误差;允许一个员工负责多个机器人程序的指令输入,可能违反职责分离的规定;流程自动化导致公司出现财务损失(负净现值)
监管风险	以欺诈方式引导机器人程序提供政府工作报告(比如,操控机器人程序执行的流程输入,引导生成欺诈性的输出信息);有关自动化标准的监管法律尚未成熟
组织风险	变更管理、文档编制或业务连续性计划不完善(因资源被重新配置去完成其他工作);实施自动化后,团队没有足够的专业人员
技术风险	集成应用程序的不稳定性及其可能对机器人程序性能造成的影响;网络攻击者利用特权访问账户或检索存储在 RPA 项目数据库里的数据;机器人程序开发人员在设计时没有对敏感数据加密

以上所描述的风险在 RPA 财务机器人的部署运行过程中都可能出现。当然,安永也提出 RPA 财务机器人实施过程中所存在的网络安全问题,如权限攻击、敏感数据泄露、安全漏洞等隐患。权限攻击主要是黑客入侵运行网络,盗取 RPA 账户,窃取重要的数据如订单、客户信息等,导致敏感数据泄漏。由于传送数据时没有进行加密保护,个别员工还可利用职位便利,设计 RPA 财务机器人,专门用来窃取用户的敏感信息。

除此之外,众多的 RPA 财务机器人的自动化任务运行会快速消耗掉系统资源,导致 RPA 财务机器人意外中断,从而造成意外的数据丢失。安永为此安全隐患给出相应的建议,如通过日志追踪,确保管理人员监控和追踪 RPA 财务机器人所有的活动;通过权限划分,使操作人员各司其职,避免跨部门非法人员窃取敏感数据;通过建立完善的维护计划,保护执行任务的安全要求;通过操作链接安全,实施安全控制来保护链接安全,如使用单点登录(SSO)和轻量级目录访问协议(LDAP)支持对 RPA 机器人接口的安全登录;通过数据识别与保护,监测 RPA 机器人在处理敏感数据时是否符合规范。